CB141260

PACTO ANTENUPCIAL

Limites da customização matrimonial

abdr
ASSOCIAÇÃO BRASILEIRA DE DIREITOS REPROGRÁFICOS
Respeite o direito autoral

LUCIANO
FIGUEIREDO

PACTO ANTENUPCIAL

Limites da customização matrimonial

4ª edição
revista, atualizada e ampliada

2026

EDITORA
*Jus*PODIVM
www.editorajuspodivm.com.br

EDITORA *Jus*PODIVM
www.editorajuspodivm.com.br

Rua Canuto Saraiva, 131 – Mooca – CEP: 03113-010 – São Paulo – São Paulo
Tel: (11) 3582.5757
• Contato: https://www.editorajuspodivm.com.br/central-de-relacionamento

Copyright: Edições *Jus*PODIVM

Diagramação: Equipe *Jus*PODIVM

Capa: Maitê Coelho *(maitescoelho@yahoo.com.br)*

F475p Figueiredo, Luciano
Pacto Antenupcial - Limites da Customização Matrimonial / Luciano Figueiredo – 4. ed., rev., atual. e ampl. – São Paulo: Editora JusPodivm, 2025.
368 p.

ISBN: 978-85-442-6515-4.

1. Direito Civil. 2. Pacto Antenupcial. I. Figueiredo, Luciano. II. Título.

CDD 342.1

BIBLIOTECÁRIA RESPONSÁVEL

Ana Carolina Ribeiro Mois – CRB7 – RJ 007348/0

Todos os direitos desta edição reservados a Edições *Jus*PODIVM.

É terminantemente proibida a reprodução total ou parcial desta obra, por qualquer meio ou processo, sem a expressa autorização do autor e das Edições *Jus*PODIVM. A violação dos direitos autorais caracteriza crime descrito na legislação em vigor, sem prejuízo das sanções civis cabíveis.

Ao olhar profundamente para mim mesmo tentando descobrir por que vivo tão ocupado, percebo que, até certo ponto, gosto de viver assim. Se eu quisesse mesmo descansar, só precisaria recusar alguns convites para dar aulas. Mas costumo aceitá-los de bom grado, porque gosto de conhecer pessoas que queiram meus conselhos e de ajudá-las com qualquer pouca sabedoria que eu possa ter. Ver outras pessoas felizes é uma profunda fonte de alegria em minha vida.

SUNIM, Haemin. **As coisas que você só vê quando desacelera**. Como manter a calma em um mundo frenético. São Paulo: Sextante, 2017.

AGRADECIMENTOS

Este livro é fruto da tese apresentada à Pontifícia Universidade de São Paulo (PUC/SP), quando da finalização do meu Doutorado em Direito Civil.

Muitos contribuíram para que este trabalho alcançasse esta publicação.

Agradeço ao meu orientador, Prof. Dr. Francisco José Cahali, paradigma acadêmico e profissional. Sou eternamente grato pelo aceite como meu guia nesta jornada. Lembro-me, como se fosse hoje, quando fui fazer a entrevista na seleção do doutorado e me tornei um fã ainda maior do Professor. O seu carinho, acessibilidade, conhecimento e ética são marcantes.

Aos meus colegas de escritório, Débora, Matheus e Amanda, que me abraçaram e entenderam cada viagem, cada ausência, cada momento dedicado à academia.

Aos meus irmãos – Sérgio, Luiz e Roberto –, em especial Roberto, com quem divido a docência e que me abraçou e vibrou positivamente em cada segundo desta jornada.

À minha mãe, Ozenir. Desde os meus 14 anos, diante da ausência de meu pai, demonstrou o quanto o afeto, a dedicação e o amor a tudo pode vencer. Mãe, sou seu fã.

Ao meu pai, Solon, que fisicamente longe, mas espiritualmente presente, guia os meus passos, deixando o exemplo como o seu maior legado.

À Flávia, minha companheira de vida. Quando grávida de Mel, nossa primeira filha, sabendo do meu sonho do doutorado em São Paulo, me disse "vá, amor"... Me viu virar noites, em recorde de voos, me deu força, me acordava de madrugada, me segurou a mão, me apoiou nos momentos difíceis... Sem você, Fau, não teria acontecido.

À Mel e Maya, minhas filhas. Vocês me impulsionam na busca do meu melhor e me mostram, dia a dia, que a vida é feita de pequenos e sucessivos momentos de amor. Amo vocês!

Ao Marcelo Veras, pelas lutas que só ele sabe que foram vencidas.

A todos que, de alguma maneira, contribuíram, seja com uma palavra de incentivo, uma troca de ideia, um apoio... Meu eterno muitíssimo obrigado!

Salvador, 1º de janeiro de 2023.

Luciano L. Figueiredo
luciano@lucianofigueiredo.adv.br
@lucianolimafigueiredo

PREFÁCIO

"Case-se comigo antes que amanheça;
Antes que não me pareça tão bom partido;
Case-se comigo antes que eu padeça;
Case comigo."
(*Case-se comigo*,
de Vanessa da Matta e Liminha, 2002)

Se é certo que a vida imita a arte, não menos certo é que o Direito, por sua vez, imita – e muito – a vida.

Dúvida inexiste de que no campo artístico, seja na literatura, na iconografia, na música, no cinema, no teatro... o casamento é um dos temas mais corriqueiros, despertando um interesse (talvez, curiosidade) geral. Como não lembrar que, desde priscas eras (Século VIII antes de Cristo), nas *Ilíadas*, Homero indicava que as turbulências da tórrida relação afetiva entre Helena e Menelau chegaram a precipitar a Guerra de Troia?

Mas não é só. Vários outros exemplos podem ser lembrados. Na literatura, *Madame Bovary* (1856), de Gustav Flaubert, *Anna Karenina* (1877), de Tolstói, e *A letra escarlate* (1850), de Nathaniel Hawthorne; no teatro, William Shakespeare prospectou diferentes visões sobre o casamento em *Romeu e Julieta* (1597) e em *A megera domada* (1594); a sensibilidade musical de Chico Buarque também se inclinou sobre o tema, como se nota em *O casamento dos pequenos burgueses* (1978) e em *Opereta do Casamento* (1983); mais recentemente, na Sétima Arte, *Quatro casamentos e um funeral* (1994),

Mamma Mia (2008) e a conhecida trilogia *Se beber, não case* (2009, 2011, 2013) são clássicos que comprovam a corriqueira recorrência do assunto.

Aliás, a atenta percepção das diferentes datas das referências artísticas aludidas conduz à segura conclusão de que o casamento não saiu de cena, singrando os mares dos tempos com grande destaque social, entrecortado por vieses antropológico, psicológico, biológico, cultural e religioso.

O sistema jurídico não poderia, por óbvio, ser inerte ou desatento a uma referência social tão relevante. Entre nós outros, mantendo a influência romanista e germânica, o casamento sempre mereceu disciplina jurídica amiúde, tanto no Código Civil de 1916, quanto no de 2002.

Historicamente, porém, o tratamento jurídico do casamento foi marcado por forte intervencionismo estatal, decorrente das influências canônicas. A liberdade de escolha do conteúdo da relação matrimonial sempre foi restrita, represada no direito de eleição de um regime de bens distinto da comunhão parcial - dês que atendido um solene, dispendioso e formal ritual, através da lavratura de uma escritura pública em um cartório, com posterior registro no registro imobiliário (CC, arts. 1.653 e 1.657).

Em verdade, esse abusivo intervencionismo do Estado na relação matrimonial vem sendo justificado como uma necessidade de manutenção da organização social. Como se o cumprimento de formas excessivas e solenes fossem garantir a felicidade. Ignora-se o alerta que vem da música de Caetano Veloso e Milton Nascimento de que *toda forma de amor vale a pena.*

A preocupação com o respeito às formalidades do casamento chegou mesmo a influenciar a literatura jurídica, fazendo com que o professor francês André Colomer (1886-1931), influenciado por valores típicos de um outro momento histórico, tenha empregado o termo *banalisation* para se referir ao contínuo e necessário processo de liberdade implantado no âmbito casamentário (COLOMER, André. *L'instabilité monétaire et les régimes matrimoniaux, le mal et ses remédes.* Paris: Rousseau & Co., 1955). Não se olvide que, bem mais recentemente, ainda ecoam vozes reiterando a mesma expressão, como aludem Philippe Malaurie e Laurent Aynés (*Droit Civil:* les régimes matrimoniaux. Paris: Cujas, 1995, p. 13). Enfática, Maria Rita Aranha da Gama Lobo Xavier dispara que a "comunhão de vida torna a relação matrimonial avessa à completa e absoluta autonomia" (*Limites à autonomia privada na disciplina das relações patrimoniais entre os cônjuges.* Coimbra: Almedina, 2000, p. 429).

No fundo, a situação se mostra paradoxal e incoerente. Se as pessoas são livres e iguais, exercendo em plenitude a sua autodeterminação de casar, ou não, há de se lhes reconhecer a possibilidade de eleger o *conteúdo de sua relação afetiva*, sob o prisma patrimonial e existencial. Ser livre para casar importa na inexorável consequência de escolher as bases sobre as quais se apoiam os pactos afetivos, em todas as suas possíveis dimensões.

Os mais recentes estudos sobre a matéria, em especial na Europa, apontam nessa direção, harmonizando o sistema jurídico com os valores que permeiam a sociedade contemporânea. Na Alemanha,[1] na Espanha[2] e na Itália são encontrados, à saciedade, escritos sustentando a *autonomia privada* (liberdade de autodeterminação patrimonial e existencial) como princípio geral da relação matrimonial, reconhecido o cabimento da determinação do conteúdo das situações conjugais como corolário da "tutela da pessoa humana em família",[3] concretizando a sua inexorável dignidade.

Carecíamos de estudos entre nós. E é nessa ambiência que surge a substanciosa obra de Luciano Lima Figueiredo, *A Customização Matrimonial: os Limites do Pacto Antenupcial no Direito Brasileiro*, sintonizando a ordem jurídica brasileira com as ondas que emanam do reconhecimento da liberdade humana à plena realização afetiva.

Versão editorial de sua profícua pesquisa de doutoramento na Pontifícia Universidade Católica de São Paulo, a obra propõe uma compreensão mais realista da relação jurídica matrimonial. Transcendendo uma visão intervencionista estatal, em que a liberdade dos parceiros afetivos estava restrita a escolher um regime distinto da comunhão parcial, por meio de um pacto contratual público, Luciano lança luzes sobre inúmeras situações da vida real, com vistas a emprestar juridicidade e maximizar a proteção das relações afetivas.

Propõe uma ampla possibilidade de negociações providas de economicidade no âmbito do casamento, a partir do uso de instrumentos concebidos no campo obrigacional comum, como a confissão de dívida e os contratos de doação, comodato e de troca/permuta – que podem ser úteis no cotidiano

1. Veja-se: BRAMBRING, Günter. *Ehevertrag und Vermögenszuordnung unter Ehegatten*. 7ª ed. Munchen: Verlag CH Beck, 2012.
2. Nesse sentido, LACRUZ BERDEJO, José Luis; SANCHO REBULLIDA, Francisco de Assis. *Elementos de Derecho Civil:* Derecho de Familia. 2ª ed. Barcelona: Bosch, 1984.
3. A pertinente expressão é proposta pelo professor de Tor Vergata – Universidade de Roma, Giovani Doria (*Autonomia privata e "Causa" familiare. Gli accordi traslativi tra i coniugi in occasione della separazione personale e del divorzio*. Milano: Giuffrè, 1996, p. 69).

de determinados casais, conferindo mais segurança jurídica e estabilidade econômica.

Indo mais longe, vislumbra o cabimento de clausulação existencial do casamento como decorrência imperativa da autonomia privada. Assim, visualiza inúmeras situações que podem ser disciplinadas atendendo ao desejo e interesses das partes, como a regulamentação do uso do sobrenome, a organização dos afazeres domésticos, o regramento da vida sexual do casal, a previsão de "férias conjugais" e, até, o afastamento dos deveres conjugais, inclusive a fidelidade e coabitação.

E, com visão pragmática, vaticina o uso dos negócios jurídicos processuais, autorizados pelo art. 190 do Código de Processo Civil, como mecanismo inibidor de litígios, permitindo solução mais efetiva e eficaz dos conflitos tão comuns nas relações casamentárias.

Sem dúvida, a atualidade e pertinência temporal deste livro justificam o uso da famosa expressão do saudoso Nélson Rodrigues: ele trata da *vida como ela é*! Sem subterfúgios argumentativos e sem ignorar a realidade, mas com a marca registrada do autor: a elegância. Por óbvio, não se trata de impor novos modelos de relacionamento amoroso a quem não os deseja, a quem prefere uma convivência pautada em outros referenciais. Mas, em verdade, garantir a quem queira novos modelos e possibilidades a mesma efetiva proteção jurídica. Customizar um casamento é, tão somente, adaptá-lo às regras de cada casal. E as famílias são diferentes porque os humanos também o são. E não esqueçamos que é *justa toda forma de amor*, conforme o verso da conhecida canção de Lulu Santos.

Conheço Luciano de há muito. De uma cepa tradicional e frugífera de juristas baianos, o autor é reconhecido na advocacia e no magistério por seu talento, versatilidade e fino trato. E o seu livro espelha a sua grandeza e virtude. Sem exageros retóricos, a obra é fluida e didática, transpassando uma narrativa histórica para aportar as ideias propostas. E aqui antevejo o ponto alto dessa seminal obra sobre o tema: se de um lado está liberta das amarras intervencionistas da relação familiar, típicas de paragens remotas de um pretérito pouco saudoso, por outro turno, não envereda por uma ode futurista, com exercícios de adivinhação de situações que podem não ganhar efetividade.

Equilíbrio: autor e obra, criador e criatura, equalizando a importância do casamento na sociedade brasileira, propõem a regulamentação do *hoje*, conferindo segurança às pessoas em relação às suas escolhas.

A verdade é que a obra é oportuna e colabora para dotar o sistema jurídico de soluções para os problemas decorrentes de um novo modelo de relação matrimonial. Líquido e imediatista, o casamento é visto como realidade transitória, que se desgasta inexoravelmente. Raras são as pessoas que falecem em primeiras núpcias. Muito mais representativo é o número correspondente a quem mantém durante a existência terrena duas, três ou quatro relações. É o *amor líquido* antevisto pela perspicácia do polonês, radicado na Grã-Bretanha, Zygmunt Bauman: "amor líquido é um amor até segundo aviso, o amor a partir do padrão dos bens de consumo: mantenha-o enquanto ele te trouxer satisfação, e o substitua por outros que prometem ainda mais satisfação. É o amor com um espectro de eliminação imediata e, assim, também de ansiedade permanente, pairando acima dele. Na sua forma 'líquida', o amor tenta substituir a qualidade por quantidade — mas isso nunca pode ser feito, como seus praticantes mais cedo ou mais tarde acabam percebendo" (BAUMAN, Zygmunt. *Amor líquido: sobre a fragilidade dos laços humanos.* Tradução Carlos Alberto Medeiros. Rio de Janeiro: Jorge Zahar Editor, 2004, p. 19).

Aliás, tempos antes, o nosso saudoso "poetinha" Vinícius de Moraes, em seu *Soneto de Fidelidade*, já tinha percebido que as relações afetivas devem ser, na verdade, "*infinitas enquanto durem*"... Talvez por isso mesmo a mato-grossense Vanessa da Matta tenha percebido a urgência: "*case-se comigo antes que amanheça; antes que não me pareça tão bom partido; case-se comigo antes que eu padeça*".

Volvendo a visão para o campo jurídico, reconhecidos os tempos de liquidez, até mesmo afetiva, não há como ignorar a necessária tutela jurídica da autonomia privada como mecanismo efetivo de respeito à dignidade dos envolvidos. E, nesse contexto, o pioneiro trabalho de Luciano Lima Figueiredo se justifica para a avançada proteção humana no contexto da liberdade negocial tão bem definida no ditado popular: *o contratado entre as partes não é caro, nem barato; é justo!*

Estranho seria se o leitor não se conectasse na linha propositiva deste livro que, certamente, tende a servir de bússola para orientar a celebração dos pactos casamentários, precavendo conflitos e apresentando soluções efetivas. Afinal de contas, não mais há espaço para modelos jurídicos unitários e impositivos de casamentos. A liberdade, assegurada pelo Pacto de Cidadania de 5 de outubro de 1988, concede a cada casal a prerrogativa de uma regulamentação em conformidade com as suas necessidades e interesses, sem valoração ou intervenção do Estado. Cada um sabendo *a dor e a delícia de ser o que é.*

Aliás, respeitando a urgência da vida e a velocidade inerente à comunicação em tempos de tecnologia digital, é preciso concluir estas preambulares palavras para que o leitor possa sorver toda substância que emana de *A Customização Matrimonial:* os Limites do Pacto Antenupcial no Direito Brasileiro, da pena perspicaz e elegante do meu amigo e conterrâneo Luciano Lima Figueiredo.

Praia do Forte, Litoral Norte da Bahia, no chuvoso inverno de 2023.

Cristiano Chaves de Farias
Promotor de Justiça do Ministério Público do Estado da Bahia.
Mestre em Família na Sociedade Contemporânea pela Universidade Católica do Salvador – UCSal.
Professor de Direito Civil da Faculdade Baiana de Direito.
Professor de Direito Civil do Complexo de Ensino Renato Saraiva – CERS (www.cers.com.br) e do Direito em Prática (www.dirempratica.com.br).
Membro da Diretoria Nacional do Instituto Brasileiro de Direito de Família – IBDFAM.

APRESENTAÇÃO

A percepção da finitude relacional é progressivamente mais evidente.

O casamento, outrora concebido como indissolúvel, hoje é significado como transitório. O *way of life*, contaminado por um padrão de comportamento em que trocas são mais buscadas do que reparos, levou a sociedade do *fast food* a implementar o *fast love*. Os casamentos são, muitas das vezes, efêmeros, e o divórcio, uma realidade social.

Além disso, a consciência de exercício de autonomia nas relações familiares trouxe aos nubentes um maior desejo de autodeterminação. Noivos não desejam um "casamento por adesão", com regras iguais para todos os casais, transformando o matrimônio em uma espécie de camisa unissex e de tamanho único.

Casais são diferentes. Tem necessidades diversas e desejos plurais. Demandam autorregramento relacional próprio e específico, feito sob medida (customizado), na busca de um projeto familiar singular.

Neste cenário, cresce o debate sobre os limites do pacto antenupcial e a sua vocação para regrar além do patrimônio, verberando também sobre questões pessoais e procedimentais. Operadores do direito são instados a pensar sobre os limites do pacto antenupcial e quais são as fronteiras de ordem pública limitadoras da autonomia.

Atento a estas duas constatações sociais – finitude matrimonial e desejo de autorregramento relacional –, bem como à crescente busca do chamado planejamento matrimonial, é que se coloca este trabalho, versando sobre a customização matrimonial e os limites do pacto antenupcial.

Dedicam-se os capítulos que se seguirão a, primeiro, buscar as relevantes bases teóricas sobre as fronteiras da autonomia, perquirindo sobre o que se deve entender por supremacia do interesse público hábil a restringir o exercício da liberdade.

Na sequência, avança o trabalho aos limites do pacto antenupcial, o qual é verificado em um tripé: questões patrimoniais, deveres pessoais e temas procedimentais.

Em um viés pragmático, são formuladas vinte e sete perguntas sobre o que pode, ou não, ser regulado no pacto antenupcial, sendo cada uma das dúvidas respondida com base nas premissas estabelecidas e análise legal, doutrinaria e jurisprudencial.

No objeto patrimonial, indaga-se: i. É Possível ao Pacto Antenupcial Criar um Regime de Bens Atípico?; ii. É Viável ao Pacto Antenupcial Construir um Regime de Bens Fásico?; iii. Na Separação Obrigatória de Bens pode o Pacto Antenupcial Indicar Regime de Bens para a Casuística de Cessar o Fato Gerador da Separação Obrigatória?; iv. É possível ao Pacto Antenupcial Estipular Doação e/ou Promessa de Doação?; v. É Viável ao Pacto Antenupcial Estabelecer o Uso Gratuito do Bem Comum, ou Exclusivo de um dos Cônjuges, após a Dissolução Afetiva?; vi. Seria viável no Pacto Antenupcial Constar Confissão de Dívida, Troca ou Permuta, Compras e Vendas e Promessas de Compras e Vendas?; vii. É possível ao Pacto Antenupcial Imputar a um dos Cônjuges a Administração Exclusiva de Bens Comuns?; viii. É possível ao Pacto Antenupcial Regular sobre as Despesas do Lar?; ix. Seria viável ao Pacto Antenupcial Regular a Dispensa de Vênia Conjugal?; x. Poderá o maior de 70 anos escolher regime de bens mediante Pacto Antenupcial?; xi. Poderia o Pacto Antenupcial Afastar a Incidência da Súmula 377 do Supremo Tribunal Federal?; xii. O Pacto Antenupcial pode ser aproveitado à União Estável? e xiii. Seria Viável ao Pacto Antenupcial Fixar Data Posterior à Celebração do Casamento para o Início dos seus Efeitos?

No tema de deveres pessoais, pergunta-se: i. É Possível ao Pacto Antenupcial Dispensar o Dever de Fidelidade Recíproca?; ii. Seria viável ao Pacto Antenupcial Veicular Regramento Sexual?; iii. É possível ao Pacto Antenupcial Regular Cláusula Indenizatória por Dissolução Afetiva?; iv. É possível ao Pacto Antenupcial Consignar a Dispensa do Dever de Coabitação?, v. Poderia o Pacto Antenupcial Afastar o Dever de Mútua Assistência? Pré-Fixar Valor e/ou Transitoriedade Alimentar?; vi. É viável ao Pacto Antenupcial Regular a Obrigatoriedade de Retirada do Sobrenome Acrescido?; vii. Poderia o Pacto Antenupcial Regular a Renúncia à Herança?; viii. É possível ao Pacto Antenupcial Regular sobre Férias Conjugais?; ix. Seria viável ao Pacto Antenupcial Regular sobre Convenção Comportamental?; x. Poderia o Pacto Antenupcial Estabelecer um Casamento Irretratável?; xi. É viável ao Pacto Antenupcial Regrar sobre Afazeres Domésticos?; xii. É viável ao Pacto Antenupcial Regular sobre *Pets*?; e xiiii. Poderia o Pacto Antenupcial Regular sobre Contratos Parentais?

Já no âmbito procedimental, questiona-se: i. Poderia o Pacto Regular sobre Negócios Jurídicos Processuais? e ii. É viável ao Pacto regular sobre Arbitragem?

Dentro do mundo dos negócios jurídicos processuais, haverá debates sobre a possibilidade de inserção de cláusulas de tentativa de autocomposição prévia obrigatória; escalonamento de métodos alternativos prévios; obrigatoriedade da audiência preliminar ou sua exclusão; mudança do momento procedimental da audiência de autocomposição; divórcio liminar ou imposição de prazo de reflexão; pacto de *non petendo*; pacto de *disclousure*; limitação do processo à segunda instância; meios alternativos de comunicação; limitação da publicidade para além do processo; impossibilidade de certos mecanismos de prova; escolha prévia de perito; renúncia à indicação de assistentes técnicos; dispensa de perícia; nomeação de administrador dos bens; constituição de capital; eleição de depositário; indicação de partilha prévia e antecipada de bens específicos; pacto de alienação prévia de um bem; irrecorribilidade de decisões interlocutórias; retirada de efeito suspensivo da apelação; vedação de execução provisória; impenhorabilidade de um bem e impossibilidade do rito de prisão nos alimentos da conjugalidade.

Durante a abordagem dos temas, dedica-se o trabalho a responder a (in)viabilidade da cláusula nos dias de hoje, bem como uma visão futura, até mesmo apontando trechos do Projeto de Reforma do Código Civil.

Não passam despercebidas as evoluções doutrinárias e jurisprudenciais sobre os temas, com claro tratamento da ótica decisória em relação aos assuntos em estudo.

O rol de dúvidas é exemplificativo, mas se presta a enfrentar as principais questões práticas relacionadas ao tema e a ofertar instrumentário hábil para respostas de outras indagações não ventiladas.

A expectativa é que o trabalho oferte, aos Operadores do Direito, bases teóricas sólidas e respostas a importantes dilemas práticos, sendo instrumento para aplicação em planejamentos conjugais.

Boa leitura!

Salvador, Bahia, 16 de setembro de 2025.

Luciano L. Figueiredo.

Contato: lucianolfigueiredo@gmail.com

Instagram: @lucianolimafigueiredo

SUMÁRIO

PARTE II
O CASAMENTO E O PACTO ANTENUPCIAL

1

INTRODUÇÃO

Para muitos, a pós-modernidade é o atual estágio socioevolutivo[1]. Vivencia-se a fase do pós-tudo: pós-Revolução Industrial, pós-Freud, pós-Marx... Sabe-se que veio o depois e que há o desejo do novo, mas o "novo" ainda não chegou[2].

O mais estranho é que quanto mais a sociedade se integra, mais as relações se tornam efêmeras. O ser humano, malgrado conectado ao resto do mundo, pela internet, encontra-se isolado, em seu lar, trancado e em frente a um dispositivo eletrônico. A pós-modernidade tem as suas contradições.

O paradoxo pós-moderno, de afastamento e aproximação, gera impactos sociais. Artes, ciência, religião, moralidade, educação, política, economia, vida familiar, intimidade... nada escapa; tudo é tocado[3].

As relações humanas progridem em flexibilidade, volatilidade e insegurança. Proliferam os relacionamentos efêmeros e em rede, via internet, quando comparados aos vínculos duradouros, presenciais e tradicionais. Relações viram mercadorias, usualmente substituídas por outras mais novas. Não se buscam ajustes; apenas substituições. Ao que parece, a geração *fast food* criou o *fast love*. Há uma modernidade líquida, atrelada a um amor, igualmente, líquido[4].

---

1. SANTOS, Boaventura Sousa. **Pela Mão de Alice**. O Social e o Político na Pós-Modernidade. 4. ed. São Paulo: Cortez, 1997.
2. BARROSO, Luís Roberto. **Neoconstitucionalismo e Constitucionalização do Direito**. O triunfo tardio do Direito Constitucional no Brasil. 2005. Disponível em: http://jus.com.br/imprimir/7547/neoconstitucionalismo-e-constitucionalizacao-do-direito#ixzz3AOhYer2G. Acesso em: 24 abr. 2017.
3. ZAMBERLAN, Cristina de Oliveira. **Os Novos Paradigmas da Família Contemporânea**. Rio de Janeiro: Renovar, 2000, p.11.
4. BAUMAN, Zygmunt. **Amor Líquido**: Sobre a Fragilidade dos Laços Humanos. Rio de Janeiro: Jorge Zahar, 2004.

A percepção da finitude do matrimônio, aliado a uma cultura materialista, desemboca na busca de planejamentos familiares, visionando abrandar os efeitos de uma eventual dissolução afetiva.

A leitura das famílias como instrumento de implementação do projeto de felicidade dos seus integrantes, assim como a significação do direito das famílias como *locus* de exercício da autonomia, descortina o desejo de regramentos matrimoniais mais amplos, abrangendo a disciplina de questões pessoais e procedimentais. Fala-se em uma ampla customização matrimonial, ambicionando a construção de regras relacionais próprias, em clarividente exercício da autonomia.

Noivos, por vezes, não mais desejam um casamento *standard*, com regime de bens generalista, desprovido de direcionamentos pessoais e sem eficiente normatização procedimental, aplicável a situações limite de dissolução afetiva.

A customização matrimonial afasta a equivocada moldura do casamento como um negócio jurídico completamente vinculativo, de regras predeterminadas, assemelhado a um contrato por adesão. Casamento não deve ser significado como camisa *unissex* e de tamanho único. Nubentes querem adequar as suas necessidades nos enlaces matrimoniais.

Certo é que estes sopros de autonomia familiarista há muito habitam notícias advindas do exterior. São corriqueiras as manchetes, tanto na mídia nacional, como internacional, sobre longos, detalhados e clausulados acordos pré-nupciais realizados fora do Brasil.

Em uma das notícias mais famosas sobre o tema, afirma-se que no casamento hollywoodiano entre a atriz Catherine Zeta-Jones e o ator Michael Douglas, há disciplina, para o eventual divórcio, de indenização de 2,8 milhões de dólares por cada ano de casamento e de 5 milhões de dólares por quebra de fidelidade, ambas em favor de Catherine Zeta-Jones[5].

Mais recentemente veiculou-se na imprensa internacional que o acordo pré-nupcial realizado entre a atriz Jennifer Lopez e o jogador de beisebol Alex Rodriguez determina multa de 250 milhões de dólares, a ser paga no

---

5. REVISTA MONET. **Os mais surpreendentes acordos de casamento das celebridades internacionais**. Confira quais casais famosos têm os contratos mais excêntricos. Publicado em: 28 jan. 205. Disponível em: https://revistamonet.globo.com/Listas/noticia/2015/01/os-mais-surpreendentes-acordos-de-casamento-das-celebridades-internacionais.html. Acesso em: 09 dez. 2021.

momento do divórcio, em caso de traição devidamente comprovada[6]. O valor da penalidade, segundo notícias, representaria 70% da fortuna do atleta e, acaso efetivamente adimplido a Jennifer Lopez, aumentaria sua riqueza em 60%[7].

Noticia-se que o acordo pré-nupcial envolvendo a celebridade Kim Kardashian e o cantor Kanye West contém disciplina afirmando que Kim, na casuística de dissolução afetiva, receberá a mansão em Bel Air em doação, além de permanecer com todos os presentes conferidos pelo ex-marido, a exemplo de joias, carros e ações[8].

No pacto pré-nupcial entre a celebridade Khloé Kardashian, irmã de Kim, e o jogador de basquete da liga norte-americana Lamar Odom, restou clausulada promessa de doação de um carro novo a Khloé e ingressos de jogos de basquete, para eventual divórcio[9].

O pré-nupcial entre o cantor Justin Timberlake e a atriz Jessica Biel regula que se Justin a traísse ela receberia uma indenização de 500 mil dólares[10]. Além da penalidade, a atriz poderia se negar a ter filhos, até que se sentisse completamente segura sobre a fidelidade do parceiro[11].

No acordo nupcial entre o ator Charlie Sheen e a atriz Denise Richards há notícia de indenização por traição no valor de 4 milhões de dólares[12].

---

6. TERRA. **JLO receberá 13 bi do marido caso seja traída por ele**. Disponível em: https://www.terra.com.br/diversao/tv/blog-sala-de-tv/jlo-recebera-r-13-bi-do-marido-caso-seja-traida-porele,d21fdf9cb0f8bfe2bf7a5fec40f0e416xntjppxv.html#:~:text=A%20cl%C3%A1usula%20principal%20determina%20multa,R%24%201%2C8%20bi. Acesso em: 09 dez. 2021.
7. TERRA. **JLO receberá 13 bi do marido caso seja traída por ele**. Disponível em: https://www.terra.com.br/diversao/tv/blog-sala-de-tv/jlo-recebera-r-13-bi-do-marido-caso-seja-traida-porele,d21fdf9cb0f8bfe2bf7a5fec40f0e416xntjppxv.html#:~:text=A%20cl%C3%A1usula%20principal%20determina%20multa,R%24%201%2C8%20bi. Acesso em: 09 dez. 2021.
8. BOL. **As bizarrices dos acordos pré-nupciais dos famosos**. Disponível em: https://www.bol.uol.com.br/listas/as-bizarrices-dos-acordos-nupciais-dos-famosos.htm. Acesso em: 09 dez. 2021.
9. BOL. **As bizarrices dos acordos pré-nupciais dos famosos**. Disponível em: https://www.bol.uol.com.br/listas/as-bizarrices-dos-acordos-nupciais-dos-famosos.htm. Acesso em: 09 dez. 2021.
10. BOL. **As bizarrices dos acordos pré-nupciais dos famosos**. Disponível em: https://www.bol.uol.com.br/listas/as-bizarrices-dos-acordos-nupciais-dos-famosos.htm. Acesso em: 09 dez. 2021.
11. BOL. **As bizarrices dos acordos pré-nupciais dos famosos**. Disponível em: https://www.bol.uol.com.br/listas/as-bizarrices-dos-acordos-nupciais-dos-famosos.htm. Acesso em: 09 dez. 2021.
12. REVISTA MONET. **Os mais surpreendentes acordos de casamento das celebridades internacionais**. Confira quais casais famosos têm os contratos mais excêntricos. Publicado em: 28 jan. 205. Disponível em: https://revistamonet.globo.com/Listas/noticia/2015/01/os-mais-surpreendentes-acordos-de-casamento-das-celebridades-internacionais.html. Acesso em: 09 dez. 2021.

Caso emblemático envolve a relação entre o jogador de golfe Tiger Woods e a modelo Elin Nordegren. Após um conturbado divórcio em 2010, por traições de Tiger e o cumprimento do então acordo pré-nupcial, pelo qual Elin recebeu 110 milhões de dólares, o jogador de golfe está disposto a reconquistar a ex-esposa. Para tanto, quer um novo casamento, propondo entabular um novo pacto antenupcial, com sanção por traição no montante de 350 milhões de dólares[13].

No ajuste pré-nupcial firmado entre a comediante Rosie O'Donnell e a consultora Michelle Rounds, regrou-se que, na hipótese de traição, aquela que violou a fidelidade recíproca seria apenada com a ausência de qualquer participação patrimonial, quando da dissolução afetiva[14].

O acordo pré-nupcial do fundador do Facebook, Mark Zuckerberg, com a sua esposa, Priscilla Chan, garante a esta um encontro a sós, com o esposo, uma vez por semana.

O contrato nupcial envolvendo os atores Tom Cruise e Katie Holmes trazia projeções comportamentais para além da dissolução afetiva[15]. Katie estaria impedida de namorar publicamente até 5 anos após o término, além de não poder fazer qualquer comentário sobre a relação de Tom com a Cientologia[16]. Ainda por conta do acordo nupcial, Katie Holmes receberia, em caso de divórcio, 3 milhões de dólares por cada ano de relacionamento, limitados ao máximo de 33 milhões de dólares. Se o relacionamento ultrapassasse onze anos, no advento do divórcio a atriz teria direito a metade dos bens do potencial ex-marido[17].

---

13. REVISTA CARAS. **Tiger Woods quer reconquistar ex e oferece acordo milionário em caso de nova traição**. Disponível em: https://caras.uol.com.br/arquivo/tiger-woods-quer-reconquistar-ex-e-oferece-acordo-milionario-em-caso-de-traicao.phtml. Acesso em: 09 dez. 2021.

14. BOL. **As bizarrices dos acordos pré-nupciais dos famosos**. Disponível em: https://www.bol.uol.com.br/listas/as-bizarrices-dos-acordos-nupciais-dos-famosos.htm. Acesso em: 09 dez. 2021.

15. R 7. Notícias. **Após se divorciar de Tom Cruise, Katie Holmes está proibida de namorar até 2017**. Atores assinaram acordo em 2012, quando anunciaram a separação. Disponível em: https://entretenimento.r7.com/famosos-e-tv/apos-se-divorciar-de-tom-cruise-katie-holmes-esta-proibida-de-namorar-ate-2017-06102019. Acesso em: 09 dez. 2021.

16. R 7. Notícias. **Após se divorciar de Tom Cruise, Katie Holmes está proibida de namorar até 2017**. Atores assinaram acordo em 2012, quando anunciaram a separação. Disponível em: https://entretenimento.r7.com/famosos-e-tv/apos-se-divorciar-de-tom-cruise-katie-holmes-esta-proibida-de-namorar-ate-2017-06102019. Acesso em: 09 dez. 2021.

17. METRÓPOLES. **Até que *prints* e fotos nos separe?** Celulares de Gusttavo Lima e Suita são confiscados. A cláusula do contrato pré-nupcial que trata de traição está sendo o ponto de embate entre o ex-casal, que tiveram os telefones confiscados. Disponível em: https://www.metropoles.

Voltando os olhos ao Brasil, recentemente ganhou holofotes o divórcio entre o cantor Gusttavo Lima e a celebridade Andressa Suita, com debates sobre possível quebra de fidelidade e a incidência da penalidade prevista no pacto antenupcial. A contenda chegou a ocasionar medidas de prevenção dos divorciandos, com uma verdadeira limpeza digital em dispositivos e nas redes sociais[18].

Ainda em território nacional, entre os anos de 2006 e 2016, constatou-se um aumento de 110% na lavratura de escrituras públicas de pactos antenupciais, segundo dados da Central Notarial de Serviços Eletrônicos Compartilhados (Censec)[19].

Diante de todos estes fatos é que se coloca o tema-problema central deste trabalho: quais são os limites do pacto antenupcial no direito brasileiro?

A questão ganha maior relevo diante do enaltecimento do caráter instrumental das famílias, o qual, malgrado presente, antagonicamente costuma vir acompanhado de uma leitura deveras publicista.

Estranhamente, não se percebe, em reboque ao fenômeno instrumentalista, uma ampla autonomia no exercício das relações familiares. Ao revés, doutrina e jurisprudência, no mais das vezes fincadas em argumentos de publicização, refutam uma série de autorregramentos matrimoniais, sem realizar uma leitura mais próxima à autonomia. Retiram dos integrantes das famílias o instrumentário jurídico necessário para o desenvolvimento da sua própria tutela. Os tímidos permissivos de autorregramento matrimonial, fincados na autonomia, em várias oportunidades cingem-se às questões exclusivamente patrimoniais[20].

---

com/colunas-blogs/leo-dias/gusttavo-lima-e-andressa-suita-tem-celulares-confiscados-apos-separacao. Acesso em: 06 jan. 2021.

18. COLÉGIO NOTARIAL DO BRASIL. Seção São Paulo. **Segundo dados, pactos antenupciais cresceram 110% nos últimos 10 anos no Brasil**. Disponível em: https://www.cnbsp.org.br/index.php?pG=X19leGliZV9ub3RpY2lhcw==&in=MTQ5NjA=&filtro=1. Acesso em: 09 jan. 2021.

19. REVISTA MONET. **Os mais surpreendentes acordos de casamento das celebridades internacionais**. Confira quais casais famosos têm os contratos mais excêntricos. Publicado em: 28 jan. 205. Disponível em: https://revistamonet.globo.com/Listas/noticia/2015/01/os-mais-surpreendentes-acordos-de-casamento-das-celebridades-internacionais.html. Acesso em: 09 dez. 2021.

20. Exemplifica-se o dito com o trabalho da portuguesa M. Rita Aranha da Gama Lobo, o qual limita-se à abordagem da autonomia privada nas relações patrimoniais entre os cônjuges. XAVIER, M. Rita Aranha da Gama Lobo. **Limites à Autonomia Privada na Disciplina das Relações Patrimoniais entre os Cônjuges**. Porto: Almedina, 2000.

Desprestigia-se a comunicação emocional, base estruturadora para a continuidade do relacionamento[21]. Não se atenta ao livre planejamento familiar, que é de livre escolha do casal[22]. Deixa-se ao largo a contemplação do ser, com seus desejos. Extirpa-se importante espaço de autorregramento da vontade, dando aos nubentes, no pacto antenupcial, um instrumento demasiadamente restritivo.

Sendo assim, o objetivo central deste trabalho é descortinar os contornos do pacto antenupcial.

Como premissa, já resta esclarecido que este estudo não se dedicará à análise dos negócios antenupciais que envolvam incapazes, pessoas idosas, vítimas de violência doméstica e vulneráveis em geral. Nessas molduras, a autonomia terá maiores restrições, com o alargamento de questões de ordem pública, eventual necessidade de intervenção do Ministério Público e do Poder Judiciário, além da busca de mecanismos de igualdade material[23].

Visionando responder satisfatoriamente ao tema-problema posto, o desenvolvimento do trabalho avançará por duas partes.

A primeira dedicar-se-á ao estudo da autonomia nas relações familiares, perpassando pelo seu antecedente histórico - a autonomia da vontade -, a sua atual feição - como autonomia privada - e a compreensão dos seus limites, em significação do que venha a ser o conceito de interesse público.

Nos estudos sobre autonomia, buscar-se-á diálogo entre a autonomia e os modelos estatais, com simbioses envolvendo os ramos público e privado. Serão estudadas as importantes expressões da autonomia para o desenvolvimento do trabalho, sendo vista a autonomia como princípio, como direito e garantia fundamental e com aplicação às relações processuais.

Ultrapassando o lugar comum de que a autonomia tem *locus* de atuação limitado às questões de ordem pública, avançará o estudo para verificar as fronteiras da autonomia, analisando o embate entre os interesses públicos

---

21. GIDDENS, Anthony. **Mundo em Descontrole**: o que a globalização está fazendo de nós. Rio de Janeiro: Record, 2000.
22. BRASIL. Constituição Federal (1988). Art. 226, § 7º.
23. O recorte de estudo do tema pacto antenupcial em relação aos vulneráveis demanda a construção de toda uma nova base teórica, com um olhar completamente diverso do que será conferido neste trabalho. O mesmo se diga em relação àqueles cujo debate sobre a (in)existência de vulnerabilidade se faz necessário, como os deficientes, que foram catapultados à condição de plenamente capazes através da Lei n. 13.146/2015. Tais assuntos, conforme o recorte metodológico eleito neste trabalho, não serão objeto de debates.

e privados, e perquirindo o que, efetivamente, é o interesse público hábil a limitar a autonomia.

Cuidará o trabalho em tentar responder se há, efetivamente, supremacia do público sobre o privado, quais os critérios aplicáveis quando das colisões e como essas questões tocam a autonomia familiar, com um enfoque no direito de família mínimo[24]. Como produto da primeira parte do desenvolvimento, serão traçadas as premissas necessárias e fundantes à solução do tema-problema posto.

A segunda parte descortinará o estudo do pacto antenupcial, seu conceito e natureza jurídica, forma e eficácia, limites, objeto patrimonial, procedimental e pessoal.

Com objetivo de oferecer contribuições práticas[25], questões polêmicas atinentes aos pactos antenupciais serão debatidas.

No âmbito patrimonial será discutida a (im)possibilidade de regular: i. regime de bens atípico; ii. regime de bens fásico; iii. indicativo de regime de bens diverso da separação obrigatória, acaso cessado o seu fato gerador; iv. doação e promessa de doação; v. uso gratuito de bem comum, ou exclusivo de um dos cônjuges, após a dissolução afetiva; vi. confissão de dívida, troca ou permuta, compras e vendas e promessas de compras e vendas; vii. administração exclusiva de bens comuns; viii. despesas do lar; ix. Dispensa

24. Como se percebe da expressão, "direito de família mínimo" tem clara inspiração no "direito penal mínimo".
Na esfera penal, quando o Estado encaminhou-se para a maximização da tutela penal, utilizando-se do direito penal como mecanismo de resposta para toda e qualquer conduta, se contrapôs à doutrina minimalista, defensora do uso excepcional da tutela penal apenas para os bens jurídicos mais relevantes. O argumento dos minimalistas é o de que a banalização da sanção penal tornaria o ramo menos eficaz. Nesse sentido coloca-se: ROXIN, Claus. **Derecho penal**: Parte General. Tradução da 2 ed. alemã de Diego-Manuel Luzón Pena, Miguel Diaz y Garcia Conlledo e Javier de Vicente Remesal. t. 1: Fundamentos. La estructura de la teoria del delito. Madrid: Civitas, 1997. A analogia entre direito de família mínimo e direito penal mínimo tem como obra de primeira referência de tratamento do tema no Brasil a de Leonardo Barreto Moreira, quem relaciona o caráter subsidiário e fragmentário do direito penal com a necessidade de menor intervenção estatal na seara familiar. ALVES, Leonardo Barreto Moreira. **Direito de Família Mínimo**: A Possibilidade de Aplicação e o Campo de Incidência da Autonomia Privada no Direito de Família. Rio de Janeiro: Lumen Juris, 2010.

25. Afinal, como pontuam Erik Frederico Gramstrup e Tomás Tenshin Sataka Burgarin, o "Direito é técnica de solução de problemas humanos, de modo que jamais poderá ter um equivalente ao da matemática pura e tampouco poderá se comprazer com reflexões de índole exclusivamente teórica, sem qualquer preocupação prática". Gramstrup, Erik Frederico; BURGARIN, Tomás Tenshin Sataka. **A Liberdade das Uniões à Luz do Princípio da Igualdade Familiar**. Curitiba: Prismas, 2019, p.19.

de vênia conjugal; x. escolha do regime de bens pelo maior de 70 anos; xi. afastamento da Súmula 377 do Supremo Tribunal Federal no regime de separação obrigatória de bens; xii. aproveitamento do pacto antenupcial à união estável e xiii. fixação de data posterior à celebração do casamento para produção de efeitos do pacto.

No campo pessoal discutir-se-á sobre a (im)possibilidade do pacto regular: i. dispensa da fidelidade recíproca; ii. regramento de relações sexuais; iii. indenização por dissolução afetiva; iv. dispensa do dever de coabitação; v. afastamento da mútua assistência e/ou prefixação do valor dos alimentos e/ou transitoriedade alimentar; vi. obrigatoriedade de retirada do sobrenome acrescido; vii. renúncia à herança; viii. férias conjugais; ix. convenção comportamental; x. irretratabilidade matrimonial; xi. afazeres domésticos e regramento sobre *pets*.

Na seara procedimental discutir-se-á a (im)possibilidade de inserção, nos pactos antenupciais, de acordos procedimentais atípicos e calendarização processual, perquirindo os limites da autonomia no processo. Igualmente debater-se-á sobre a (in)viabilidade de cláusula arbitral no pacto antenupcial, e qual seria o seu objeto possível.

O debate sobre a (im)possibilidade de cada uma das cláusulas será ancorado na doutrina, na jurisprudência e, em especial, nos limites da autonomia, em contraponto ao interesse público, conforme as premissas desenvolvidas na primeira parte da pesquisa.

Após o amadurecimento das bases fundamentais, o estudo chegará às suas conclusões, no intuito de responder ao tema-problema central, ambicionando delimitar os limites da autonomia privada na customização matrimonial.

PARTE I

A AUTONOMIA NAS RELAÇÕES FAMILIARES

O conceito de autonomia não é unívoco. No dicionário Houaiss[1], autonomia remete ao autogoverno, ao direito de ser regido pelas próprias leis. Etimologicamente, a expressão autonomia vem do grego *auto* + *nomos* e significa independência, autodeterminação, o que é regido por leis próprias[2].

Esse conceito grego que, em sua origem, referia-se à coletividade, a partir do século XVIII passou a ser aplicado aos indivíduos[3] e, posteriormente, catapultado à noção fundamental do direito civil.

As mais variadas teorias que versam sobre autonomia consideram, geralmente, duas condições essenciais: (i) a liberdade, entendida como independência de influências controladoras, e (ii) a qualidade do agente, compreendida pela capacidade de agir intencionalmente[4]. Uma pessoa autônoma é aquela que tem a capacidade de aceitar, de forma racional; identificar-se com ou repudiar um desejo ou preferência; inferir, independentemente de manipulação de seus desejos[5].

---

1. HOUAISS, Antônio; VILLAR, Mauro de Salles. **Dicionário Houaiss da Língua Portuguesa**. Rio de Janeiro: Objetiva, 2001, p. 351.
2. CABRAL, Érico de Pina. A "Autonomia" no Direito Privado. **Revista de Direito Privado**, ano 5, n. 19, jul.-set., 2004, p. 84.
3. BARBOZA, Heloisa Helena. Reflexões sobre a autonomia negocial. *In*: TEPEDINO, Gustavo; FACHIN, Luiz Edson (coord.). **O Direito e o Tempo**: embates jurídicos e utopias contemporâneas. Rio de Janeiro: Renovar, 2008, p. 407-423.
4. BEUCHAMP, Tom; CHILDRESS, James F. **Princípios da Ética Médica**. São Paulo: Loyola, 2002, p. 142-143.
5. BEUCHAMP, Tom; CHILDRESS, James F. **Princípios da Ética Médica**. São Paulo: Loyola, 2002, p. 142-143.

Autonomia indica a condição de uma pessoa ou coletividade ser capaz de determinar qual conduta deseja se submeter[6]. Como um dos epicentros do Direito Civil, a autonomia deve ser entendida: i. no aspecto da liberdade de exercer, ou não, os poderes ou faculdades de que se é titular, e ii. no aspecto mais completo, da possibilidade de conformar e compor, conjuntamente ou por ato unilateral, os interesses próprios[7].

O conceito de autonomia é erigido com base nas noções de autogoverno, autodireção, construção de identidade própria, livre capacidade de formulação e execução dos projetos próprios e proteção de individualidade[8]. Dirige-se a autonomia à realização de interesses e de funções que merecem tutela e são socialmente úteis[9].

Em um panorama amplo de análise da autonomia, percebe-se que desde o seu surgimento, com a sua adjetivação como da vontade, até seus contornos atuais, compreendida como privada ou negocial, a autonomia

---

6. SEGRE, Marco; SILVA, Franklin Leopoldo; SCHRAMM, Fermin R. O Contexto Histórico, Semântico e Filosófico do Princípio de Autonomia. **Revista Bioética**, v. 6, n.1, Conselho Federal de Medicina. Disponível em: www.portalmedico.org.br. Acesso em: 15 out. 2020.

7. PINTO, Carlos Alberto da Mota. **Teoria Geral do Direito Civil**. 3. ed. Coimbra: Coimbra, 1999, p. 42.

8. AMARAL, Carlos Pacheco. Autonomia: Uma Aproximação na Perspectiva da Filosofia Social e Política. **Revista da Universidade de Açores**. Ponta Delgada, 1995, p. 151. Discordando dos autores que serão citados no corpo deste trabalho, cita-se a importante doutrina de Marcos Bernardes de Mello, quem trata, indistintamente, as expressões 'autonomia da vontade' e 'autonomia privada'. Na visão do autor, em ambas as expressões predomina um semelhante voluntarismo. O fato é que há o predomínio de qualquer das expressões para designar o poder de manifestar a vontade no sentido de 'autorregulamentação' ou autodisciplina dos interesses próprios. MELLO, Marcos Bernardes de. **Teoria do Fato Jurídico**. Plano da Existência. 14. ed. São Paulo: Saraiva, 2007, p. 181-188. Também discorda da necessidade de distinção Francisco Cavalcanti Pontes de Miranda. Este utiliza-se da expressão autorregramento da vontade como gênero, apto a ser aplicado a todo o direito. PONTES DE MIRANDA, Francisco Cavalcanti. **Tratado de Direito Privado**: Parte Geral. t. III. 4. ed. São Paulo: RT, 1983, p. 187. Paulo Lôbo, comentando os estudos de Pontes de Miranda, afirma que, para Pontes de Miranda, a "liberdade contratual é aquela que se refere à liberdade de conclusão do contrato (poder de assumir deveres e obrigações), enquanto que a autonomia é o poder de determinar o conteúdo do contrato. Essa distinção é imprecisa e sai ignorada na análise conjunta do autorregramento vontade, pois esta reúne a liberdade de contratar ou não e a liberdade de determinação do conteúdo, além de que abrange outras espécies de negócios jurídicos não contratuais (unilaterais, os demais negócios bilaterais e os plurilaterais)". LÔBO, Paulo Luiz Netto. Autorregramento da vontade: *insight* de Pontes de Miranda. **Revista Jus Navigandi**, Teresina, ano 18, n. 3.748, 5 out. 2013. Disponível em: https://jus.com.br/artigos/25357. Acesso em: 2 out. 2020.

9. TEPEDINO, Gustavo; BARBOZA, Heloisa Helena; MORAES, Maria Celina Bodin de. **Código Civil Interpretado conforme a Constituição da República**. Rio de Janeiro: Renovar, 2004, p. 211.

fora deveras modificada e ressignificada. O conceito de autonomia não é atemporal e/ou imutável[10].

Delineamentos sobre o seu conteúdo e seara de aplicação foram e são, corriqueiramente, revisitados. Limites advindos do Estado e resultantes das transformações sofridas pelo Estado Liberal, Social e Democrático de Direito, transformaram e transformam a autonomia.

Visionando ofertar as bases necessárias à solução do tema-problema posto, em especial perquirir sobre o papel da autonomia nas relações familiares, avançará este estudo derredor da evolução da autonomia, o seu diálogo com os diversos modelos estatais e a análise de sua faceta existencial, em especial com seus delineamentos familiaristas.

Nessa jornada não se olvidará perquirir outras expressões da autonomia, igualmente salutares ao trabalho que se constrói, buscando diálogos públicos, processuais e constitucionais. Igualmente se verificará os limites da autonomia, na busca de entendimento sobre qual o interesse público hábil à restrição dos particulares e quais os mecanismos seguros de ponderações na aplicação da autonomia.

10. PRATA, Ana. **A Tutela Constitucional da Autonomia Privada**. Coimbra: Almedina, 1982, p. 25.

2

A EVOLUÇÃO DA AUTONOMIA E OS SEUS CONTORNOS. OS DIVERSOS MODELOS ESTATAIS

O direito privado contamina e se deixa contaminar pelas molduras e pelos fatos históricos. Com a autonomia, umas das principais expressões do direito privado, não é diferente. Verificar a evolução da autonomia e suas transformações é, em certa medida, dialogar com a evolução da sociedade, os diversos modelos estatais e os respectivos constitucionalismos.

Atento a este cenário, este estudo irá avançar na construção do diálogo entre a autonomia, os modelos estatais e os direitos e garantias fundamentais.

2.1. A AUTONOMIA E O SEU DESENVOLVIMENTO PRÉVIO E DURANTE O ESTADO LIBERAL

Nos primórdios de Roma, o formalismo se sobrepunha. Havia o domínio da interpretação objetiva dos atos jurídicos e uma atuação formal. Os efeitos das condutas jurídicas eram consequências da forma, e não da vontade. A declaração solene de um acordo firmado possuía força normativa, sendo a *lex privata*[1].

Foi apenas com o desenvolvimento da cultura jurídica em Roma que o formalismo exacerbado começou a ser revisitado e ressignificado. No início da República romana, a interpretação subjetiva passou a ser verificada nos contratos formais. Buscava-se o sentido concreto que o declarante lhe tinha dado em determinado caso.

1. ARAÚJO, Maria Angélica Benetti. Autonomia da Vontade no Direito Contratual. **Revista de Direito Privado**, n. 27. São Paulo: RT, 2006, p. 281.

Na época Clássica romana, a interpretação dos contratos passou a fincar bases na vontade e o conceito de contrato firmou-se como um acordo de vontades (*consensus*), no qual a declaração era um meio auxiliar de discussão de vontade[2].

Ao substituir-se o tipo de negócio jurídico formal por outros mais espirituais, iniciou-se a utilização do critério da livre interpretação. A letra do contrato e o seu espírito, representado pela vontade interna, eram motivos de verificação nos textos clássicos[3].

Na época Pós-Clássica romana, suprimiu-se o formalismo verbal e a interpretação jurídica passou a ser direcionada para a materialização do princípio da vontade[4].

Percebe-se, no avanço do tema em Roma, que resta mitigado o paradigma da forma, o qual cede espaço ao consensualismo e maior liberdade formal.

Dando um salto histórico, na Idade Média a vontade foi substituída pela fé jurada, com notável influência da Igreja Católica. A violação à fé jurada cominava em dupla sanção, "humana, com a falta da palavra empenhada, e divina, com o pecado"[5].

Ao longo dos séculos V a XV, durante a Idade Média, matrimonialização e patrimonialização uniram-se à sacralização das uniões. O matrimônio fora elevado à sacramento, ao lado do batismo, da crisma, da confissão, da comunhão, da extrema-unção...[6]. O casamento tornou-se indissolúvel, enquanto a poligamia e o concubinato eram alvo de proibições. O ato sexual era viável apenas no casamento, visionando procriação, projetando-se a abstinência sexual como situação de pureza[7].

Na Idade Média, não se reconhecia o exclusivo primado da vontade individual, senão nos limites da fé, da moral e do bem comum. Os interesses

2. CABRAL, Érico de Pina. A "Autonomia" no Direito Privado. **Revista de Direito Privado**, ano 5, n. 19, jul.-set., 2004, p. 87.
3. STRENGER, Irineu. **Da Autonomia da Vontade**. 2. ed. São Paulo: LTr., 2000, p. 89.
4. GRAMSTRUP, Erik Frederico; ZANETTI, Andrea Cristina. Aspectos formativos do contrato na atualidade. ***Quaestio Iuris***, v. 12, p. 683, 2020. Disponível em: https://www.e-publicacoes.uerj.br/index.php/quaestioiuris/article/view/38456/33553. Acesso em: 16 fev. 2021.
5. CABRAL, Érico de Pina. A "Autonomia" no Direito Privado. **Revista de Direito Privado**, ano 5, n. 19, jul.-set., 2004, p. 87.
6. BARROS, Sérgio Resende de. Matrimônio e Patrimônio. **Revista Brasileira de Direito de Família**. Porto Alegre: IBDFAM/SÍNTESE, jan.- mar. 2001.
7. BARROS, Sérgio Resende de. Matrimônio e Patrimônio. **Revista Brasileira de Direito de Família**. Porto Alegre: IBDFAM/SÍNTESE, jan.- mar. 2001.

da comunidade familiar e religiosa se sobrepunham aos interesses isolados dos indivíduos[8].

É com o final da Idade Média, porém, que passam a ser mais facilmente verificados o consensualismo e o individualismo. As comunidades clânicas e familiares desapareceram quase completamente, sobretudo nas cidades, conferindo espaço ao homem. O homem passou a ser visto como um indivíduo isolado, livre, com a capacidade de dispor da sua pessoa e de seus bens[9].

Seguindo no avanço histórico, percebe-se que o fecundo campo para o desenvolvimento mais notável da autonomia, então adjetivada como da vontade, se deu na seara dos contratos.

No domínio dos contratos, a doutrina da autonomia da vontade surgiu a partir do século XVI, com o Humanismo e a Reforma. O casamento perdeu sua sacralização, sendo laicizado, como fruto da liberdade. Surge, ao lado do casamento religioso, o civil ou leigo, ficando o Estado com a patrimonialização matrimonial e a igreja com a sacralização[10].

A Escola Jusnaturalista racional no século XVII constituiu importante fator de laicização do direito, da concepção racional. Para os jusnaturalistas o direito regia a sociedade civil e a vontade era soberana. O livre arbítrio era o princípio base de todo o direito natural[11], fato que impulsionou a autonomia.

A noção de voluntarismo jurídico, porém, apenas se integrou decisivamente à ciência do Direito por obra dos filósofos Jean-Jacques Rousseau e Immanuel Kant, os quais, nos finais dos séculos XVIII e XIX, potencializaram a teoria da autonomia da vontade[12].

Segundo Kant, o princípio da autonomia remete ao não escolher, "senão de modo que as máximas escolhas estejam incluídas simultaneamente, no querer mesmo, como lei universal"[13].

---

8. GILISSEN. John. **Introdução Histórica ao Direito**. 3. ed. Coimbra: Calouste Gulbenkian, Livraria Almedina, 2001, p. 737.
9. GILISSEN. John. **Introdução Histórica ao Direito**. 3. ed. Coimbra: Calouste Gulbenkian, Livraria Almedina, 2001, p. 737.
10. BARROS, Sérgio Resende de. Matrimônio e Patrimônio. **Revista Brasileira de Direito de Família**. Porto Alegre: IBDFAM/SÍNTESE, n. 8, p. 8, jan.-mar., 2001.
11. GILISSEN, John. **Introdução Histórica ao Direito**. 3. ed. Coimbra: Calouste Gulbenkian. Livraria Almedina, 2001, p. 737-738.
12. STRENGER, Irineu. **Da Autonomia da Vontade**. 2. ed. São Paulo: LTr., 2000, p. 106.
13. KANT, Immanuel. **Fundamentação da Metafísica dos Costumes**. Trad. Paulo Quintela. Lisboa: Edições 70, p. 85.

O voluntarismo jurídico foi fruto de uma reação ao Antigo Regime, pautando-se na noção de que o homem apenas deve se submeter às leis decorrentes da sua própria vontade. Afasta-se a máxima de que as normas deveriam nascer de um Deus ou de um Rei[14].

Tomando corpo o voluntarismo, a autonomia da vontade passou a ser interpretada como fonte e fim de todo o direito. Os ideais da Revolução Francesa balizaram a organização jurídica no consenso das partes, cujas palavras se atribuíam força de lei, através do *pacta sunt servanda*[15]. Há uma sacralização da vontade humana[16].

Com o Código Civil de Napoleão – primeiro corpo legislativo a adotar, em toda a sua extensão, o dogma da autonomia da vontade –, as partes envolvidas nas relações jurídicas eram consideradas igualmente capazes, ainda que existente desigualdade econômico-social.

A vontade tinha a mesma força criadora da lei, inexistindo hierarquia. A força obrigatória dos contratos servia como pano de fundo para a doutrina da justiça, sendo intolerável a intervenção estatal[17]. Significava-se a igualdade apenas sob o ponto de vista formal, com recusa de meios jurídicos visionando sua redistribuição. A solidariedade era apenas uma virtude humana, mas não jurídica. Liberdade era sinônimo de não intervenção.

Fruto do Estado Liberal, a autonomia da vontade frutificava de uma concepção patrimonializada, egoísta, individualista e excessivamente privada, relacionada ao sujeito e à propriedade. O surgimento da autonomia dialogava com o advento da posse privada e da propriedade[18].

A autonomia da vontade partia das premissas do consensualismo, do voluntarismo ou da subjetividade jurídica. Os negócios nasciam, simplesmente, da vontade, a qual era ilimitada e sem amarras jurídicas.

Enxergava-se o Estado como um adversário da liberdade. Era necessário limitar a intervenção pública nas liberdades individuais. Visualizava-se

14. PRATA, Ana. **A Tutela Constitucional da Autonomia Privada**. Coimbra: Almedina, 1982, p. 82.

15. ARAÚJO, Maria Angélica Benetti. Autonomia da Vontade no Direito Contratual. **Revista de Direito Privado**, n. 27. São Paulo: RT, 2006, p. 281.

16. PRATA, Ana. **A Tutela Constitucional da Autonomia Privada**. Coimbra: Almedina, 1982, p. 82.

17. VIEIRA, Iacyr de Aguilar. A autonomia da vontade no Código Civil Brasileiro e no Código de Defesa do Consumidor. **Revista dos Tribunais**, ano 90, v. 791, São Paulo: RT, 2001, p. 31-63. No mesmo sentido: CABRAL, Érico de Pina. A "Autonomia" no Direito Privado. **Revista de Direito Privado**, ano 5, n. 19, jul.-set., 2004, p. 88.

18. PRATA, Ana. **A Tutela Constitucional da Autonomia Privada**. Coimbra: Almedina, 1982, p. 7.

a lógica de separação entre o Estado e a Sociedade como um garantidor da liberdade individual. O Estado deveria ser ausente do mundo privado, o que, economicamente, verificava-se na mão-invisível (*laissez faire*) de Adam Smith[19]. Diante desse cenário, a economia tornou-se um campo vedado à intervenção estatal.

Sob o ponto de vista familiar, consagra o *Code de France* o casamento leigo, independente de questões religiosas, cuja validade depende tão somente de regras jurídicas. Infere-se que o dogma da vontade, de maneira bastante eficiente, serviu ao desenvolvimento do liberalismo econômico, político e da livre concorrência de mercado. O negócio jurídico era concebido como um ato humano, no qual a vontade estabelecia seu conteúdo e seus efeitos.

Havia uma concepção da sociedade atomizada. Deixava-se em segundo plano os laços de solidariedade e de interesses comuns e elevava-se ao primeiro plano a vontade individual. O direito público deveria limitar a atuação do Estado na esfera particular, enquanto o direito privado deveria assegurar o pactuado, independentemente de vulneráveis.

Na leitura liberal, a posição do Estado relativa à vida econômica assume um conteúdo predominantemente negativo. Riqueza e bem-estar coletivos são compreendidos como o mero somatório da riqueza e do bem-estar individuais[20]. O interesse público era então concebido como meio para assegurar a expansão dos interesses privados[21].

O direito de propriedade ganha notoriedade, sendo o ordenamento erguido em torno de ideias referentes à aquisição e circulação dos bens, sem nenhuma interferência estatal. Ao Estado restaria, além da não intromissão, o papel de proteger a propriedade privada[22].

A ordem constitucional de então buscava, de um lado, organizar o poder político, definindo os limites de atuação estatal, e, de outro, garantir aos cidadãos um conjunto de direitos contra aqueles, através dos chamados

---

19. SARMENTO, Daniel. **Direitos Fundamentais e Relações Privadas.** Rio de Janeiro: Lumen Juris, 2004, p. 7-13.
20. PRATA, Ana. **A Tutela Constitucional da Autonomia Privada**. Coimbra: Almedina, 1982, p. 27.
21. PRATA, Ana. **A Tutela Constitucional da Autonomia Privada**. Coimbra: Almedina, 1982, p. 28.
22. SARMENTO, Daniel. Os princípios constitucionais da liberdade e da autonomia privada. *In:* PEIXINHO, Manoel Messias *et al.* (coord.). **Os princípios da Constituição de 1988**. 2. ed. Rio de Janeiro: Lumen Juris, 2006, p. 232.

direitos e garantias fundamentais de primeira dimensão. O direito administrativo era mínimo e refletia a ausência de intervenção estatal[23].

Restava clara a relação entre a autonomia da vontade e os direitos fundamentais de primeira dimensão, ambos frutos do Estado Liberal.

Os direitos fundamentais de primeira dimensão foram concebidos como limitações à atuação dos governantes (direitos negativos), marcando território no qual o Estado deve se abster. Delimitam rígida demarcação entre a sociedade civil e o Estado, entre as esferas privada e pública, ao que se chamou de *summa divisio*. A autonomia da vontade prega justamente a existência de espaço de atuação privado, sem qualquer ingerência estatal. As liberdades negativas ganham espaço, em diálogo com o liberalismo, verificando-se uma concepção embrionária do capitalismo.

As questões sociais eram deixadas à margem. Preponderava o "ter" em relação ao "ser", sendo a apropriação sinônimo de plenitude pessoal. Enxergava-se um direito civil fincado na propriedade, consistindo o contrato um mero mecanismo de circulação proprietária[24].

Impedia-se a efetivação da dignidade da pessoa humana, o respeito à justiça distributiva e à igualdade material ou substancial[25]. A igualdade era visitada apenas sob o seu aspecto formal, fato que, ao lado do voluntarismo, conduziu a uma míope construção da força obrigatória e do relativismo dos contratos.

O negócio jurídico pactuado presumia lei entre as partes, pouco importando o desnivelamento econômico entre elas e a eventual onerosidade excessiva de um dos polos contratuais. A igualdade das partes decorria da noção de que elas eram iguais perante o Estado e perante terceiros, pouco importando, naquele contexto, eventual desigualdade econômica ou vulnerabilidade[26]. O *pacta sunt servanda* impunha a obrigatoriedade de cumprimento contratual, sem exceções, e não se reconhecia tutela diferenciada a vulneráveis ou hipossuficientes. A intervenção estatal na

---

23. PRATA, Ana. **A Tutela Constitucional da Autonomia Privada**. Coimbra: Almedina, 1982, p. 32-33.

24. Kataoka, Eduardo Takemi. Declínio do Individualismo e Propriedade. *In*: TEPEDINO, Gustavo. **Problemas de Direito Civil Constitucional**. Rio de Janeiro: Renovar, 2000, p. 460.

25. RAMOS, Carmen Lúcia Silveira. A Constitucionalização do Direito Privado e a Sociedade sem Fronteiras. *In*: FACHIN, Luiz Edson (coord.) **Repensando os Fundamentos do Direito Civil Brasileiro Contemporâneo**. Rio de Janeiro: Renovar, 1998, p. 5.

26. PRATA, Ana. **A Tutela Constitucional da Autonomia Privada**. Coimbra: Almedina, 1982, p. 87.

esfera privada era restrita ou quase nula[27]. Patrimonialmente sufocada, a autonomia ligava-se a questões materiais, visto que praticamente não se admitia o exercício da autonomia no campo existencial, a exemplo do familiar[28].

O Brasil não passou à margem dessas influências.

As ideias e os ideais liberais contaminaram sobremaneira o Código Civil Nacional de 1916. Afinal, malgrado o seu nascimento no primeiro quartel do Século XX, o Código Civil Nacional de 1916 fora um resultado legislativo do Século XIX, com clara influência burguesa[29]. O Código Civil de 1916 era um caçula do liberalismo.

A legislação civilista nacional de 1916 foi forjada no ideal da *summa divisio*, visionando uma divisão estanque entre dois grandes grupos dicotômicos: o privado e o público. O Código Civil era visto como o estatuto único a reger as relações privadas, ao passo que a Constituição Federal consubstanciava o diploma exclusivo regente das relações públicas.

Vivenciava-se a "era da ordem", na qual o âmbito do direito público estava perfeitamente diferenciado do privado. Desenvolvia-se uma dogmática baseada em esferas independentes[30].

O Código Civil monopolizava as relações privadas[31], impedindo a intervenção estatal. Simbolizava o documento completo e único, com completude de tratamento sobre todo o direito privado (Constituição do Direito Privado). Traduzia a autobiografia do indivíduo burguês[32].

Atento à doutrina individualista e voluntarista, consagradas no Código de Napoleão, bem como aos ideais do Estado Liberal e aos direitos e garantias fundamentais de primeira dimensão, o Código Civil de 1916 foi fruto

27. FARIA, Roberta Elzy Simiqueli de. Autonomia da Vontade e Autonomia Privada: uma distinção necessária. *In*: FIUZA, César; SÁ, Maria de Fátima Freire de; NOVAES, Bruno Torquato de Oliveira (coord.). **Direito Civil**: Atualidades. Belo Horizonte: Del Rey, 2003, p. 57.

28. ALVES, Leonardo Barreto Moreira. **Direito de Família Mínimo**: A Possibilidade de Aplicação e o Campo de Incidência da Autonomia Privada no Direito de Família. Rio de Janeiro: Lumen Juris, 2010, p. 19.

29. GOMES, Orlando. **A Reforma do Código Civil**. Salvador: Universidade da Bahia, 1965, p. 22.

30. LORENZETTI, Ricardo Luis; MIRAGEM, Bruno. **Teoria da Decisão Judicial**: Fundamentos de Direito. Trad. Cláudia Lima Marques. Notas. 2. ed. São Paulo: RT, 2010, p. 39.

31. TEPEDINO, Gustavo. **Temas de Direito Civil**. 2. ed. Rio de Janeiro: Renovar, 2001, p. 2.

32. NEGREIROS, Teresa. **Teoria do Contrato**: Novos Paradigmas. 2. ed. Rio de Janeiro: Renovar, 2006, p. 14-15.

do movimento de Codificação do Século XIX, e tinha como valor fundante o indivíduo, que era o marido, o proprietário, o contratante e o testador[33].

O sujeito de direito era visto no seu viés patrimonial, relegado ao segundo plano a sua essência humana, a sua dignidade e os seus desejos existenciais. A pessoa era valorizada pelo que tinha ("ter"), e não pelo que era ("ser")[34].

Elevou-se a propriedade a instituto fundamental, aliado a figura dos contratos como hábeis à circulação proprietária. Tutelava-se valores burgueses, com proteção à propriedade e aos contratos. Havia uma exacerbada patrimonialização do Direito Civil e valores como autonomia, igualdade formal e vinculação contratual ganharam enorme relevo. Legislador e Poder Judiciário passaram a dever observância cega ao contrato; ao querer individual[35].

A ampla autonomia materializou-se na tríplice faculdade de contratar ou não contratar (liberdade de contratar), escolher o contratado e determinar o conteúdo do contrato (liberdade contratual)[36]. Sendo a vontade livre e autônoma, vinculava, gerando força obrigatória em negócios patrimoniais. Havia prevalência de proteção da autonomia, enquanto o suposto interesse privado preferia ao público.

Os ideais proprietários, com sobreposição patrimonial, contaminaram a família desse contexto histórico ligado ao Código Civil de 1916. Dos seus 290 artigos destinados ao direito das famílias, 151 tratavam de relações patrimoniais. A própria noção de filhos ilegítimos, existente à época, objetivava mais proteger ao patrimônio familiar, do que à própria família[37].

Sob a ótica familiar, o Código de 1916 era patriarcal, enxergava o homem como chefe da família, colocando a mulher em um papel secundário, na forma do art. 233[38]. No início da vigência do Código Civil de 1916, a

---

33. TEPEDINO, Gustavo. **Temas de Direito Civil**. 2. Rio de Janeiro: Renovar, 2001, p. 2.

34. MEIRELLES, Jussara. O ser e o ter na codificação civil brasileira: do sujeito virtual à cláusula patrimonial. *In*: FACHIN, Luiz Edson (coord.). **Repensando Fundamentos do Direito Civil Brasileiro Contemporâneo**. Rio de Janeiro: Renovar, 1998, p. 95.

35. NEGREIROS, Teresa. **Teoria do Contrato**: Novos Paradigmas. 2. ed. Rio de Janeiro: Renovar, 2006, p. 27.

36. MEIRELLES, Jussara. O ser e o ter na codificação civil brasileira: do sujeito virtual à cláusula patrimonial. *In*: FACHIN, Luiz Edson (coord.). **Repensando Fundamentos do Direito Civil Brasileiro Contemporâneo**. Rio de Janeiro: Renovar, 1998, p. 100.

37. LÔBO, Paulo Luiz Netto. **Direito Civil**: Famílias. São Paulo: Saraiva, 2008, p. 7-8.

38. BRASIL. Código Civil (1916). "Art. 233. O marido é o chefe da sociedade conjugal. Compete-lhe: I. A representação legal da família. II. A administração dos bens comuns e dos particulares da

mulher casada, por exemplo, era considerada relativamente incapaz. Era o homem que tinha, em regra, o poder sobre os filhos, o qual era denominado de pátrio poder, como posto pelo art. 380[39]. O Código Civil de 1916 via a família apenas no casamento; relações não casamentárias eram veementemente repudiadas. Legítimos eram apenas os filhos do casamento; os demais, eram ilegítimos.

Novamente olhando sob o contexto global, o fato é que, com a atitude de abstenção do Estado de interferência na esfera privada, permitiu-se à burguesia praticar o seu projeto de liberdade, em especial de livre comércio. O Estado, no que tange à economia, servia apenas para velar as liberdades econômicas burguesas, pautado em não intervenção. O Estado-aparelho fora reduzido, compreendendo apenas a manutenção da ordem pública, a aplicação da lei, a defesa das fronteiras nacionais e as relações exteriores[40].

Vivenciou-se uma grande dinamização dos meios de produção, incremento de tecnologia, ampliação da mão de obra e aumento do mercado de consumo. Tudo isto conduziu a sociedade à Revolução Industrial, importante marco do capitalismo moderno, nos idos do Século XVII.

A família urbanizou-se, acanhou-se em tamanho, passando a compartilhar espaço físico reduzido, fatos que colocaram a indissolubilidade familiar em xeque[41]. Nesse contexto social, a família proletarizada sofreu e enfrentou dificuldades.

Com o advento da Revolução Industrial houve o claro aprimoramento do princípio da repetição, levando à produção em massa, a qual conduziu à necessidade de contratação em escala. Nasceu a massificação dos contratos, através da desigual figura do contrato por adesão.

A doutrina da vontade livre, que antes libertava, passou a aprisionar.

---

mulher, que ao marido competir administrar em virtude do regime matrimonial adaptado, ou do pacto antenupcial (arts. 178, § 9º, n. I, c, 274, 289, n. I, e 311). III. direito de fixar e mudar o domicílio da família (arts. 36 e 233, n. IV). IV. O direito de autorizar a profissão da mulher e a sua residência fora do tecto conjugal (arts. 231, n. II, 242, n. VII, 243 a 245, n. II, e 247, n. III). V. Prover à manutenção da família, guardada a disposição do art. 277".

39. BRASIL. Código Civil (1916). "Art. 380. Durante o casamento, exerce o pátrio poder o marido, como chefe da família (art. 233), e, na falta ou impedimento seu, a mulher".

40. PRATA, Ana. **A Tutela Constitucional da Autonomia Privada**. Coimbra: Almedina, 1982, p. 31.

41. FIUZA, César Augusto de Castro. Mudança de Paradigmas: do tradicional ao contemporâneo. *In*: PEREIRA, Rodrigo da Cunha (coord.). **Anais do II Congresso Brasileiro de Direito da Família**. A Família na Travessia do Milênio. Belo Horizonte: IBDFAM/OAB-MG/Del Rey, 2000, p. 35.

A classe burguesa, valendo-se de sua condição econômica mais forte, começou a unilateralmente redigir contratos, recheados de cláusulas abusivas, submetendo a contraparte à sua adesão e exploração. Nasce a chamada crise do voluntarismo[42].

Percebe-se que o abuso, a opressão e a violência não advêm apenas do Estado, mas de múltiplos atores privados, que economicamente mais fortes, exploram os vulneráveis.

Há um sensível aumento de complexidade das relações sociais, criando, de um lado, a classe dos industriais - beneficiados economicamente - e, de outro, o proletariado - explorado economicamente. Essa luta de classes foi o grande epicentro da crise do velho liberalismo[43].

As condições materiais dos trabalhadores assalariados e a carência e desproteção desses setores sociais, em especial no pós-guerra, descortinaram a emergência de novos pretendentes ao exercício do poder[44].

O Estado não mais poderia permanecer inerte ao poderio econômico e social da classe burguesa. Daí decorrem críticas ao princípio da autonomia da vontade, alicerce do liberalismo econômico. Em meio à desigualdade socioeconômica, a liberdade plena importava desequilíbrio contratual e aprisionamento[45].

Reações ao velho liberalismo ganharam espaço, como o marxismo, o socialismo utópico e a doutrina social da Igreja. O gene comum dessas reações era a crítica ao capitalismo selvagem e ao exacerbado individualismo. Como resposta, propunha-se um Estado mais interventor na tutela dos desfavorecidos.

---

42. Na lição de Érica de Pina Cabral, "a crise do voluntarismo não desconstituiu, entretanto, o caráter originário do poder dos particulares de estabelecerem regras entre si, mas fez entrar em cena uma outra linguagem jurídica: 'ordem de interesses', 'autorregulamento', 'autonomia privada' etc. Esta nova ordem delineou um novo caráter de objetividade para os negócios jurídicos, agora não mais fundado na causa psíquica representada pela vontade, mas nas regras extraídas dos interesses socialmente relevantes. A interpretação dos negócios jurídicos ganhou maior escora na teoria da declaração e a vontade ficou reduzida ao foro interno das partes. A vontade perdeu o seu *status* de valor em si, autossuficiente a produzir efeitos jurídicos. CABRAL, Érica de Pina. A "Autonomia" no Direito Privado. **Revista de Direito Privado**, ano 5, n. 19, jul.-set., 2004, p. 90.
43. BONAVIDES, Paulo. **Do Estado Liberal ao Estado Social**. 9. ed. São Paulo: Malheiros, 2009, p. 188.
44. MORAIS, Carlos Blanco de. **Curso de Direito Constitucional**. Teoria da Constituição em Tempo de Crise do Estado Social. t. II. v. II. Coimbra: Coimbra, 2015, p. 114.
45. NOVAIS, Alinne Arquette Leite. Os Novos Paradigmas da Teoria Contratual: o princípio da boa-fé objetiva e o princípio da tutela do hipossuficiente. *In*: TEPEDINO, Gustavo (coord.). **Problemas de Direito Constitucional**. Rio de Janeiro: Renovar, 2001, p. 18.

Os fundamentos do "Estado Liberal de Direito" foram abalados ou transformados por fatores de ordem político-social, econômica e ideológica[46]. Há o ocaso do Estado Liberal e, Como resposta, nasce o Estado Social.

2.2. A AUTONOMIA E O ESTADO SOCIAL

O contragolpe do Estado, à crise do modelo liberal, veio mediante intervenção, a qual fora ampliada para coibir os desmandos e controlar a desigualdade fática existente nos tratos negociais.

Advém o Estado de Bem-Estar Social (*Welfare State*), com um modelo estatal mais proativo, em proteção aos desfavorecidos. O Estado ampliou suas funções, pois além de respeitar os direitos fundamentais de primeira dimensão (de não intervenção), passou a intervir mediante os direitos fundamentais de segunda dimensão, agindo no campo social e atuando nas áreas de saúde, previdência, educação, moradia e emprego.

No Estado Social existem novas premissas constitucionais, visionando promover justiça social, garantia dos direitos individuais, políticos, econômicos e sociais da população, além da tutela dos hipossuficientes. Há intervenção estatal na autonomia, coibindo abusos e desequilíbrios contratuais[47]. Os negócios jurídicos não mais se pautavam "na causa psíquica representada pela vontade, mas nas regras extraídas de interesses socialmente relevantes"[48].

Percebe-se o ocaso do individualismo possessivo[49]. O Estado, que quando liberal era alheio à satisfação das necessidades privadas, titularizou tarefas de realização do bem-estar dos cidadãos em setores vitais, prioritários e fundamentais. Compete ao Estado, agora, intervir nas relações interindividuais para corrigir distorções oriundas de desigualdades[50].

---

46. MORAIS, Carlos Blanco de. **Curso de Direito Constitucional**. Teoria da Constituição em Tempo de Crise do Estado Social. t. II. v. II. Coimbra: Coimbra, 2015, p. 116.
47. SCHNEIDER, Patrícia Buendgens. Princípio da boa-fé – um instrumento de dirigismo contratual. *In*: NALIN, Paulo (coord.). **Contrato e Sociedade**: a autonomia privada na legalidade constitucional. Curitiba: Juruá, 2006, p. 154.
48. CABRAL, Érico de Pina. A "Autonomia" no Direito Privado. **Revista de Direito Privado**, ano 5, n. 19, jul.-set., 2004, p. 91.
49. SARMENTO, Daniel. Interesses Públicos *vs*. Interesses Privados na Perspectiva da Teoria e da Filosofia Constitucional. *In*: SARMENTO, Daniel. **Interesses Públicos *versus* Interesses Privados**: Desconstruindo o Princípio da Supremacia do Interesse Público. Rio de Janeiro: Lumen Juris, 2005, p. 69.
50. PRATA, Ana. **A Tutela Constitucional da Autonomia Privada**. Coimbra: Almedina, 1982, p. 38-39.

O Estado, que quando liberal era um mero espectador, no seu viés social assumiu a postura de interventor, de protagonista. Abranda-se a *summa divisio*. Com um papel mais intervencionista, o Estado começou a interceder nas relações privadas.

A estanque divisão entre o público e o privado vai sendo mitigada, verificando-se a publicização do direito privado e a privatização do público. Vivenciava-se a "era da desordem", a qual tornou móvel, e em alguns casos confusa, as fronteiras entre o público e o privado.

Como retratos deste período, a doutrina refere-se, frequentemente, às Constituições Mexicana, de 1917, e a de Weimar, de 1919, ambas contendo conteúdo programático de implementação dos direitos sociais[51].

Em solo norte-americano, igualmente ganham espaço ideais de intervenção, inclusive na economia, em especial após a quebra da Bolsa de Nova Iorque, em 1929. Tornam-se hegemônicas as ideias do economista inglês John Maynard Keynes, quem abraçava um papel ativo do Estado no cenário econômico, visionando o pleno emprego. Essa influência toca o Presidente Franklin Roosevelt, através do *New Deal*, para enfrentar e superar a crise de 1929[52]. A organização espontânea do mercado, pela "mão invisível" de Adam Smith, é gradualmente substituída pela mão da intervenção estatal, com inspiração Keynesiana[53].

No Brasil, o modelo estatal mais social ganha notoriedade com a Constituição de 1934, igualmente por meio de normas programáticas. Sintetiza a norma constitucional, como soe ocorrer no período, questões liberais – estrutura básica do Estado e garantia de direitos individuais –, e outros temas, de forma programática, visionando conformar a realidade social[54]. Destarte, a Constituição de 1934 ocupou-se das famílias, com um capítulo exclusivo e, inclusive, com destaque à indissolubilidade conjugal.

Para atender aos anseios constitucionais, surgiu uma inflação legislativa de normas que legitimaram a intervenção estatal. O Código Civil começou

51. GRAU, Eros Roberto. **A Ordem Econômica na Constituição de 1988**. 10. ed. São Paulo: Malheiros, 2005, p. 43.

52. SARMENTO, Daniel. **Direitos Fundamentais e Relações Privadas**. Rio de Janeiro: Lumen Juris, 2004, p. 18-19.

53. MORAIS, Carlos Blanco de. **Curso de Direito Constitucional**. Teoria da Constituição em Tempo de Crise do Estado Social. 3. ed. t. II. v. II. Coimbra: Coimbra, 2015, p. 113.

54. SARMENTO, Daniel. **Direitos Fundamentais e Relações Privadas**. Rio de Janeiro: Lumen Juris, 2004, p. 22-23.

a perder a centralidade de outrora e vivenciou-se, a partir de então, o início da era da descodificação[55].

O direito das famílias não passou incólume ao Estado Social, tendo em vista que a própria família fora objeto de intervenção. A ideia era reduzir os poderes despóticos familiares, promover a inclusão e a igualdade dos integrantes e compreender o espaço familiar como *locus* de desenvolvimento da dignidade[56]. A intervenção nas famílias, é verdade, em certo momento transbordou a razoabilidade e chegou a ser tão excessiva que se cogitou, até mesmo, a substituição da autoridade parental pela estatal[57].

Na moldura do Estado Social, as simbioses entre o público e o privado progrediram. Observou-se a publicização do direito privado e a privatização do público. O conceito de ordem pública não é mais exclusivo do direito público, e expressões como conglomerados econômicos e individualismo não mais se ligam tão somente ao ramo privado[58].

O Estado agigantou-se para implementar projetos sociais, demandando a estruturação de novos serviços públicos. O abstencionismo ficou para trás, em prol da intervenção para assegurar a proteção aos mais débeis. Surgiram novos ramos do direito, com uma terceira via entre o público e o privado, intitulados de direitos sociais, a exemplo do ramo trabalhista.

Um Estado mais interventor, porém, não significou o abandono do projeto capitalista. Ao revés. A adaptação do Estado se deu, justamente, para evitar a superação do capitalismo. Preservou-se o capitalismo, renovado sob diverso regime[59].

Era uma tentativa de reequilibrar a sociedade, para que cada indivíduo pudesse exercitar plenamente os seus direitos fundamentais de primeira dimensão, em especial, o ideal de liberdade[60].

55. IRTI, Natalino. **L'Età dela Descodificazione**. Milano: Giuffré, 1979.

56. LÔBO, Paulo Luiz Netto. A repersonalização das relações de família. **Revista Brasileira de Direito de Família**. Porto Alegre: IBDFAM/Síntese, n. 24, p. 141, jun.-jul., 2004.

57. PEREIRA, Caio Mário da Silva. **Instituições de Direito Civil**. Famílias. v. 5. 17. ed. Rio de Janeiro: Forense, 2009, p. 27.

58. LUDWIG, Marcos de Campos. Direito Público e Direito Privado: A Superação da Dicotomia. *In*: MARTINS-COSTA, Judith (org.). **A Reconstrução do Direito Privado**: reflexos dos princípios, diretrizes e direitos fundamentais constitucionais do direito privado. São Paulo: RT, 2002, p. 99-103.

59. GRAU, Eros Roberto. **A Ordem Econômica na Constituição de 1988**. 10. ed. São Paulo: Malheiros, 2005, p. 46.

60. BONAVIDES, Paulo. **Do Estado Liberal ao Estado Social**. 9. ed. São Paulo: Malheiros, 2009, p. 184.

Entretanto, a partir dos anos 1970, o Estado Social começou a enfrentar uma crise, decorrente do fato de não mais conseguir atender às demandas de uma sociedade mais complexa, dinâmica e multifacetária. A Revolução Tecnológica, também denominada de Terceira Revolução Industrial, atingiu em cheio o Estado Social. Cibernética, robótica, biologia molecular, medicina nuclear, internet, globalização... tudo isto toca as relações humanas, que também se modificam à velocidade da luz.

Percebe-se a ascensão de movimentos feministas, o reconhecimento de relações homoafetivas, a explosão de metrópoles, o incremento da cultura de massa (*mass-media*) e um aumento significativo dos comportamentos tipicamente urbanos (caos urbano, trânsito desenfreado, crescimento populacional e violência se tornaram mais perceptíveis).

O Estado Social, então, descortina suas fraquezas, mostrando-se deficitário e naufragando em seu plano de implemento dos direitos sociais[61]. Nota-se a situação tomando outros rumos com a universalização do voto, que traz consigo a tutela concomitante de diferentes e múltiplos interesses, muitas vezes antagônicos. Evolui-se de um Estado monoclassista para um pluriclassista, com vários grupos no parlamento que reuniam interesses variados.

É chegado o momento de avançar no modelo para o Estado Democrático de Direito.

2.3. AUTONOMIA E ESTADO DEMOCRÁTICO DE DIREITO

O Estado Democrático de Direito tem por escopo unir o conceito de Estado de Direito - baseado na lei, como herança do Estado Liberal - e de Estado Democrático - baseado na soberania popular, como presente em muitos Estados Sociais e que ganha contornos, no Estado Democrático de Direito, através da Democracia.

O Estado Democrático de Direito, entretanto, não se resume a isto. Há o desejo de ir além, rompendo paradigmas anteriores e efetivando a transformação social[62]. Diversamente do Estado Social - que não rompeu efusivamente com o Liberal –, o Estado Democrático de Direito efetivamente rompe com o Liberal e, para tanto, também intervém nas relações privadas.

61. SARMENTO, Daniel. **Direitos Fundamentais e Relações Privadas**. Rio de Janeiro: Lumen Juris, 2006, p. 27.

62. STRECK, Lenio Luiz. **Hermenêutica Jurídica e(m) Crise**: uma exploração hermenêutica da construção do direito. 8. ed. Porto Alegre: Livraria do Advogado, 2009, p. 330.

Isto, porém, não significa que os direitos fundamentais de primeira e de segunda dimensão, respectivamente frutos do Estado Liberal e Social, tenham sido sepultados pelo Estado Democrático de Direito. Rompe-se, em verdade, com a concepção individualista burguesa, que ainda impregnava o Estado Social e impedia a implementação eficaz dos direitos sociais. Progride-se na tutela de direitos fundamentais, agregando novos valores. No fundo, o Estado Democrático de Direito quebra as fincadas amarras do Estado Social na concepção individualista burguesa, agregando um *plus* normativo-qualitativo, com claro viés transformador[63].

Com um modelo mais interventor, as amarras históricas da *summa divisio*, que já vinham sendo relativizadas, se tornam mais anacrônicas. Há uma maior confluência entre o público e o privado, inexistindo demarcações precisas.

A crescente intervenção estatal (dirigismo), nascida no Estado Social do século XX – *Welfare State* –, e aumentada no Estado Democrático de Direito, é um dos motores desta publicização.

Afirma-se o tratamento constitucional de temas privados. Verifica-se, de forma mais clara, a constitucionalização do direito civil, também denominada de civilização da constituição, compreendida como a elevação, ao plano constitucional, dos princípios fundamentais do direito civil[64]. Temas privados ganharam tratamento em sede constitucional, para resguardar direitos[65].

O Código Civil deixou de ser a Constituição de Direito Privado, para ser tocado pelos novos valores constitucionais[66]. A Constituição Federal passar a ter efetivo papel central no sistema jurídico[67].

Ademais, o Estado, agora, tem sobre si a incidência de institutos privados, e a seara particular observa continuamente as normas de ordem pública.

---

63. SILVA, José Afonso da. **Curso de Direito Constitucional Positivo**. 24. ed. Nos termos da Reforma Constitucional. São Paulo: Malheiros, 2005, p. 119.

64. LÔBO, Paulo Luiz Netto. Constitucionalização do Direito Civil. **Jus Navigandi**, Teresina, ano 3, n. 33, jul. 1999, p. 1. Disponível em: http://www1.jus.com..br/doutrina/texto.asp?id=507. Acesso em: 03 maio 2020.

65. MALFATTI, Alexandre. Liberdade contratual. *In*: LOTUFO, Renan (coord.). **Cadernos de Direito Civil Constitucional** n. 2. Curitiba: Juruá, 2003, p. 25.

66. NANNI, Giovanni Ettore. A evolução do direito civil obrigacional: a concepção do direito civil constitucional e a transição da autonomia da vontade para a autonomia privada. *In*: LOTUFO, Renan (coord.). **Cadernos de Direito Civil Constitucional**: caderno 2. Curitiba: Juruá, 2003, p. 162.

67. GOMES, Orlando. **Ensaios de direito civil e de direito do trabalho**. Rio de Janeiro: Aide, 1986, p. 148-149.

Há um crescimento da zona de atuação do direito civil em relação a temas estatais. A atividade administrativa aproxima-se da privada, incorporando sua técnica, seu método e seu espírito[68].

Infere-se o aumento da inserção das noções de ordem pública, coletividade, função social, e outras ditas de direito público, na esfera privada, especialmente no ramo civil. Normas de natureza cogente aparecem e multiplicam-se na legislação privada. No direito privado, a manifestação de vontade demanda, a partir de então, uma harmonização com as questões de ordem pública.

Não mais subsistem motivos para a manutenção da dicotomia absoluta entre o público e o privado, e tal pensamento permanece unicamente por razões didáticas e de funcionamento do sistema. O ordenamento, assim como a jurisdição, é uno, admitindo fracionamento apenas à título de competência e efetividade. Enxerga-se o estudo do direito de forma interdisciplinar, por meio de uma análise constitucional e sistemática, a partir da verificação fática de problemas que, uma vez identificados, devem ser analisados segundo todo o ordenamento[69].

Avulta o papel interpretativo da Constituição Federal, a qual aumenta - ainda que de maneira atrasada, mas legítima - sua função de tábua axiológica informadora e unificadora de todo o sistema. O Código Civil perde o seu papel de Constituição do Direito Privado e textos constitucionais passam, de forma mais profunda, a abordar temas antes afetos apenas ao direito privado, a exemplo de organização da família[70].

Os "braços do ordenamento" (ramos do direito), não mais são vistos separadamente em relação à "sua cabeça", que é a Constituição Federal. E é justamente a cabeça quem direciona e confere coordenação à atividade dos membros.

Notabiliza-se a máxima efetividade e imediatismo à aplicação dos direitos fundamentais do indivíduo, com especial tutela à personalidade. Avulta um modelo de Estado emancipatório, seja para a coletividade - com o ideal democrático –, seja para o indivíduo - com o ideal de autonomia.

Conjuga-se, em um único modelo estatal, os ideais de liberdade (direitos fundamentais de primeira dimensão), sociais (direitos fundamentais

68. GOMES, Orlando. **Introdução ao Direito Civil**. 18. ed. Rio de Janeiro: Forense, 2002, p. 34.

69. PERLINGINERE, Pietro. **Perfis do Direito Civil Constitucional**. Introdução ao Direito Civil Constitucional. 2. ed. São Paulo: Renovar, 2002, p. 55.

70. TEPEDINO, Gustavo. **Temas de Direito Civil**. 3. ed. Rio de Janeiro: Renovar, 2004, p. 7.

de segunda dimensão) e transindividuais (direitos fundamentais de terceira dimensão).

Com o evoluir da sociedade, os ideais de democracia, pluralismo e informação (direitos fundamentais de quarta dimensão), assim como os de globalização (direitos fundamentais de quinta dimensão), integram o time de tutela, o qual só se expande, diante do rol exemplificativo dos direitos e garantias fundamentais, proteção da personalidade e tutela da dignidade da pessoa humana.

Voltando os olhos ao cenário nacional, percebe-se que o conteúdo programático das Constituições que se sucederam revelou um grande número de normas extravagantes, progredindo na edição de novas normas e descortinando uma verdadeira "inflação legislativa"[71]. A conduta foi necessária, pois a constitucionalização do direito civil deu origem a um notório descompasso entre os valores da ordem constitucional e da Codificação de 1916.

Aprofundou-se a era da descodificação[72], com uma babel normativa e dificuldades interpretativas. Descentralizou-se o Código Civil, vendo-se o ocaso da codificação.

As leis extravagantes, que em um primeiro momento eram utilizadas apenas de forma emergencial - leis de emergência[73] –, perdem essa característica e se proliferam desordenadamente, na tentativa de atualizar um Código Civil então defasado. São exemplos o Estatuto da Mulher Casada, a Lei do Divórcio, o Código de Defesa do Consumidor e o Estatuto da Criança e do Adolescente, dentre tantas outras.

A legislação privada torna-se uma verdadeira "colcha de retalhos", com a formação de um direito civil especial, descodificado e paralelo. A inevitável capilarização legislativa dificulta a compreensão e a aplicação do direito civil.

Aprofunda-se a crise do voluntarismo, a qual tem nítido diálogo com as sucessivas mudanças dos modelos estatais. A derrocada do Estado puramente Liberal, o advento do Social e a chegada do Estado Democrático de Direito revelam progressivas reduções na versão purificada do voluntarismo.

71. GRAU, Eros Roberto. **A Ordem Econômica na Constituição de 1988**. 10. ed. São Paulo: Malheiros, 2005, p. 46.

72. IRTI, Natalino. **L'Età dela Descodificazione**. Milano: Giuffré, 1979.

73. TEPEDINO, Gustavo. **Temas de Direito Civil**. 2. ed. Rio de Janeiro: Renovar, 2001, p. 5.

O caminhar dos modelos estatais a uma figura mais intervencionista, sem dúvidas, é o fato gerador de incontestáveis alterações no direito privado[74].

Proliferam as normas de ordem pública, ampliando-se as hipóteses de limitação da autonomia em prol da coletividade[75]. Infere-se a necessidade de que o direito ganhe uma função, indo da estrutura à função[76].

O Estado mudou sua postura intervindo mais fortemente nos contratos, exacerbando o dirigismo contratual[77], tutelando os mais fracos, proibindo certas cláusulas, trazendo hipótese de revisão contratual; enfim, mitigando o consensualismo e visionando a igualdade material das partes, com proteção de vulneráveis.

É nítida a ressignificação da autonomia nesse caminhar.

Na evolução do Estado Liberal, Social e Democrático de Direito, transmuda-se a autonomia da vontade à privada. Fica para trás uma liberdade ilimitada. Defende-se a existência de um certo espaço de atuação ao particular.

D'outra banda, a inflação legislativa, por conta das leis esparsas, que buscavam conformar o descompasso existente entre o Código Civil de 1916 e as mudanças de concepções estatais, passaram a demandar unificação. A "colcha de retalhos" legislativa tornava-se inoperável.

A unificação se deu mediante a Constituição Federal de 1988, que com o escopo de reunificar o sistema, passou a disciplinar, mais fortemente, matérias de direito privado[78].

A Constituição Cidadã descortina novos horizontes aos operadores do direito na seara privada, asseverando o fenômeno da constitucionalização do direito civil. Novos axiomas começaram a nortear uma sociedade veementemente modificada, cujas transformações acontecem à velocidade da evolução tecnológica.

---

74. GRAU, Eros Roberto. **A Ordem Econômica na Constituição de 1988**. 10. ed. São Paulo: Malheiros, 2005, p. 45.

75. SARMENTO, Daniel. **Direitos Fundamentais e Relações Privadas**. Rio de Janeiro: Lumen Juris, 2004, p. 19.

76. BOBBIO, Norberto. **Da Estrutura à Função**. Novos Estudos de Teoria do Direito. Barueri, São Paulo: Manole, 2007.

77. DINIZ, Maria Helena. **Curso de Direito Civil**. Teoria das Obrigações Contratuais e Extracontratuais. 27. ed. São Paulo: Saraiva, 2011, p. 44-45; SILVA, José Afonso da. **Curso de Direito Constitucional Positivo**. 24 ed. Nos termos da Reforma Constitucional. São Paulo: Malheiros, 2005, p. 119.

78. MORAES, Maria Celina Bodin de. A Caminho de um Direito Civil Constitucional. *In*: **Revista de Direito Civil, Agrário e Empresarial**, ano 17, jul.-set., p. 24, 1993, p. 24.

A Constituição Federal efetivamente passou a ocupar o centro do sistema jurídico. À supremacia formal da Constituição Federal, agrega-se uma valia material e axiológica, potencializada pela força normativa dos princípios constitucionais[79]. A Constituição torna-se um verdadeiro filtro, através do qual deverá ser significado todo o direito infraconstitucional (filtragem constitucional)[80].

Institutos cíveis demandam revisitação e reconstrução com base na lógica dos valores constitucionais, sofrendo o direito privado uma verdadeira "revolução copernicana"[81]. Paralelamente infere-se um maior reconhecimento da incidência dos direitos e garantias fundamentais nas relações privadas, sendo nítida a sua eficácia horizontal[82].

Necessitou o então direito civil codificado de mudanças, para se adequar à nova e fecunda teoria constitucional. Impôs-se a necessidade de ser revisto o caráter patrimonialista, o qual não mais poderia se sobrepor ao antropocentrismo eleito pela Constituição Federal.

Abre-se o caminho da despatrimonialização do Direito Civil, sendo retirados do seu centro imediato institutos como a propriedade e o contrato, os quais cedem espaço ao homem, à sua dignidade, ao seu bem-estar e à procura da justiça social. Há uma repersonalização, por meio do antropocentrismo jurídico. A ordem constitucional acaba por mudar a lente sobre a qual deve ser enxergado o fenômeno jurídico. Transcende-se a ótica do

---

79. BARROSO, Luís Roberto. Prefácio. O Estado Contemporâneo, os Direitos Fundamentais e a Redefinição da Supremacia do Interesse Público. *In*: SARMENTO, Daniel. **Interesses Públicos *versus* Interesses Privados**: Desconstruindo o Princípio da Supremacia do Interesse Público. Rio de Janeiro: Lumen Juris, 2005, p. xi.

80. Paulo Ricardo Schier, em obra específica sobre o tema filtragem constitucional, assevera que esta expressão foi pioneiramente utilizada no Brasil pelo Prof. Dr. Clémerson Merlin Cléve. Afirma que, na doutrina alienígena, tem-se notícia de primeiro uso da expressão por Arturo Santoro, em 1938, ao realizar estudo acerca da constitucionalização do direito penal. SCHEIR, Paulo Ricardo. **Filtragem constitucional**. Construindo uma nova dogmática jurídica. Porto Alegre: Sergio Antonio Fabris, 1999, p. 109.

81. FACHIN, Luiz Edson. Virada de Copérnico: um convite à reflexão sobre o Direito Civil Brasileiro. *In:* FACHIN, Luiz Edson (coord.). **Repensando Fundamentos do Direito Civil Brasileiro Contemporâneo**. Rio de Janeiro: Renovar, 2000, p. 317-324.

82. SARMENTO, Daniel. Interesses Públicos *vs.* Interesses Privados na Perspectiva da Teoria e da Filosofia Constitucional. *In*: SARMENTO, Daniel. **Interesses Públicos *versus* Interesses Privados**: Desconstruindo o Princípio da Supremacia do Interesse Público. Rio de Janeiro: Lumen Juris, 2005, p. 44.

"ter" (propriedade e contratos) e passa-se à ótica do "ser" (pessoa humana e dignidade)[83].

O pós-Constituição Federal de 1988 demanda a necessidade de entrada, no cenário jurídico, de um novo Código Civil. Naquele contexto era flagrante o descompasso entre a mentalidade do Código de 1916 - fundado nas suas premissas individualistas e patrimonialistas (ter) - e da Constituição de 1988, de cunho marcadamente social, impondo uma visão antropocêntrica e transindividual (ser)[84].

Mitiga-se o paradigma liberal-individual, pois o constitucionalismo de 1988 não mais confere espaço para o singular em detrimento do difuso. As diuturnas relações pessoais envolvem interesses coletivos e difusos, como grupos dos sem-terra e dos sem-teto, os quais representam muito mais do que Caio, Tício e Mévio - exemplo máximo representativo de uma lide individualista. Nasceu ao jurista a necessidade de solucionar problemas transindividuais[85].

Tudo isso contamina a autonomia, que passa a se expressar de várias formas. É momento de visitar as expressões da autonomia.

---

83. PERLINGINERE, Pietro. **Perfis do Direito Civil Constitucional**. Introdução ao Direito Civil Constitucional. 2. ed. São Paulo: Renovar, 2002, p. 33.

84. MARTINS-COSTA, Judith; BRANCO, Gerson Luiz Carlos. **Diretrizes Teóricas do Novo Código Civil Brasileiro**. São Paulo: Saraiva, 2002, p. 88-89.

85. STRECK, Lenio Luiz. **Hermenêutica Jurídica e(m) Crise**: uma exploração hermenêutica da construção do direito. 8. ed. Porto Alegre: Livraria do Advogado, 2009.

3

EXPRESSÕES DA AUTONOMIA

O desenvolvimento da autonomia fez com que o instituto ocupasse novos locais e ganhasse novas expressões. Atento ao recorte metodológico deste trabalho, serão abordadas as expressões principiológica, garantista e processual da autonomia.

3.1. AUTONOMIA PRIVADA: PRINCÍPIO OU REGRA?

É corrente a afirmação, nos manuais de direito civil, de que a autonomia é um princípio do direito contratual[1]. Mas seria a autonomia apenas um setorizado princípio do direito contratual, ou alcançaria a autonomia todo o direito civil e, quiçá, o direito privado? E mais: a autonomia sempre deve ser significada como princípio, ou eventualmente seria uma regra?

Para responder tais indagações, mister a solução de um questionamento prévio: afinal, o que é um princípio e como diferenciá-lo das regras?

A conceituação de princípio jurídico não é unívoca. Há tantas concepções de princípios quantos doutrinadores pretendam conceituá-lo[2]. Há tantas visões a depender da lente de leitura: se jusnaturalista, positivista ou pós-positivista.

Na ótica jusnaturalista, os princípios têm normatividade nula e duvidosa[3], contemplando uma esfera abstrata e aproximada dos ideais de justiça. Para os jusnaturalistas, os princípios situam-se no plano do direito natural,

---

1. Apenas para exemplificar, a autonomia é expressamente citada como princípio fundamental do direito contratual por Maria Helena Diniz. DINIZ, Maria Helena. **Curso de Direito Civil**. Teoria das Obrigações Contratuais e Extracontratuais. v. III. 27. ed. São Paulo: Saraiva, 2011, p. 40.
2. GRAU, Eros Roberto. **Ensaio e Discurso sobre a Interpretação/Aplicação do Direito**. 5. ed. São Paulo: Malheiros, 2009, p. 169-187.
3. BONAVIDES, Paulo. **Curso de Direito Constitucional**. 25. ed. São Paulo: Malheiros, 2010, p. 259.

e não do direito positivo[4]. Possuem os princípios, nesta concepção, validade universal e imutável.

Em uma visão positivista, o direito é reduzido à lei. As normas deveriam ser claras, seguras, rigorosamente elaboradas e unívocas[5]. Na leitura do positivismo, o direito não se deve ocupar com um viés de (in)justiça, de valor. Parte o positivismo da premissa de completude do ordenamento jurídico, o qual não tem lacunas. As eventuais lacunas normativas são colmatadas pelas fontes secundárias do direito; quais sejam: analogia, costumes e princípios gerais.

O positivismo reduz os princípios a mera fonte secundária e utilizável apenas diante de uma lacuna normativa, para conferir completude ao ordenamento jurídico[6]. Há uma clara concepção de um direito por regras, com exacerbada atenção à legalidade. O declínio do positivismo é visto quando dos regimes totalitários no entreguerras, os quais, pautados na suposta legalidade, promoveram uma verdadeira barbárie fincada na lei[7].

A queda do positivismo faz nascer o pós-positivismo[8], que supera uma visão meramente legal e aproxima o juízo de validade do de valor. Passa-se a repudiar uma leitura do direito afastada da ética[9]. Incorpora o direito valores como justiça e proteção aos direitos humanos, com clara atenção à tutela dos direitos e garantias fundamentais. O direito então guia-se por valores, que se tornam faróis, iluminando caminhos e norteando ações.

No cenário pós-positivista os princípios passam a deter conteúdo valorativo e a titularizar carga normativa. Os princípios são catapultados a elementos centrais do ordenamento jurídico nacional, sendo verdadeiros pedestais que edificam os sistemas constitucionais[10].

---

4. BOBBIO, Norberto. **O Positivismo Jurídico**: lições de filosofia do direito. São Paulo: Ícone, 2006, p. 22.
5. ENGISCH, Karl. **Introdução ao Pensamento Jurídico**. 9. ed. Lisboa: Fundação Calouste Gulbenkian, 2004, p. 206.
6. BONAVIDES, Paulo. **Curso de Direito Constitucional**. 25. ed. São Paulo: Malheiros, 2010, p. 262.
7. BARROSO, Luís Roberto. Fundamentos Teóricos e Filosóficos do Novo Direito Constitucional Brasileiro. **Revista da EMERJ**. v. 4, n. 15, 2001, p. 59. Disponível em: https://www.emerj.tjrj.jus.br/revistaemerj_omline/edicoes/revista15/revista15_11.pdf. Acesso em: 05 mar. 2020.
8. BARCELLOS, Ana Paula de; BARROSO, Luís Roberto. O começo da história. A nova interpretação constitucional e o papel dos princípios no direito brasileiro. *In*: BARROSO, Luís Roberto (org.). **A Nova Interpretação Constitucional**. Ponderação, Direitos Fundamentais e Relações Privadas. 2. ed. Rio de Janeiro: Renovar, 2006.
9. PIOVESAN, Flávia. **Direitos Humanos e Justiça Internacional**: um estudo comparado dos sistemas regionais europeu, interamericano e africano. São Paulo: Saraiva, 2007, p. 9-10.
10. BONAVIDES, Paulo. **Curso de Direito Constitucional**. 25. ed. São Paulo: Malheiros, 2010, p. 264.

Com carga normativa, centralidade e essencialidade no ordenamento jurídico, ganhou fôlego o debate derredor dos critérios distintivos entre os princípios e as regras, na busca do melhor fundamento de diferenciação.

Nessa linha, percebe-se que há autores que se dedicam a catalogar os mais variados critérios distintivos entre princípios e regras, a exemplo dos critérios de i. conteúdo; ii. origem e validade; iii. compromisso histórico; iv. função no ordenamento jurídico; v. estrutura linguística; vi. esforço interpretativo e vii. formas de aplicação[11].

Não objetiva este trabalho a detalhada exploração de cada um dos critérios distintivos, sob pena de completa fuga a temática central. Todavia, não se pode cair no sincretismo metodológico, tratando como compatíveis teorias que nem sempre o são[12].

Atento a isto, passa-se a abordar os dois marcos teóricos que, usualmente, são mencionados nas obras nacionais como hábeis a diferenciar os princípios e as regras, ambos partindo da premissa da carga normativa de cada um deles[13]. Nessa toada, aborda-se: i. a tese da demarcação fraca ou débil, também denominada de quantitativa ou de grau de fundamentalidade, e ii. a tese da demarcação forte, batizada de qualitativa ou lógico-normativa.

Os partidários da tese de demarcação fraca ou débil argumentam que a diferenciação entre os princípios e as regras reside no fato daqueles serem mais abstratos e gerais em relação às regras[14]. Assim pensam Josef Esser, Karl Larenz e Canaris[15].

Os defensores da tese pautada no grau de fundamentalidade aduzem que princípios são normas mais fundamentais do que as regras, pois configuram as bases de um sistema. São os princípios mandamentos nucleares de um sistema. As regras, por sua vez, traduzem uma natureza mais instrumental.

---

11. BARCELOS, Ana Paula de. **A Eficácia Jurídica dos Princípios Constitucionais**: O Princípio da Dignidade da Pessoa Humana. Rio de Janeiro: Renovar, 2002, p. 47-51.

12. SILVA, Virgílio Afonso da. Princípios e Regras: mitos e equívocos acerca de uma distinção. **Revista Latino-Americana de Estudos Constitucionais**. n. 1. Belo Horizonte: Del Rey, jan.-jun. 2003, p. 607-629.

13. Conforme noticia Ricardo Luis Lorenzetti, "a doutrina atual é coincidente quando afirma que os princípios são normas". LORENZETTI, Ricardo Luis; MIRAGEM, Bruno. **Teoria da Decisão Judicial**: Fundamentos de Direito. Trad. Cláudia Lima Marques. Notas. 2. ed. São Paulo: RT, 2010, p. 125.

14. ALEXY, Robert. **Teoría de los Derechos Fundamentales**. Madrid: Lael, 2002, p. 83.

15. ÁVILA, Humberto Bergmann. **Teoria dos Princípios** – da definição à aplicação dos princípios jurídicos. 10. ed. São Paulo: Malheiros, 2009, p. 27.

Justo por isto que, para aqueles que aderem à tese, ofender um princípio é muito mais grave do que ofender uma regra, pois a ofensa ao princípio desrespeita as bases do ordenamento jurídico[16]. Sufragando o dito, Karl Larenz aduz que os princípios são o alicerce do sistema[17].

D'outra banda, o modelo distintivo forte ou qualitativo diferencia as regras e os princípios mediante o seu modo de aplicação. Enquanto as regras seguem o modelo de aplicação do "tudo ou nada", ou do "dentro ou fora", os princípios amoldam-se a uma aplicação gradual, de "mais ou menos".

Os dois baluartes da distinção lógico-normativa são Ronald Dworkin e Robert Alexy. Partem tais autores da premissa de que princípios e regras possuem carga normativa e diferenciam-se de forma lógica ou qualitativa.

Uma vez conceituados os princípios, em paralelo às regras, retoma-se a questão inicial desta seção: seria a autonomia um princípio do direito civil ou, quiçá, de todo o direito privado?

A autonomia pode ser significada como um princípio de todo o direito privado[18]. Sua proteção constitucional decorre dos fins sociais da livre iniciativa (Constituição Federal, art. 170), e do ideal de construção de uma sociedade livre, justa e solidária (Constituição Federal, art. 3º, I). Percebe-se que a tutela principiológica e constitucional da autonomia privada não exige a presença de texto de lei expresso[19].

Em uma análise quantitativa, a autonomia reveste-se de uma característica mais abstrata, enquanto em uma análise qualitativa, a autonomia se aplica gradualmente, de maneira que, a depender da moldura fática, ter-se-á mais ou menos autonomia.

Na seara nos contratos, por exemplo, a autonomia será maior nos pactos empresariais paritários, e menor nos contratos de consumo, na busca de tutela do consumidor vulnerável. No campo familiarista, o espaço de autonomia tende a ser maior nas questões patrimoniais, como na seara do regime de bens, e menor no envolvimento de vulneráveis, como nas relações parentais envolvendo menores.

---

16. MELLO, Celso Antônio Bandeira de. **Curso de Direito Administrativo**. São Paulo: Malheiros, 2009, p. 959.
17. LARENZ, Karl. **Metodologia da Ciência do Direito**. 3. ed. Lisboa: Fundação Calouste Gulbenkian, 1997, p. 676.
18. AMARAL, Francisco. **Direito Civil**: introdução. 3. ed. Rio de Janeiro: Renovar, 2000, p. 346.
19. NALIN, Paulo. A autonomia privada na legalidade constitucional. *In*: NALIN, Paulo (coord.). **Contrato e Sociedade**: a autonomia privada na legalidade constitucional. Curitiba: Juruá, 2006, p. 39.

Percebe-se que por não ser uma regra, não se fala na aplicação da autonomia de acordo com o modelo do "tudo ou nada", ou do "dentro ou fora". Não se resolve a aplicação, ou não aplicação da autonomia, de forma disjuntiva, no campo da (in)validade. Ao revés. Em cada situação concreta a autonomia será "mais ou menos" aplicada, de maneira gradual.

A autonomia não é um princípio afeto apenas ao direito contratual, mas a todo o direito privado, contaminando toda a tessitura normativa do Código Civil[20]. Fala-se em autonomia nas relações negociais, obrigacionais, contratuais, familiaristas e sucessórias, dentre inúmeras outras. Incorpora-se a autonomia privada como um dos princípios essenciais do direito privado, sendo consectário da democracia, em atenção ao pilar de uma sociedade livre e plural, atenta à dignidade da pessoa humana[21].

Como princípio que o é, a autonomia possui carga normativa e aplicação direta ao caso concreto[22]. A carga normativa dos princípios é um lugar comum[23],

---

20. Na linha do aqui afirmado, entendendo também ser a autonomia um princípio do direito civil: SILVESTRE, Gilberto Fachetti. Parte Geral do Código Civil Brasileiro: Princípios. Cláusulas Gerais. Conceitos Jurídicos Indeterminados e Questões Polêmicas. *In*: **Princípios, Cláusulas Gerais e Conceitos Jurídicos Indeterminados nos Institutos de Direito Privado**. Homenagem ao Professor Doutor Francisco José Cahali. São Paulo: IASP, 2017, p. 135.

21. BRAGA, Paulo Sarno. **Aplicação do Devido Processo Legal nas Relações Privadas**. Salvador: Juspodivm, 2008, p. 84.

22. Apesar, porém, de todo esse papel conferido aos princípios, estes não consistem em novidade. A noção de princípio é antiga, sendo *novo* o marco pós-positivo, a conferência de sua carga normativa. Noticia Luís Roberto Barroso: "Os princípios, vindos dos textos religiosos, filosóficos ou jusnaturalistas, de longa data permeiam a realidade e o imaginário do Direito, de forma direta ou indireta. Na tradição judaico-cristã, colhe-se o mandamento de *respeito ao próximo*, princípio magno que atravessa os séculos e inspira um conjunto amplo de normas. Da filosofia grega origina-se o princípio da não contradição, formulado por Aristóteles, que se tornou uma das leis fundamentais do pensamento: "Nada pode ser e não ser simultaneamente", preceito subjacente à ideia de que o direito não comporta antinomias. No direito romano pretendeu-se enunciar a síntese dos princípios básicos do Direito: "Viver honestamente, não lesar a outrem, e dar a cada um o que é seu". Os princípios, como se percebe, vêm de longe e desempenham papéis variados. O que há de singular na dogmática jurídica da quadra histórica atual é reconhecimento de sua *normatividade*". BARROSO, Luís Roberto. Fundamentos Teóricos e Filosóficos do Novo Direito Constitucional Brasileiro. **Revista da EMERJ**. v. 4, n. 15, 2001, p. 59. Disponível em: https://www.emerj.tjrj.jus.br/revistaemerj_omline/edicoes/revista15/revista15_11.pdf. Acesso em: 05 mar. 2020, p. 28-29.

23. Exemplifica-se com alguns defensores da carga normativa dos princípios: PERLINGINERE, Pietro. **Perfis do Direito Civil Constitucional**. Introdução ao Direito Civil Constitucional. 2. ed. São Paulo: Renovar, 2002, p. 11; ALEXY, Robert. **Teoría de los Derechos Fundamentales**. Madrid: Lael, 2002, p. 83; BARCELLOS, Ana Paula de; BARROSO, Luís Roberto. O começo da história. A nova interpretação constitucional e o papel dos princípios no direito brasileiro. *In*: BARROSO, Luís Roberto (org.). **A Nova Interpretação Constitucional**. Ponderação, Direitos Fundamentais e Relações Privadas. 2. ed. Rio de Janeiro: Renovar, 2006, p. 337.

assim como sua decorrente possibilidade de incidência direta nas relações concretas, independentemente de norma interposta[24].

Ainda em virtude do seu caráter principiológico, a autonomia promove uma aproximação entre o direito civil e a Constituição Federal. Ao regular uma gama de direitos e de garantias fundamentais diretamente aplicáveis às relações privadas, a Constituição Federal de 1988 deixa o seu papel de mera Carta política, para adentrar uma noção informativa da vida humana[25].

Lendo-se a autonomia como princípio, o direito passa a ser concebido não somente como estrutura, mas também como função, consistindo em instrumento hábil para atingir diversos fins[26]. Funcionalizam-se os institutos cíveis, dentre eles a autonomia, que, na ótica do Estado Democrático de Direito, deve ser exercitada de acordo com os valores constitucionais[27].

Mas esta autonomia, que é um princípio do direito civil, também poderia ser significada como direito e garantia fundamental?

3.2. A AUTONOMIA PRIVADA COMO DIREITO E GARANTIA FUNDAMENTAL

Avançando nos estudos sobre as expressões da autonomia que interessam ao recorte metodológico eleito neste trabalho, questiona-se: seria a autonomia privada compreendida como direito à autorregulamentação, um direito e garantia fundamental?

A resposta é positiva. A autonomia privada é uma importante dimensão de concretude da dignidade da pessoa humana, sendo o direito à autorregulamentação fundamental.

Compreende-se como direito e garantia fundamental posições jurídicas ativas constitucionalmente reconhecidas às pessoas individuais e coletivas

---

24. Exemplifica-se como defensor da direta aplicação dos princípios aos casos concretos: PERLINGIERE, Pietro. **Perfis do Direito Civil Constitucional**. Introdução ao Direito Civil Constitucional. 2. ed. São Paulo: Renovar, 2002, p. 11; FACHIN, Luiz Edson. **Elementos Críticos do Direito de Família**. Rio de Janeiro: Renovar, 2003, p. 38.

25. ALVES, Leonardo Barreto Moreira. **Direito de Família Mínimo**: A Possibilidade de Aplicação e o Campo de Incidência da Autonomia Privada no Direito de Família. Rio de Janeiro: Lumen Juris, 2010, p. 92.

26. BOBBIO, Norberto. **Da Estrutura à Função**. Novos Estudos de Teoria do Direito. Barueri, São Paulo: Manole, 2007, p. 57.

27. STRECK, Lenio Luiz. **Hermenêutica Jurídica e(m) Crise**: uma exploração hermenêutica da construção do direito. 8. ed. Porto Alegre: Livraria do Advogado, 2009, p. 330.

privadas[28]. Essas posições jurídicas ativas garantem aos seus titulares agirem individualmente ou coletivamente, reagirem contra atos e condutas públicas ou de terceiros que atentem ou prejudiquem a sua esfera jurídica protegida, e exigirem atuações positivas do Estado na garantia dos interesses ou situações juridicamente protegidas, cujo gozo lhes seja reconhecido[29].

Incorpora-se a autonomia como direito e garantia fundamental, ao garantir às pessoas o exercício de posições jurídicas ativas, como o poder de autodeterminação fundamentalmente garantido.

A liberdade garantida constitucionalmente não é apenas formal e negativa, pois mais do que evitar interferências externas e abusivas à autonomia, garante condições materiais necessárias ao seu efetivo exercício.

Em sendo o direito à autorregulamentação um direito e garantia fundamental, submete-se à ponderação de interesses[30]. Deve-se conciliar o exercício da autonomia com os demais valores constitucionais, a exemplo da igualdade, da solidariedade, da segurança e da justiça social[31]. Verificada a autonomia como um direito e garantia fundamental, ela deve ser analisada não apenas como função de defesa, mas também como função inclusiva, como uma espécie de direito civil ativo[32].

Na sua concepção clássica, os direitos e garantias fundamentais remetem a um direito de defesa, protegendo o indivíduo em face do Poder Público, seja pelo não impedimento à prática particular de um determinado ato, seja pela não intervenção do Poder Público em situações subjetivas, ou seja, pela não eliminação de posições jurídicas. Exemplificam-se as situações com o direito de ir e vir e a proteção do direito adquirido em face de leis posteriores[33].

Entrementes, não é de hoje que se soma à função de defesa dos direitos e garantias fundamentais a sua apresentação como direitos a prestações positivas,

28. MORAIS, Carlos Blanco de. **Curso de Direito Constitucional**. Teoria da Constituição em Tempo de Crise do Estado Social. 3. ed. t. II. v. II. Coimbra: Coimbra, 2015, p. 550-551.

29. MORAIS, Carlos Blanco de. **Curso de Direito Constitucional**. Teoria da Constituição em Tempo de Crise do Estado Social. 3. ed. t. II. v. II. Coimbra: Coimbra, 2015, p. 549.

30. O embasamento constitucional da autonomia encontra-se no art. 5º, II: "II – ninguém será obrigado a fazer ou deixar de fazer alguma coisa senão em virtude de lei".

31. BRAGA, Paulo Sarno. **Aplicação do Devido Processo Legal nas Relações Privadas**. Salvador: Juspodivm, 2008, p. 84.

32. TEUBNER, Gunther. **Fragmentos Constitucionais**. Constitucionalismo Social na Globalização. São Paulo: Saraiva, 2016, p. 247.

33. BINENBOJM, Gustavo. Da Supremacia do Interesse Público ao Dever de Proporcionalidade: Um Novo Paradigma do Direito Administrativo. *In*: SARMENTO, Daniel. **Interesses Públicos *versus* Interesses Privados**: Desconstruindo o Princípio da Supremacia do Interesse Público. Rio de Janeiro: Lumen Juris, 2005, p. 160.

sejam de natureza concreta e material, sejam de natureza normativa[34]. Exemplifica-se com o direito de ir e vir, o qual, mais do que abstenção estatal, pressupõe um conjunto de atividades, como questões ligadas à segurança pública[35].

D'outa banda, os direitos fundamentais conferem dimensão subjetiva, com a outorga de direitos subjetivos aos cidadãos, bem como objetiva, como bases jurídicas de uma dada coletividade. Mais do que limites à atuação estatal, direitos fundamentais também se notabilizam como diretrizes ao Poder Público, demandando do Estado atuações negativas e positivas[36].

Em sendo a autonomia um direito e garantia fundamental, seria ela aplicável diretamente às relações privadas?

3.2.1. A Autonomia Aplica-se Diretamente às Relações Privadas?

É secular a noção de que os direitos e garantias fundamentais aplicam-se às relações de direito público, ditas verticais, por envolver o cidadão e o Estado. Trata-se de herança do Estado Liberal, quando se construiu um manto protetor do indivíduo face às intervenções estatais. Todavia, pergunta corrente, é se os direitos e garantias fundamentais aplicam-se às relações privadas. E em caso de aplicação, como aconteceria?

O estudo da aplicação ou eficácia dos direitos fundamentais às relações privadas, também chamada de horizontalização dos direitos fundamentais (*horizontalwirkung*), há anos ganha cada vez mais espaço e notoriedade. Hoje há várias teorias que tentam solucionar a (in)aplicação direta dos direitos e garantias fundamentais às relações privadas[37].

A primeira formulação teórica remete aos estudos de Hans Carl Nipperdey, na Alemanha, quando presidente do Tribunal Federal do Trabalho, nos

---

34. CANOTILHO, José Joaquim Gomes. **Direito Constitucional e Teoria da Constituição**. Coimbra: Almedina, 1991, p. 549.

35. BINENBOJM, Gustavo. Da Supremacia do Interesse Público ao Dever de Proporcionalidade: Um Novo Paradigma do Direito Administrativo. *In*: SARMENTO, Daniel. **Interesses Públicos *versus* Interesses Privados**: Desconstruindo o Princípio da Supremacia do Interesse Público. Rio de Janeiro: Lumen Juris, 2005, p. 161.

36. SARMENTO, Daniel. A Dimensão Objetiva dos Direitos Fundamentais: Fragmentos de uma Teoria. *In:* SAMPAIO, José Adércio Leite (coord.) **Jurisdição Constitucional e Direitos Fundamentais**. Belo Horizonte: Del Rey, 2003, p. 251-314.

37. Versando derredor da teoria da vinculação dos particulares aos direitos fundamentais, verifica-se: STEINMETZ, Wilson. **A vinculação dos particulares a direitos fundamentais**. São Paulo: Malheiros, 2004.

idos de 1954. Neste período, através de uma sentença, consignou Nipperdey: "los derechos fundamentales contienen 'principios ordenadores para la vida social' de carácter vinculante, que tienen uma significación inmediata para el tráfico jurídico privato"[38].

À época, porém, a tese da aplicação direta dos direitos e garantias fundamentais às relações privadas não prevaleceu. Atualmente, o estudo remete ao direito alemão[39] e português[40], ambos caminhando no sentido da aplicação direta dos direitos e garantias fundamentais às relações privadas.

Ao ser visitado o tema, costuma-se direcionar os estudos a quatro teses: i. Teoria do *State Action*; ii. Teoria Dualista ou da Eficácia Mediata ou Indireta; iii. Teoria Monista ou da Eficácia Imediata ou Direta e iv. Teoria dos Deveres de Proteção do Estado em Relação aos Direitos Fundamentais, as quais passam a ser abordadas.

3.2.1.1. A Teoria do State Action

A Teoria do *State Action* foi desenvolvida por Mangolt e Forsthoff, em contraposição à ideia de vinculação dos particulares aos direitos fundamentais defendida por Nipperdey[41]. Foi construída na Alemanha e atualmente tem boa aplicação nos Estados Unidos e Canadá.

Consiste na negativa da eficácia dos direitos fundamentais nas relações privadas, por compreender que o único sujeito passivo dos direitos fundamentais é o Estado[42]. Direitos fundamentais, à luz desta teoria, seriam apenas direitos de defesa em face do Estado. Direitos fundamentais apenas limitariam *State Actions*.

Essa matriz teórica apega-se à verticalização dos direitos fundamentais, negando a sua incidência nas relações privadas (horizontais). Tem como "pano de fundo" uma tentativa de preservar a autonomia, ao aduzir

38. UBILLOS, Juan Maria Bilbao. ¿En qué medida vinculan a los particulares los derechos fundamentales? *In*: SARLET, Ingo Wolfgang (org.). **Constituição, Direitos Fundamentais e Direito Privado**. Porto Alegre: Livraria do Advogado, 2003, p. 307. Tradução livre: "os direitos fundamentais contêm princípios ordenadores para a vida social de caráter vinculante, que têm uma significação imediata para o trânsito jurídico privado".
39. PRATA, Ana. **A Tutela Constitucional da Autonomia Privada**. Coimbra: Almedina, 1982, p. 136.
40. PRATA, Ana. **A Tutela Constitucional da Autonomia Privada**. Coimbra: Almedina, 1982, p. 137.
41. UBILLOS, Juan Maria Bilbao. ¿En qué medida vinculan a los particulares los derechos fundamentales? *In*: SARLET, Ingo Wolfgang (org.). **Constituição, Direitos Fundamentais e Direito Privado**. Porto Alegre: Livraria do Advogado, 2003, p. 307.
42. BRAGA, Paulo Sarno. **Aplicação do Devido Processo Legal nas Relações Privadas**. Salvador: Juspodivm, 2008, p. 118.

que a vinculação dos particulares aos direitos e garantias fundamentais reduziria a autonomia, que seria subjugada ao direito constitucional.

A Teoria do *State Action* é fruto de um Estado Liberal e não interventor. Fundada em direitos de primeira dimensão, oponíveis apenas em uma relação vertical, visiona impedir a intervenção estatal na esfera do particular[43].

A adoção norte-americana da teoria funda-se, além da matriz liberal, no pacto federativo. Afinal, nos Estados Unidos da América, compete aos Estados, e não à União, legislar sobre o direito privado, ressalvada situação de matéria envolvendo comércio interestadual ou internacional. Logo, ao vincular direitos fundamentais apenas ao Poder Público, preserva-se a autonomia dos Estados, impedindo que Cortes federais, a pretexto de aplicarem a Constituição, venham a intervir nas relações privadas[44].

Entretanto, mesmo nos Estados Unidos, a partir da década de 1940, a Teoria do *State Action* passou a sofrer limitações, mediante a adoção, pela Suprema Corte, da denominada *public function theory*. Segundo esta, quando particulares agirem no exercício de atividades de natureza tipicamente estatal, também devem se sujeitar às limitações constitucionais. Atuando em função pública, o particular deve se sujeitar aos mesmos condicionamentos dos poderes públicos.

Essa construção começou a ocasionar uma ausência de critérios na aplicação da teoria[45], desembocando em ponderação de interesses e a relativizando[46].

---

43. SARMENTO, Daniel. A vinculação dos particulares aos direitos fundamentais no direito comparado e no Brasil. *In*: DIDIER JUNIOR, Fredie (org.). **Leituras complementares de Processo Civil**. 4. ed. Salvador: Juspodivm, 2006, p. 140.

44. SARMENTO, Daniel. A vinculação dos particulares aos direitos fundamentais no direito comparado e no Brasil. *In*: DIDIER JUNIOR, Fredie (org.). **Leituras complementares de Processo Civil**. 4. ed. Salvador: Juspodivm, 2006, p. 143.

45. Versando sobre o tema em terreno norte-americano, exemplifica Daniel Sarmento com três casos, aduzindo a ausência de uniformização quando comparado o terceiro com os dois primeiros: 1) Caso Alabama x Marsh, em que a empresa queria proibir testemunhas de jeová de pregar no interior de uma cidade de propriedade da empresa. A Corte, com base na teoria, decidiu pela invalidade da proibição por considerar que a empresa se equiparava ao Estado e se sujeitava à 1ª Emenda da Constituição norte-americana, que assegura a liberdade de culto; 2) A Corte também se valeu dessa teoria para vincular partidos políticos, diante da recusa de comitês partidários de estados do sul dos EUA em admitir que pessoas negras se filiassem a eles ou participassem das suas eleições primárias; 3) Negou, porém, a existência dessa teoria na operação de corte de fornecimento de energia em shopping Center, por entender que uma fornecedora privada de energia elétrica não tinha de respeitar o devido processo legal para cortar o fornecimento a um cliente individual, sob o argumento de que a mesma não exerce função tipicamente pública, embora a atividade em questão tenha de ser licenciada pelo governo norte-americano. SARMENTO, Daniel. A vinculação dos particulares aos direitos fundamentais no direito comparado e no Brasil. *In*: DIDIER JUNIOR, Fredie (org.). **Leituras complementares de Processo Civil**. 4. ed. Salvador: Juspodivm, 2006, p. 143.

46. UBILLOS, Juan Maria Bilbao. ¿En qué medida vinculan a los particulares los derechos fundamentales? *In*: SARLET, Ingo Wolfgang (org.). **Constituição, Direitos Fundamentais e Direito Privado**. Porto Alegre: Livraria do Advogado, 2003, p. 321.

Fato, que, na Alemanha, essa matriz teórica praticamente desapareceu, em virtude do reconhecimento da eficácia horizontal dos direitos e garantias fundamentais pelo Tribunal Constitucional Federal.

Ademais, a teoria em apreço não se amolda à realidade brasileira. Afinal, é consabido que particulares, em especial com maior poder econômico, também podem desrespeitar direitos fundamentais alheios, os quais devem ser protegidos, na busca de igualdade material.

3.2.1.2. A Teoria Dualista ou da Eficácia Mediata ou Indireta

A Teoria Dualista, ou da Eficácia Mediata ou Indireta, igualmente nasce na Alemanha, pela pena de Dürig, em 1956, ganhando penetração na Áustria e na França[47]. Remete a tese a uma visão intermediária de aplicação dos direitos fundamentais nas relações privadas, ao defender que particulares estão vinculados a direitos fundamentais de forma mediata ou indireta, sendo a ligação nesse vínculo o legislador. É ele quem fará a mediação entre a Constituição e os agentes privados.

Os defensores da Teoria Dualista entendem que a Constituição não cria direitos fundamentais diretamente para os particulares. Entretanto, serve a Constituição como baliza para o legislador infraconstitucional e para o magistrado[48]. Visiona evitar um esvaziamento da autonomia privada[49].

O legislador infraconstitucional mediará a relação entre a Constituição e o agente privado, com cláusulas gerais e conceitos jurídicos indeterminados incorporadores de direitos fundamentais, cabendo ao juiz preenchê-los e aplicá-los, na busca do seu sentido valorativo e constitucional[50].

Não há, nesta leitura, aplicação direta dos direitos e garantias fundamentais nas relações privadas, mas apenas uma mera vinculação indireta, através

47. SARMENTO, Daniel. **Direitos Fundamentais e Relações Privadas**. Rio de Janeiro: Lumen Juris, 2006, p. 238.

48. BRAGA, Paulo Sarno. **Aplicação do Devido Processo Legal nas Relações Privadas**. Salvador: Juspodivm, 2008, p. 121-122.

49. PEREIRA, Jane Reis Gonçalves. Apontamentos sobre a aplicação das normas de direito fundamental nas relações jurídicas entre particulares. *In:* BARROSO, Luís Roberto (org.). **A nova interpretação constitucional**: ponderação, direitos fundamentais e relações privadas. Rio de Janeiro: Renovar, 2003, p. 161.

50. BRAGA, Paulo Sarno. **Aplicação do Devido Processo Legal nas Relações Privadas**. Salvador: Juspodivm, 2008, p. 123.

da atuação do legislador. Este irá mediar a aplicação dos direitos e garantias fundamentais nas relações privadas mediante disciplina compatível com a Constituição, o que gera atenção à separação dos poderes e evita a invasão do Judiciário sobre o Legislativo[51]. Ao Judiciário caberá preencher eventuais cláusulas indeterminadas criadas pelo legislador, situação em que o magistrado aplicará diretamente os direitos e garantias fundamentais às relações privadas[52].

Advogam os defensores desta segunda tese, porém, que há uma única situação na qual será viável a aplicação direta dos direitos e garantias fundamentais nas relações privadas: quando houver omissão legislativa no ordenamento jurídico privado.

Essa exceção, todavia, revelou importante contradição da teoria. Como a omissão legislativa ocorre com frequência, tinha-se por corriqueira a aplicação direta dos direitos e garantias fundamentais às relações privadas, sem a mediação do legislador infraconstitucional. Acabou a teoria dualista se perdendo na sua própria exceção.

Outrossim, critica-se a tese por deixar ao papel do legislador ordinário essa tutela, o que poderá gerar ausência de proteção se inexistir movimentação do legislativo. Fora isto, ainda nas críticas, a própria existência de uma interpretação conforme a Constituição, em certa medida, esvazia a necessidade da mediação do legislador infraconstituicional[53].

Diante do dito, aliado ao entendimento de que a aplicação dos direitos e garantias fundamentais às relações privadas independeria da mediação do legislador, nasce na Alemanha a Teoria Monista, ou da Eficácia Imediata ou Direta dos Direitos e Garantias Fundamentais nas Relações Privadas.

3.2.1.3. A Teoria Monista ou da Eficácia Imediata ou Direta

Conforme noticiado, a Teoria da Eficácia Imediata foi inicialmente defendida por Hans Carl Nipperdey[54], na Alemanha, nos idos da década de

51. SARMENTO, Daniel. **Direitos Fundamentais e Relações Privadas**. Rio de Janeiro: Lumen Juris, 2006, p. 238.
52. SARMENTO, Daniel. **Direitos Fundamentais e Relações Privadas**. Rio de Janeiro: Lumen Juris, 2006, p. 238.
53. SARMENTO, Daniel. A vinculação dos particulares aos direitos fundamentais no direito comparado e no Brasil. *In*: DIDIER JUNIOR, Fredie (org.). **Leituras complementares de Processo Civil**. 4. ed. Salvador: Juspodivm, 2006, p. 155.
54. STEINMETZ, Wilson. **A vinculação dos particulares a direitos fundamentais**. São Paulo: Malheiros, 2004.

1950. Segundo o autor, alguns direitos previstos na Constituição vinculam apenas o Estado. Outros, porém, por conta de sua natureza, demandam aplicação direta na relação entre particulares, sem a necessária interferência do Estado e com oponibilidade *erga omnes*. Isto, porque, os perigos que cercam os direitos fundamentais não advêm somente do Estado, mas também do poderio social e econômico de alguns[55].

A Teoria Monista, que goza de grande prestígio na Espanha, Portugal, Itália e Argentina, advoga a plena aplicação dos direitos e garantias fundamentais nas relações privadas, com incidência direta e independente de qualquer mediação do legislador infraconstitucional[56].

Os defensores da tese não afastam a existência de especificidades na incidência direta de direitos e garantias fundamentais às relações privadas, e não são contrários à necessidade de ponderações dos direitos fundamentais em jogo e à autonomia particular[57]. Não se trata de uma doutrina radical, pois considera a autonomia dos particulares nas suas relações.

Em síntese, há uma eficácia direta e *erga-omnes* dos direitos e garantias fundamentais previstos no Texto Constitucional, fato que diferencia a Teoria Monista da Mediata. Pela Teoria Monista, não há o condicionamento a uma mediação infraconstitucional, concretizadora de direitos e garantias fundamentais, para que estes tenham eficácia nas relações privadas. Direitos e obrigações em relações privadas devem decorrer das normas constitucionais que veiculam direitos e garantias fundamentais[58].

A aplicação direta dos direitos e garantias fundamentais nas relações privadas ganha ainda mais relevo quando não há norma infraconstitucional mediadora do direito e garantia fundamental e a relação privada[59], e quando há desigualdade entre os envolvidos na relação jurídica.

---

55. SARMENTO, Daniel. A vinculação dos particulares aos direitos fundamentais no direito comparado e no Brasil. *In*: DIDIER JUNIOR, Fredie (org.). **Leituras complementares de Processo Civil**. 4. ed. Salvador: Juspodivm, 2006, p. 146.

56. BRAGA, Paulo Sarno. **Aplicação do Devido Processo Legal nas Relações Privadas**. Salvador: Juspodivm, 2008, p. 125.

57. SARMENTO, Daniel. A vinculação dos particulares aos direitos fundamentais no direito comparado e no Brasil. *In*: DIDIER JUNIOR, Fredie (org.). **Leituras complementares de Processo Civil**. 4. ed. Salvador: Juspodivm, 2006, p.146.

58. STEINMETZ, Wilson. **A vinculação dos particulares a direitos fundamentais**. São Paulo: Malheiros, 2004, p.167-168.

59. UBILLOS, Juan Maria Bilbao. ¿En qué medida vinculan a los particulares los derechos fundamentales? *In*: SARLET, Ingo Wolfgang (org.). **Constituição, Direitos Fundamentais e Direito Privado**. Porto Alegre: Livraria do Advogado, 2003, p. 317.

A Teoria da aplicação direta dos direitos e garantias fundamentais às relações privadas tem vários adeptos, a exemplo de José Joaquim Gomes Canotilho[60], Ingo Wolfgang Sarlet[61] e Pietro Perlingieri[62]. Em Portugal, a extensão dos direitos fundamentais nas relações privadas está expressamente prevista na Constituição[63], em seu art. 18[64].

3.2.1.4. A Teoria dos Deveres de Proteção do Estado

Em complemento à teoria monista, nasce, também na Alemanha, a teoria dos deveres de proteção do Estado em relação aos direitos fundamentais que propugna a incidência dos direitos e garantias fundamentais nas relações privadas. Entretanto, chama atenção o fato de que a defesa ou a promoção desses direitos deve ser exclusivamente reservada ao Estado.

Para esta teoria, particulares são obrigados a respeitar os direitos e garantias fundamentais nas relações privadas, mas não lhes cabe o papel de defesa e promoção desses direitos, o qual é exclusivo do Estado[65]. Compete ao particular o respeito aos direitos de outrem, implementando condutas positivas e negativas. Porém, não há como impor ao particular a tarefa de promoção e defesa de direitos fundamentais alheios, conduta que caberá, para a teoria dos deveres de proteção, tão somente ao Estado[66].

Em suma, advoga a Teoria dos deveres de proteção do Estado que os direitos fundamentais se direcionam tão somente ao Estado, em especial ao Estado-Legislador. O escopo é evitar riscos à indevida intromissão estatal na autonomia privada e proteger os particulares do ativismo judicial[67].

---

60. CANOTILHO, José Joaquim Gomes. Dogmática de Direitos Fundamentais e Direito Privado. *In:* SARLET, Ingo Wolfgang (org.). **Constituição, Direitos Fundamentais e Direito Privado**. 2. ed. Porto Alegre: Livraria do Advogado, 2006, p. 341-359.

61. SARLET, Ingo Wolfgang. **Dignidade da Pessoa Humana e Direitos Fundamentais na Constituição Federal de 1988**. 7. ed. Porto Alegre: Livraria do Advogado, 2009.

62. PERLINGINERE, Pietro. **Perfis do Direito Civil Constitucional**. Introdução ao Direito Civil Constitucional. 2. ed. São Paulo: Renovar, 2002, p. 11.

63. PRATA, Ana. **A Tutela Constitucional da Autonomia Privada**. Coimbra: Almedina, 1982, p. 137.

64. CANOTILHO, José Joaquim Gomes; MOREIRA, Vital. **Constituição da República Portuguesa Anotada**. v. I. 4. ed. Coimbra: Coimbra, 2007, p. 78.

65. SARMENTO, Daniel. **Direitos Fundamentais e Relações Privadas**. Rio de Janeiro: Lumen Juris, 2004.

66. BRAGA, Paulo Sarno. **Aplicação do Devido Processo Legal nas Relações Privadas**. Salvador: Juspodivm, 2008, p. 135-145.

67. SARMENTO, Daniel. A vinculação dos particulares aos direitos fundamentais no direito comparado e no Brasil. *In*: DIDIER JUNIOR, Fredie (org.). **Leituras complementares de Processo Civil**. 4. ed. Salvador: Juspodivm, 2006, p. 167.

Segundo os estudos de Claus-Wilhelm Canaris, a teoria dos deveres de proteção do Estado leva a um duplo papel dos direitos fundamentais, os quais atuam como protetores dos cidadãos, vedando a intervenção estatal em seus bens jurídicos fundamentais, bem como imperativos de tutela, obrigando o Estado a proteger um cidadão perante o outro, com uma espécie de dever de proteção positiva[68].

A teoria dos deveres de proteção pauta-se na premissa de que a conciliação entre a autonomia privada e os direitos fundamentais deve ser realizada pelo legislador, e não pelo Poder Judiciário.

Critica-se a teoria dos deveres de proteção pela exclusão dos particulares como destinatários dos direitos e garantias fundamentais, negando ao cidadão a adequada tutela jurídica[69]. A implementação da autonomia de forma plena demanda especial proteção, entre os desiguais, nas relações privadas.

3.2.1.5. Qual a Teoria Aplicável ao Brasil?

Olhando para o Brasil, infere-se forte tendência de aplicação das duas últimas teorias. A Constituição Federal de 1988 consagra inúmeros direitos e garantias fundamentais diretamente incidentes nas relações privadas, como exemplificam os direitos à indenização por violação à vida privada, a honra e a imagem (art. 5º, X), a inviolabilidade domiciliar (art. 5º, XI) e o sigilo de correspondência (art. 5º, XII).

Infere-se do sistema constitucional brasileiro que um modelo de intervenção em prol dos vulneráveis vai além de uma mera tarefa de abstenção do Estado, incluindo a necessidade de uma tutela protetiva. Com isto, é clarividente que há vinculação direta de direitos e garantias fundamentais não apenas ao Estado, mas também dos particulares.

Ressalta-se que, historicamente, o Supremo Tribunal Federal adota essa postura de incidência imediata dos direitos e garantias fundamentais nas relações privadas. Há um conhecido julgado, datado de 2005, no qual se reconheceu a impossibilidade de uma sociedade civil, sem fins lucrativos

---

68. CANARIS, Claus-Wilhelm. **Direitos Fundamentais e Direito Privado**. Trad. Ingo Sarlet e Paulo Mota Pinto. Coimbra: Almedina, 2003, p. 55-58.

69. SARMENTO, Daniel. A vinculação dos particulares aos direitos fundamentais no direito comparado e no Brasil. *In*: DIDIER JUNIOR, Fredie (org.). **Leituras complementares de Processo Civil**. 4. ed. Salvador: Juspodivm, 2006, p. 167.

(União Brasileira de Compositores), excluir um integrante, sem garantia de ampla defesa e contraditório[70]

Destarte, a exigência de justa causa, aliado a procedimento que assegure defesa e recurso, para a exclusão de um associado, encontra-se assentado no próprio Código Civil, em seu art. 57, sendo nítida a aplicação do devido processo legal - direito e garantia fundamental - às relações privadas.

Cediço, portanto, que os argumentos em prol da inexistência de aplicação direta de direitos e garantias fundamentais às relações privadas, no Brasil, não se sustentam[71].

Os principais argumentos, todos frágeis, são de que a vinculação direta aos direitos e garantias fundamentais comprometeria a autonomia, além de ser antidemocrática, posto conferir ao juiz o papel de legislador, o que ocasionaria ausência de segurança jurídica.

Inicialmente percebe-se que a aplicação direta de direitos e garantias fundamentais às relações privadas reforça a autonomia, ao proteger o hipossuficiente e conferir-lhe mecanismos de justiça contratual.

Não há ausência de democracia quando da aplicação direta de direitos e garantias fundamentais, nas relações privadas, pelo magistrado. Inicialmente, porque o faz apenas residualmente, quando o legislador não regulou o tema. Além disso, no cenário nacional há um bom espaço de ação judicial, quando da presença de conceitos indeterminados e cláusulas gerais. Este fato, no Brasil, não é reconhecido como antidemocrático, mas sim como lícito.

Destarte, não há insegurança jurídica nessa aplicação direta de direitos e garantias fundamentais nas relações privadas, pois há bons mecanismos doutrinários e jurisprudenciais de controle. D'outra banda, a aplicação direta de direitos e garantias fundamentais às relações privadas gera equilíbrio material das prestações, sendo, sim, um mecanismo de segurança jurídica.

Nessa toada, tem-se como uma das expressões do estudo da autonomia a sua leitura como direito e garantia fundamental, conferindo ao particular o direito de autorregramento da vontade.

70. BRASIL. Supremo Tribunal Federal. RE n. 201819/RJ, 2ª Turma. Rel. Min. Ellen Gracie, j. 11-10-2005, public. 27-10-2006.

71. SARMENTO, Daniel. A vinculação dos particulares aos direitos fundamentais no direito comparado e no Brasil. *In*: DIDIER JUNIOR, Fredie (org.). **Leituras complementares de Processo Civil**. 4. ed. Salvador: Juspodivm, 2006.

Em sendo direito e garantia fundamental, deve incidir diretamente nas relações privadas, independentemente de qualquer normatização interposta. Afinal, em toda relação de poder, deve-se proteger direitos e garantias fundamentais[72].

3.2.2. A Autonomia, como Direito e Garantia Fundamental, é Absoluta?

A resposta é negativa. Como direito e garantia fundamental que o é, será a autonomia objeto de ponderações e, tais ponderações, são complexas.

Nas relações privadas, todos os envolvidos são titulares de direitos e de deveres. Há uma complexa rede de direitos e deveres, os quais se limitam e se condicionam mutuamente. Assim, o ponto nodal no tema é atuar na coordenação dos interesses em jogo[73], agindo os particulares com certa autonomia[74].

No direito civil, portanto, há uma imperiosa exigência de busca de critérios para a justa composição dos interesses em conflito que perpassará pelo correto entendimento das normas ou costumes, e das variadas manifestações da autonomia[75].

Para bem compreender o tema, estando a autonomia situada dentre os direitos e garantias fundamentais, mister a compreensão do caráter não absoluto dos direitos e garantias fundamentais e o entendimento das suas duas principais correntes limitadoras.

3.2.2.1. A Limitação dos Direitos e Garantias Fundamentais

A primeira corrente limitadora dos direitos e garantias fundamentais é a interna. Para esta, a própria definição do âmbito de proteção dos direitos

---

72. SAMPAIO, Maria de Ávila e Silva. **Aplicação dos direitos fundamentais nas relações entre particulares e a boa-fé objetiva**. Rio de Janeiro: Lumen Juris, 2006, p. 100-101.
73. PEREIRA, Jane Reis Gonçalves. Apontamentos sobre a aplicação das normas de direito fundamental nas relações jurídicas entre particulares. *In*: BARROSO, Luís Roberto (org.). **A nova interpretação constitucional**: ponderação, direitos fundamentais e relações privadas. Rio de Janeiro: Renovar, 2003, p. 143.
74. NALIN, Paulo. A autonomia privada na legalidade constitucional. *In*: NALIN, Paulo (coord.). **Contrato e Sociedade**: a autonomia privada na legalidade constitucional. Curitiba: Juruá, 2006, p. 29.
75. BETTI, Emilio. **Interpretação da lei e dos atos jurídicos**. Trad. Karina Jannini. São Paulo: Martins Fontes, 2007, p. XLII.

e garantias fundamentais bastaria para evitar colisões, pois os direitos e garantias fundamentais devem ser conceituados considerando outros bens jurídicos protegidos pela ordem constitucional.

Assim, na aparente tensão, caberá ao operador do direito encontrar a norma mais adequada, analisando as específicas circunstâncias. Não há, por conseguinte, efetiva restrição dos direitos fundamentais, mas sim a busca de limites imanentes para definir sua abrangência.

A teoria interna critica a ideia de ponderação de interesses, sob o argumento de traduzir um procedimento pouco racional, com incertezas jurídicas e inadequado à democracia, ao passo que confere ao Judiciário função que invade a esfera do Legislativo.

Aqueles que se contrapõem à teoria interna aduzem, porém, que os problemas que ela tenta sanar, com sua aplicação, se agravam. Assim, conforme consigna Ana Paula Barcellos, a necessidade de aplicação da ponderação é inexorável, cabendo à doutrina tentar aprimorar a técnica com o objetivo de aperfeiçoar o método[76].

Percebe-se que sob o argumento de não ponderar direitos fundamentais, estar-se-ia os enfraquecendo, reduzindo o seu alcance. Destarte, o juízo de adequação no caso concreto é tanto ou mais irracional e incontrolável do que a própria ponderação, ocasionando a mesma suposta invasão de competência legislativa que haveria na ponderação[77].

A segunda tese em relação ao abrandamento do caráter absoluto dos direitos e garantias fundamentais é a teoria externa, a qual enxerga direitos fundamentais como princípios e, por conseguinte, passíveis de ponderação. No que tange à solução das incertezas e irracionalidades da ponderação, a saída estará na efetiva construção de critérios para tanto[78].

Inexistindo ponderação prévia derredor da situação de colisão do direito fundamental, tem-se como viável a ponderação a ser realizada no caso concreto, pelo Poder Judiciário, ambicionando equalizar o tema. Mas

---

76. BARCELLOS, Ana Paula de. **Ponderação, Racionalidade e Atividade Jurisdicional**. Rio de Janeiro: Renovar, 2005, p. 55.

77. SARMENTO, Daniel. Interesses Públicos *vs.* Interesses Privados na Perspectiva da Teoria e da Filosofia Constitucional. *In:* SARMENTO, Daniel. **Interesses Públicos *versus* Interesses Privados**: Desconstruindo o Princípio da Supremacia do Interesse Público. Rio de Janeiro: Lumen Juris, 2005, p. 79-80.

78. MENDES, Gilmar Ferreira. Os Direitos Individuais e suas Limitações: Breves Reflexões. *In:* MENDES, Gilmar Ferreira; COELHO, Inocêncio Mártires; BRANCO, Paulo Gustavo Gonet. **Hermenêutica Constitucional e Direitos Fundamentais**. Brasília: Brasília Jurídica, 2000, p. 223-225.

nessa ponderação será que o direito fundamental sempre deve ceder para o interesse público?

A resposta é negativa. Afasta-se a máxima que propugna a existência de uma cláusula geral de comunidade, hábil a afastar direito e garantia fundamental sempre que, supostamente, houver ameaça a um bem jurídico da comunidade.

A denominada cláusula de comunidade, segundo a qual cessaria a proteção de direitos fundamentais quando em ameaça a bens jurídicos da comunidade, há muito ficou para trás, em boa parte do mundo, tendo sido ultrapassada, por exemplo, na Alemanha, na Espanha e em Portugal[79].

Nessa toada, atualmente não se deve tolerar que o Estado, com o escopo de limitar direitos e garantias fundamentais, simplesmente argua uma cláusula de interesse da comunidade, restringindo o privado com base em um ideal genérico e abstrato de que a dita conduta violaria o público.

A cláusula de comunidade deve ser ultrapassada por conceder amplas possibilidades de abusos e arbitrariedades, por conta do seu caráter vago e indeterminado. Essa cláusula conferiria ao Poder Público uma espécie de coringa, com o qual poderia, a qualquer tempo, restringir direitos e garantias fundamentais.

Mutatis mutandis, trazendo o tema ao cenário nacional, seria impensável defender que os direitos fundamentais, a exemplo dos de autorregulação, invariavelmente cederão espaço aos públicos, sem que se saiba quais os precisos interesses em jogo, o que é interesse público, seus contornos e particularidades.

Isto, porém, não quer significar que o interesse público não possa limitar a autonomia, mas que deverá ocorrer com critérios bem estabelecidos.

Nessa esteira, não se olvida ser não só possível, como louvável, a eventual existência de restrições aos direitos fundamentais, mas que não podem ser pautadas em um abstracionismo jurídico. Essas restrições podem ser (i) estabelecidas diretamente na própria Constituição; (ii) autorizadas pela própria Constituição, prevendo a edição de lei restritiva, e (iii) decorrer de restrições não expressamente referidas no texto constitucional[80].

79. SARMENTO, Daniel. **Interesses Públicos *versus* Interesses Privados**: Desconstruindo o Princípio da Supremacia do Interesse Público. Rio de Janeiro: Lumen Juris, 2005, p. 87-88.

80. CANOTILHO, José Joaquim Gomes. **Direito Constitucional e Teoria da Constituição**. Coimbra: Almedina, 1991, p. 1.142-1.143.

A primeira situação é a mais simples, pois expressa no próprio texto constitucional. Exemplifica-se a restrição prevista na própria Constituição com a liberdade de reunião, a qual não admite a possibilidade de se reunir com armas (Constituição Federal, art. 5º, XVI). Outro exemplo corriqueiramente recordado é a desapropriação, como restrição à propriedade.

Na segunda hipótese a Constituição autoriza ao legislador operar a restrição ao direito e garantia fundamental, ao revés de fazê-lo diretamente. Tem-se uma reserva de lei simples ou qualificada. Na simples, o texto constitucional demanda que a restrição seja prevista em lei, como ocorre com a proteção a cultos e liturgias (Constituição Federal, art. 5º, VI). Na qualificada, o texto constitucional, além de reclamar que a restrição se perfaça por lei, estabelece os fins a serem necessariamente perseguidos ou compulsoriamente adotados pelo legislador. Exemplifica-se na liberdade de exercício profissional, onde a lei apenas poderá restringir as qualificações profissionais (Constituição Federal, art. 5º, XIII).

Observa-se, porém, que nas casuísticas de reserva legal há limites ao legislador infraconstitucional, falando-se nos "limites dos limites". Nos "limites das limitações", os limites estabelecidos não podem afetar o conteúdo essencial do direito e não podem tornar o exercício do direito impraticável ou difícil além do razoável. Além disso, as normas limitadoras demandam interpretação restritiva, sempre na busca de maior eficiência dos direitos fundamentais[81].

Assim, a restrição, na reserva simples, (i) há de ser prevista em norma genérica, não casuística e suficientemente densa; (ii) deverá respeitar o tripé da proporcionalidade – adequação, necessidade e proporcionalidade em sentido estrito – e (iii) não deverá atingir o núcleo essencial do direito fundamental em questão[82].

Já na reserva legal qualificada, além dos itens citados, acresce-se a necessidade do legislador atentar-se aos termos preconizados pelo constituinte, para operacionalizar a restrição.

De mais a mais, nem sempre quando a Constituição alude à lei, em norma consagradora de direito e garantia fundamental, ter-se-á situação de norma restritiva. Por vezes, a dita referência visiona conformar, complementar

81. LORENZETTI, Ricardo Luis; MIRAGEM, Bruno. **Teoria da Decisão Judicial**: Fundamentos de Direito. Trad. Cláudia Lima Marques. Notas. 2. ed. São Paulo: RT, 2010, p. 225.

82. SARMENTO, Daniel. **Interesses Públicos *versus* Interesses Privados**: Desconstruindo o Princípio da Supremacia do Interesse Público. Rio de Janeiro: Lumen Juris, 2005, p. 93.

e disciplinar o direito, como exemplifica-se a promoção, na forma da lei, da defesa do consumidor (Constituição Federal, art. 5º, XXXII), a qual levou à edição do Código de Defesa do Consumidor[83].

Fala-se, ainda, das chamadas restrições imanentes ou implícitas. Estas são produto da própria sistemática constitucional, decorrentes da unidade da Constituição e não contempladas expressamente. Emolduram-se essas restrições como resultado da harmonização e da concordância prática entre direitos e garantias fundamentais e princípios jurídicos.

No caso de restrição imanente e não prevista expressamente na Constituição, e nem autorizada por esta, há de ser ter em mente que a limitação ao direito fundamental deverá visionar a proteção de bem jurídico constitucional, sob pena de banalização das restrições pelo legislador infraconstitucional e de fragilização dos direitos e garantias fundamentais[84].

Em todos os cenários, as restrições aos direitos fundamentais devem ser fruto da proporcionalidade. A questão é encontrar o ponto médio da justa ponderação entre direitos individuais e metas coletivas[85].

Restrições a direitos fundamentais fundadas em termos excessivamente vagos geram tamanha discricionariedade que poderão desembocar em arbitrariedade, devendo ser rechaçadas[86]. Justo por isso não se admite tal conduta em vários países do mundo, conforme verifica-se nos Estados Unidos e em Portugal[87].

Outro ponto de relevo no tratamento das condicionantes dos direitos e garantias fundamentais é o debate derredor da (in)existência de garantia de um conteúdo essencial a esses direitos, especialmente em razão da atual noção de diálogo entre os direitos fundamentais e a aplicação do princípio

---

83. TOLEDO, Suzana de. **O Princípio da Proporcionalidade e o Controle de Constitucionalidade das Leis Restritivas de Direitos Fundamentais**. Brasília: Brasília Jurídica, 1996, p. 161.

84. CANOTILHO, José Joaquim Gomes. **Direito Constitucional e Teoria da Constituição**. Coimbra: Almedina, 1991, p. 304.

85. BINENBOJM, Gustavo. Da Supremacia do Interesse Público ao Dever de Proporcionalidade: Um Novo Paradigma do Direito Administrativo. *In*: SARMENTO, Daniel. **Interesses Públicos *versus* Interesses Privados**: Desconstruindo o Princípio da Supremacia do Interesse Público. Rio de Janeiro: Lumen Juris, 2005, p. 169.

86. CASTRO, Carlos Roberto Siqueira. **A Constituição Aberta e os Direitos Fundamentais**. Rio de Janeiro: Forense, 2003, p. 220-221.

87. SARMENTO, Daniel. Interesses Públicos *vs.* Interesses Privados na Perspectiva da Teoria e da Filosofia Constitucional. *In*: SARMENTO, Daniel. **Interesses Públicos *versus* Interesses Privados**: Desconstruindo o Princípio da Supremacia do Interesse Público. Rio de Janeiro: Lumen Juris, 2005, p. 96-97.

da proporcionalidade. Debruçando-se sobre o tema, é possível verificar a existência de teorias absolutas, relativas, subjetivas e objetivas[88].

A teoria absoluta propugna a existência de um núcleo essencial do direito fundamental que inadmite restrição. Com círculos concêntricos, defende esta teoria a existência de um círculo menor impassível de restrição, cuja violação ocasionará desnaturação ou inutilidade do direito fundamental.

Contrariamente à teoria absoluta, percebe-se, primeiro, a impossibilidade de definição da essência do direito fundamental em contraponto com o seu espectro de proteção. Ademais, há situações da vida em que haverá choques entre núcleos essenciais de direitos fundamentais ou de um direito fundamental e um princípio constitucional. Para estes casos, a teoria absoluta não conseguiria apresentar uma solução.

A teoria relativa indica que a solução da definição do problema do núcleo essencial dos direitos fundamentais reside em um tema de ponderação. Enxerga-se um núcleo essencial móvel e harmonizado com a ideia de proporcionalidade[89].

Ainda sobre o objeto de proteção dos direitos e garantias fundamentais e a sua moldura, há de se mencionar as teorias objetiva e subjetiva, as quais duelam sobre o objeto da proteção[90].

A teoria subjetiva defende que o objeto de garantia é a posição do titular do direito fundamental tocado pela restrição. Ela avalia se com a restrição ainda sobra ao titular do direito fundamental um núcleo de direito com manutenção de importância e significação, momento em que o direito fundamental teve o seu núcleo preservado.

Positivamente a favor da teoria subjetiva é a efetiva proteção da pessoa. Em seu desfavor, a verificação de que, por vezes, necessidades sociais impõem restrições discutíveis, como pena privativa de liberdade, em função de um delito, que ultrapassa a expectativa de vida do condenado.

A teoria objetiva, de seu turno, advoga que a proteção é do direito fundamental, de maneira abstrata e considerando a globalidade de seus titulares, e não posições jurídicas especiais de qualquer deles.

---

88. SARMENTO, Daniel. **Interesses Públicos *versus* Interesses Privados**: Desconstruindo o Princípio da Supremacia do Interesse Público. Rio de Janeiro: Lumen Juris, 2005p. 107.

89. ALEXY, Robert. **Teoría de los Derechos Fundamentales**. Madrid: Lael, 2002, p. 286-291.

90. CANOTILHO, José Joaquim Gomes. **Direito Constitucional e Teoria da Constituição**. Coimbra: Almedina, 1991, p. 418.

Fato, que, independentemente da teoria adotada, é flagrante a necessidade de proteção dos direitos e garantias fundamentais e a impossibilidade de sua redução para aquém de um mínimo de tutela. Verificada a autonomia como direito e garantia fundamental, tal proteção se impõe.

Fincadas as expressões da autonomia como princípio, direito e garantia fundamental, questiona-se: a autonomia privada tem lugar também na seara processual civil?

3.3. A AUTONOMIA PRIVADA NO PROCESSO CIVIL

Seguindo nos estudos das expressões da autonomia, questiona-se: há autonomia privada no processo civil?

A resposta perpassa pela compreensão dos chamados negócios jurídicos processuais, que remetem à verdadeira expressão do autorregramento da vontade no processo civil[91]. Negócios jurídicos processuais traduzem um fato jurídico voluntário, cujo suporte fático reconhece ao sujeito o poder de regular, dentro dos limites da lei, certas situações jurídicas processuais, e alterar o procedimento[92]. É fonte normativa convencional, vinculadora dos sujeitos envolvidos, apta a obrigar partes, herdeiros e sucessores[93].

Certo que o Código de Processo Civil de 1973 já veiculava previsão de negócios jurídicos processuais, reduzindo-os, porém, a meras figuras típicas[94]. O clássico exemplo sobre o assunto era a eleição de foro, compreendida como negócio jurídico pré-processual por meio do qual as partes alteravam o foro, abstratamente idôneo, ao ajuizamento da demanda.

Seguindo a toada do velho Código de Processo Civil, o agora vigente – de 2015 – também regula os negócios jurídicos processuais típicos. Exemplifica-se com a eleição do foro (art. 63), a escolha do mediador (art. 168), a suspensão do processo por convenção das partes (art. 313, II), a convenção de arbitragem (art. 3º, § 1º), a renúncia do prazo (art. 225), o saneamento consensual (art. 357, § 2º), o acordo para adiamento da audiência de instrução

91. DIDIER JUNIOR, Fredie. **Curso de Direito Processual Civil**. v. I. 18. ed. Salvador: Juspodivm, 2016, p. 19.

92. DIDIER JUNIOR, Fredie. **Curso de Direito Processual Civil**. v. I. 18. ed. Salvador: Juspodivm, 2016, p. 380.

93. Como coloca o Enunciado 115 do Fórum Permanente de Processo Civil (FPPC).

94. ASSUMPÇÃO, Daniel Amorim. **Manual de Direito Processual Civil**. Salvador: Juspodivm, 2016, p. 318.

e julgamento (art. 362, I), a convenção entre litisconsortes para dividir entre si o tempo das alegações finais orais em audiência (art. 364, § 3º), o acordo para retirar dos autos documento cuja falsidade foi arguida (art. 432, parágrafo único), a escolha consensual do perito (art. 471), o arbitramento como técnica de liquidação (art. 509, I), a conversão do ônus da prova (art. 373, §§ 3º e 4º), o pacto de mediação prévia obrigatória (art. 2º, § 1º, da Lei n. 13.140/2015), dentre outros.

A grande novidade, porém, do atual Código de Processo Civil, diz respeito à possibilidade de negócios jurídicos processuais atípicos, conforme rege o seu art. 190. Inspirou-se o legislador nacional na tendência do direito germânico (*prozessverträge*[95]), inglês (*case management*), norte-americano (*contracting for procedure*[96]), italiano (*gli accordi processual e dei negozi processuali*[97]) e francês (*contrat de precédure*).

---

95. Em interessante *paper* sobre os Contratos Procedimentais na Alemanha – título no original: Procedural Contracts in Germany – Christoph A. Kern afirma que os contratos procedimentais são estudados há décadas no direito alemão. Os Tribunais e a doutrina possuem uma posição relativamente liberal sobre o assunto. Segundo o autor, na Alemanha, costuma-se diferenciar tais contratos em: a) Contratos Procedimentais em Sentido Estrito – os quais possuem imediatos efeitos sobre as regras estatais procedimentais, a exemplo da exclusão de aplicação de uma determinada regra, ou sua inclusão, e b) Contratos Criando Obrigações de Respeito a Procedimento – visam regular possíveis regras para processos futuros, como a impossibilidade de utilização de certo meio de prova. KERN, Cristoph. Procedural Contracts in Germany. *In*: CABRAL, Antônio do Passo (coord.) NOGUEIRA, Pedro Henrique. Negócios Processuais. DIDIER JUNIOR, Fredie. **Coleção Grandes Temas do Novo CPC**. Salvador: Juspodivm, 2016, p. 193-197.

96. Em *paper* sobre o Contrato de Procedimento – título no original: Contracting for Procedure, Kevin Davis e Helen Hershkoff afirmam consistirem em contratos reguladores da condução do procedimento, significando importante campo de estudo e verificação de privatização das regras públicas do processo. Tais contratos, seguem as autoras, têm o condão de promover autogoverno, inovação e eficiência, sendo objeto de largos estudos nos Estados Unidos. DAVIS, Kevin E; HERSHKOFF, Helen. Contracting for Procedure *apud* CABRAL, Antônio do Passo (coord.); NOGUEIRA, Pedro Henrique. Negócios Processuais. *In:* DIDIER JUNIOR, Fredie. **Coleção Grandes Temas do Novo CPC**. Salvador: Juspodivm, 2016, p. 143-144.

97. Em artigo sobre os Acordos Processuais na Itália – título no original: Gli Accordi Processuali in Italia, Luca Penasa aduz que os acordos processuais são aqueles que produzem efeitos imediatos e diretos sobre posições jurídicas processuais, com obrigações de determinadas condutas no processo. PENASA, Luca. Gli Accordi Processuali in Italia *apud* CABRAL, Antônio do Passo (coord.) NOGUEIRA, Pedro Henrique. Negócios Processuais. *In*: DIDIER JR., Fredie. **Coleção Grandes Temas do Novo CPC**. Salvador: Juspodivm, 2016, p. 236. Para Remo Caponi os acordos processuais são aqueles cujo objeto é o desenvolvimento do processo.
CAPONI, Remo. Autonomia Privata e Processo Civile: Gli Accordi Processuali *apud* CABRAL, Antônio do Passo (Coord.) NOGUEIRA, Pedro Henrique. Negócios Processuais. *In:* DIDIER JUNIOR, Fredie. **Coleção Grandes Temas do Novo CPC**. Salvador: Juspodivm, 2016, p. 205. Afirma Luca Penasa, fazendo um estudo comparativo da evolução dos negócios jurídicos processuais na Alemanha e na Itália, que há posição favorável pelo aceite dos chamados negócios jurídicos processuais

Há uma verdadeira cláusula geral permissiva dos negócios jurídicos processuais, com uma espécie de atipicidade negocial processual, em homenagem à autonomia privada nas relações processuais. Cria-se uma cláusula geral de negociação processual.

Para haver negócio jurídico processual atípico, as partes devem ser plenamente capazes e a causa versar sobre direito que admita autocomposição. O negócio poderá estipular mudanças no procedimento – para ajustá-lo às especificidades da causa – e/ou convencionar sobre seus ônus, poderes, faculdades e deveres processuais.

O negócio não é sobre o direito em litígio – o que desembocaria em uma autocomposição –, mas sobre o procedimento ou acerca das posições processuais. Poderá o negócio versar sobre ambos – procedimento e posições processuais –, ou apenas um destes itens[98].

Quando o objeto do negócio jurídico processual disser respeito ao procedimento, o art. 190 do Código de Processo Civil impõe uma clara relação entre a mudança procedimental e as especificidades da causa. A vontade das partes será condicionada, visando adequação procedimental às peculiaridades do caso concreto, em nítido contexto de autonomia privada.

---

atípicos, sustentada por duas ideias: i. seja uma leitura dispositiva do direito processual e ii. seja pela possibilidade da prática de negócios processuais, desde que não desrespeitem normas cogentes. PENASA, Luca. Gli Accordi Processuali in Italia *apud* CABRAL, Antônio do Passo (coord.); NOGUEIRA, Pedro Henrique. Negócios Processuais. *In*: DIDIER JR., Fredie. **Coleção Grandes Temas do Novo CPC**. Salvador: Juspodivm, 2016, 244-245. Aduz Remo Caponi que a questão se coloca na relação entre autonomia privada e publicização do processo estatal, visando perquirir a margem de negociação das regras processuais, buscando verificar o que é efetivamente negociável. CAPONI, Remo. Autonomia Privata e Processo Civile: Gli Accordi Processuali *apud* CABRAL, Antônio do Passo (Coord.); NOGUEIRA, Pedro Henrique. Negócios Processuais. *In:* DIDIER JUNIOR, Fredie. **Coleção Grandes Temas do Novo CPC**. Salvador: Juspodivm, 2016, p. 205. Nessa senda, advoga Luca Penasa que, diante da lacuna legislativa sobre os negócios jurídicos processuais atípicos na Itália, é viável a aplicação da analogia com os negócios jurídicos processuais típicos e a autonomia, ambos servindo como permissivos para os negócios jurídicos processuais atípicos. PENASA, Luca. Gli Accordi Processuali in Italia *apud* CABRAL, Antônio do Passo (coord.); NOGUEIRA, Pedro Henrique. Negócios Processuais. *In*: DIDIER JR., Fredie. **Coleção Grandes Temas do Novo CPC**. Salvador: Juspodivm, p. 245. Entretanto, avança Remo Caponi para informar que a evolução italiana sobre o tema ainda é muito tímida, ao revés da tedesca, sendo refém da análise de casos concretos e pontuais.

CAPONI, Remo. Autonomia Privata e Processo Civile: Gli Accordi Processuali *apud* CABRAL, Antônio do Passo (Coord.) NOGUEIRA, Pedro Henrique. Negócios Processuais. *In:* DIDIER JUNIOR, Fredie. **Coleção Grandes Temas do Novo CPC**. Salvador: Juspodivm, 2016. p. 209.

98. GAJARDONI, Fernando Fonseca. **Teoria Geral do Processo –** Comentários ao CPC de 2015 – Parte Geral. São Paulo: Método, 2015, p. 622.

Cediço concluir que se não houver qualquer especificidade que justifique a alteração do procedimento, o negócio não estará na melhor forma do direito e será nulo[99]. Exemplifica-se com a nulidade de uma cláusula procedimental que, em uma simples ação de despejo por ausência de pagamento, estipula prazos processuais em quádruplo.

No que tange ao negócio que verse sobre posições processuais, seu objeto será ônus, poderes, faculdades e deveres processuais.

O processo, como relação jurídica complexa e continuada que o é, traduz uma série de posições processuais ativas – poderes, ônus, faculdades e direitos – e passivas – sujeição, deveres e obrigações. Nesse ponto, o art. 190 não demanda que a alteração seja justificada pelas especificidades da demanda, havendo uma liberdade mais ampla[100].

Frisa-se, porém, que malgrado a maior liberdade nos negócios que versem sobre posições processuais, tal autonomia não é ilimitada. Há no processo posições do juiz, as quais não podem ser objeto de eventual negócio jurídico processual[101] – vedação do próprio art. 190.

O raciocínio é simples: as partes não podem dispor sobre aquilo que não lhes pertence. Não é possível afastar o dever do juiz de respeitar a boa-fé processual (CPC, art. 5º), decidir conforme a legalidade (CPC, art. 8º), fundamentar decisões (CPC, art. 489, § 1º) e decidir conforme súmulas e precedentes de eficácia vinculante (CPC, art. 927). A autonomia é limitada e, por conseguinte, privada.

O negócio jurídico processual pode ser pré ou pós-processual. Pode ser feito no curso do processo (pós-processual), como exemplifica o acordo extrajudicial, protocolizado em juízo; na presença do juiz, em ato oral na audiência de instrução; ou, até mesmo, na presença do conciliador ou mediador, na audiência prevista no art. 334 do Código de Processo Civil.

Igualmente pode ser realizado o negócio jurídico processual antes do processo (pré-processual), como em um contrato de locação que já regule questões processuais sobre eventual ação futura de despejo. A grande vantagem dos negócios jurídicos pré-processuais, mediante contratos, é a sua

---

99. ASSUMPÇÃO, Daniel Amorim. **Manual de Direito Processual Civil**. Salvador: Juspodivm, 2016, p. 321.

100. Conforme o Enunciado 258 do Fórum Permanente de Processo Civil (FPPC).

101. Consoante o Enunciado 36 da Escola Nacional de Formação e Aperfeiçoamento de Magistrados (ENFAM).

maior neutralidade. Afinal, nessa fase, ninguém sabe quem será o autor ou o réu, nem derredor do ônus da prova.

Não se confunde o negócio jurídico pré-processual com a arbitragem. Naquele, diversamente da arbitragem, as partes não abrem mão de ir ao Judiciário. Permite-se, com o negócio jurídico pré-processual, uma espécie de solução intermediária, regulando o procedimento futuro em eventual processo judicial.

O negócio jurídico processual, como toda convenção, deve respeito às questões de ordem pública. Não poderá, por exemplo, estabelecer segredo de justiça em demandas que não se encaixem nas casuísticas legais, afastar o dever de boa-fé, modificar regra absoluta de competência, afastar a intervenção obrigatória do Ministério Público ou criar novos mecanismos de desconstituição da coisa julgada, tudo isto sob pena de invalidade.

Como negócio jurídico que o é, o processual haverá de respeitar o plano de validade, sob pena de nulidade, conforme rege o art. 104 do Código Civil[102]. Tal nulidade há de ser declarada pelo juiz – seja de ofício, ou a requerimento das partes – e desde que haja prejuízo[103]. Para tanto, antes de invalidar o negócio, o magistrado deverá conferir contraditório, evitando a chamada decisão-surpresa, como lembra o art. 190 do Código de Processo Civil, alinhado com o art. 10 do mesmo diploma legislativo.

Mas, quais os aspectos da validade que saltam aos olhos nos negócios jurídicos processuais?

Inicia-se com a capacidade das partes. Discute-se se a capacidade exigida pelo art. 190 do Código de Processo Civil, para celebrar o negócio jurídico processual, seria material, processual ou ambas. E então?

Há quem defenda exigir a capacidade material[104]. Outros caminham no sentido de ser a meramente processual, podendo o materialmente incapaz, desde que assistido ou representado (com capacidade processual), celebrar o negócio jurídico processual[105]. Qual linha seguir?

Há acerto na última linha de pensamento. Entende-se possível negócios jurídicos processuais de pessoas materialmente incapazes, mas que agem

102. Como colocam o Enunciado 407 do Fórum Permanente de Processo Civil (FPPC) e o Enunciado 613 da Jornada de Direito Processual do Conselho da Justiça Federal (CJF).

103. Enunciado 16 do Fórum Permanente de Processo Civil (FPPC).

104. Enunciado 38 da Escola Nacional de Formação e Aperfeiçoamento de Magistrados (ENFAM).

105. DIDIER JUNIOR, Fredie. **Curso de Direito Processual Civil**. v. I. 18. ed. Salvador: Juspodivm, 2016, p. 19-25.

no processo por seu representante e/ou assistente. Viáveis, por conseguinte, negócios jurídicos processuais em ações de alimentos e guarda, inclusive com a intervenção do Ministério Público como fiscal da ordem jurídica[106].

Destarte, por terem capacidade judiciária - para figurar em processo - os entes despersonalizados - a exemplo do espólio, massa falida, herança jacente - podem celebrar negócios jurídicos processuais[107].

Ainda sobre a capacidade, sustenta a doutrina que caso a parte celebre o negócio jurídico processual sem assistência, militará a seu favor presunção de vulnerabilidade, sendo um fato hábil a encaminhar a anulação do ato[108]. No que tange às pessoas jurídicas, celebrarão negócios jurídicos processuais por meio de seu representante, com poderes para tanto. Em relação ao Poder Público e ao Ministério Público, não há nenhuma vedação para que entabulem tais negócios[109].

Avançando na análise da validade do negócio, adentra-se em seu objeto.

Como negócio jurídico que o é, o objeto há de ser lícito, dizendo respeito a procedimento ou posições processuais. Deve versar sobre direitos que admitem autocomposição.

Registra-se a felicidade do legislador em não confundir direito indisponível com direitos que não admitem autocomposição. Ainda que o processo verse sobre um direito indisponível, porém que admita autocomposição, é válida a convenção processual[110].

A autocomposição aqui não tem como objeto o direito material, mas as formas de exercício deste direito, como modos e momentos de cumprimento da obrigação. Justo por isso, admite-se negócio jurídico processual em processo coletivo, ainda que os direitos sejam difusos e coletivos, indisponíveis, e o autor seja o Ministério Público[111].

Na mesma linha - entendendo ser o objeto direitos que admitem autocomposição –, nada impede a aplicação do negócio jurídico processual ao procedimento de recuperação judicial[112].

---

106. Enunciado 112 da Jornada de Direito Processual do Conselho da Justiça Federal (CJF).

107. Enunciado 114 da Jornada de Direito Processual do Conselho da Justiça Federal (CJF).

108. Enunciado 18 do Fórum Permanente de Processo Civil (FPPC); no mesmo sentido, Enunciado 24 do Instituto Brasileiro de Direito das Famílias (IBDFAM).

109. Enunciado 253 do Fórum Permanente de Processo Civil (FPPC).

110. Enunciado 135 do Fórum Permanente de Processo Civil (FPPC).

111. Enunciados 253 e 255, ambos do Fórum Permanente de Processo Civil (FPPC).

112. Enunciado 113 da Jornada de Processo Civil do Conselho da Justiça Federal (FPPC).

A forma do negócio jurídico processual é tema com certa polêmica. Há quem defenda a forma livre, diante da omissão legislativa[113] e com base no art. 107 do Código Civil. Outros pensam haver vinculação ao instrumento escrito[114]. Há aqueles que indicam ser preferível a forma escrita[115].

Segundo o art. 107 do Código Civil, o negócio jurídico apenas terá forma vinculada quando determinada em lei. Não havendo vinculação, ter-se-á a liberdade de formas. É justamente a situação nos negócios jurídicos processuais atípicos: liberdade de formas. Evidentemente, apesar da liberdade de forma, é aconselhável a forma escrita, mormente diante da maior facilidade probatória do negócio.

Não se olvida, porém, existirem certos negócios típicos nos quais o legislador impõe forma escrita, como exemplifica o foro de eleição e a convenção de arbitragem. Nesses casos de forma vinculada na norma, o seu desrespeito ocasionará a nulidade absoluta do negócio, consoante o art. 166, IV, do Código Civil.

Os negócios jurídicos processuais costumam habitar contratos paritários, entre iguais ou quase iguais, e com largos debates sobre o conteúdo contratual. Mas seria viável a pactuação do negócio jurídico processual em contratos por adesão?

Sim, é viável o negócio jurídico processual entabulado em contrato por adesão, que poderá ocasionar eventual controle de legalidade pelo Poder Judiciário, se houver abusividade. Se o negócio importar renúncia antecipada a direito do aderente, por exemplo, configurará disposição natimorta, consoante o art. 424 do Código Civil.

Entretanto, é possível que a cláusula de negociação processual prevista em um contrato por adesão seja equilibrada e em favor, até mesmo, do hipossuficiente. Exemplifica-se com o prazo em dobro para as partes no processo. Neste caso, sua validade poderá se conservar acaso entendido que é melhor ao hipossuficiente um prazo mais elástico.

Imperioso recordar que ao analisar o plano de validade, nada impede que o magistrado invalide apenas parte do negócio jurídico processual, nulificando, tão somente, aquilo que não esteja na melhor forma do direito.

---

113. DIDIER JUNIOR, Fredie. **Curso de Direito Processual Civil**. v. I. 18. ed. Salvador: Juspodivm, 2016, p. 19-25.

114. Enunciado 39 da Escola Nacional de Formação e Aperfeiçoamento de Magistrados (ENFAM).

115. ASSUMPÇÃO, Daniel Amorim. **Manual de Direito Processual Civil**. Salvador: Juspodivm, 2016, p. 325; GARJADONI. Fernando Fonseca. **Teoria Geral do Processo** – Comentários ao CPC de 2015 – Parte Geral. São Paulo: Método, 2015, p. 617.

Ter-se-á uma espécie de redução do negócio, extirpando-se apenas a parte acessória, conforme permitido pelo art. 184 do Código Civil[116].

Ademais, caso o negócio processual esteja inserto em outro, entre eles haverá autonomia, de maneira que a invalidade do acessório (negócio jurídico processual) não gerará a do principal (eventual contrato)[117]. Se há um contrato de locação que em seu bojo regule um negócio jurídico processual, a nulidade deste não levará à invalidade do contrato de locação.

Em relação à eficácia, nos negócios jurídicos processuais atípicos será automática, não demandando homologação judicial, conforme aduz o art. 200 do Código de Processo Civil. Nos típicos, porém, será necessário analisar, pois há negócios típicos cuja eficácia está subordinada à homologação judicial[118].

Como negócios que o são, podem, eventualmente, os negócios jurídicos processuais serem celebrados mediante silêncio, como renúncia tácita à convenção de arbitragem, conforme o art. 337, § 6º, do Código de Processo Civil, e a aceitação tácita da decisão, nas pegadas do art. 100 do Código de Processo Civil. Ainda como negócios que o são, admitem distrato, desde que envolvam todos os contratantes, inclusive o juiz, caso tenha figurado no negócio[119].

São admissíveis negócios jurídicos processuais versando sobre: pacto de impenhorabilidade; regra de penhorabilidade; ampliação de prazos; rateio de despesas processuais; dispensa consensual de assistente técnico; retirada de efeito suspensivo de recurso; não promoção de execução provisória; mediação ou conciliação extrajudicial obrigatória, inclusive com a correlata exclusão da audiência preliminar obrigatória do art. 334 do Código de Processo Civil; pacto de simples exclusão da audiência do art. 334 do Código de Processo Civil; pacto de prévia disponibilização de documentação (pacto de *disclosure*); previsão de meios alternativos de comunicação entre si; acordo para realização de sustentação oral; ampliação convencional da prova; redução de prazos processuais e dispensa de caução em cumprimento de sentença[120].

São inadmissíveis os negócios jurídicos processuais que versem sobre modificação de competência absoluta, supressão da primeira instância, exclusão do Ministério Público e vedação da participação do *amicus curiae*[121].

116. Enunciado 134 do Fórum Permanente de Processo Civil (FPPC).

117. Enunciado 409 do Fórum Permanente de Processo Civil (FPPC).

118. Enunciados 133 e 260, ambos do Fórum Permanente de Processo Civil (FPPC).

119. Enunciados 411 e 495, ambos do Fórum Permanente de Processo Civil (FPPC).

120. Enunciados 19, 21 e 262 do Fórum Permanente de Processo Civil (FPPC) e 153 da Jornada de Processo Civil do Conselho da Justiça Federal (CJF).

121. Enunciados 20, 253 e 392 do Fórum Permanente de Processo Civil (FPPC).

São igualmente inadmissíveis negócios jurídicos processuais que afetem poderes-deveres do juiz – como de instrução, sanção à litigância de má-fé, controle de legitimidade das partes, ingresso de *amicus curiae* –; introduza novas hipóteses de recorribilidade, rescisória ou sustentação oral não previstas em lei; estipulem o julgamento do conflito com base em lei diversa da nacional vigente e estabeleça prioridade de julgamento não prevista em lei[122].

São nulas, por ilicitude do objeto, convenções processuais que violem garantias constitucionais do processo, como as que autorizem o uso de prova ilícita, limitem a publicidade do processo para além da lei, modifiquem competência absoluta em razão da matéria e dispensem o dever de motivação[123]. Mas, qual a pertinência dos negócios jurídicos processuais com o trabalho que ora se desenvolve?

Voltando os olhos a um diálogo entre autonomia, processo e relações familiares, infere-se que os pactos antenupciais traduzem um fecundo *locus* para o desenvolvimento dos negócios jurídicos pré-processuais[124].

É viável que o acordo nupcial verse sobre regras procedimentais acerca da futura ação de dissolução afetiva. Ademais, nada impede, inclusive, que o ajuste procedimental seja feito mediante um contrato específico e já no curso do relacionamento, em uma espécie de ajuste pós-nupcial ou intrafamiliar. No particular, o Projeto de Reforma do Código Civil, no artigo 1.653-A, parágrafo único, sugere permissivo para a confecção de pactos pós-nupciais, os quais sempre terão efeitos prospectivos - não retroativos, *ex-nunc*.

Tem-se como cláusulas sugestivas para acertos procedimentais em relações de conjugalidade a apresentação prévia de documentos junto à inicial e contestação, como declarações de imposto de renda, sob pena de confissão (pacto de *disclosure*); limitação do processo à segunda instância, evitando recursos especiais e extraordinários; ampliação de prazos; rateio de despesas processuais; dispensa consensual de assistente técnico; retirada efeito suspensivo de recurso; não promoção de execução provisória; mediação ou conciliação extrajudicial obrigatória, inclusive com a correlata exclusão da audiência preliminar obrigatória do art. 334 do Código de Processo Civil; tentativa prévia obrigatória de práticas colaborativas, inclusive com a correlata exclusão da audiência preliminar obrigatória do art. 334 do Código de Processo Civil; pacto de simples exclusão da audiência do art. 334 do Código de Processo Civil; previsão de

122. Enunciado 36 da Escola Nacional de Formação e Aperfeiçoamento dos Magistrados (ENFAM).

123. Enunciado 37 da Escola Nacional de Formação e Aperfeiçoamento dos Magistrados (ENFAM).

124. Enunciado 18 da Jornada de Processo Civil do Conselho da Justiça Federal (CJF); Enunciado 24 do Instituto Brasileiro de Direito das Famílias (IBDFAM).

meios alternativos de comunicação entre si, a exemplo de *e-mails*; acordo para realização de sustentação oral; ampliação convencional da prova; redução de prazos processuais e dispensa de caução em cumprimento de sentença.

Seguindo o delineamento do Código de Processo Civil, infere-se a possibilidade de as partes realizarem, inclusive, um negócio jurídico plurilateral, visando a calendarização processual. Permite o direito processual vigente, às partes, com autorização do juízo, calendarizar todos os atos, dispensando intimações e dando uma maior dinâmica à caminhada procedimental, em conformidade ao art. 191 do Código de Processo Civil.

A calendarização é um negócio que demanda aceitação do juízo e das partes. Não é possível a imposição da calendarização pelas partes ao Judiciário, e nem do Judiciário às partes. Se houver outros sujeitos no processo, estes também haverão de concordar com o calendário, como o Ministério Público e a Defensoria Pública[125].

O intuito do calendário é firmar, com a concordância de todos, os variados prazos procedimentais, caminhando o processo independentemente de publicações. Para o calendário funcionar, demanda-se dos juízes abrirem mão de seus prazos impróprios, curvando-se ao pacto e obedientes às datas.

A perda de apenas um dos prazos – seja pelas partes, ministério público e/ou pelo juízo – inviabilizará todo o calendário, o qual deve ser refeito, com a concordância dos envolvidos e justificativa. Caso não haja novo acordo, seguirá o processo os prazos processuais legais, funcionando sem o calendário.

O calendário não tem momento processual específico para criação. É mais provável que aconteça na fase de saneamento ou organização do processo, ou, até mesmo, em um momento pré-processual, mediante contrato, demandando posterior concordância do juízo e eventuais demais atores do processo[126].

Não se olvida a possibilidade de proposta de calendarização no momento da audiência de conciliação, ficando condicionada a posterior aceite do juízo. Igualmente, nada impede que o juízo designe audiência específica para propor o calendário[127].

Cristalina, portanto, a larga expressão da autonomia hoje presente no direito processual civil e sua boa aplicação na seara familiar.

125. Enunciado 402 do Fórum Permanente de Processo Civil (FPPC).

126. GAJARDONI, Fernando Fonseca. **Teoria Geral do Processo – Comentários ao CPC de 2015 – Parte Geral**. São Paulo: Método, 2015, p. 634.

127. Enunciado 299 do Fórum Permanente de Processo Civil (FPPC).

4

AFINAL, O QUE É A AUTONOMIA PRIVADA?

Conforme delineada, a evolução do direito privado, em diálogo com o direito público, modelos estatais e direitos e garantias fundamentais, tocou, sobremaneira, a autonomia. Esta, antes adjetivada como da vontade, ilimitada e patrimonial, ganhou novos contornos, limitando-se, superando os confins patrimonialistas e adjetivando-se como privada.

O percurso percorrido pelo Estado influencia, por demais, a autonomia. Ao longo do século XX, o Estado começou liberal, com funções mínimas e afirmações de direitos políticos e individuais; após o primeiro quartel tornou-se social, visionando redução de desigualdades e promoção de direitos sociais; e na virada do século emoldurava-se como neoliberal, concentrando-se em atividade de regulação e abdicando de intervenção econômica direta[1].

Como produto desta evolução, infere-se, diuturnamente, que a autonomia não se confunde com *eleutheria*, a qual liga-se a uma liberdade na total independência[2]. Agir com autonomia não significa desmedida soberania, mas diálogo entre o interesse próprio e o da comunidade.

Além disso, não se deve demonizar o Estado e afastar, rigidamente, o sujeito da sociedade[3]. O Estado deve ter atuação por vezes limitada, para

1. BARROSO, Luís Roberto. Prefácio. O Estado Contemporâneo, os Direitos Fundamentais e a Redefinição da Supremacia do Interesse Público. *In*: SARMENTO, Daniel. **Interesses Públicos *versus* Interesses Privados**: Desconstruindo o Princípio da Supremacia do Interesse Público. Rio de Janeiro: Lumen Juris, 2005, p. ix.

2. AMARAL, Carlos Pacheco. Autonomia: Uma Aproximação na Perspectiva da Filosofia Social e Política. **Revista da Universidade de Açores**. Ponta Delgada, 1995, p. 126.

3. GABARDO, Emerson. O Princípio da Supremacia do Interesse Público sobre o Interesse Privado como Fundamento do Direito Administrativo Social. *In:* **Revista de Investigações Constitucionais**. v. 4, n. 2. Curitiba, maio-ago.2017, p. 12. Publicado em: 15-04-2019. Disponível em: https://www.scielo.br/scielo.php?script=sci_arttext&pid=S2359-56392017000200095. Acesso em: 28 ago. 2020.

proteger o particular, mas isto não significa um Estado completamente não intervencionista e não promovedor e protetor dos direitos e garantias fundamentais.

Um ideário liberal míope, sem vistas à redistribuição, à igualdade material e à solidariedade, seguramente se afasta da ordem constitucional de 1988. A Constituição Cidadã visiona construir uma sociedade livre, justa e solidária (Constituição Federal, art. 3º, I), erradicar a pobreza e a marginalização e reduzir as desigualdades sociais e regionais (Constituição Federal, art. 3º, III). O constituinte emoldurou um generoso rol exemplificativo de direitos e garantias fundamentais, que figuram como cláusulas pétreas. Objetiva, na ordem econômica, assegurar a todos uma existência digna, conforme os ditames da justiça social (Constituição Federal, art. 170).

Em certa medida, portanto, a teoria da autonomia da vontade foi superada pela da autonomia privada, malgrado, muitas vezes, indevidamente, autores ainda utilizarem essas expressões como sinônimas[4].

Acertada, porém, a linha de pensamento que informa que quando a autonomia é adjetivada como da vontade, ganha contornos muito amplos, próximos a uma liberdade originária e a noção do dogma da vontade como hábil a gerar lei entre as partes. Já a autonomia privada, de seu turno, remete a uma liberdade derivada, emoldurada a certo espaço de atuação, conferida ao particular, dentro do respectivo ordenamento jurídico. É no espaço delineado pela autonomia privada que poderá agir o particular, com estipulação de negócios jurídicos e condutas hábeis a ocasionar atos jurídicos *stricto sensu*.

É nesse certo espaço de autonomia que o titular irá confeccionar o seu testamento (negócio jurídico unilateral), estipular contratos, como compras e vendas, e realizar escolhas juridicamente relevantes e com consequências, como a de seu domicílio, no clássico exemplo de ato jurídico *stricto sensu*.

Portanto, enquanto a autonomia da vontade remete ao desejo do sujeito, a privada dialoga com a vontade do indivíduo limitada pelas questões de ordem pública, bons costumes, dignidade da pessoa humana e visando efetivar o bem-estar social[5].

---

4. BRANDÃO, Débora Vanessa Caús. **Regime de Bens no Novo Código Civil**. São Paulo: Saraiva, 2007, p. 19.

5. SANTOS, Francisco Cláudio de Almeida. O pacto antenupcial e a autonomia privada. *In*: FERREIRA BASTOS, Eliene; SOUSA, Asiel Henrique de (coord.). **Família e jurisdição**. Belo Horizonte: Del Rey, 2005, p. 204.

Por tudo isto, os sujeitos, na seara privada, atuam mediante o exercício de certa autonomia, a qual adjetiva-se como privada[6]. O poder negocial de que é investido o particular não é ilimitado[7], limitando-se na lei, na norma jurídica[8].

A autonomia da vontade distingue-se da privada. Enquanto a autonomia da vontade liga-se ao voluntarismo jurídico e à exacerbação absoluta da vontade, a privada é mais objetiva, pois dialoga com um poder limitado, reconhecido pelo ordenamento jurídico aos particulares para autorregulação[9].

A autonomia privada tem, no direito, dupla utilização. Em termos amplos, equivale ao espaço de liberdade de cada um dentro da ordem jurídica – ou seja, engloba tudo o que as pessoas podem fazer no prisma material ou jurídico – e, em termos restritos, diz respeito ao espaço de liberdade jurígena, no qual as pessoas podem desenvolver suas atividades[10].

A autonomia privada vai além da negocial, pois não é uma mera liberdade aplicada aos negócios jurídicos. Ao revés. Toca os diversos atos da vida privada, como condutas ocasionadoras de atos-fatos jurídicos e questões existenciais. O correto exercício da autonomia privada remete à possibilidade de construção de regras próprias, desde que dentro dos quadros das regras globais[11].

---

6. NALIN, Paulo. A autonomia privada na legalidade constitucional. *In*: NALIN, Paulo (coord.). **Contrato e Sociedade**: A Autonomia Privada na Legalidade Constitucional. v. 2. Curitiba: Juruá, 2006, p. 29.

7. BORGES, Roxana Cardoso Brasileiro. **Disponibilidade dos Direitos de Personalidade e Autonomia Privada**. São Paulo: Saraiva, 2005, p. 48.

8. Afirma Luigi Ferri: "tutto questo spiega l'imprecisione e Il promiscuo uso delle espressioni <<autonomia privata>>, <<autonomia dela volontá>>, <<liberta contrattuale>> ecc., che ho ora rilevato; ma spiega soprattutto la nessuna utilità costruttiva del concetto di autonomia privata cosi configurato". E conclui: "L'autonomia privata non è espressione di uma mera liceità o facoltà, ma manifestazione di potere e precisamente del potere di creare, entro limiti posti dalla legge, delle norme giuridiche". FERRI, Luigi. **L'autonomia privata**. Milano: Dott A. Giuffrè, 1959, p. 4-5. Tradução livre: Tudo isso explica a imprecisão e o uso promíscuo das expressões << autonomia privada >>, << autonomia da vontade >>, << liberdade contratual >> etc., que já referi; mas, sobretudo, explica a utilidade não construtiva do conceito de autonomia privada assim configurado. E conclui: a autonomia privada não é expressão de mera legalidade ou faculdade, mas uma manifestação de poder e precisamente do poder de criar, dentro dos limites fixados pela lei, normas jurídicas.

9. ARAÚJO, Maria Angélica Benetti. Autonomia da Vontade no Direito Contratual. **Revista de Direito Privado**, n. 27. São Paulo: RT, 2006, p. 285.

10. MENEZES CORDEIRO, Antônio Manuel da Rocha e. **Da Boa-Fé no Direito Civil**. t. I. Coimbra: Almedina, 2007, p. 391.

11. MENEZES CORDEIRO, Antônio Manuel da Rocha e. **Da Boa-Fé no Direito Civil**. t. I. Coimbra: Almedina, 2007, p. 391.

Dialoga a autonomia da vontade com uma conotação subjetiva, psicológica. Já a autonomia privada diz respeito ao poder da vontade no direito[12], é um poder normativo[13]. O poder atribuído aos particulares de regular, mediante vontade, os próprios interesses. É considerada uma fonte normativa no ordenamento jurídico, pois produtora de regras de conduta reconhecidas pelo Estado[14].

A autonomia privada não se identifica somente com a iniciativa econômica, nem com a autonomia contratual em sentido estrito[15]. Ela não é um valor em si mesmo. O poder de autonomia, nas suas mais variadas manifestações, submete-se à análise de licitude e valor, sendo primordial compatibilizar a atividade ao ordenamento jurídico[16]. O direito subjetivo deve ser compatível ao objetivo[17], visando as finalidades buscadas pelo ordenamento jurídico, com atenção aos seus limites positivos e negativos[18]. Funcionaliza-se o sujeito ao ordenamento.

A ideia liberal de uma autonomia da vontade, fincada no puro consensualismo, na igualdade formal e na força obrigatória dos contratos, foi se tornando cada vez mais histórica e afastada em modelos estatais mais intervencionistas.

O dirigismo estatal, com busca de tutela do ser, igualdade material e proteção de questões de ordem pública, passou a trazer a figura de uma autonomia limitada, deferindo um certo espaço de atuação ao particular. Na ordem constitucional brasileira, igualdade material não é apenas um limite de atuação privada, mas traduz uma meta a ser perseguida pelo Estado[19]. A

---

12. AMARAL, Francisco. **Direito Civil**: Introdução. 3. ed. Rio de Janeiro: Renovar, 2000, p. 337-338.
13. FERRI, Luigi. **L'autonomia privata**. Milano: Dott A. Giuffrè, 1959, p. 6.
14. BOBBIO, Norberto. **Teoria do Ordenamento Jurídico**. 10. ed. Trad. Maria Celeste Leite dos Santos. Brasília: Universidade de Brasília, 1999, p. 40.
15. PERLINGINERE, Pietro. **Perfis do Direito Civil Constitucional**. Introdução ao Direito Civil Constitucional. 2. ed. São Paulo: Renovar, 2002, p. 277.
16. PERLINGINERE, Pietro. **Perfis do Direito Civil Constitucional**. Introdução ao Direito Civil Constitucional. 2. ed. São Paulo: Renovar, 2002, p. 277.
17. PRATA, Ana. **A Tutela Constitucional da Autonomia Privada**. Coimbra: Almedina, 1982, p. 18.
18. PRATA, Ana. **A Tutela Constitucional da Autonomia Privada**. Coimbra: Almedina, 1982, p. 18.
19. SARMENTO, Daniel. Interesses Públicos *vs.* Interesses Privados na Perspectiva da Teoria e da Filosofia Constitucional. *In*: SARMENTO, Daniel. **Interesses Públicos *versus* Interesses Privados**: Desconstruindo o Princípio da Supremacia do Interesse Público. Rio de Janeiro: Lumen Juris, 2005, p. 71.

solidariedade não é apenas uma virtude humana, mas um princípio constitucional hábil a gerar direitos e obrigações no mundo privado[20].

A autonomia privada, tutelada por valores constitucionais, irradia efeitos nos negócios desenvolvidos pelos sujeitos de direito, sendo que os negócios praticados decorrem da autorização concedida pelo Estado para a consecução de efeitos jurídicos[21].

Por tudo isto, fala-se atualmente em uma autonomia privada apta a gerar relações privadas, ao passo que a vontade não pode ser manifestada de forma desenfreada e abusiva, havendo de obedecer os limites públicos, como a dignidade da pessoa humana, a função social, o equilíbrio contratual e a boa-fé[22]. Deve-se garantir um mínimo existencial para o correto e amplo exercício da autonomia[23].

O negócio jurídico não é gerado apenas pela manifestação da vontade, pois demanda normatividade acolhedora[24]. Não há direito subjetivo que possa unicamente concentrar-se em interesse privado, já que a necessidade de compatibilizar o direito subjetivo ao objetivo perpassa pela atenção dos interesses públicos[25]. Nesse contexto, a vontade é o suporte fático, porém a ela deve ser acrescido regulamento legal, a fim de regulamentar-se os interesses dignos de tutela, visto que o negócio jurídico não denota a faculdade de um "querer vazio"[26].

O poder de disposição ou normativo, atinente ao direito privado, não pode ser exercitado ilimitadamente, visto que a liberdade de ação privada está circunscrita a valores jurídicos, presentes em um determinado ordenamento.

---

20. MORAES, Maria Celina Bodin de. O Princípio da Solidariedade. *In*: PEIXINHO, Manoel Messias; GUERRA, Isabela Franco; NASCIMENTO FILHO, Firly (org.). **Os Princípios na Constituição de 1988**. Rio de Janeiro: Lumen Juris, 2001, p. 167-190.

21. NALIN, Paulo. A autonomia privada na legalidade constitucional. *In*: NALIN, Paulo (coord.). **Contrato e Sociedade**: a autonomia privada na legalidade constitucional. v. 2. Curitiba: Juruá, 2006, p. 29.

22. GOMES, Susete. Princípios, Cláusulas Gerais e Autonomia Privada. *In*: **Os Princípios e os Institutos de Direito Civil**. Rio de Janeiro: Lumen Juris, 2015, p. 115.

23. SARMENTO, Daniel. Interesses Públicos *vs*. Interesses Privados na Perspectiva da Teoria e da Filosofia Constitucional. *In*: SARMENTO, Daniel. **Interesses Públicos *versus* Interesses Privados**: Desconstruindo o Princípio da Supremacia do Interesse Público. Rio de Janeiro: Lumen Juris, 2005, p. 72.

24. MELLO, Marcos Bernardes de. **Teoria do fato jurídico**. Plano da existência. 14. ed. São Paulo: Saraiva, 2007, p. 171-172.

25. PRATA, Ana. **A Tutela Constitucional da Autonomia Privada**. Coimbra: Almedina, 1982, p. 20.

26. BETTI, Emilio. **Teoria General del Negócio Jurídico**. Lima: Ara, 2001, p. 54.

A autonomia privada, por conseguinte, não é vista de maneira universal e abstrata, mas derivada de cada ordenamento jurídico, de cada microrracionalidade. Havendo discrepância entre o exercício da autonomia e o ordenamento jurídico, este ou não irá reconhecer o negócio jurídico, ou irá repudiá-lo[27].

A respectiva ordem jurídica poderá se comportar de três maneiras diferentes frente a um negócio jurídico desatento aos limites da autonomia: fala-se em negócios irrelevantes, ilícitos e ilegais.

Irrelevante é o negócio indiferente ao direito, ou seja, o ordenamento jurídico "não protege, nem combate", deixando o negócio submetido às regras de comportamento, necessidades políticas e econômicas da sociedade[28].

Os negócios reprovados são aqueles qualificados como ilícitos, por ofenderem interesses, gerais ou particulares, os quais a ordem jurídica de uma sociedade favorece ou protege[29]. A depender da importância do interesse ofendido, a sanção será diversa, falando-se em nulidade absoluta, quando o negócio for violador de interesse da sociedade, e nulidade relativa, quando violar interesse da contraparte e/ou terceiro[30].

Os negócios ilegais, também denominados de irregulares, não apresentam requisitos de validade.

A limitação à autonomia é essencial, pois se ela fosse absoluta prevaleceria apenas e tão somente a vontade do mais forte, sem atenção à igualdade, à solidariedade e à segurança. A intervenção, nesse caso, é essencial para proteger a liberdade dos outros. Na visão de Kant e consoante uma "lei geral de liberdade", a intervenção favorece o bem comum e protege a paz jurídica da sociedade[31].

É clarividente a percepção de que a autonomia privada tem os seus contornos, as suas fronteiras, as quais demandam respeito do particular

27. BORGES, Roxana Cardoso Brasileiro. **Disponibilidade dos Direitos de Personalidade e Autonomia Privada**. São Paulo: Saraiva, 2005, p. 49.

28. BETTI, Emilio. **Teoria geral do negócio jurídico**. t. I. Tradução de Fernando Miranda. Coimbra: Coimbra 1969, p. 239.

29. BETTI, Emilio. **Teoria geral do negócio jurídico**. t. I. Tradução de Fernando Miranda. Coimbra: Coimbra 1969, p. 224.

30. BETTI, Emilio. **Teoria geral do negócio jurídico**. t. I. Tradução de Fernando Miranda. Coimbra: Coimbra 1969, p. 227-228.

31. SARMENTO, Daniel. Os princípios constitucionais da liberdade e da autonomia privada. *In:* PEIXINHO, Manoel Messias *et al.* (coord.). **Os princípios da Constituição de 1988**. 2. ed. Rio de Janeiro: Lumen Juris, 2006, p. 231.

e são fruto do respectivo sistema jurídico. Tais confins da autonomia são representados pelas questões de ordem pública de um dado ordenamento jurídico, da respectiva microrracionalidade, as quais, seguramente, são maleáveis, pois reflexos de uma sociedade mundana.

Há liberdade particular de atuação enquanto respeitados os interesses públicos, visto que são eles que justificam a intervenção estatal redutora da autonomia; é supremacia do interesse público a prerrogativa de atuação estatal[32].

A grande questão, porém, é que, não raro, doutrina e jurisprudência lançam mão do conceito de interesse público sem materializar o seu conteúdo, como um verdadeiro "coringa", sempre hábil a reduzir a autonomia. É como se houvesse uma fluida, imprecisa e maleável cláusula de comunidade, invariavelmente hábil a ser genericamente arguida como limitadora da autonomia. Esta compreensão, além de abusiva, leva a uma completa indeterminação do campo da autonomia, o que não se pode conceber.

Assim, entender a autonomia privada conduzirá a indagar o que é o interesse público hábil a limitá-la, e a compreender como dialogam interesses públicos e privados.

4.1. INTERESSES PÚBLICOS *VERSUS* PRIVADOS – DO NASCIMENTO DA DICOTOMIA AOS DIAS ATUAIS

São seculares as bases divisoras entre os interesses públicos e privados. Remetem à chamada grande dicotomia[33] e à noção de *summa divisio*, sobre a qual ergueu-se a rígida demarcação entre a sociedade civil e o Estado, e a construção de pensamentos políticos e sociais.

A origem da diferenciação entre o público e o privado levam ao *Corpus Iuris Civilis* romano[34] e suas demarcações oscilam, a depender do contexto histórico.

Na Grécia antiga, por exemplo, o público se sobrepunha. O que importava era a vida pública do cidadão, participando politicamente sobre os

32. MELLO, Celso Antônio Bandeira de. **Curso de Direito Administrativo**. São Paulo: Malheiros, 2009, p. 61.

33. BOBBIO, Norberto. A Grande Dicotomia Público e Privado. *In:* **Estado, Governo, Sociedade**. Trad. Marco Aurélio Nogueira. 4. ed. São Paulo: Paz e Terra, 1992, p. 13-31.

34. FACCHINI NETO, Eugênio. Reflexões Histórico-Evolutivas sobre a Constitucionalização do Direito Privado. *In:* SARLET, Ingo Wolfgang (org.). **Constituição, Direitos Fundamentais e Direito Privado**. Porto Alegre: Livraria do Advogado, 2003, p. 14.

destinos da comunidade. Não havia, naquele contexto, liberdades privadas hábeis a proteger o indivíduo das intrusões de autoridades políticas[35].

Na Idade Média houve uma inversão, confundindo-se o público e o privado na época do feudalismo[36] e a sinalização de um bem comum transcendental. Não havia hierarquia do público sobre o privado, e vice-versa, mas coincidência. Trata-se de arquétipo anterior à formação dos Estados Nacionais Modernos[37].

Com o Estado Moderno, na sua feição absolutista, a relação entre público e privado tornou-se mais complexa, em especial com a identificação do Estado na pessoa do monarca, como infere-se nos dizeres de Luís XIV[38]. É, porém, com o Estado Liberal que a *summa divisio* deixa mais clara e compartimentalizada a distinção entre o público e o privado, fincada no ideal de proteger a sociedade da indevida intromissão estatal.

Cresce a ética individualista. Tem-se uma ideia de liberdade privada ilimitada e poder estatal limitado pelos direitos e garantias fundamentais de primeira dimensão. Prepondera o privado em detrimento do público. Finca-se os ideais liberais oitocentistas. No Estado Liberal, o interesse público dizia respeito à garantia dos interesses privados, havendo uma clara perspectiva individualista e um direito administrativo mínimo.

Naquele contexto, o Estado era visto como um meio à serviço dos interesses dos indivíduos. O interesse público objetivava assegurar as melhores condições para o exercício e a expansão dos privados. As Constituições liberais limitavam a atuação do Estado, sendo verdadeiros "estatutos de defesa" da esfera particular contra o Estado[39].

---

35. COULANGES, Fustel. **A Cidade Antiga**. Trad. Fernando de Aguilar. 8. ed. Lisboa: Livraria Clássica Editora, 1954, p. 345-352.

36. SARMENTO, Daniel. Interesses Públicos *vs.* Interesses Privados na Perspectiva da Teoria e da Filosofia Constitucional. *In*: SARMENTO, Daniel. **Interesses Públicos *versus* Interesses Privados**: Desconstruindo o Princípio da Supremacia do Interesse Público. Rio de Janeiro: Lumen Juris, 2005, p. 34.

37. HACHEM, Daniel Wunder. **Princípio Constitucional da Supremacia do Interesse Público**. Acervo Digital da Universidade Federal do Paraná (UFPR). Disponível em: https://acervodigital.ufpr.br/bitstream/handle/1884/26226/Dissertacao%20-%20Daniel%20Wunder%20Hachem%20-%20UPFR%20-%20Brasil.pdf?sequence=1. Acesso em: 20 ago. 2020, p. 55.

38. SARMENTO, Daniel. Interesses Públicos *vs.* Interesses Privados na Perspectiva da Teoria e da Filosofia Constitucional. *In*: SARMENTO, Daniel. **Interesses Públicos *versus* Interesses Privados**: Desconstruindo o Princípio da Supremacia do Interesse Público. Rio de Janeiro: Lumen Juris, 2005, p. 34.

39. PRATA, Ana. **A Tutela Constitucional da Autonomia Privada**. Coimbra: Almedina, 1982, p. 32-33.

O modelo estatal liberal, visionando limitar o absolutismo de outrora, passa a elevar a lei, com adoção da soberania popular e separação de poderes. Avulta a concepção de um Estado de Direito, com a supremacia da lei, a qual submete a todos.

O indivíduo passa a titularizar direitos em face do Estado. Deixa de ser um súdito e passa a ser um cidadão. Advém a necessidade de configurar um ramo próprio para regular essas relações – o direito administrativo –, fincado no interesse de todos (público), notabilizado na lei.

Remete-se, nesse surgimento do direito administrativo, ao caso *Arrêt Blanco* e à célebre decisão do Tribunal de Conflitos Francês, datada de 8 de fevereiro de 1873. A demanda envolvia pedido de indenização da jovem Agnés Blanco, que fora atropelada por uma vagonete da fábrica de tabaco, em Bordeux. Ao decidir o tema, consignou-se que o modelo de responsabilização estatal não poderia ser igual ao privado, não cabendo aplicação das normas do Código Civil, mas regras especiais que conciliassem direitos do Estado com direitos privados[40].

O interesse público surge, a um só tempo, como fundamento, limite e instrumento de poder. Configura medida e finalidade da função administrativa e assume conotação bastante diversa da que lhe era conferida quando do Antigo Regime[41].

Seguindo o curso da história, advém o Estado Social, como reação ao Liberal, no Século XX. Notabiliza-se uma progressiva intervenção do Estado nos diversos domínios, e o Poder Público, de mero espectador, passa a interventor.

O Estado agiganta-se para implementar projetos sociais, demandando a estruturação de novos serviços públicos. O abstencionismo fica para trás, em prol de intervenção para proteger os mais débeis. O público agiganta-se face ao privado, ganhando mais força a supremacia do público sobre o privado.

O interesse público adquire contornos bem diversos da época do Estado Liberal[42], visto que a igualdade material e a busca de justiça social transfor-

---

40. HACHEM, Daniel Wunder. **Princípio Constitucional da Supremacia do Interesse Público**. Acervo Digital da Universidade Federal do Paraná (UFPR). Disponível em: https://acervodigital.ufpr.br/bitstream/handle/1884/26226/Dissertacao%20-%20Daniel%20Wunder%20Hachem%20-%20UPFR%20-%20Brasil.pdf?sequence=1. Acesso em: 20 ago. 2020, p. 91.

41. GABARDO, Emerson. **Interesse Público e Subsidiariedade**: O Estado e a Sociedade Civil para Além do Bem e do Mal. Belo Horizonte: Fórum, 2009, p. 274.

42. GABARDO, Emerson. **Interesse Público e Subsidiariedade**: O Estado e a Sociedade Civil para Além do Bem e do Mal. Belo Horizonte: Fórum, 2009, p. 258.

mam-se em metas estatais. A promoção de direitos também, como a saúde, a educação e a moradia. Direitos individuais passam a demandar respeito ao social, como a propriedade, que há de ser exercitada consoante a sua função social. Fica para trás um conceito individualista de interesses públicos.

Entretanto, com a crise no Estado Social, como em um pêndulo, percebeu-se um retorno (*revival*) à tutela do privado[43]. A associação do Estado à ineficiência, burocracia e desperdício, remetem a vozes defensoras de sua redução.

O enxugamento da máquina pública, as privatizações e a busca de aplicação da lógica privada ao setor público se tornam lugar comum, tudo em busca do Estado Mínimo. O discurso de que direitos sociais sobrecarregam a economia, com carga tributária exagerada e criação de um indevido paternalismo, ganha ares globais, após ser encampado pelo "Consenso de Washington" e a ascensão de uma onda conservadora global[44].

Ao revés de autoridade e subordinação, a administração inicia a promoção de regras de incentivo para premiar particulares com certos comportamentos benéficos à sociedade, nascendo aí o que se denomina de *soft law*. Infere-se que não se deve raciocinar, em um Estado Democrático de Direito, uma contraposição liberal entre o Estado e a sociedade; afinal, o Estado é formado pela sociedade e deve perseguir os valores por ela apontados[45].

A globalização dilui as fronteiras estatais, relativizando a soberania nacional por meio de regras de grandes empresas transnacionais, que começam a reger suas próprias atividades. Há um verdadeiro constitucionalismo privado transnacional[46].

---

43. SARMENTO, Daniel. Interesses Públicos *vs.* Interesses Privados na Perspectiva da Teoria e da Filosofia Constitucional. *In*: SARMENTO, Daniel. **Interesses Públicos *versus* Interesses Privados**: Desconstruindo o Princípio da Supremacia do Interesse Público. Rio de Janeiro: Lumen Juris, 2005, p. 41.

44. SARMENTO, Daniel. Interesses Públicos *vs.* Interesses Privados na Perspectiva da Teoria e da Filosofia Constitucional. *In*: SARMENTO, Daniel. **Interesses Públicos *versus* Interesses Privados**: Desconstruindo o Princípio da Supremacia do Interesse Público. Rio de Janeiro: Lumen Juris, 2005, p. 44.

45. BARROSO, Luís Roberto. Prefácio. O Estado Contemporâneo, os Direitos Fundamentais e a Redefinição da Supremacia do Interesse Público. *In*: SARMENTO, Daniel. **Interesses Públicos *versus* Interesses Privados**: Desconstruindo o Princípio da Supremacia do Interesse Público. Rio de Janeiro: Lumen Juris, 2005, p. x.

46. TEUBNER, Gunther. **Fragmentos Constitucionais**. Constitucionalismo Social na Globalização. São Paulo: Saraiva, 2016, p. 247.

Enxerga-se um certo ceticismo sobre o papel do Estado que, na pós-modernidade, torna-se deficitário no ideal de transformar positivamente a sociedade[47]. O desaparelhamento estatal, aliado à globalização, leva à queda dos níveis de proteção dos vulneráveis[48]. Até mesmo porque, dentro do *revival* liberal, malgrado a existência daqueles que buscam o Estado Mínimo, aliado à igualdade substancial (liberais igualitários), há aqueles que não se conectam com ideais de solidariedade e justiça distributiva (libertários).

Curioso que trazer essas ideais ao Brasil remete à percepção de que o país nunca conseguiu ser um Estado Liberal, jamais se efetivou como social e, ao que parece, "chega ao terceiro milênio atrasado e com pressa"[49].

Fato que, no contexto atual, os muros erguidos nas distinções entre o público e o privado não mais se prestam a solucionar as questões da pós-modernidade[50]. A sociedade é plural e democrática e, além de existirem outros espaços que ultrapassam a noção de público e do privado, o público e o privado interpenetram-se corriqueiramente[51].

Em todo este cenário, indaga-se: o que é o interesse público?

4.1.1. O que é o Interesse Público?

Procurar uma origem única e em um passado longínquo sobre a atual noção de interesse público consiste em um equívoco, pois são vários os elementos e as fontes que construíram seu atual conceito[52].

---

47. GUERRA FILHO, Willis Santiago. **Autopoiese do Direito na Sociedade Pós-Moderna**. Porto Alegre: Livraria do Advogado, 1997.

48. PIOVESAN, Flávia. **Direitos Humanos, Globalização Econômica Integração Regional**. São Paulo: Max Limonad, 2002.

49. BARROSO, Luís Roberto. Fundamentos Teóricos e Filosóficos do Novo Direito Constitucional Brasileiro. **Revista da EMERJ**. v. 4, n. 15, 2001, p. 59. Disponível em: https://www.emerj.tjrj.jus.br/revistaemerj_omline/edicoes/revista15/revista15_11.pdf. Acesso em: 05 mar. 2020.

50. SOUSA SANTOS, Boaventura. **Pela Mão de Alice**. O Social e o Político na Pós-Modernidade. 4. ed. São Paulo: Cortez, 1997.

51. SARMENTO, Daniel. Interesses Públicos *vs.* Interesses Privados na Perspectiva da Teoria e da Filosofia Constitucional. *In*: SARMENTO, Daniel. **Interesses Públicos *versus* Interesses Privados**: Desconstruindo o Princípio da Supremacia do Interesse Público. Rio de Janeiro: Lumen Juris, 2005, p. 49.

52. GABARDO, Emerson. O Princípio da Supremacia do Interesse Público sobre o Interesse Privado como Fundamento do Direito Administrativo Social. *In:* **Revista de Investigações Constitucionais**. v. 4, n. 2. Curitiba, maio-ago.2017, p. 12. Publicado em: 15-04-2019. Disponível em: https://www.scielo.br/scielo.php?script=sci_arttext&pid=S2359-56392017000200095. Acesso em: 28 ago. 2020.

Fato, porém, que desde os primórdios da formação do direito administrativo, sua mola propulsora é a submissão do Estado ao ordenamento jurídico, havendo condicionantes ao exercício do poder político e orientações na relação entre o Poder Público e o cidadão. Une-se a obrigação estatal de perseguir interesses públicos com a conferência de prerrogativas para tal mister. E, para tanto, perquirir o conceito de interesse público sempre foi um tema da ordem do dia.

A conceituação do interesse público não é missão das mais simples. Trata-se de conceito jurídico que não se determina objetivamente[53], pois composto por termos vagos.

Interesse público é um conceito fluido, que reflete interesses plurais[54] e, até mesmo, com certa rebeldia a definições[55]. Há até quem afirme que o interesse público é como o amor, o qual embora seja sentido e não haja dúvidas sobre sua existência, é incapaz de ser aprisionado nas amarras de uma definição[56].

O caráter indeterminado de interesse público, porém, não gera uma impossibilidade conceitual absoluta, especialmente quando contextualizada. Como conceito jurídico indeterminado que o é, permite diversas leituras, com sua diuturna atualização e flexibilidade necessária à solução de problemas, a partir da análise de um dado sistema jurídico[57].

Soma-se a isto não ser viável enxergar o interesse público como algo alheio ao direito. Afinal, se assim o fosse, não admitiria o interesse público qualquer controle. D'outra banda, igualmente inviável enxergar o interesse público como um conceito jurídico estrito, sob pena de autorizar ao Judiciário uma completa invasão à esfera administrativa.

---

53. ÁVILA, Humberto Bergmann. Repensando o Princípio da Supremacia do Interesse Público sobre o Particular. *In*: SARMENTO, Daniel. **Interesses Públicos *versus* Interesses Privados**: Desconstruindo o Princípio da Supremacia do Interesse Público. Rio de Janeiro: Lumen Juris, 2005, p. 211.

54. MEDAUAR, Odete. **O Direito Administrativo em Evolução**. São Paulo: RT, 1992, p. 181-182.

55. HACHEM, Daniel Wunder. **Princípio Constitucional da Supremacia do Interesse Público**. Acervo Digital da Universidade Federal do Paraná (UFPR). Disponível em: https://acervodigital.ufpr.br/bitstream/handle/1884/26226/Dissertacao%20-%20Daniel%20Wunder%20Hachem%20-%20UPFR%20-%20Brasil.pdf?sequence=1. Acesso em: 20 ago. 2020, p. 1-2.

56. MUÑOZ, Guilermo Andrés. El Interesse Público es con el Amor. *In:* BACELLAR FILHO, Romeu Felipe; HACHEM, Daniel Wunder (coord.). **Direito Administrativo e Interesse Público**: Estudos em Homenagem ao Professor Celso Antônio Bandeira de Mello. Belo Horizonte: Fórum, 2010, p. 30.

57. JUSTEN FILHO, Marçal. Conceito de Interesse Público e a Personalização do Direito Administrativo. **Revista Trimestral de Direito Público**, n. 26. São Paulo: Malheiros, 1999, p. 116.

Então, como deve ser entendido o interesse público?

Para os defensores de um ideal orgânico, o interesse público seria algo superior e diferente da simples soma dos interesses particulares dos membros de uma determinada comunidade. O conceito orgânico privilegia o organismo superior (sociedade), em detrimento do individual. Trata-se de uma noção perigosa, pois pode levar ao totalitarismo[58].

Os utilitaristas enxergam confusão entre os interesses públicos e privados. A melhor solução será aquela hábil a promover, em maior escala, os interesses dos membros da sociedade. A depender do utilitarismo, esse interesse poderá ser a felicidade, o prazer, o bem-estar, ou, até mesmo, a satisfação de interesses individuais[59].

O utilitarismo não enxerga a existência de um organismo coletivo superior aos indivíduos. Se houver conflito nos interesses dos indivíduos, deve-se atribuir peso a esses interesses e realizada uma busca de justa solução, ainda que com sacrifícios.

Aqui reside o problema do utilitarismo: não privilegiar direitos fundamentais e significar interesses públicos como os da maioria. Esse pensamento está na contramão da ideia nacional de que direitos fundamentais são cláusulas pétreas e que devem ser protegidos acima dos interesses da maioria, como na tutela do direito de protestos, ainda que a maioria sofra com engarrafamentos.

Direitos fundamentais possuem conteúdo mínimo, o qual integra a estrutura básica da sociedade e não pode ser afastado por interesses da maioria ou do mercado[60].

O direito, por sua vez, deve preservar interesses de minorias e se atentar a sua função contramajoritária. Assim, o conceito de interesse público dialoga com a realização dos interesses públicos de uma dada base comunitária, a qual não retrata apenas posições individuais ou de uma maioria. Interesse público deve promover a defesa de minorias, por meio do sentimento de solidariedade e da integração social.

58. JUSTEN FILHO, Marçal. Conceito de Interesse Público e a Personalização do Direito Administrativo. **Revista Trimestral de Direito Público**, n. 26. São Paulo: Malheiros, 1999, p. 116.

59. SARMENTO, Daniel. Interesses Públicos *vs.* Interesses Privados na Perspectiva da Teoria e da Filosofia Constitucional. *In*: SARMENTO, Daniel. **Interesses Públicos *versus* Interesses Privados**: Desconstruindo o Princípio da Supremacia do Interesse Público. Rio de Janeiro: Lumen Juris, 2005, p. 58-59.

60. LORENZETTI, Ricardo Luis; MIRAGEM, Bruno. **Teoria da Decisão Judicial**: Fundamentos de Direito. Trad. Cláudia Lima Marques. Notas. 2. ed. São Paulo: RT, 2010, p. 361.

Para que um direito fundamental sofra restrição, em favor da busca de uma meta coletiva, esta deve corresponder a valores constitucionalmente consagrados, e não apenas ao ideário ocasional de um número maior de adeptos[61].

Pensar diversamente seria equivalente a entender que o regime autoritário atenderia o interesse público, o que, evidentemente, não pode ser concebido[62]. Justo por isto que a noção de interesse público é construída não pela impossibilidade técnica dos particulares satisfazerem interesses individuais, mas pela impossibilidade ética de deixar de atendê-los[63].

Destarte, a percepção de uma ordem constitucional inclusiva desemboca, no Brasil, na necessidade de raciocinar o conceito de interesse público também fincado no respeito aos direitos e garantias fundamentais.

Boa parte dos estudos nacionais sobre interesse público costuma remeter ao conceito de Celso Antônio Bandeira de Mello, que firma ser o interesse público o "interesse resultante do conjunto de interesses que os indivíduos pessoalmente têm quando considerados em sua qualidade de membros da Sociedade e pelo simples fato de o serem"[64].

Este é denominado o clássico conceito adotado pela doutrina nacional, no qual infere-se por interesse público a faceta coletiva dos individuais, o interesse dos vários membros do corpo social e não a mera soma dos interesses de cada um[65]. O interesse público não é algo autônomo, distinto e apartado dos indivíduos, mas uma função qualificada dos interesses individuais.

---

61. BARROSO, Luís Roberto. Prefácio. O Estado Contemporâneo, os Direitos Fundamentais e a Redefinição da Supremacia do Interesse Público. *In*: SARMENTO, Daniel. **Interesses Públicos *versus* Interesses Privados**: Desconstruindo o Princípio da Supremacia do Interesse Público. Rio de Janeiro: Lumen Juris, 2005, p. xvi.

62. GABARDO, Emerson. O Princípio da Supremacia do Interesse Público sobre o Interesse Privado como Fundamento do Direito Administrativo Social. *In:* **Revista de Investigações Constitucionais**. v. 4, n. 2. Curitiba, maio-ago.2017, p. 12. Publicado em: 15-04-2019. Disponível em: https://www.scielo.br/scielo.php?script=sci_arttext&pid=S2359-56392017000200095. Acesso em: 28 ago. 2020.

63. JUSTEN FILHO, Marçal. Conceito de Interesse Público e a Personalização do Direito Administrativo. **Revista Trimestral de Direito Público**, n. 26. São Paulo: Malheiros, 1999, p. 116.

64. MELLO, Celso Antônio Bandeira de. O Conteúdo do Regime Jurídico-Administrativo e seu Valor Metodológico. **Revista de Direito Público**. n. 2. São Paulo: RT, out.-dez. 1967. Disponível em: http://bibliotecadigital.fgv.br/ojs/index.php/rda/article/view/30088/28934. Acesso em: 20 jul. 2020, p. 58.

65. MELLO, Celso Antônio Bandeira de. **Curso de Direito Administrativo**. São Paulo: Malheiros, 2009, p. 61.

Adota-se, neste conceito clássico, a concepção de raiz germânico-latina. O interesse público é superior ao mero somatório dos individuais, demandando um regime jurídico próprio e diverso, tanto para protegê-lo quanto para assegurar a perseguição estatal[66].

Traduz o interesse público o interesse de pessoas ou grupos partícipes da coletividade maior na qual estão inseridos. Não se confunde com o mero interesse individual. Afinal, é possível que o indivíduo não queira ser desapropriado, mas que seja favorável ao instituto da desapropriação. Remete a definição de interesse público ao conjunto de interesses gerais conferidos pela sociedade ao Estado para que este os satisfaça, mediante ação política embasada e ação jurídica fundamentada[67].

Na contemporaneidade, porém, percebe-se que o interesse público não deve ser conceituado isoladamente.

Na clássica dicotomia do público e do privado, percebe-se a necessidade de compreensão dos interesses públicos em diálogo com os privados. A tensão entre poder/autoridade/prerrogativas e liberdades/garantias/sujeições integra a evolução histórica no ramo público. E é justamente no binômio prerrogativas e sujeições, no diálogo entre o público e o privado, que se individualiza o ramo administrativo, em relação aos demais braços do direito[68].

É possível catalogar os interesses dos cidadãos em duas dimensões: (i) particular (interesse privado), que denota as conveniências exclusivamente pessoais

---

66. Diversa é a noção de interesse público em uma concepção anglo-saxã, a qual considera como interesse público a mera soma dos individuais. Iguala-se a mera satisfação dos interesses individuais com a satisfação do interesse público. ARAGÃO, Alexandre Santos. A "Supremacia do Interesse Público" no Advento do Estado de Direito e na Hermenêutica do Direito Público Contemporâneo. *In*: SARMENTO, Daniel. **Interesses Públicos *versus* Interesses Privados**: Desconstruindo o Princípio da Supremacia do Interesse Público. Rio de Janeiro: Lumen Juris, 2005, p. 3. Registra-se que justo pela tradição anglo-saxã de resolver conflitos entre particulares e administração com as mesmas regras aplicáveis as relações privadas, sem um oceano de prerrogativas estatais, que o direito anglo-saxão teve históricas dificuldades para reconhecer a autonomia científica do direito administrativo. BINENBOJM, Gustavo. Da Supremacia do Interesse Público ao Dever de Proporcionalidade: Um Novo Paradigma do Direito Administrativo. *In*: SARMENTO, Daniel. **Interesses Públicos *versus* Interesses Privados**: Desconstruindo o Princípio da Supremacia do Interesse Público. Rio de Janeiro: Lumen Juris, 2005, p. 125.

67. MOREIRA NETO, Diogo Fernandes de Figueiredo. **Legitimidade e Discricionariedade** – Novas Reflexões sobre os Limites do Controle da Discricionariedade. 4. ed. Rio de Janeiro: Forense, 2002, p. 13.

68. HACHEM, Daniel Wunder. **Princípio Constitucional da Supremacia do Interesse Público**. Acervo Digital da Universidade Federal do Paraná (UFPR). Disponível em: https://acervodigital.ufpr.br/bitstream/handle/1884/26226/Dissertacao%20-%20Daniel%20Wunder%20Hachem%20-%20UPFR%20-%20Brasil.pdf?sequence=1. Acesso em: 20 ago. 2020, p. 138.

do indivíduo singular, e (ii) pública (interesse público), na qual considera-se o interesse do indivíduo como membro da coletividade na qual está inserido.

Nessa toada, o interesse público em sentido amplo é aquele perseguido pelo ordenamento jurídico conforme o direito objetivo. Ao passo que o interesse privado traduz o subjetivamente pretendido por qualquer pessoa, física ou jurídica, pública ou privada, voltado à satisfação de suas conveniências pessoais[69].

Três costumam ser os critérios que ambicionam demarcar as fronteiras entre o "jardim e a praça"[70]: (i) prevalência de interesse; (ii) natureza das relações jurídicas travadas e (iii) subjetivismo[71].

A prevalência de interesses remete à ideia de que nos temas em que há uma preponderância de interesses públicos, a seara será pública. Ao revés, quando a questão é mais individual, o tema será atinente ao direito privado. Este critério, porém, pode ser objetado pela noção de que há temas privados de interesse público, mormente quando relacionados a direitos fundamentais. Ademais, há, hoje, uma nítida publicização do privado e a privatização do público, o que dificulta a aplicação deste critério[72].

O critério da natureza das relações conduz ao fato de que nas relações de direito público há autoridade e subordinação, enquanto nas de direito privado há coordenação e igualdade. Esse critério igualmente pode ser questionado quando se percebe que há relações privadas com profundas desigualdades. Outrossim, este critério não considera que há eventual consensualismo nas relações de direito público[73].

---

69. HACHEM, Daniel Wunder. **Princípio Constitucional da Supremacia do Interesse Público**. Acervo Digital da Universidade Federal do Paraná (UFPR). Disponível em: https://acervodigital.ufpr.br/bitstream/handle/1884/26226/Dissertacao%20-%20Daniel%20Wunder%20Hachem%20-%20UPFR%20-%20Brasil.pdf?sequence=1. Acesso em: 20 ago. 2020, p. 164.

70. Segundo a célebre metáfora construída por Nelson Saldanha para diferenciar o público e o privado. SALDANHA, Nelson. **O Jardim e a Praça**: Ensaio sobre o lado privado e o lado público da vida social e histórica. Porto Alegre: Sergio Antonio Fabris, 1986.

71. SARMENTO, Daniel. Interesses Públicos *vs.* Interesses Privados na Perspectiva da Teoria e da Filosofia Constitucional. *In*: SARMENTO, Daniel. **Interesses Públicos *versus* Interesses Privados**: Desconstruindo o Princípio da Supremacia do Interesse Público. Rio de Janeiro: Lumen Juris, 2005, p. 30-31.

72. SARMENTO, Daniel. Interesses Públicos *vs.* Interesses Privados na Perspectiva da Teoria e da Filosofia Constitucional. *In*: SARMENTO, Daniel. **Interesses Públicos *versus* Interesses Privados**: Desconstruindo o Princípio da Supremacia do Interesse Público. Rio de Janeiro: Lumen Juris, 2005, p. 31.

73. SARMENTO, Daniel. Interesses Públicos *vs.* Interesses Privados na Perspectiva da Teoria e da Filosofia Constitucional. *In*: SARMENTO, Daniel. **Interesses Públicos *versus* Interesses Privados**:

O critério subjetivo advoga que a presença do Estado tornará a relação pública. Este critério também sofre resistências, pois há relações privadas com ampla presença estatal, como registros públicos, afora a larga privatização que avança na seara pública[74].

Ainda nos debates para o melhor entendimento das fronteiras entre interesses públicos e privados, indaga-se: interesses públicos e privados são necessariamente coincidentes ou antagônicos?

A resposta é negativa. O interesse público não é necessariamente antagônico ao particular; mas também não é necessariamente coincidente. Vê-se que há interesse público no respeito à liberdade de expressão, mas não há interesse público em não desapropriar um particular, quando a desapropriação é medida necessária.

Malgrado a percepção de que por vezes interesses públicos e privados não se contradizem, se negam ou se excluem[75], já que a promoção do interesse público garante os privados, é igualmente factível que em outras oportunidades esses interesses se contraponham, como no exemplo de um particular que deseje recolher menos tributos do que aqueles que são devidos ao Estado.

A tensão, por conseguinte, entre interesses públicos e privados é evidente. É o núcleo dos debates nesta temática, é a forma de entender o diálogo entre os interesses públicos e os privados, salutar para a compreensão do direito.

O interesse público remete a uma noção abstrata e à busca do bem comum. Não significa, necessariamente, atender interesses individuais

---

Desconstruindo o Princípio da Supremacia do Interesse Público. Rio de Janeiro: Lumen Juris, 2005, p. 32.

74. SARMENTO, Daniel. Interesses Públicos *vs.* Interesses Privados na Perspectiva da Teoria e da Filosofia Constitucional. *In*: SARMENTO, Daniel. **Interesses Públicos *versus* Interesses Privados**: Desconstruindo o Princípio da Supremacia do Interesse Público. Rio de Janeiro: Lumen Juris, 2005, p. 32.

75. SCHEIR, Paulo Ricardo. Ensaio sobre a Supremacia do Interesse Público sobre o Privado e o regime Jurídico dos Direitos Fundamentais. *In*: SARMENTO, Daniel. **Interesses Públicos versus Interesses Privados**: Desconstruindo o Princípio da Supremacia do Interesse Público. Rio de Janeiro: Lumen Juris, 2005, p. 234. Exemplo conferido sobre essa eventual confluência entre interesses públicos e privados é a utilização do aparato policial para atendimento de um único indivíduo. BINENBOJM, Gustavo. Da Supremacia do Interesse Público ao Dever de Proporcionalidade: Um Novo Paradigma do Direito Administrativo. *In*: SARMENTO, Daniel. **Interesses Públicos *versus* Interesses Privados**: Desconstruindo o Princípio da Supremacia do Interesse Público. Rio de Janeiro: Lumen Juris, 2005, p. 149.

específicos[76]. Entretanto, realiza-se o interesse público quando o Estado atende, de forma satisfatória, o seu mister, ainda que em relação a apenas um cidadão[77].

Igualmente não se confunde o interesse público com o aparato estatal, pois o Estado, como pessoa jurídica, possui os seus interesses próprios e não necessariamente públicos. Aqui é que melhor se compreende a histórica distinção, que habita a seara pública, entre interesses públicos primários e secundários[78].

Interesse público primário é a razão de ser do Estado, emoldurado nos interesses que o Estado visionar promover, como segurança, justiça e bem-estar. Interesse público primário são interesses da própria sociedade, revelados de forma plural, pois compostos por vários interesses[79].

Não se confunde o interesse público primário com o coletivo, pois uma dada coletividade - como um condomínio edilício - não é a sociedade. Um condomínio pode ser contra a desapropriação de uma área do seu estacionamento, mas esta desapropriação pode ser de interesse da sociedade (público).

O interesse público primário funda-se no direito objetivo. Inicialmente é delineado pela Constituição, que o qualifica como público. E com base na norma constitucional, legislador e administração, nos limites da discricionariedade, realizam a sua promoção. A qualificação de um interesse como público é uma escolha normativa, o que confere dinâmica ao conceito. O que hoje é de interesse público, talvez não o fosse ontem e não o seja amanhã.

O interesse público primário pode ser visto em sentido amplo ou estrito.

Em sentido amplo, é todo e qualquer interesse protegido pelo ordenamento jurídico. Já em sentido estrito, traduz autorizativo de atuação da Administração Pública, que apenas agirá em conformidade com o interesse

---

76. BACELLAR FILHO, Romeu Felipe. **Direito Administrativo**. 4. ed. São Paulo: Saraiva, 2008, p. 37.

77. BARROSO, Luís Roberto. Prefácio. O Estado Contemporâneo, os Direitos Fundamentais e a Redefinição da Supremacia do Interesse Público. *In*: SARMENTO, Daniel. **Interesses Públicos versus Interesses Privados**: Desconstruindo o Princípio da Supremacia do Interesse Público. Rio de Janeiro: Lumen Juris, 2005, p. xv.

78. MELLO, Celso Antônio Bandeira de. **Curso de Direito Administrativo**. São Paulo: Malheiros, 2009, p. 57. A noção de interesse público primário e secundário defendida por Celso Antônio Bandeira de Mello advém de clara influência italiana, fincada na obra de Renato Alessi.

79. MEDAUAR, Odete. **O Direito Administrativo em Evolução**. São Paulo: RT, 1992, p. 181-182.

público qualificado, visto que é vedado o desvio de finalidade. Quem desatende o fim, desatende à própria lei[80].

Em sentido estrito, o interesse público serve como verdadeiro limitador e mola propulsora de atuação da administração. Ao mesmo tempo que limita, fundamenta a ação administrativa. O interesse público em sentido estrito remete ao da coletividade e é geral. Assim, quando apontado pelo administrador como fato gerador hábil a nortear sua atuação, demandará o interesse público em sentido estrito motivação e eventual controle jurisdicional.

O interesse público secundário é aquele referente a uma determinada pessoa jurídica de direito público, que figure em uma determinada relação jurídica, sendo, em ampla medida, identificado como o interesse do erário (fazendário). É a síntese de minimizar despesas e maximizar arrecadação.

Remete o interesse secundário aos particulares do Estado, não relacionados à coletividade, mas à pessoa jurídica do Estado. Conclui-se que nem todo interesse do Estado é, efetivamente, público. Outrossim, este interesse secundário do Estado apenas deverá ser perseguido acaso alinhado com o primário. Clarividente que o interesse verdadeiramente público é o primário.

Justo por isto que o interesse público hábil a limitar a autonomia é o primário, da sociedade, entendido como interesse diverso da mera soma dos individuais, e compreendido como objeto de tutela e controle, com prerrogativas, obrigações e regime jurídico próprio. É sobre este que se tratará, sendo simplesmente denominado como interesse público. É ele que condiz com o debate de prestígio de supremacia apta a restringir a atuação particular.

É o interesse público primário, em sentido amplo, que é efetivamente público, de todos e dotado de supremacia. Não se deve basear a supremacia de um interesse público sobre o privado visionando satisfazer conveniências de poucos. Interesses que revelam conveniência egoística da Administração Pública são secundários, e não propriamente públicos[81]. Interesses secundários sequer devem ser adjetivados como públicos.

---

80. MELLO, Celso Antônio Bandeira de. **Curso de Direito Administrativo**. São Paulo: Malheiros, 2009, p. 106.

81. JUSTEN FILHO, Marçal. Conceito de Interesse Público e a Personalização do Direito Administrativo. **Revista Trimestral de Direito Público**, n. 26. São Paulo: Malheiros, 1999, p. 118.

Não se olvida, porém, que no cenário brasileiro, a constatação da existência de um interesse público primário e basilar encontra dificuldades na própria formação cultural. A "Lei de Gerson", o apadrinhamento e os conchavos, infelizmente e historicamente, confundem a esfera pública com a privada, levando indevidamente ao público interesses privados dos seus gestores[82].

Pois bem. Visitado o conceito de interesse público, questiona-se: o interesse público primário deverá sempre se sobrepor ao particular?

4.1.2. Há Supremacia do Interesse Público sobre o Privado?

A compreensão da (in)existência da supremacia de um interesse público sobre o privado remete à importância do conceito do interesse público para o direito administrativo.

A ideia de um interesse público como figura central do direito administrativo não faz parte das suas memórias históricas, mas é um produto histórico recente[83]. É contemporânea a colocação do interesse público como critério de conceituação do direito administrativo.

As construções doutrinárias, derredor da existência de uma supremacia do interesse público sobre o privado, são delineadas, em cenário nacional, nos idos da década de 1960. Atribui-se a originalidade nacional sobre o tema aos escritos de Celso Antônio Bandeira de Mello[84], os quais enxergam um princípio constitucional implícito da supremacia do interesse público sobre o privado, noção que contaminou grande parcela da doutrina e jurisprudência nacionais[85].

---

82. HOLANDA, Sérgio Buarque de. **Raízes do Brasil**. São Paulo: Companhia das Letras, 1995, p. 141-151.

83. MELLO, Oswaldo Aranha Bandeira de. **Princípios Gerais de Direito Administrativo**. 3. ed. São Paulo: Malheiros, 2007, p. 76.

84. MELLO, Celso Antônio Bandeira de. O Conteúdo do Regime Jurídico-Administrativo e seu Valor Metodológico. **Revista de Direito Público**. n. 2. São Paulo: RT, out.-dez. 1967. Disponível em: http://bibliotecadigital.fgv.br/ojs/index.php/rda/article/view/30088/28934. Acesso em: 20 jul. 2020, p. 44-61.

85. Apenas para ilustrar a larga adesão a construção de Celso Antônio Bandeira de Mello, cita-se Maria Sylvia Zanella Di Pietro, quem também defende a supremacia do interesse público sobre o privado. DI PIETRO, Maria Sylvia Zanella. **Direito Administrativo**. 23. ed. São Paulo: Atlas, 2010, p. 64-67.

Uma vez assumindo importante papel conceitual no direito administrativo, o interesse público evoluiu para sua noção-mãe, sua verdadeira espinha dorsal. O interesse público passou a ocupar, no direito administrativo, o espaço ocupado pela autonomia privada na seara privada.

Chega-se a afirmar que a supremacia do interesse público é um axioma do direito público moderno, proclamador da superioridade do interesse da coletividade e pressuposto de uma ordem social estável, na qual cada um possa se sentir resguardado e garantido[86].

Remete-se a supremacia do interesse público a um verdadeiro princípio, como um mandato nuclear do sistema jurídico administrativo, o qual é implicitamente percebido na ordem constitucional[87], ao lado da indisponibilidade dos interesses públicos[88].

Mas onde se localiza o princípio constitucional da supremacia do interesse público?

Decorre a supremacia do interesse público sobre o privado, na ordem constitucional, do objetivo constitucional fundamental de promover o bem de todos, sem preconceitos de origem, sexo, cor, idade e quaisquer outras formas de discriminação (Constituição Federal, art. 3º, IV), bem como da prerrogativa do Presidente da República vetar projeto de lei, no todo ou em parte, que seja contrário a interesse público (Constituição Federal, art. 66, § 1º)[89].

Além disso, uma leitura mais ampla e sistemática da Constituição desembocaria na mesma conclusão: a existência do princípio da supremacia

---

86. MELLO, Celso Antônio Bandeira de. **Curso de Direito Administrativo**. São Paulo: Malheiros, 2009, p. 52.

87. HACHEM, Daniel Wunder. **Princípio Constitucional da Supremacia do Interesse Público**. Acervo Digital da Universidade Federal do Paraná (UFPR). Disponível em: https://acervodigital.ufpr.br/bitstream/handle/1884/26226/Dissertacao%20-%20Daniel%20Wunder%20Hachem%20-%20UPFR%20-%20Brasil.pdf?sequence=1. Acesso em: 20 ago. 2020, p. 14.

88. HACHEM, Daniel Wunder. **Princípio Constitucional da Supremacia do Interesse Público**. Acervo Digital da Universidade Federal do Paraná (UFPR). Disponível em: https://acervodigital.ufpr.br/bitstream/handle/1884/26226/Dissertacao%20-%20Daniel%20Wunder%20Hachem%20-%20UPFR%20-%20Brasil.pdf?sequence=1. Acesso em: 20 ago. 2020, p. 100.

89. HACHEM, Daniel Wunder. **Princípio Constitucional da Supremacia do Interesse Público**. Acervo Digital da Universidade Federal do Paraná (UFPR). Disponível em: https://acervodigital.ufpr.br/bitstream/handle/1884/26226/Dissertacao%20-%20Daniel%20Wunder%20Hachem%20-%20UPFR%20-%20Brasil.pdf?sequence=1. Acesso em: 20 ago. 2020, p. 101.

do interesse público sobre o privado[90], sendo algo intrínseco à própria noção de Estado[91].

No preâmbulo da Constituição Federal de 1988 verifica-se como valores a harmonia social, o bem-estar e a justiça. Infere-se a cidadania e a dignidade da pessoa humana como fundamentos da República (Constituição Federal, art. 1º). Percebe-se, como objetivo fundamental da República, constituir uma sociedade livre, justa e solidária (art. 3º, I). O bem-estar e a justiça constam como pilares da ordem econômica (Constituição Federal, arts. 170 e 193). Verifica-se a imposição de função social à propriedade (art. 5º, XXIII), o instituto da desapropriação (art. 5º, XXXIV) e a possibilidade de requisição da propriedade, no caso de iminente perigo público (art. 5º, XXV). A propriedade intelectual associa-se ao interesse social (art. 5º, XXIX) e há restrição de publicidade processual por interesse público (art. 5º, LX).

O Estado e a tessitura constitucional estariam contaminados pelos ideais da supremacia do interesse público sobre o privado e a indisponibilidade dos interesses públicos.

Assim, enquanto a lógica privada repousa sobre a igualdade das partes da relação jurídica, a pública se assenta em premissa inversa: a supremacia do Poder Público sobre o cidadão e a prevalência dos interesses públicos sobre os privados[92].

Nessa toada, Celso Antônio Bandeira de Mello[93] enxerga como pilares do direito administrativo, a lhe individuar dos demais ramos do direito, duas "pedras angulares": i. o princípio da supremacia do interesse público sobre o privado e ii. o princípio da indisponibilidade dos interesses públicos.

90. OSORIO, Fábio Medina. Existe uma Supremacia do Interesse Público sobre o Privado no Direito Administrativo Brasileiro? *In:* **Revista de Direito Administrativo**. v. 220. Rio de Janeiro: Renovar, 2000, p. 69-107. Disponível em: http://bibliotecadigital.fgv.br/ojs/index.php/rda/article/view/47527/45222. Acesso em: 20 ago. 2020, p. 84-87. No mesmo sentido: HACHEM, Daniel Wunder. **Princípio Constitucional da Supremacia do Interesse Público**. Acervo Digital da Universidade Federal do Paraná (UFPR). Disponível em: https://acervodigital.ufpr.br/bitstream/handle/1884/26226/Dissertacao%20-%20Daniel%20Wunder%20Hachem%20-%20UPFR%20-%20Brasil.pdf?sequence=1. Acesso em: 20 ago. 2020, p. 107-111.

91. MELLO, Celso Antônio Bandeira de. **Curso de Direito Administrativo**. São Paulo: Malheiros, 2009, p. 52.

92. MEIRELLES, Hely Lopes. **Direito Administrativo Brasileiro**. São Paulo: Malheiros, 2001, p. 43.

93. MELLO, Celso Antônio Bandeira de. O Conteúdo do Regime Jurídico-Administrativo e seu Valor Metodológico. Revista de Direito Público. n. 2. São Paulo: RT, out.-dez. 1967. Disponível em: http://bibliotecadigital.fgv.br/ojs/index.php/rda/article/view/30088/28934. Acesso em: 20 jul. 2020, p. 44-61.

Como decorrência da supremacia do interesse público sobre o privado, vê-se a concessão de privilégios (poderes) outorgados pelo ordenamento jurídico à Administração Pública, a exemplo de maiores prazos processuais, a presunção de legitimidade e veracidade dos atos, o poder de polícia, o direito de desapropriar e as cláusulas contratuais exorbitantes, dentre outros.

Como consequência da indisponibilidade dos interesses públicos, o administrador vê sobre si uma série de contrapesos, para que ele amarre suas condutas sempre na busca dos interesses públicos. Exemplifica-se com a necessidade de licitações, imposição de concursos públicos para contratações, necessidade de fundamento decisório, atenção à legalidade, à moralidade, à impessoalidade, à eficiência e à publicidade, a responsabilidade civil objetiva do Estado, o devido processo legal administrativo e a continuidade do serviço público. Esses contrapesos revelam garantias aos cidadãos.

Se a supremacia do interesse público, de um lado, confere prerrogativas especiais à Administração; de outro, a indisponibilidade do interesse público as retira, com sujeições. Essa tensão, ou este binômio, é um grande guia da atuação pública, o qual demanda hercúleo esforço de equilíbrio.

A valorização do interesse público ganhou espaço tanto como contrapeso aos excessos da Administração Pública, como mecanismo de equilíbrio entre o bem comum e a autonomia[94].

Fincado na supremacia do interesse público, porém, houve, por parte de parcela da doutrina, clara exacerbação do princípio, com uma equivocada visão quase absoluta do primado da autoridade e da manutenção da lógica de poder. Tal pensamento desembocou em um desmedido regime de preferências estatais em relação aos particulares[95].

Trata-se de uma noção que desrespeita a própria construção originária da doutrina nacional, posto que, conforme observa Celso Antônio Bandeira de Mello, os pilares do direito administrativo – supremacia e indisponibilidade – não são absolutos, perenes e imutáveis; sua aplicação deve ser

---

94. GABARDO, Emerson. O Princípio da Supremacia do Interesse Público sobre o Interesse Privado como Fundamento do Direito Administrativo Social. *In:* **Revista de Investigações Constitucionais**. v. 4, n. 2. Curitiba, maio-ago.2017, p. 12. Publicado em: 15-04-2019. Disponível em: https://www.scielo.br/scielo.php?script=sci_arttext&pid=S2359-56392017000200095. Acesso em: 28 ago. 2020.

95. BINENBOJM, Gustavo. Da Supremacia do Interesse Público ao Dever de Proporcionalidade: Um Novo Paradigma do Direito Administrativo. *In*: SARMENTO, Daniel. **Interesses Públicos *versus* Interesses Privados**: Desconstruindo o Princípio da Supremacia do Interesse Público. Rio de Janeiro: Lumen Juris, 2005, p. 117-169.

guiada por proporcionalidade, legalidade, razoabilidade, impessoalidade, motivação, moralidade, publicidade e ausência de abuso.

A supremacia do interesse público sobre o privado não admite excesso, devendo ser aplicada na medida necessária para atingir a finalidade estampada no ordenamento jurídico[96]. Se há excesso, deve-se ter controle e coibir o abuso, até mesmo porque, em compondo o interesse público os interesses tutelados pelo ordenamento jurídico, está no seu conteúdo ideais como dignidade da pessoa humana e direitos fundamentais[97].

Inclusive aqueles que defendem a supremacia do interesse público sobre o privado afirmam a impossibilidade de invocação geral de um interesse público como hábil a restringir particulares, em atenção ao princípio da legalidade administrativa[98].

A própria noção de legalidade administrativa ultrapassa a míope ideia de mera vinculação à lei. A vinculação do administrador é ao ordenamento jurídico como um todo, diante da legalidade constitucional e da força normativa dos princípios, independentemente de norma infraconstitucional interposta[99].

Vinculado a um bloco de legalidade, com uma leitura da legalidade em sentido amplo, não poderá o administrador, simplesmente, arguir uma abstrata supremacia de um interesse público para reduzir espaço de atuação particular.

Por tudo isto, atualmente, a colocação do interesse público como critério central para definir o direito administrativo, sua significação e enquadramento jurídico, e até mesmo a (in)existência de um princípio da supremacia do interesse público, são temas que despertam grandes debates.

Verifica-se a existência de um embate positivo de ideias, havendo os partidários da existência de um princípio da supremacia do interesse público, e os contestadores, que buscam afastar a natureza jurídica principiológica

---

96. MELLO, Celso Antônio Bandeira de. **Curso de Direito Administrativo**. São Paulo: Malheiros, 2009, p. 55.

97. HACHEM, Daniel Wunder. **Princípio Constitucional da Supremacia do Interesse Público**. Acervo Digital da Universidade Federal do Paraná (UFPR). Disponível em: https://acervodigital.ufpr.br/bitstream/handle/1884/26226/Dissertacao%20-%20Daniel%20Wunder%20Hachem%20-%20UPFR%20-%20Brasil.pdf?sequence=1. Acesso em: 20 ago. 2020, p. 321.

98. MELLO, Celso Antônio Bandeira de. **Curso de Direito Administrativo**. São Paulo: Malheiros, 2009, p. 57.

99. OTERO, Paulo. **Legalidade e Administração Pública** – O Sentido da Vinculação Administrativa à Juridicidade. Coimbra: Almedina, 2003.

em questão[100]. Há até quem aponte a existência de uma crise. Mais do que uma crise da supremacia do interesse público sobre o privado, do próprio direito público, fruto de uma sociedade complexa[101]. Para outros, essa crise é uma decorrência do próprio conceito de interesse público, o qual, mesmo em sociedades simples, seria de difícil significação[102].

O dito, porém, não significa uma derrocada da figura do Estado, que perdura como instituição salutar no mundo moderno. Cabe ao Estado exercitar um papel fundamental, e sua presença em uma dada relação demandará um regime jurídico específico[103].

Nessa toada, combatendo a noção da existência de um princípio da supremacia do interesse público sobre o privado, relevantes trabalhos acadêmicos foram publicados, muitos fincados na tutela de direitos e garantias fundamentais.

Humberto Ávila, por exemplo, enxerga igualdade hierárquica normativa e axiológica entre os interesses públicos e privados. Para o autor, não se enquadra a supremacia do interesse público sobre o privado nem como princípio jurídico (norma-princípio), nem como postulado explicativo do direito administrativo. A alternativa aos embates entre interesses públicos e privados demandará solução consoante o postulado da unidade e da reciprocidade de interesses, ponderando e sistematizando, para encontrar soluções concretas[104].

---

100. BARROSO, Luís Roberto. Prefácio. O Estado Contemporâneo, os Direitos Fundamentais e a Redefinição da Supremacia do Interesse Público. *In*: SARMENTO, Daniel. **Interesses Públicos *versus* Interesses Privados**: Desconstruindo o Princípio da Supremacia do Interesse Público. Rio de Janeiro: Lumen Juris, 2005, p. ix.

101. ARAGÃO, Alexandre Santos. A "Supremacia do Interesse Público" no Advento do Estado de Direito e na Hermenêutica do Direito Público Contemporâneo. *In*: SARMENTO, Daniel. **Interesses Públicos *versus* Interesses Privados**: Desconstruindo o Princípio da Supremacia do Interesse Público. Rio de Janeiro: Lumen Juris, 2005, p. 6.

102. GABARDO, Emerson. O Princípio da Supremacia do Interesse Público sobre o Interesse Privado como Fundamento do Direito Administrativo Social. *In:* **Revista de Investigações Constitucionais**. v. 4, n. 2. Curitiba, maio-ago.2017, p. 12. Publicado em: 15-04-2019. Disponível em: https://www.scielo.br/scielo.php?script=sci_arttext&pid=S2359-56392017000200095. Acesso em: 28 ago. 2020.

103. BARROSO, Luís Roberto. Prefácio. O Estado Contemporâneo, os Direitos Fundamentais e a Redefinição da Supremacia do Interesse Público. *In*: SARMENTO, Daniel. **Interesses Públicos *versus* Interesses Privados**: Desconstruindo o Princípio da Supremacia do Interesse Público. Rio de Janeiro: Lumen Juris, 2005, p. x.

104. ÁVILA, Humberto Bergmann. Repensando o Princípio da Supremacia do Interesse Público sobre o Particular. *In*: SARMENTO, Daniel. **Interesses Públicos *versus* Interesses Privados**: Desconstruindo o Princípio da Supremacia do Interesse Público. Rio de Janeiro: Lumen Juris, 2005, p. 213-214.

Daniel Sarmento verbera que não há, sequer, regra de precedência de supremacia do interesse público sobre o privado, ao que ele chama de uma versão mais fraca do princípio da supremacia do interesse público. Isto, porque, o pensamento em tela levaria a uma demasiada fragilização dos direitos e garantias fundamentais, que, no conflito com o interesse público, partiriam sempre em franca desvantagem.

Segundo o entendimento do autor, a supremacia pressuposta do público sobre o privado fragilizaria um tema tão caro – direitos e garantias fundamentais –, que fora elevado à cláusula pétrea.

Invertendo a lógica usual, defende Daniel Sarmento que a preferência na ponderação entre interesses públicos e privados seria destes, e não daqueles, em promoção à dignidade da pessoa humana e proteção do núcleo duro dos direitos e garantias fundamentais. Conclui que o preferível é afirmar a existência de um princípio da tutela do interesse público, impondo à administração perseguir interesses da sociedade conforme definidos pela ordem jurídica, e não apenas interesses privados dos governantes. Para tanto, o Estado deverá atuar com proporcionalidade e dar prevalência à decisão adotada pelo Poder Público, quando ausente da balança direito e garantia fundamental[105].

Gustavo Binenbojm também abraça a ideia da impossibilidade de uma abstrata supremacia do interesse público sobre o privado, firmando que o interesse público já deve ser o resultado ponderado dos interesses coletivos e privados presentes em cada caso[106].

Os estudos visionando desconstruir a supremacia do interesse público sobre o privado sofreram críticas importantes, com respostas doutrinárias reafirmando a supremacia do interesse público sobre o privado.

Emerson Gabardo defende ser a regra a supremacia do interesse público sobre o privado, enquanto o inverso seria uma exceção incidente em cenários específicos[107].

---

105. SARMENTO, Daniel. Interesses Públicos *vs.* Interesses Privados na Perspectiva da Teoria e da Filosofia Constitucional. *In*: SARMENTO, Daniel. **Interesses Públicos *versus* Interesses Privados**: Desconstruindo o Princípio da Supremacia do Interesse Público. Rio de Janeiro: Lumen Juris, 2005, p. 105-115.

106. BINENBOJM, Gustavo. Da Supremacia do Interesse Público ao Dever de Proporcionalidade: Um Novo Paradigma do Direito Administrativo. *In*: SARMENTO, Daniel. **Interesses Públicos *versus* Interesses Privados**: Desconstruindo o Princípio da Supremacia do Interesse Público. Rio de Janeiro: Lumen Juris, 2005.

107. GABARDO, Emerson. O Princípio da Supremacia do Interesse Público sobre o Interesse Privado como Fundamento do Direito Administrativo Social. *In:* **Revista de Investigações Constitucionais**.

Luís Roberto Barroso sinaliza que o interesse público primário desfruta de supremacia, pois não é passível de ponderação. Interesse público primário é parâmetro de ponderação. Em suma, o interesse público primário consiste na melhor realização possível, à vista da situação concreta a ser apreciada, da vontade constitucional, dos valores fundamentais que ao intérprete cabe preservar ou promover[108].

Fábio Medina Osório argumenta inexistir uma supremacia absoluta do interesse público sobre o privado, sendo inviável estabelecer previamente que o interesse público sempre preponderará sobre o privado, de maneira radical, absoluta e em todas as hipóteses. Há, para o autor, quando muito, uma regra de precedência do interesse público sobre o privado[109].

Daniel Wunder Hachem, em trabalho que ambiciona desconstruir os argumentos contrários à inexistência da supremacia do interesse público[110], reitera a existência de uma supremacia do interesse público sobre o privado, o que não quer significar desatenção à tutela de direitos e garantias fundamentais e à dignidade da pessoa humana.

O debate sobre a (in)existência da supremacia do interesse público sobre o privado é amplo. Há quem questione as delimitações do seu conteúdo[111]. Outros retiram o seu caráter principiológico[112]. Há obras visionando sua

---

v. 4, n. 2. Curitiba, maio-ago.2017, p. 12. Publicado em: 15-04-2019. Disponível em: https://www.scielo.br/scielo.php?script=sci_arttext&pid=S2359-56392017000200095. Acesso em: 28 ago. 2020.

108. BARROSO, Luís Roberto. Prefácio. O Estado Contemporâneo, os Direitos Fundamentais e a Redefinição da Supremacia do Interesse Público. *In*: SARMENTO, Daniel. **Interesses Públicos *versus* Interesses Privados**: Desconstruindo o Princípio da Supremacia do Interesse Público. Rio de Janeiro: Lumen Juris, 2005, p. xv-xvi.

109. OSORIO, Fábio Medina. Existe uma Supremacia do Interesse Público sobre o Privado no Direito Administrativo Brasileiro? *In:* **Revista de Direito Administrativo**. v. 220. Rio de Janeiro: Renovar, 2000, p. 69-107. Disponível em: http://bibliotecadigital.fgv.br/ojs/index.php/rda/article/view/47527/45222. Acesso em: 20 ago. 2020, p. 69-107.

110. HACHEM, Daniel Wunder. **Princípio Constitucional da Supremacia do Interesse Público**. Acervo Digital da Universidade Federal do Paraná (UFPR). Disponível em: https://acervodigital.ufpr.br/bitstream/handle/1884/26226/Dissertacao%20-%20Daniel%20Wunder%20Hachem%20-%20UPFR%20-%20Brasil.pdf?sequence=1. Acesso em: 20 ago. 2020.

111. JUSTEN FILHO, Marçal. Conceito de Interesse Público e a Personalização do Direito Administrativo. **Revista Trimestral de Direito Público**, n. 26. São Paulo: Malheiros, 1999.

112. ÁVILA, Humberto Bergmann. Repensando o Princípio da Supremacia do Interesse Público sobre o Particular. *In*: SARMENTO, Daniel. **Interesses Públicos *versus* Interesses Privados**: Desconstruindo o Princípio da Supremacia do Interesse Público. Rio de Janeiro: Lumen Juris, 2005, p. 181.

desconstrução[113] e reações de defesa da supremacia do interesse público sobre o privado[114], inclusive com clara referência ao seu caráter principiológico[115].

Os estudos têm sido amplos e salutares à evolução das ideias, mas deles decorre sempre a mesma pergunta: na colisão entre interesses públicos e privados, como se deve proceder?

4.1.3. Como Proceder na Colisão entre Interesses Públicos e Privados?

Inicialmente, deve-se ter em mente que a supremacia do interesse público sobre o privado não quer significar uma hipertrofia do público sobre o privado ou a absoluta sobreposição do interesse público sobre o direito subjetivo privado[116].

Ademais, importante ter no horizonte que a doutrina publicista majoritária enxerga a existência de um princípio da supremacia do interesse público sobre o privado, decorrente do tecido constitucional[117], malgrado não se olvidar derredor da existência de vozes dissonantes, em especial receosas

---

113. SARMENTO, Daniel. Interesses Públicos *vs.* Interesses Privados na Perspectiva da Teoria e da Filosofia Constitucional. *In*: SARMENTO, Daniel. **Interesses Públicos *versus* Interesses Privados**: Desconstruindo o Princípio da Supremacia do Interesse Público. Rio de Janeiro: Lumen Juris, 2005, p. 181.

114. OSORIO, Fábio Medina. Existe uma Supremacia do Interesse Público sobre o Privado no Direito Administrativo Brasileiro? *In:* **Revista de Direito Administrativo**. v. 220. Rio de Janeiro: Renovar, 2000, p. 69-107. Disponível em: http://bibliotecadigital.fgv.br/ojs/index.php/rda/article/view/47527/45222. Acesso em: 20 ago. 2020, p. 84-87.

115. HACHEM, Daniel Wunder. **Princípio Constitucional da Supremacia do Interesse Público**. Acervo Digital da Universidade Federal do Paraná (UFPR). Disponível em: https://acervodigital.ufpr.br/bitstream/handle/1884/26226/Dissertacao%20-%20Daniel%20Wunder%20Hachem%20-%20UPFR%20-%20Brasil.pdf?sequence=1. Acesso em: 20 ago. 2020.

116. GABARDO, Emerson. O Princípio da Supremacia do Interesse Público sobre o Interesse Privado como Fundamento do Direito Administrativo Social. *In:* **Revista de Investigações Constitucionais**. v. 4, n. 2. Curitiba, maio-ago. 2017, p. 12. Publicado em: 15-04-2019. Disponível em: https://www.scielo.br/scielo.php?script=sci_arttext&pid=S2359-56392017000200095. Acesso em: 28 ago. 2020.

117. HACHEM, Daniel Wunder. **Princípio Constitucional da Supremacia do Interesse Público**. Acervo Digital da Universidade Federal do Paraná (UFPR). Disponível em: https://acervodigital.ufpr.br/bitstream/handle/1884/26226/Dissertacao%20-%20Daniel%20Wunder%20Hachem%20-%20UPFR%20-%20Brasil.pdf?sequence=1. Acesso em: 20 ago. 2020.
Advogando a tese de uma supremacia do interesse público verifica-se os escritos de Celso Antônio Bandeira de Mello. MELLO, Celso Antônio Bandeira de. **Curso de Direito Administrativo**. São Paulo: Malheiros, 2009, p. 29. Na mesma linha: CARVALHO, Paulo de Barros. **Curso de Direito Tributário**. 7. ed. São Paulo: Saraiva, 1995, p. 98.

de uma eventual supremacia desembocar na ausência de uma efetiva tutela dos direitos e garantias fundamentais.

O fato é que, categorizada ou não como princípio, igualada ou não, em nível hierárquico e axiológico, com a autonomia privada[118], há de se questionar quando o interesse público se coloca de forma suprema ao privado, fazendo a autonomia recuar, assim como quando a autonomia se fará prevalecer. Afinal, quando se deve restringir a autonomia por conta de um interesse público, ou restringir o interesse público por conta da autonomia?

A resposta a esta indagação visa evitar uma descompromissada aplicação da supremacia do interesse público sobre o privado, pautada em uma vazia cláusula de comunidade, o que poderia levar à manipulação discursiva e à perda de prerrogativa individual.

Pois bem. A solução do problema perpassa pela percepção de que há situações diversas que merecem, portanto, soluções diversas. Outrossim, a depender do autor consultado, há um modelo diferente de solução.

Alexandre Aragão[119] sinaliza que há dois blocos de situações diferentes.

Em um primeiro bloco de situações, o próprio legislador já fez a ponderação, indicando a prevalência do interesse público ou do privado. Nesses casos de prévia ponderação legislativa, esta deverá ser atendida, desde que razoável, proporcional e afinada com os valores constitucionais[120].

118. Humberto Ávila afirma que a supremacia do interesse público sobre o privado não seria nem um princípio e nem um postulado. ÁVILA, Humberto Bergmann. Repensando o Princípio da Supremacia do Interesse Público sobre o Particular. *In*: SARMENTO, Daniel. **Interesses Públicos *versus* Interesses Privados**: Desconstruindo o Princípio da Supremacia do Interesse Público. Rio de Janeiro: Lumen Juris, 2005, p. 211. Já Paulo Ricardo Scheir defende a existência de um princípio material do interesse público, sendo que o elemento de ponderação deste princípio deveria ser o próprio "interesse público" e não a "supremacia". SCHEIR, Paulo Ricardo. Ensaio sobre a Supremacia do Interesse Público sobre o Privado e o regime Jurídico dos Direitos Fundamentais. *In*: SARMENTO, Daniel. **Interesses Públicos *versus* Interesses Privados**: Desconstruindo o Princípio da Supremacia do Interesse Público. Rio de Janeiro: Lumen Juris, 2005, p. 234.

119. ARAGÃO, Alexandre Santos. A "Supremacia do Interesse Público" no Advento do Estado de Direito e na Hermenêutica do Direito Público Contemporâneo. *In*: SARMENTO, Daniel. **Interesses Públicos *versus* Interesses Privados**: Desconstruindo o Princípio da Supremacia do Interesse Público. Rio de Janeiro: Lumen Juris, 2005.

120. ARAGÃO, Alexandre Santos. A "Supremacia do Interesse Público" no Advento do Estado de Direito e na Hermenêutica do Direito Público Contemporâneo. *In*: SARMENTO, Daniel. **Interesses Públicos *versus* Interesses Privados**: Desconstruindo o Princípio da Supremacia do Interesse Público. Rio de Janeiro: Lumen Juris, 2005, p. 4-5.

Assim ocorre, por exemplo, na desapropriação, quando o resultado da prévia ponderação é a supremacia do interesse público sobre o privado. Também se configura o dito nas questões de privacidade, como sigilo telefônico, quando o resultado da prévia definição indica a prevalência do interesse privado sobre o público[121].

Ademais, se no estudo da prévia definição houver uma regra em conflito com um princípio, deve-se preferir aquela (regra), ao passo que ela já resulta de uma prévia ponderação realizada pelo poder político legitimado[122]. A regra, portanto, irá se sobrepor ao princípio.

Entrementes, segue Alexandre Aragão para sinalizar que há um segundo bloco de situações nas quais inexiste a prévia definição, demandando do intérprete verificação do que prevalecerá no caso concreto[123]: se o interesse público ou o privado.

Tal verificação deve ser sempre realizada à luz da razoabilidade, da proporcionalidade e da promoção de direitos e garantias fundamentais, sendo uma constatação móvel e contextual, pois mutável a depender da situação concreta[124].

Na solução dos conflitos presentes no segundo bloco, agora conforme posto por Humberto Ávila, surgirão argumentos institucionais e não institucionais[125]. Os primeiros são os diretamente ligados ao ordenamento jurídico, contemplando os linguísticos, sistemáticos e históricos, de direito comparado,

---

121. ARAGÃO, Alexandre Santos. A "Supremacia do Interesse Público" no Advento do Estado de Direito e na Hermenêutica do Direito Público Contemporâneo. *In*: SARMENTO, Daniel. **Interesses Públicos *versus* Interesses Privados**: Desconstruindo o Princípio da Supremacia do Interesse Público. Rio de Janeiro: Lumen Juris, 2005, p. 4-5.

122. ARAGÃO, Alexandre Santos. A "Supremacia do Interesse Público" no Advento do Estado de Direito e na Hermenêutica do Direito Público Contemporâneo. *In*: SARMENTO, Daniel. **Interesses Públicos *versus* Interesses Privados**: Desconstruindo o Princípio da Supremacia do Interesse Público. Rio de Janeiro: Lumen Juris, 2005, p. 10-11. Esta premissa – de prevalência de uma regra em detrimento de um princípio – fora trabalhada no item de diferenciação entre regras e princípios.

123. ALEXY, Robert. **Teoría de los Derechos Fundamentales**. Madrid: Lael, 2002, p. 83. Também defendendo que a solução se dará no caso concreto: SARMENTO, Daniel. **A Ponderação de Interesses na Constituição Federal**. Rio de Janeiro: Lumen Juris, 2003, p. 42-29.

124. ÁVILA, Humberto Bergmann. Repensando o Princípio da Supremacia do Interesse Público sobre o Particular. *In*: SARMENTO, Daniel. **Interesses Públicos *versus* Interesses Privados**: Desconstruindo o Princípio da Supremacia do Interesse Público. Rio de Janeiro: Lumen Juris, 2005, p. 181.

125. ÁVILA, Humberto Bergmann. Repensando o Princípio da Supremacia do Interesse Público sobre o Particular. *In*: SARMENTO, Daniel. **Interesses Públicos *versus* Interesses Privados**: Desconstruindo o Princípio da Supremacia do Interesse Público. Rio de Janeiro: Lumen Juris, 2005, p. 143-144; 150.

os genéricos e os relacionados aos trabalhos preparatórios do dispositivo objeto de interpretação. Por outro lado, argumentos não institucionais apoiam-se em opiniões meramente subjetivas, individuais[126], e acabam por refletir eventual manipulação de acordo com os interesses em jogo[127].

Nessa senda, na solução das questões ligadas ao segundo bloco, os argumentos institucionais devem preferir aos não institucionais, pois aqueles têm como ponto de partida o próprio ordenamento jurídico, com seus valores e princípios[128]. Argumentos ligados ao texto da norma devem preferir àqueles não ligados diretamente à norma[129]. Não raro, porém, percebe-se que há uma interação unidirecional dos argumentos, os quais mutuamente se reforçam para um mesmo caminho de solução da controvérsia, dando coerência ao ordenamento jurídico e estabilidade às decisões[130].

Segue Humberto Ávila para defender que há situações nas quais a supremacia do interesse público cede espaço para a atuação privada. Seja por conta de uma ponderação de interesses, seja fincada na leitura de derrotabilidade (*defeasibility*), quando uma norma é derrotada e afastada no caso concreto[131].

Fazendo menção a este segundo bloco de situações, no qual não há uma prévia solução do ordenamento jurídico pela prevalência do interesse público ou privado, Luís Roberto Barroso[132] verbera que a questão ganha contornos

126. ÁVILA, Humberto Bergmann. Repensando o Princípio da Supremacia do Interesse Público sobre o Particular. *In*: SARMENTO, Daniel. **Interesses Públicos *versus* Interesses Privados**: Desconstruindo o Princípio da Supremacia do Interesse Público. Rio de Janeiro: Lumen Juris, 2005, p. 143-144; 150.

127. ÁVILA, Humberto Bergmann. Repensando o Princípio da Supremacia do Interesse Público sobre o Particular. *In*: SARMENTO, Daniel. **Interesses Públicos *versus* Interesses Privados**: Desconstruindo o Princípio da Supremacia do Interesse Público. Rio de Janeiro: Lumen Juris, 2005, p. 132-133.

128. ÁVILA, Humberto Bergmann. Repensando o Princípio da Supremacia do Interesse Público sobre o Particular. *In*: SARMENTO, Daniel. **Interesses Públicos *versus* Interesses Privados**: Desconstruindo o Princípio da Supremacia do Interesse Público. Rio de Janeiro: Lumen Juris, 2005, p. 143-144; 150.

129. MULLER, Friedrich. **Métodos de Trabalho do Direito Constitucional**. São Paulo: Max Limonad, 2000.

130. ÁVILA, Humberto Bergmann. Argumentação Jurídica e a Imunidade do Livro Eletrônico. *In:* TORRES, Ricardo Lobo. **Temas de Interpretação de Direito Tributário**. Rio de Janeiro: Renovar, 2003, p. 140-141.

131. A noção de derrotabilidade (*defeasibility*) fora bem elucidada por: HART, Herbert L. A. **O Conceito de Direito**. Trad. A. Ribeiro Mendes. Lisboa. Fundação Calouste Gulbenkian, 2011.

132. BARROSO, Luís Roberto. Prefácio. O Estado Contemporâneo, os Direitos Fundamentais e a Redefinição da Supremacia do Interesse Público. *In*: SARMENTO, Daniel. **Interesses Públicos *versus* Interesses Privados**: Desconstruindo o Princípio da Supremacia do Interesse Público. Rio de Janeiro: Lumen Juris, 2005, p. xvi.

mais complexos quando se infere o confronto entre um interesse público primário, consubstanciado em uma meta coletiva, e um interesse público primário, que se realiza mediante a garantia de um direito fundamental. A solução aqui, segundo o autor, se dará no caso concreto, em vista dos parâmetros da dignidade da pessoa humana e da razão pública.

Evidentemente, a referida razão pública deve ser significada sem amarras a dogmas religiosos ou ideológicos, os quais não refletem interesses de toda a sociedade, mas apenas de um grupo. O interesse de um determinado grupo hegemônico, em um determinado momento histórico, não deve significar interesse público primário de todo o corpo social[133].

A restrição ao direito fundamental, em favor da realização de uma meta coletiva, deve espelhar decisão apoiada em valores fundamentais constitucionalmente consagrados, e não convicções ocasionais e setorizadas[134].

Atento a este segundo bloco de situações, Emerson Gabardo[135] sublinha que o ideal da supremacia do interesse público não traduz uma premissa invencível. Muitas vezes ele resta tutelado ao lado do interesse privado, pois proteger o interesse privado pode ser de interesse público. Em outras situações, o interesse público efetivamente irá sucumbir ao privado, posto a necessidade de tutela de um direito.

Por tudo isto, a análise do caso concreto, quando o tema não é pré-definido no plano legislativo, será a chave para a verificação se há prevalência do interesse público ou do privado. Não é viável falar-se em relações prévias e absolutas de prevalência. Tanto as normas podem ser derrotadas, como podem ser ponderadas. E é com olhos voltados à efetiva razão pública, à proteção dos direitos e garantias fundamentais e à tutela da dignidade humana que se deve solucionar as questões.

O Estado não pode ser visto como um genérico garantidor de "interesses públicos", mas como um instrumento de garantia dos direitos

---

133. BARROSO, Luís Roberto. Prefácio. O Estado Contemporâneo, os Direitos Fundamentais e a Redefinição da Supremacia do Interesse Público. *In*: SARMENTO, Daniel. **Interesses Públicos *versus* Interesses Privados**: Desconstruindo o Princípio da Supremacia do Interesse Público. Rio de Janeiro: Lumen Juris, 2005, p. xvi.

134. RAWLS, John. A Ideia da Razão Pública. *In:* **O Direito dos Povos**. São Paulo: Martins Fontes, 2001.

135. GABARDO, Emerson. O Princípio da Supremacia do Interesse Público sobre o Interesse Privado como Fundamento do Direito Administrativo Social. *In:* **Revista de Investigações Constitucionais**. v. 4, n. 2. Curitiba, maio-ago.2017, p. 12. Publicado em: 15-04-2019. Disponível em: https://www.scielo.br/scielo.php?script=sci_arttext&pid=S2359-56392017000200095. Acesso em: 28 ago. 2020.

fundamentais[136]. Em construção semelhante, porém com suas especificidades, ao abordar as soluções para os conflitos entre interesses públicos e privados, Daniel Wunder Hachem afirma que no conflito entre interesses públicos e privados, de pronto, deve-se buscar identificar qual o interesse público e qual o interesse privado em choque[137].

É viável que a colisão se dê entre o interesse público em sentido amplo – resguardado pelo ordenamento jurídico – e um interesse privado não expressamente tutelado; ou entre um interesse público em sentido estrito (interesse geral) e outro relativo a indivíduos ou grupos determinados (interesses específicos), sendo ambos tutelados pela ordem jurídica nacional[138].

No primeiro caso, como o interesse público em sentido amplo está previamente tutelado pelo ordenamento jurídico, ele irá prevalecer sobre o privado não tutelado, incidindo a noção de supremacia do interesse público sobre o privado de forma absoluta. A saída é simples: o interesse juridicamente protegido há de se sobrepor ao não tutelado[139]. Há uma saída pré-estabelecida pelo legislador, que previamente ponderou o tema. Nesses casos de prévia solução legislativa, ela será veiculada pela norma, a qual, decerto, é um reflexo de escolha estatal legítima anterior e que, muitas vezes, considera o interesse público como parâmetro.

Exemplifica-se recordando algumas escolhas legislativas, como a idade núbil, o prazo prescricional e sua inalterabilidade. Em cada uma dessas situações há, por detrás da escolha normativa, um interesse público fundante, como o não casamento de pessoas sem o devido poder de autodeterminação

---

136. ARAGÃO, Alexandre Santos. A "Supremacia do Interesse Público" no Advento do Estado de Direito e na Hermenêutica do Direito Público Contemporâneo. *In*: SARMENTO, Daniel. **Interesses Públicos *versus* Interesses Privados**: Desconstruindo o Princípio da Supremacia do Interesse Público. Rio de Janeiro: Lumen Juris, 2005, p. 3.

137. HACHEM, Daniel Wunder. **Princípio Constitucional da Supremacia do Interesse Público**. Acervo Digital da Universidade Federal do Paraná (UFPR). Disponível em: https://acervodigital.ufpr.br/bitstream/handle/1884/26226/Dissertacao%20-%20Daniel%20Wunder%20Hachem%20-%20UPFR%20-%20Brasil.pdf?sequence=1. Acesso em: 20 ago. 2020, p. 183.

138. HACHEM, Daniel Wunder. **Princípio Constitucional da Supremacia do Interesse Público**. Acervo Digital da Universidade Federal do Paraná (UFPR). Disponível em: https://acervodigital.ufpr.br/bitstream/handle/1884/26226/Dissertacao%20-%20Daniel%20Wunder%20Hachem%20-%20UPFR%20-%20Brasil.pdf?sequence=1. Acesso em: 20 ago. 2020, p. 183.

139. HACHEM, Daniel Wunder. **Princípio Constitucional da Supremacia do Interesse Público**. Acervo Digital da Universidade Federal do Paraná (UFPR). Disponível em: https://acervodigital.ufpr.br/bitstream/handle/1884/26226/Dissertacao%20-%20Daniel%20Wunder%20Hachem%20-%20UPFR%20-%20Brasil.pdf?sequence=1. Acesso em: 20 ago. 2020, p. 185.

e a estabilização das relações jurídicas com prazos para o exercício de pretensões.

Nesta primeira casuística, a supremacia do interesse público sobre o privado acaba sendo enxergada como um princípio, considerando a conceituação de princípio consoante o grau de fundamentalidade em um sistema; ou como uma regra, se adotada a distinção lógico-normativa. Isto, porque, aplica-se a supremacia do interesse público sobre o privado como norma geral e fundamental de um sistema, mas na situação emoldurada na ótica do "tudo-ou-nada".

Na segunda situação há um choque entre o interesse público em sentido estrito (interesse geral) e um interesse titularizado por um indivíduo (individual) ou por um grupo determinado (interesse coletivo). Os interesses em choque estão todos previstos e tutelados no ordenamento jurídico.

Neste caso, a prevalência do interesse geral não é absoluta, mas é necessário analisar o caso concreto. A preponderância do interesse público em sentido estrito não poderá aniquilar o interesse individual ou coletivo, havendo verdadeira ponderação de interesses consoante um mandato de otimização.

Na segunda situação, a supremacia do interesse público sobre o privado sempre será vista como um princípio, seja por conta do grau de fundamentalidade, seja por conta da aplicação ponderada. Isso, porque, como todos os itens ponderados constam intrinsecamente do conceito de interesse público em sentido amplo, não há como haver a preponderância absoluta. O que há aqui é um primado do interesse público, mas isto não retira a sua natureza de princípio constitucional[140].

Assim, sob uma ótica do personalismo solidário[141], a tutela do interesse público afina-se com a proteção do privado, ao passo que a proteção dos interesses individuais adentra o conceito de interesse público *lato sensu*. Logo, o primado do interesse público não há que significar desatenção à dignidade da pessoa humana e à tutela dos direitos e garantias fundamentais.

---

140. HACHEM, Daniel Wunder. **Princípio Constitucional da Supremacia do Interesse Público**. Acervo Digital da Universidade Federal do Paraná (UFPR). Disponível em: https://acervodigital.ufpr.br/bitstream/handle/1884/26226/Dissertacao%20-%20Daniel%20Wunder%20Hachem%20-%20UPFR%20-%20Brasil.pdf?sequence=1. Acesso em: 20 ago. 2020, p. 195.

141. HACHEM, Daniel Wunder. **Princípio Constitucional da Supremacia do Interesse Público**. Acervo Digital da Universidade Federal do Paraná (UFPR). Disponível em: https://acervodigital.ufpr.br/bitstream/handle/1884/26226/Dissertacao%20-%20Daniel%20Wunder%20Hachem%20-%20UPFR%20-%20Brasil.pdf?sequence=1. Acesso em: 20 ago. 2020, p. 308-313.

Conforme observa Daniel Sarmento, em uma análise mais ampla sobre o tema, percebe-se que no bloco de situações nas quais não há prévia definição de prevalência do interesse público ou privado legitimamente realizada pelo legislador, o intérprete, como ser humano falível, poderá se equivocar[142].

No famoso *case* norte-americano *Koresmatsu x United States*, o equívoco, segundo Daniel Sarmento[143], fora cometido. Entendeu a Suprema Corte Norte-Americana como constitucional a lei que possibilitava o confinamento de cidadãos americanos, de ascendência japonesa, durante a Segunda Guerra, por conta da probabilidade de conspiração contra os Estados Unidos e prevalência do interesse público de proteção à segurança nacional.

Por outro lado, digno de nota que quando se estuda a supremacia do interesse público sobre o privado na esfera do direito civil, o tema ganha contornos mais especiais.

Recorda Emerson Gabardo[144] que quando o interesse público se manifesta fora da seara pública, a exemplo da cível, então estará em equivalência com o particular – ou seja, a prevalência pública apenas se dará acaso exista um direito subjetivo específico correspondente ao interesse público. Ricardo Luis Lorenzetti[145] afirma que há, nessa quadra, a aplicação da máxima "na dúvida, a favor da autonomia". Se há conflito entre autonomia e controles heterônimos, deve prevalecer a autonomia.

O subjetivismo do interesse público não deve ser pano de fundo para restrições a direitos e garantias fundamentais não inspiradas em valores constitucionais. No campo privado, a tendência à autonomia existe e, justo por isso, a intervenção pública na seara privada há de ser pautada em razoabilidade, boa-fé e proibição do excesso.

142. SARMENTO, Daniel. **A Ponderação de Interesses na Constituição Federal**. Rio de Janeiro: Lumen Juris, 2001, p. 161.

143. SARMENTO, Daniel. **A Ponderação de Interesses na Constituição Federal**. Rio de Janeiro: Lumen Juris, 2001, p. 161.

144. GABARDO, Emerson. O Princípio da Supremacia do Interesse Público sobre o Interesse Privado como Fundamento do Direito Administrativo Social. In: Revista de Investigações Constitucionais. v. 4, n. 2. Curitiba, maio-ago.2017, p. 12. Publicado em: 15-04-2019. Disponível em: https://www.scielo.br/scielo.php?script=sci_arttext&pid=S2359-56392017000200095. Acesso em: 28 ago. 2020.

145. Igualmente enxergando os princípios como mandado de otimização: LORENZETTI, Ricardo Luis; MIRAGEM, Bruno. **Teoria da Decisão Judicial**: Fundamentos de Direito. Trad. Cláudia Lima Marques. Notas. 2. ed. São Paulo: RT, 2010, p. 222.

Delimitações dos confins da autonomia, por conta de questões de interesse público, de forma prévia e abstrata, são perigosas. Exemplifica-se com a equivocada leitura, de alguns, sobre a impossibilidade, por questões de ordem pública, de casamentos homoafetivos[146].

Infere-se que a própria ótica legislativa nacional vem se amoldando nesse sentido, como denota a recente Lei n. 13.874/2019 (Lei de Liberdade Econômica). Visando estabelecer garantias de livre mercado, a norma confere maior autonomia aos contratos privados paritários, os quais passam a ser presumidamente simétricos. Nesses contratos, os contratantes poderão trazer regras próprias sobre interpretação, revisão, resolução e alocação de riscos, como infere-se dos arts. 421-A e 113, parágrafos, do Código Civil.

Isto, porém, não significa que na seara cível deve-se privilegiar o indivíduo em detrimento do cidadão. O cidadão busca uma conduta ética e aliada à comunidade, enquanto o indivíduo visiona apenas satisfazer suas próprias necessidades, sem qualquer atenção à comunidade na qual está inserido.

A tarefa de recolocar o indivíduo como cidadão não é simples[147]. A lembrança de que a liberdade pessoal só pode ser fruto de um trabalho coletivo há de ser constante[148], visto que o exercício da autonomia de alguns não pode ser a violação da autonomia de tantos outros. Não se deve valorar saídas meramente egoístas em detrimento de todos; afinal, o individualismo oitocentista, há muito, ficou para trás.

Nessa senda, a legitimação da atuação estatal dar-se-á segundo o interesse público primário, promovendo os seus fins precípuos de justiça, segurança, bem-estar e promoção da saúde, dentre outros. Se não houver esse interesse, balizando os limites da atuação privada, estar-se-á diante de uma intervenção estatal indevida, que deve ser prontamente rechaçada.

Ademais, não se deve entender pela existência de uma supremacia de um interesse público abstrato e absoluto, sobre os particulares eventualmente envolvidos[149]. Legitimar a intervenção estatal com base em um interesse

---

146. ANDRADE, José Carlos Vieira de. **Os Direitos Fundamentais na Constituição Portuguesa de 1976**. 3. ed. Coimbra: Almedina, 2004, p. 294.

147. BAUMAN, Zygmunt. **A Modernidade Líquida**. Trad. Marcus Penchel. Rio de Janeiro: Jorge Zahar, 2000, p. 15.

148. BAUMAN, Zygmunt. **Em Busca da Política**. Trad. Plínio Dentzier. Rio de Janeiro: Jorge Zahar, 2001, p. 83.

149. ARAGÃO, Alexandre Santos. A "Supremacia do Interesse Público" no Advento do Estado de Direito e na Hermenêutica do Direito Público Contemporâneo. *In*: SARMENTO, Daniel. **Interesses**

público abstrato seria o mesmo que possibilitar a indevida invasão da esfera privada, recanto de intimidade de cada ser. Curvar-se à existência de um interesse público universal, único e absoluto, é submeter-se ao autoritarismo estatal. Não se pode imaginar que o Estado, como Midas, tudo que toque, transforme em interesse público[150].

Direito fundamentais consistem em importante barreira à intervenção pública no particular. Tem-se como inadmissível a sobreposição, abstrata e geral, do público sobre o privado. A tarefa do Estado Democrático de Direito passa a contemplar não apenas a imposição de um interesse superior, mas também a realização dos direitos fundamentais na esfera particular, visionado o desenvolvimento do indivíduo[151].

É a partir dos direitos fundamentais que se deve compreender a Constituição[152], visto que o Estado deve servir ao indivíduo; e não o inverso[153].

Exatamente por isso que os direitos fundamentais apenas poderão ser restringidos nos casos expressamente permitidos pela Constituição[154], inexistindo uma cláusula geral permissiva de restrição aos direitos e garantias fundamentais[155]. Quando viável, a restrição apenas se legitimará para salvaguardar outro direito e garantia fundamental ou interesse constitucionalmente tutelado, de forma proporcional, sem excessos[156] e respeitando o núcleo essencial dos direitos e garantias fundamentais. A restrição a direitos fundamentais possui limites.

Públicos *versus* Interesses Privados: Desconstruindo o Princípio da Supremacia do Interesse Público. Rio de Janeiro: Lumen Juris, 2005, p. 4.

150. SCHEIR, Paulo Ricardo. Ensaio sobre a Supremacia do Interesse Público sobre o Privado e o regime Jurídico dos Direitos Fundamentais. *In*: SARMENTO, Daniel. **Interesses Públicos versus Interesses Privados**: Desconstruindo o Princípio da Supremacia do Interesse Público. Rio de Janeiro: Lumen Juris, 2005, p. 234.

151. PERLINGINERE, Pietro. **Perfis do Direito Civil Constitucional**. Introdução ao Direito Civil Constitucional. 2. ed. São Paulo: Renovar, 2002, p. 54.

152. HESSE, Konrad. **Elementos de Direito Constitucional da República Federal da Alemanha**. Porto Alegre: Sergio Antonio Fabris, 1998, p. 38.

153. SCHNEIDER, Hans Peter. **Democracia y Constitucion**. Madrid: Centro de Estudos Constitucionales, 1991, p. 17.

154. ANDRADE, José Carlos Vieira de. **Os Direitos Fundamentais na Constituição Portuguesa de 1976**. 3. ed. Coimbra: Almedina, 2004, p. 230.

155. CANOTILHO, José Joaquim Gomes; MOREIRA, Vital. **Fundamentos da Constituição**. Coimbra: Coimbra, 1991, p. 121.

156. CANOTILHO, José Joaquim Gomes; MOREIRA, Vital. **Fundamentos da Constituição**. Coimbra: Coimbra, 1991, p. 121.

Além disso, importante frisar que se deve evitar um movimento pendular, migrando de um momento de liberdade absoluta (autonomia da vontade), para um momento de completa ausência de liberdade (hipertrofia do público sobre o privado e exacerbada redução da autonomia).

Como fruto da evolução do Estado de Bem-Estar Social e Democrático de Direito, a autonomia privada passou a retratar, em certo momento, quase a antítese da autonomia da vontade. Enquanto nesta fotografia do liberalismo tudo era possível; naquela, em certo momento da fotografia de um estado interventor, tudo era proibido.

Verificou-se uma espécie de estatização ou exacerbada publicização do direito privado. O espaço privado mingou, o que é, evidentemente, perigoso. Raciocinar um regime jurídico de completa superação do privado pelo público é o equivalente a não enxergar direitos aos particulares, o que desembocará em regimes ditatoriais, apoiados na máxima de que "contra a pátria não há direitos"[157].

Não há dúvidas de que o Estado completamente não interventor é nocivo, com ausência de tutela dos vulneráveis e eventual condução a um caos geral, a um anarquismo. Entretanto, um Estado ultra-interventor pode descortinar um flerte com o totalitarismo[158].

Do explicitado, quando do choque entre o interesse público e o privado sem solução legislativa prévia, a exemplo do que ocorre, em algumas casuísticas, entre interesse público com a autonomia privada, os seguintes resultados serão possíveis[159]:

i. Prevalência do interesse público, o que se resolve pela ponderação;
ii. Não prevalência do interesse público, como resultado da ponderação, o que desembocará em dois caminhos, os quais são alcançados pela proporcionalidade:

157. Célebre frase pendurada no saguão de uma delegacia paulista no apogeu dos "anos de chumbo". GASPARI, Elio. **A Ditadura Escancarada**. São Paulo: Companhia das Letras, 2002, p. 17.

158. SARMENTO, Daniel. **Direitos Fundamentais e Relações Privadas**. Rio de Janeiro: Lumen Juris, 2004, p. 24-25.

159. GABARDO, Emerson. O Princípio da Supremacia do Interesse Público sobre o Interesse Privado como Fundamento do Direito Administrativo Social. *In:* **Revista de Investigações Constitucionais**. v. 4, n. 2. Curitiba, maio-ago.2017, p. 12. Publicado em: 15-04-2019. Disponível em: https://www.scielo.br/scielo.php?script=sci_arttext&pid=S2359-56392017000200095. Acesso em: 28 ago. 2020.

a. Verificação, no caso concreto, da prevalência do interesse público;

b. Verificação, no caso concreto, da prevalência do interesse privado.

iii. Recordação de que na seara privada, na análise do conflito, na dúvida, prevalece a autonomia.

O desafio, portanto, no caso concreto, é buscar as exatas fronteiras da autonomia privada, a delimitando quando diante do âmago das questões que envolvam interesses públicos, e não de um "pseudo" interesse público.

5

A AUTONOMIA NAS RELAÇÕES FAMILIARES

Frequentemente correlaciona-se o exercício da autonomia à seara contratual, resultando na denominada autonomia contratual. Mas será que a autonomia se reduz à seara contratual, ou seria viável falar-se em autonomia na seara existencial e, em especial, familiar?

A autonomia é inerente aos negócios jurídicos, sejam eles unilaterais, bilaterais, patrimoniais ou extrapatrimoniais[1]. Por consequência, falando-se de uma autonomia como gênero, é possível situar, dentre as suas espécies, ao lado da contratual e da negocial unilateral, a existencial. A autonomia privada abarca questões patrimoniais e existenciais[2].

Não se olvida, porém, que há resistências no reconhecimento de uma maior autonomia na seara existencial ligada a amarras históricas, ao passo que quando do surgimento da autonomia, na sua faceta mais liberal, tal liberdade ligava-se a uma ideia meramente patrimonial. Igualmente dialoga a resistência com a influência do catolicismo, com a proclamação de um direito matrimonial e monogâmico de raiz publicista[3].

Fato, porém, que a visão do ordenamento jurídico fincada no "ser" demandou a revisitação e a despatrimonialização do conceito de autonomia, indo além da contratual. Outros direitos inerentes à condição humana

1. PERLINGINERE, Pietro. **Perfis do Direito Civil Constitucional**. Introdução ao Direito Civil Constitucional. 2. ed. São Paulo: Renovar, 2002, p. 18-19.
2. LIMA, Taisa Maria Macena de. Princípios Fundamentais do Direito Civil Atual. *In:* FIUZA, César; SÁ, Maria de Fátima Freire de; NOVAES, Bruno Torquato de Oliveira (coord.). **Direito Civil**: Atualidades. Belo Horizonte: Del Rey, 2003, p. 241-258.
3. TEPEDINO, Gustavo. Contratos em Direito de Família. *In*: **Tratado de Direito das Famílias**. Belo Horizonte: IBDFAM, 2015, p. 475.

passaram a ser garantidos, transbordando a noção de autonomia as fronteiras do patrimônio[4].

Nessa toada, foi apenas com a evolução do estudo da autonomia que se possibilitou a sua incidência nas relações existenciais, amplificando o seu campo de atuação, d'antes apenas reservado às relações patrimoniais, típicas de um Estado Liberal.

Por tudo isto, os argumentos neste estudo delineados sobre a autonomia também possuem aplicação na esfera existencial, evidentemente, com novas molduras e contornos.

Mas e na seara familiar, há autonomia? E em qual extensão? E como fica o seu diálogo com as questões de ordem pública?

A resposta a esta indagação, no ordenamento jurídico nacional, exige uma análise em perspectiva histórica.

Inicialmente, quando no desenho da autonomia da vontade no Código Civil de 1916, se enxergava o exercício da autonomia nas relações familiares de maneira quase nula, reduzida ao campo patrimonial e relacionada ao regime de bens.

O Código Civil de 1916 tutelava a família muito mais no seu aspecto externo, tratando-a como um instituto jurídico abstrato, desconsiderando o interesse dos seus componentes. A família não era uma célula da sociedade, mas sim do Estado[5], a quem cabia avocar o regramento familiar para si, reduzindo demasiadamente o autorregramento da vontade no seio das famílias.

A publicização era tão intensa que autores à época, a exemplo de Silvio Rodrigues, enxergavam o direito de família como um braço do direito público. Afinal, "o interesse do Estado pela família faz com que o ramo do direito que disciplina as relações jurídicas que se constituem dentro dela se situe mais perto do direito público do que do privado"[6]. Firmava Francisco Cavalcanti Pontes de Miranda[7] que "a grande maioria das normas de

4. BARBOZA, Heloisa Helena. Reflexões sobre a autonomia negocial. *In*: TEPEDINO, Gustavo; FACHIN, Luiz Edson (coord.). **O Direito e o Tempo**: embates jurídicos e utopias contemporâneas. Rio de Janeiro: Renovar, 2008, p. 414.

5. DIAS, Maria Berenice. **Manual de Direito das Famílias**. São Paulo: RT, 2013, p. 27.

6. RODRIGUES, Silvio. **Direito Civil**. Direito de Família. v. 6. 27. ed. (atual.) Francisco José Cahali, com anotações ao novo Código Civil (Lei 10.406, de 10-1-2002). São Paulo: Saraiva, 2002, p. 11.

7. PONTES DE MIRANDA, Francisco Cavalcanti. **Tratado de Direito Privado**. Parte Especial. Dissolução da Sociedade Conjugal e Eficácia Jurídica do Casamento. t. VII. São Paulo: RT, 2012, p. 189.

direito de família é composta de normas cogentes. Só excepcionalmente, em matéria de regime de bens, o Código Civil deixa margem à autonomia da vontade".

Via-se a família como um objeto de uma aparelhada intervenção estatal, falando-se em um verdadeiro direito público de família, que, por sua vez, era socialmente controlada[8] e se mantinha encapsulada nas questões publicistas.

Com o transcorrer do tempo e a promulgação da Constituição Federal de 1988, desenha-se um novo perfil das famílias, que ganham contornos de uma instituição verdadeiramente participativa, na qual há maior preocupação com a felicidade pessoal dos seus membros, com a implementação da dignidade e com a realização dos seus direitos fundamentais.

A família deixa de ser uma entidade estatal e se adapta ao social, o que autoriza o exercício da autonomia privada em seu âmago[9]. Percebe-se que o valor-fonte do ordenamento jurídico é a pessoa, e não o Estado[10]. Há uma verdadeira "privatização da família", com a clara transferência do controle de sua (des)constituição e regramento do Estado para os seus integrantes[11].

Fala-se em uma intervenção estatal mínima nas famílias – direito da família mínimo –, como uma espécie de freios e contrapesos à atuação estatal, visionando proteger a intimidade e a liberdade dos sujeitos, com o objetivo de se personificar o indivíduo[12].

Encaminha-se a doutrina civilista visando assegurar aos integrantes da conjugalidade a liberdade necessária para estipularem como desejam conduzir o relacionamento, com intervenção estatal sempre excepcional[13].

---

8. RODRIGUES, Silvio. **Direito Civil**. Direito de Família. v. 6. 27. ed. (atual.) Francisco José Cahali, com anotações ao novo Código Civil (Lei 10.406, de 10-1-2002). São Paulo: Saraiva, 2002, p. 11.
9. ALVES, Leonardo Barreto Moreira. **Direito de Família Mínimo**: A Possibilidade de Aplicação e o Campo de Incidência da Autonomia Privada no Direito de Família. Rio de Janeiro: Lumen Juris, 2010.
10. GLANZ, Semy. **A Família Mutante**: sociologia e direito comparado. Rio de Janeiro: Renovar, 2005, p. 131-133.
11. TEIXEIRA, Ana Carolina Brochado; RODRIGUES, Renata de Lima. **O Direito das Famílias entre a Norma e a Realidade**. São Paulo: Atlas, 2010, p. 96.
12. PEREIRA, Rodrigo da Cunha. **Princípios Fundamentais Norteadores do Direito da Família**. 2. ed. São Paulo: Saraiva, 2012, p. 189.
13. XAVIER, Marília Pedroso. **Contrato de Namoro**. Amor Líquido e Direito de Família Mínimo. 2. ed. Belo Horizonte: Fórum, 2020, p. 63.

Ressalta-se a liberdade na esfera familiar e a intervenção estatal mitigada, a qual há de acontecer em casos de desvios inaceitáveis e de descomedimentos patentes[14].

Nessa senda, a intervenção estatal no funcionamento interno das famílias deve ser excepcional e se fazer presente apenas quando imprescindível para assegurar o regular desenvolvimento da família e de seus membros, afastando violências e abusos e referendando escolhas pessoais consentidas de autodeterminação[15].

A própria Declaração Universal dos Direito do Homem, em seu art. XII, afirma: "ninguém será sujeito a interferências na sua vida privada, na sua família, no seu lar ou na sua correspondência, nem a ataques a sua honra e reputação. Toda pessoa tem direito à proteção da lei contra tais interferências e ataques"[16].

Nessa senda, assegura o ordenamento jurídico nacional, fundado na Constituição, a um só tempo, a liberdade para organização familiar, e a liberdade para regramento de convivência, mediante condutas democraticamente discutidas e ajustadas entre os conviventes[17].

Na perspectiva histórica, portanto, ao refletir valores de um determinado momento, enquanto a família atrelada ao Código Civil de 1916 era um fim em si mesma, institucional, publicizada, patrimonializada e hierarquizada, a família atrelada após a Constituição de 1988 e ao Código Civil de 2002 ganha ares mais democráticos, instrumentais e participativos. Cresce a atenção à autonomia dos envolvidos.

Aquela família quase que impenetrável à autonomia, cunhada à época do Código Civil de 1916, recheada de incidência de normas de ordem pública direcionadas por um Estado que sob o argumento de proteger, repreendia[18],

14. Gramstrup, Erik Frederico; BURGARIN, Tomás Tenshin Sataka. **A Liberdade das Uniões à Luz do Princípio da Igualdade Familiar**. Curitiba: Prismas, 2019, p. 220.

15. Gramstrup, Erik Frederico; BURGARIN, Tomás Tenshin Sataka. **A Liberdade das Uniões à Luz do Princípio da Igualdade Familiar**. Curitiba: Prismas, 2019, p. 221.

16. OLIVEIRA, José Lamartine Corrêa de; MUNIZ, Francisco José Ferreira. O estado de direito e os direitos da personalidade. **Revista dos Tribunais**, v. 523, São Paulo: RT, fev. 1980, p. 23.

17. TEPEDINO, Gustavo. Contratos em Direito de Família. *In*: **Tratado de Direito das Famílias**. Belo Horizonte: IBDFAM, 2015, p. 476.

18. Nesse sentido coloca-se Rodrigo da Cunha Pereira, ao indicar que o Estado, à época do Código Civil de 1916, realizava intervenções completamente indesejadas, como apenas possibilitar a formação familiar mediante o casamento, restringir o divórcio, debater largamente a culpa no

cede espaço para uma família permeada por autonomia, atenta aos seus componentes e desejos existenciais.

Deixa a figura do *pater familias*, masculina, chefe da família, o seu *locus* de exclusiva chefia familiar, cedendo espaço à igualdade entre os consortes. O ideal patriarcal social, quando da confecção do Código Civil de 1916, cede espaço para o igualitário.

A mulher, antes ocupante de um lugar secundário, ganha posição de atriz principal e condutora familiar, ao lado do seu consorte[19]. Distancia-se a mulher de seu *não lugar*, permeado por uma história de ausência, subordinada à figura masculina – pai ou marido –, sem qualquer autonomia[20], para ser erguida a uma posição ativa, inclusiva e participativa.

A noção funcionalizada de família a torna um instrumento na busca de concretização do projeto de felicidade dos seus envolvidos. É a família o *locus* para o desenvolvimento da personalidade de seus integrantes[21]. O solidarismo familiar passa a ser marcante, em uma família funcionalizada e que busca a felicidade dos seus membros, em um projeto eudemonista e de construção de um verdadeiro LAR (Lugar de Afeto e Respeito)[22].

A família se desinstitucionaliza para o direito e a dignidade da pessoa humana passa a ser o foco da ordem jurídica, valorizando-se os integrantes do núcleo familiar, em detrimento da entidade familiar como mera instituição[23]. Resta ultrapassa a ótica legislativa pretérita, a qual preocupava-se mais em proteger o papel do sujeito no núcleo familiar, do que o próprio sujeito em si[24].

---

término do relacionamento. PEREIRA, Rodrigo da Cunha. **Princípios Fundamentais Norteadores do Direito de Família**. Belo Horizonte: Del Rey, 2006, p. 157-158.

19. BELO, Nuno. **Família**. Coimbra: Almedina, 2009, p. 15-16.
20. PEREIRA, Rodrigo da Cunha. **Princípios Fundamentais Norteadores do Direito de Família**. Belo Horizonte: Del Rey, 2008, p. 142.
21. GAMA, Guilherme Calmon Nogueira da. Função social da família e jurisprudência brasileira. *In* PEREIRA, Rodrigo da Cunha (coord.). **Família e Solidariedade**: teoria e prática do direito de família. Rio de Janeiro: Lumen Juris, 2008, p. 188-190.
22. DIAS, Maria Berenice; PEREIRA, Rodrigo da Cunha (coord.). **Direito de Família e o Novo Código Civil**. Belo Horizonte, Del Rey, 2001, p. xi.
23. GAMA, Guilherme Calmon Nogueira da. Função social da família e jurisprudência brasileira. *In:* PEREIRA, Rodrigo da Cunha (coord.) **Família e Solidariedade**: teoria e prática do direito de família. Rio de Janeiro: Lumen Juris, 2008, p. 188-190.
24. RUZYK, Carlos Eduardo Pianovski. **Famílias Simultâneas**: da unidade codificada à pluralidade constitucional. Rio de Janeiro: Renovar, 2005, p. 21.

O fenômeno constitucionalizador do direito civil, o qual atingiu o âmbito familiar, permitiu que as questões existenciais se submetessem aos princípios e diretrizes da Constituição Federal[25]. Tal fato conferiu uma proteção funcionalizada à família, à luz da realização da personalidade e da dignidade de seus integrantes, pluralizando e democratizando o instituto[26].

Percebe-se que "não é mais o indivíduo que existe para a família e para o casamento, mas a família e o casamento existem para o seu desenvolvimento pessoal, em busca de sua aspiração à felicidade"[27].

O óbvio ululante saltou aos olhos. As pessoas devem ter a prerrogativa de eleição dos seus objetivos e planos de vida, e desde que estes não violem interesses de terceiros e públicos, devem ser respeitados pelos demais, sejam estes agentes públicos ou privados. O papel do Estado é auxiliar na criação de condições ideais para que as pessoas busquem seus objetivos, não devendo o Estado orientar tais escolhas segundo valores sociais ou em conformidade com interesses da coletividade[28].

A família, como posto no art. 226 da Constituição Federal, passa a ter especial proteção do Estado, mas não monopólio de regulação[29].

Conforme o art. 226, § 7º, da Constituição Federal, o planejamento familiar passa a ser visto como livre decisão do casal. Compete ao Estado apenas proporcionar recursos educacionais e científicos para o exercício do planejamento familiar, vedada qualquer forma coercitiva, por parte de instituições oficiais ou privadas. Trata-se de comando constitucional claramente afeto à faceta do Estado protetor-provedor-assistencialista.

---

25. TEPEDINO, Gustavo (coord.). **Temas de Direito Civil**. 3. ed. Rio de Janeiro: Renovar, 2004, p. 1-24.

26. GAMA, Guilherme Calmon Nogueira da; GUERRA, Leandro dos Santos. Função Social da Família. *In*: **A Função Social do Direito Civil**. São Paulo: Atlas, 2007, p. 116-134.

27. MICHEL, Andrée. Modèles sociologiques de la famille dans le societés contemporaines. Arquives de philosophie du droit: reforme du droit de la famille. Paris, 1975, t. 20, p. 131-132 *apud* FACHIN, Luiz Edson. **Direito de Família**: elementos críticos à luz do novo Código Civil brasileiro. Rio de Janeiro: Renovar, 2003, p. 31-32.

28. SARMENTO, Daniel. Interesses Públicos *vs.* Interesses Privados na Perspectiva da Teoria e da Filosofia Constitucional. *In*: SARMENTO, Daniel. **Interesses Públicos *versus* Interesses Privados**: Desconstruindo o Princípio da Supremacia do Interesse Público. Rio de Janeiro: Lumen Juris, 2005, p. 73.

29. LÔBO, Paulo Luiz Netto. Entidades familiares constitucionalizadas: para além do *numerus clausus*. *In*: **Revista Brasileira de Direito de Família** – RBDFam. Porto Alegre: Síntese/IBDFAM, n. 12, jan.-mar., 2002.

Destarte, o mesmo art. 226, agora em seu § 8º, aduz: "o Estado assegurará a assistência à família na pessoa de cada um que a integra".

Resta cristalino que a ordem constitucional de 1988 uniu, a um só tempo, a liberdade do indivíduo, com a importância da família. Garante ao indivíduo liberdade, mediante direitos e garantias fundamentais, e confere à família especial proteção estatal, por meio da tutela instrumental de seus integrantes.

Não é diversa a linha seguida na Declaração Universal dos Direitos do Homem, que firma em seu art. XVI que "a família é o núcleo natural e fundamental da sociedade e tem direito à proteção da sociedade e do Estado".

Percebe-se uma verdadeira virada de Copérnico na família contemporânea[30]. A família deixa de ser célula do Estado para integrar a sociedade civil[31]. A estatização do afeto cede espaço[32] e o constituinte, para além da autonomia contratual afeta à escolha do regime de bens, confere aos integrantes da família autonomia existencial. Infere-se uma verdadeira privatização ou desinstitucionalização da família, com redução da intervenção estatal[33].

O ideal de liberdade no direito de família, também intitulado de não intervenção[34], leva a duas vertentes: (i) a liberdade da entidade familiar perante o Estado e a sociedade e (ii) a liberdade individual de cada membro, diante dos demais e da própria família[35].

Percebe-se a inserção do direito das famílias no ramo privado, pois não há qualquer relação de direito público entre cônjuges e parentes[36]. A família, como firma João Batista Villela, não é Estado ou Igreja. A família antecede o ente estatal, logo, o ordenamento jurídico deve estar a serviço

30. TEIXEIRA, Ana Carolina Brochado; RODRIGUES, Renata de Lima. **O direito das famílias entre a norma e a realidade**. São Paulo: Atlas, 2010, p. 94.

31. LÔBO, Paulo Luiz Netto. A repersonalização das relações de família. **Jus Navigandi**, v. 9, n. 307, 10 maio 2004. Disponível em: https://jus.com.br/artigos/5201/a-repersonalizacao-das-relacoes-de-familia. Acesso em: 10 fev. 2020.

32. DIAS, Maria Berenice. **Edição Especial da Revista Jurídica Del Rey** – parceria com o Instituto Brasileiro de Direito de Família/IBDFAM, n. 8, p. 17, Belo Horizonte: Del Rey, maio 2002.

33. PEREIRA, Rodrigo da Cunha. **Princípios Fundamentais Norteadores do Direito de Família**. Belo Horizonte: Del Rey, 2006, p. 182.

34. TARTUCE, Flávio. Novos princípios do direito de família brasileiro. *In:* TEIXEIRA, Ana Carolina Brochado; RIBEIRO, Gustavo Pereira Leite (coord.). **Manual de direito das famílias e das sucessões**. Belo Horizonte: Del Rey, Mandamentos, 2008, p. 45.

35. LÔBO, Paulo Luiz Netto. **Direito Civil**: Famílias. São Paulo: Saraiva, 2008, p. 47.

36. LÔBO, Paulo Luiz Netto. **Direito Civil**: Famílias. São Paulo: Saraiva, 2008, p. 25.

dos enlaces voluntariamente formados; não o contrário[37]. Os integrantes escolhem se adentram, ou saem, de um determinado modelo familiar, como decorrência de exercício da autonomia[38]. Os componentes de um núcleo familiar tornam-se titulares da prerrogativa de regrar a convivência, atentos às questões de ordem pública, cabendo à sociedade e ao Estado o respeito ao autorregramento da vontade[39].

Notabiliza-se a noção de que a autonomia privada não seja revelada apenas em sede contratual ou obrigacional, mas também na seara familiar. Assim, quando nas molduras afetivas elege-se com quem ficar, namorar, ter união estável ou casar, estar-se-á a falar sobre autonomia privada em sede familiar[40]. Igualmente há autonomia quando se regulam regras de convivência, com deveres pessoais, regime de bens e questões procedimentais.

João Batista Villela destaca que nas relações familiares, notadamente aquelas de cunho extrapatrimonial, a coerção do regramento legal deve ceder espaço à responsabilidade de cada cidadão, pois em sede de direito não patrimonial familiar, "a coerção não oferece qualquer resposta satisfatória"[41].

A materialização da aplicação dos direitos fundamentais às relações privadas, aliada à homenagem à autonomia, revelam que o direito das famílias é um ramo privado, que por sua importância demandará intervenção estatal pública pontual.

Como corolário dessa noção constitucional, o próprio Código Civil, em seu art. 1.513, informa ser "defeso a qualquer pessoa, de direito público ou privado, interferir na comunhão de vida instituída pela família". Não há de se falar em interferência externa nas famílias[42].

---

37. VILLELA, João Baptista. Repensando o direito de família. *In:* PEREIRA, Rodrigo da Cunha (coord.). **Repensando o direito de família**. Belo Horizonte: Del Rey, 1999, p. 19.

38. ALVES, Leonardo Barreto Moreira. **Direito de Família Mínimo**: A Possibilidade de Aplicação e o Campo de Incidência da Autonomia Privada no Direito de Família. Rio de Janeiro: Lumen Juris, 2010, p. 138-140.

39. PEREIRA, Rodrigo da Cunha. **Princípios Fundamentais Norteadores do Direito de Família**. Belo Horizonte: Del Rey, 2006, p. 155.

40. TARTUCE, Flávio. Novos Princípios do Direito de Família Brasileiro. *In:* TEIXEIRA, Ana Carolina Brochado; RIBEIRO, Gustavo Pereira Leite (coord.). **Manual de Direito das Famílias e das Sucessões**. Belo Horizonte: Del Rey, 2008, p. 45.

41. VILLELA, João Baptista. **Direito, Coerção & Responsabilidade**: por uma ordem social não violenta. Belo Horizonte: Faculdade de Direito da UFMG, 1982, p. 13-14.

42. TEPEDINO, Gustavo. Contratos em Direito de Família. *In:* **Tratado de Direito das Famílias**. Belo Horizonte: IBDFAM, 2015, p. 479.

O ideal de não intervenção, previsto no art. 1.513 do Código Civil, remete a uma cláusula geral de reserva da intimidade, ao passo que a noção de tutela familiar não é sinônima de intervenção, mas sim do implemento das condições para o desenvolvimento das diversas personalidades no seio familiar[43].

Destarte, a intimidade é elevada a tema de tutela constitucional, na forma do art. 5º, X, e, quando relacionada à esfera familiar, é importante condição para o livre desenvolvimento da pessoa[44].

Deve-se evitar a intervenção estatal na seara familiar quando atinente a questões pessoais, pois relacionadas à esfera íntima dos sujeitos[45]. Intervenção esta que prejudica o desenvolvimento da personalidade dos integrantes da família[46].

A Constituição Federal de 1988 funda uma ordem plural (art. 1º, V) e laica (art. 19, I), pelo que não é viável ao Estado, em nome da coletividade, tutelar de forma paternalista a vida de cada um, em uma verdadeira derrocada da autonomia. Há valorização de direitos fundamentais e dignidade[47]. Este fato, todavia, não leva a ordem constitucional a esquecer importantes valores coletivos, consagrando direitos além dos individuais e limites à autonomia.

A liberdade no campo familiar, também intitulada de não intervenção, tem íntima conexão com o princípio da autonomia privada[48]. A autonomia, comumente relacionada ao direito obrigacional, não se reduz a este braço do direito civil, mas é mais ampla.

43. Defendendo a noção de uma cláusula geral de reserva da intimidade como decorrência do art. 1.513 do Código Civil, coloca-se a doutrina de Silvana Maria Carbonera. CARBONERA, Silvana Maria. **Reserva de Intimidade**: uma possível tutela da dignidade no espaço relacional da conjugalidade. Rio de Janeiro: Renovar, 2008, p. 268-269.

44. PERLINGIERI, Pietro. **O direito civil na legalidade constitucional**. Trad. Maria Cristina de Cicco. Rio de Janeiro: Renovar, 2008, p. 850.

45. CARBONERA, Silvana Maria. **Reserva de Intimidade**: uma possível tutela da dignidade no espaço relacional da conjugalidade. Rio de Janeiro: Renovar, 2008, p. 297.

46. CARBONERA, Silvana Maria. **Reserva de Intimidade**: uma possível tutela da dignidade no espaço relacional da conjugalidade. Rio de Janeiro: Renovar, 2008, p. 270.

47. SARMENTO, Daniel. Interesses Públicos *vs*. Interesses Privados na Perspectiva da Teoria e da Filosofia Constitucional. *In*: SARMENTO, Daniel. **Interesses Públicos *versus* Interesses Privados**: Desconstruindo o Princípio da Supremacia do Interesse Público. Rio de Janeiro: Lumen Juris, 2005, p. 87.

48. TARTUCE, Flávio. Novos Princípios do Direito de Família Brasileiro. *In*: TEIXEIRA, Ana Carolina Brochado; RIBEIRO, Gustavo Pereira Leite (coord.). **Manual de Direito das Famílias e das Sucessões**. Belo Horizonte: Del Rey, 2008, p. 45.

Nessa toada, a autonomia privada deve ir além da liberdade contratual, entendida em um viés meramente patrimonial, contemplando a manifestação do poder da vontade do sujeito de direitos em relação aos diversos atos da vida civil, patrimoniais ou não patrimoniais[49].

A autonomia privada, por conseguinte, não existe apenas em sede contratual, mas também sob a ótica familiar. A própria escolha do modelo relacional que se deseja submeter – se casamento ou união estável – ou com quem deseja se relacionar, são bons exemplos do exercício desta autonomia na seara familiar[50].

Deve-se conceber a autonomia no campo familiar a partir de uma noção não publicista das famílias[51]. Afinal, firma João Baptista Villela, "reconhecer a família, contudo, não é apenas abrir-lhe espaço nas constituições e nos códigos, para, depois, sujeitá-la a regras de organização e funcionamento. É, antes, assegurar a sua faculdade de autonomia e, portanto, de autorregramento"[52].

Fato, porém, que em um Estado Democrático de Direito a autonomia, ainda que dentro da seara privada, não pode ser exercitada ilimitadamente. Esta premissa é plenamente aplicável à autonomia exercitada na seara familiar.

Assim, malgrado a desejosa redução da intervenção estatal na seara familiar, há situações em que a sua atuação é salutar. Tal se dará para promover os direitos fundamentais dos integrantes do núcleo familiar – como dignidade, igualdade, liberdade, solidariedade –, e evitar distorções que poderiam ser fatores impeditivos ao exercício da autonomia privada e busca do projeto de felicidade de cada um. A atuação estatal na seara familiar será permeada pela busca de melhora da situação dos componentes do núcleo familiar[53].

---

49. MORAES, Maria Celina Bodin de. Uma aplicação do princípio da liberdade. *In:* MORAES, Maria Celina Bodin de. **Na medida da pessoa humana**: estudos de direito civil-constitucional. Rio de Janeiro: Renovar, 2010, p. 191.

50. TARTUCE, Flávio. **Direito Civil**. Direito de Família. 4. ed. v. 5. Rio de Janeiro: Forense; São Paulo: Método, 2010, p. 41.

51. PERLINGIERI, Pietro. **O direito civil na legalidade constitucional**. Trad. Maria Cristina de Cicco. Rio de Janeiro: Renovar, 2008, p. 1.022-1.023.

52. VILLELA, João Baptista. Repensando o direito de família. *In:* PEREIRA, Rodrigo da Cunha (coord.). **Repensando o direito de família**. Belo Horizonte: Del Rey, 1999, p. 19.

53. ALVES, Leonardo Barreto Moreira. **Direito de Família Mínimo**: a possibilidade de aplicação e o campo de incidência da autonomia privada no direito de família. Rio de Janeiro: Lumen Juris, 2010, p. 145.

Quando presentes vulneráveis - crianças, adolescentes, pessoas idosas, mulheres em situação de violência doméstica - a situação familiar migra de um olhar sob autonomia, para a esfera de deveres, de observância da solidariedade. O Estado, aqui, há de intervir na busca de igualdade substancial[54].

Deve-se guiar o Estado por uma ótica não interventora, porém vigilante, em especial na esfera da conjugalidade. Nesta, deve o Estado conferir liberdade e autonomia, não intervindo injustificadamente[55]. Atuará o Estado como a figura de "um pai diligente nos cuidados com os filhos: nem proteção excessiva, que não permita amadurecimento, e tampouco ausência completa, que expõe a riscos e excessos"[56].

Mas teria a autonomia familiar maior ou menor proteção em relação à contratual?

Curioso perceber que além de existente, o exercício da autonomia na seara existencial demanda maior proteção. Ligando-se ao âmago do ser, a autonomia existencial exige tutela mais intensa[57].

O nível de proteção constitucional conferido à autonomia do agente dependerá do quão próximo ela se situa de questões existenciais - quando terá um maior nível de tutela constitucional - ou de questões meramente econômico-patrimoniais - quando terá uma menor proteção[58].

Então, ao ter maior tutela, a autonomia familiar, inserida na existencial, torna-se ilimitada?

A resposta é negativa. Na seara existencial aplica-se a autonomia, assim como se verifica sua restrição quando da presença de questões de ordem pública. Não é possível permitir que o sujeito, por exemplo, pactue um negócio no qual escraviza ou explore vulneráveis. Assim como não se pode legitimar a indevida intromissão do público no privado, não é viável

54. TEIXEIRA, Ana Carolina Brochado; RODRIGUES, Renata de Lima. **O Direito das Famílias entre a Norma e a Realidade**. São Paulo: Atlas, 2010, p. 105-106.

55. CARBONERA, Silvana Maria. **Reserva de Intimidade**: uma possível tutela da dignidade no espaço relacional da conjugalidade. Rio de Janeiro: Renovar, 2008, p. 271.

56. CARBONERA, Silvana Maria. **Reserva de Intimidade**: uma possível tutela da dignidade no espaço relacional da conjugalidade. Rio de Janeiro: Renovar, 2008, p. 271.

57. "A proteção à autonomia privada decorrente da Constituição de 1988 é heterogênea: mais forte, quando estão em jogo as dimensões existenciais da vida humana; menos intensa quando se trata de relações de caráter exclusivamente patrimonial". SARMENTO, Daniel. **Direitos Fundamentais e Relações Privadas**. Rio de Janeiro: Lumen Juris, 2004. p. 215.

58. SARMENTO, Daniel. **Direitos Fundamentais e Relações Privadas**. Rio de Janeiro: Lumen Juris, 2004. p. 215.

permitir a exploração de um agente privado por outro. Além disso, por vezes, em respeito à tutela de vulneráveis e questões de ordem pública, o Estado há de intervir. Exemplifica-se com a obrigação alimentar a menores, o reconhecimento forçado de filiação e o combate à violência doméstica.

A desigualdade entre as partes na relação influenciará na maior ou menor incidência de restrição da autonomia, sempre na busca da tutela dos vulneráveis. Se maior a desigualdade, mais forte será a tutela do vulnerável, em detrimento da autonomia da contraparte. Caso seja menor a desigualdade, menos intensa será a intervenção e maior será o espaço de autonomia[59].

Apesar de não se olvidar que o direito das famílias sofra a incidência de questões de ordem pública e que tenha um quê de publicização, isto não significa que o direito das famílias seja um ramo pertencente ao universo público. Ao revés. Direito das famílias é privado por excelência.

O fato, porém, do direito de as famílias figurar como ramo privado não implica dizer que sua normatização seja apenas individual. Atento à importância social e à vulnerabilidade do núcleo familiar, há regras cogentes no direito das famílias, de ordem pública, inderrogáveis pela simples vontade das partes[60].

As normas de ordem pública incidentes nas relações familiares apenas e tão somente servem para oferecer os contornos necessários ao exercício da autonomia existencial, assim como há regras públicas na seara contratual que refletem meros contornos ao exercício da autonomia contratual.

O grande desafio é justamente saber quando o Estado, na excepcionalidade, deve intervir. Afinal, se é certo que o Estado não deva sufocar os integrantes da família, é igualmente certo que ele também deve dar contornos normativos mínimos, por conta de questões de ordem pública, a exemplo da tutela de vulneráveis.

A intervenção estatal para efetivar e promover os direitos da personalidade dos integrantes do núcleo familiar não é apenas necessária, mas também salutar. Objetiva evitar distorções que impeçam, até mesmo, o exercício da autonomia. Destarte, mediante restrições, essas intervenções são de diversas ordens, mas sempre atentas às questões de interesse público.

---

59. BRAGA, Paulo Sarno. **Aplicação do Devido Processo Legal nas Relações Privadas**. Salvador: Juspodivm, 2008, p. 140.

60. GAGLIANO, Pablo Stolze; PAMPLONA FILHO, Rodolfo. **Novo Curso de Direito Civil**. Direito de Família. v. 6. 8. ed. São Paulo: Saraiva, 2018, p. 67.

Assim colocam-se opções legislativas diversas, a exemplo dos impedimentos matrimoniais, cuja violação desembocará na nulidade do casamento, ambicionando proteger questões éticas. Seguindo nos exemplos, tem-se a exigência da diferença de idade mínima de 16 anos entre adotante e adotado, visionando refletir a filiação natural e garantir que o adotante tenha maturidade suficiente a direcionar a prole.

Esta intervenção demonstra um Estado protetor-provedor-assistencialista, e se materializa, por exemplo, na imposição dos alimentos, na proteção integral das crianças e adolescentes, em mecanismos preventivos e coercitivos de violência doméstica. O que não deve ocorrer, porém, é a percepção de um Estado provedor-repressor, que mitiga a autonomia e viola os direitos e garantias fundamentais.

Por fim, recorda-se, consoante as premissas tratadas nesta tese, que o interesse público hábil a restringir a autonomia familiar é o primário. Ademais, no eventual conflito entre o interesse público e a autonomia privada familiar, acaso haja opção legislativa predisposta, a mesma há de ser respeitada. Em não havendo solução legislativa predisposta, deve-se pender à autonomia, pois o conflito situa-se no âmbito privado, sempre em um juízo de ponderação.

6

PREMISSAS CONSTRUÍDAS

Do estudo até então realizado, tem-se algumas importantes premissas para prosseguimento da solução da problemática posto:

i. A autonomia transforma-se diuturnamente. De sua gênese, mais patrimonial e liberal, avançou às questões existenciais, a exemplo de sua aplicação na seara familiar, e até procedimentais, como ilustram os negócios jurídicos processuais. Hoje fala-se na aplicação da autonomia na seara familiar.

ii. A autonomia, vista como um direito de autorregulamentação, integra o rol de direitos e de garantias fundamentais e é um princípio aplicável a todo o direito civil, sendo dotada de carga normativa e incidente de forma direta nas relações privadas.

iii. A aplicação da autonomia não é irrestrita, pois sempre se deve atentar aos limites do ordenamento jurídico (fronteiras da autonomia). Os confins da autonomia demandam análise consoante cada seara de aplicação, ordenamento jurídico e microrracionalidade.

iv. Nas fronteiras da autonomia ganha importância o estudo de sua tensão com os interesses públicos. Quando a autonomia entra em conflito com interesses públicos, há de ser perquirir:

    a. Se existe uma solução predisposta pelo ordenamento jurídico, fazendo prevalecer o interesse público ou o privado. Neste caso, a solução prévia conferida há de ser respeitada. Caso a opção legislativa tenha sido a prevalência do público sobre o privado, fala-se na aplicação da supremacia do interesse público sobre o privado como uma regra, na ótica do "tudo-ou-nada", ou como um princípio, de acordo com o grau de fundamentalidade do ordenamento jurídico;

b. Inexistente uma solução predisposta pelo legislador, há de se verificar qual o interesse prevalente, seja mediante ponderação de interesses, seja por derrotabilidade. Aqui a supremacia do interesse público sobre o privado será vista como um princípio, aplicado de forma gradual e em atenção à manutenção do núcleo essencial dos direitos e garantias fundamentais.

v. Se o conflito entre autonomia privada e interesses públicos se der em espaço privado, a exemplo das questões atinentes à autonomia familiar, as seguintes situações são possíveis:

c. Havendo solução predisposta no ordenamento jurídico fazendo prevalecer o interesse público ou privado, esta há de ser respeitada.

d. Inexistindo solução predisposta, a saída se dará por ponderação. Todavia, por se situar o conflito em campo eminentemente privado, deve-se pender, sempre que viável, ao interesse privado. Na dúvida, deve-se privilegiar a autonomia.

vi. É inviável a defesa da cláusula de comunidade, segundo a arguição da existência de uma abstrata, geral e indefinida supremacia do interesse público sobre o privado, invariavelmente hábil a ser arguida como um coringa, com força para afastar a incidência da autonomia. Na seara privada, a supremacia do público sobre o privado deve ter contornos mais excepcionais e cuidadosos.

PARTE II

O CASAMENTO E O PACTO ANTENUPCIAL

Uma vez estabelecidas as bases de aplicação da autonomia nas relações familiares, é hora de avançar ao estudo da autonomia na conjugalidade matrimonial, recortando o tema nos acordos pré-nupciais nos quais inexistam vulneráveis e/ou deficientes.

Como premissa, já resta esclarecido que esta pesquisa não se dedicará ao estudo dos negócios antenupciais quando envolvam incapazes, pessoas idosas, vítimas de violência doméstica e vulneráveis em geral. Nessas molduras, a autonomia terá maiores restrições, com o alargamento de questões de ordem pública, eventual necessidade de intervenção do Ministério Público e do Poder Judiciário, além de busca de mecanismos de igualdade material.

Outrossim, não se dedicará a pesquisa ao estudo da autonomia nas relações de união estável, malgrado ser factível que muitas das ideias adiante construídas têm, sim, plena incidência na relação entre conviventes.

Portanto, fixa-se a premissa de que nas linhas seguintes se perquirirá sobre os negócios jurídicos familiares paritários, relacionados à conjugalidade matrimonial, analisando sua modalidade pré-conjugal.

Trata-se de objeto de estudo que permite maior espaço de atuação da autonomia, com uma verdadeira horizontalização relacional[1]. É possível afirmar que na conjugalidade matrimonial, sem a presença de vulneráveis, o direito de família há de ser mínimo; enquanto que quando da presença de vulneráveis, o direito de família há de ser máximo[2].

Em razão disso, na conjugalidade matrimonial, sem a presença de vulneráveis, deve-se garantir a liberdade de construção das próprias regras,

---

1. NAHAS, Luciana Faísca. Pacto Antenupcial. O que pode e o que não pode constar? *In:* PEREIRA, Rodrigo da Cunha; DIAS, Maria Berenice (coord.). **Famílias e Sucessões**: Polêmicas. Tendências e Inovações. Belo Horizonte: IBDFAM, 2018, p. 227.
2. ROSA, Conrado Paulino da. **Direito de Família Contemporâneo**. 7. ed. Salvador: Juspodivm, 2020, p. 273.

exercitando a autonomia em dialética com o outro[3], sempre atenta aos limites das questões de ordem pública.

Nessa toada, avançará o trabalho para uma contextualização do tema matrimônio, com a análise do seu conceito, natureza jurídica, invalidades e eficácia. Na sequência, enfocará o estudo no pacto antenupcial, observando os seus contornos para além da patrimonialidade.

Perpassará o trabalho pelos limites do pacto antenupcial, visitando questões patrimoniais, procedimentais e pessoais, bem como, pragmaticamente, perquirindo o que pode, ou não, constar do pacto, sempre em atenção às fronteiras da autonomia.

Fincará a análise na premissa de que a harmonização dos conceitos de ordem pública e dignidade da pessoa humana, no Estado Democrático de Direito, permitem aos núcleos matrimoniais pactuarem as regras relacionais[4]. Partirá da concepção de que se abre mão de normas heterônomas – ditadas pelo Estado, pela Igreja e por padrões morais da comunidade –, para uma leitura de autogestão da liberdade, com decisões próprias e forjadas na autonomia dos consortes[5].

Fomenta-se a noção de que não se deve restringir a liberdade dos atores familiares com base em visões preconceituosas, pautadas em moralidades pré-concebidas, em nome de uma ordem pública intangível e de difícil valoração na legalidade constitucional. Há de se garantir a liberdade nas famílias, reservando-se as restrições e intervenções estatais a situações excepcionais, quando há ameaça ao exercício da liberdade individual[6].

Deve-se, por conseguinte, permitir aos agentes privados familiares, na relação conjugal matrimonial horizontal, gerarem normas por modelos negociais, as quais, em sede matrimonial, são refletidas no pacto antenupcial.

Feito o recorte metodológico, é momento de avançar, passando ao estudo do Pacto Antenupcial.

---

3. Recorda Umberto Eco que "nós (assim como não conseguimos viver sem comer ou sem dormir) não conseguimos compreender quem somos sem olhar a resposta do outro". ECO, Umberto. **Em que creem os que não creem?** Trad. Eliana Aguiar. Rio de Janeiro: Record, 1999, p. 83.

4. Nesse sentido caminham os escritos de Ana Carolina Brochado e Carlos Nelson Konder. TEIXEIRA, Ana Carolina Brochado; KONDER, Carlos Nelson. Situações Jurídicas Dúplices. *In*: TEPEDINO, Gustavo; FACHIN, Luiz Edson (coord.). **Diálogos sobre o Direito Civil**. v. III. Rio de Janeiro: Renovar, 2012, p. 16.

5. TEPEDINO, Gustavo. Dilemas do Afeto. **Revista IBDFAM Famílias e Sucessões**. n. 14, mar.-abr. 2016. Belo Horizonte: IBDFAM, 2016, p. 11-12.

6. TEPEDINO, Gustavo. Contratos em Direito de Família. *In*: **Tratado de Direito das Famílias**. Belo Horizonte: IBDFAM, 2015, p. 496.

7

UMA PRIMEIRA PALAVRA SOBRE O PACTO ANTENUPCIAL[1]

É histórica a existência de instrumentos hábeis para que os consortes entabulem regras relacionais[2]. No Brasil, é secular a existência de um mecanismo antecedente ao casamento objetivando ajustar e fixar as regras que regerão a conjugalidade e eventual rompimento. Fato, que, malgrado a existência histórica do pacto antenupcial no direito brasileiro, é igualmente secular a resistência em sua utilização.

Diferentemente de outros países, como nos Estados Unidos, no Brasil não há uma clara rotina de debates prévios sobre os efeitos da união casamentária. A simples propositura de um planejamento conjugal, muitas vezes, já denota o prenúncio de problemas[3]. Trata-se de um grande equívoco, afinal, o debate do tema em um planejamento familiar geraria maior conhecimento recíproco, revelaria desejos pessoais e equalizaria situações, evitando dissoluções prematuras ou surpresas no curso do matrimônio[4].

---

1. No decorrer deste trabalho serão utilizados como sinônimas as expressões pacto antenupcial, pré-nupcial, convenção matrimonial, pacto de casamento, contrato matrimonial, entre outros. Todas essas expressões remeterão ao negócio jurídico de direito de família que regula as regras da conjugalidade matrimonial.
2. Pesquisadores do Departamento de Arqueologia da Universidade de Harvard, nos Estados Unidos, encontraram na Mesopotâmia, atual território do Iraque, uma tábua do Século IV a. C., com um detalhado acordo de casamento, conforme noticia Osmar Freitas Jr. Tal descoberta demonstra o quão secular são os debates derredor da contratualização conjugal. FREITAS JUNIOR, Osmar. Os *postnups*, que alteram as regras acertadas antes do casamento, crescem nos EUA como forma de reduzir o número de divórcios. **Revista Época**. Disponível em: http://revistaepoca.globo.com/Revista/Epoca/0,,EDR78614-6014,00.html. Acesso em: 15 nov. 2020.
3. CAHALI, Francisco José. **Contrato de Convivência na União Estável**. São Paulo: Saraiva, 2002, p. 75.
4. MAIA JÚNIOR, Mairan Gonçalves. **A Família e a Questão Patrimonial**: Planejamento Patrimonial, Regime de Bens, Pacto Antenupcial, Contrato Patrimonial na União Estável. 3. ed. São Paulo: RT, 2015, p. 149.

O planejamento patrimonial prévio seria hábil a fomentar o diálogo, a partilha de informações e um consenso sobre prioridades e objetivos. Geraria maior espírito de cooperação e de cumplicidade, por meio de decisões, além de preparar a conjugalidade para eventuais situações traumáticas futuras, como desemprego, doenças, ruína financeira, entre outras[5].

Fato, porém, que a cultura de resistência ao pacto antenupcial não é um produto 100% nacional. Outros países latinos também a enfrentam, como a Argentina, onde há notícias de resistência a debates pecuniários prévios ao casamento[6].

Malgrado a conhecida resistência histórica à abordagem do tema, o cenário social de dissolubilidade matrimonial vem gerando maior busca da negociação pré-nupcial[7]. Um regramento antenupcial pode ser um grande facilitador para o desenrolar e findar da conjugalidade.

Nessa senda, importante compreender o pacto antenupcial, perpassando pelo seu histórico, conceito, natureza jurídica, forma, condicionantes, limites e novos contornos para além da patrimonialidade, perquirindo, pragmaticamente, o que poderá, ou não, nele constar.

7.1. HISTÓRICO

O instituto do pacto antenupcial remete, no Brasil, à tradição luso-brasileira. É um produto do sincretismo jurídico-cultural que refletia o velho direito português, erguido em seus costumes locais, o romanismo, o germanismo e as influências feudais e canônicas[8].

Curiosamente, porém, diversamente de vários outros institutos jurídicos, o pacto antenupcial não teve uma contribuição romana tão marcante.

---

5. MAIA JÚNIOR, Mairan Gonçalves. **A Família e a Questão Patrimonial**: Planejamento Patrimonial, de Bens, Pacto Antenupcial, Contrato Patrimonial na União Estável. 3. ed. São Paulo: RT, 2015, p. 150.

6. BORDA, Guilhermo A. **Manual de derecho de família**. Con la colaboración de Guillermo Julio Borda. 12. ed. Buenos Aires: Abeledo Perrot, 2002, p. 119.

7. Nesse sentido há notícias da Central Notarial de Serviços Eletrônicos Compartilhados (CENSEC) que indicam, entre os idos de 2006 e 2017, o aumento de 110% na realização de pactos antenupciais. COLÉGIO NOTARIAL DO BRASIL. Seção São Paulo. **Segundo dados, pactos antenupciais cresceram 110% nos últimos 10 anos no Brasil**. Disponível em: https://www.cnbsp.org.br/index.php?pG=X19leGliZV9ub3RpY2lhcw==&in=MTQ5NjA=&filtro=1. Acesso em: 09 jan. 2021.

8. PONTES DE MIRANDA, Francisco Cavalcanti. **Tratado de Direito Privado**. Parte Especial. Dissolução da Sociedade Conjugal e Eficácia Jurídica do Casamento. t. VIII. São Paulo: RT, 2012, p. 306.

A relação entre o romanismo e o pacto antenupcial remete à figura dos esponsais (*sponsio*), entendido como promessa de futuras bodas e cujo rompimento levava à *actio de sponsu*.

Enquanto em Roma os esponsais se preocupavam com a vinculação da promessa de casamento, o pacto antenupcial tem viés diverso, importando-se com o regramento do casamento[9]. Esponsais condizem com a promessa de casamento[10], ao passo que o pacto antenupcial ambiciona regrar o casamento em si.

Em *terras brasilis*, a figura do pacto antenupcial encontra precedentes nas Ordenações Afonsinas, promulgadas em Portugal, em 1446. Tais ordenações, porém e curiosamente, não realizavam menção expressa à figura do pacto antenupcial.

É apenas com as Ordenações Manuelinas que se verifica, ainda que timidamente, a preocupação legislativa com a figura do pacto, todavia, desacompanhada de tratamento derredor de sua forma e objeto[11].

Sucedendo as Ordenações Manuelinas, advieram as Ordenações Filipinas, as quais situam o pacto antenupcial como mecanismo hábil, aos nubentes, à escolha do regime de bens.

Previam as Ordenações Filipinas restrições às chamadas cláusulas ilícitas presentes nos pactos antenupciais, compreendidas como aquelas que ofendessem à lei, aos bons costumes ou aos fins naturais ou sociais do casamento. Havendo essas cláusulas, nulificava-se apenas a cláusula, e não o instrumento do pacto[12].

O tratamento do tema nas Ordenações Filipinas constava no Livro IV, Título XLVI, sob o título "Como o marido e mulher são meios de seus bens", afirmando que "todos os casamentos feitos em nossos Reinos e senhorios se entendem serem feitos por Carta ametade: salvo quando entre as partes outra cousa for acordada e contractada, porque e não se guardarão que entre eles for contractado".

9. CARDOSO, Fabiana Domingues. **Regime de Bens e Pacto Antenupcial**. Rio de Janeiro: Método/Gen, 2010, p. 100.

10. Como afirma Clóvis Beviláqua, esponsais é "o contrato pelo qual duas pessoas de sexo diferente, se prometem uma a outra em casamento". Hoje, *data venia*, a diversidade de sexos não mais condiz com o conceito, sendo este a única nota de divergência conceitual. BEVILAQUA, Clóvis. **Comentários ao Código Civil**. Direito de Família. 5 ed. São Paulo, Freitas Bastos, 1933, p. 23.

11. GOZZO, Débora. **Pacto Antenupcial**. São Paulo: Saraiva, 1992, p. 6.

12. GOZZO, Débora. **Pacto Antenupcial**. São Paulo: Saraiva, 1992, p. 6-7.

O termo "ametade" remetia à divisão dos bens do casal igualitariamente, de forma simular ao atual regime de comunhão universal de bens. Ademais, nesta moldura histórica legislativa, o pacto poderia ser firmado por mero instrumento particular[13].

É apenas em 1784, que por força de lei, passa-se a demandar a forma pública para o pacto antenupcial, o que persiste até hoje[14]. De fato, a norma mencionava a figura dos esponsais, mas como o pacto era usualmente celebrado de forma conjunta com o esponsalício, a forma vinculada, por escritura pública, abrangeu ambas as figuras.

Seguindo nas notícias históricas, no esboço do Código Civil, publicado em 1861, Augusto Teixeira de Freitas foi detalhista sobre o pacto, tratando de questões materiais, como o seu objeto, e formais, relacionadas à forma e capacidade[15]. Firmava o art. 88 do esboço de Teixeira de Freitas: "os esposos podem excluir a comunhão de bens no todo ou em parte, e estipular quaesquer pactos e condições, devendo-se guardar o que entre elles for contractado".

Com o sucesso da Consolidação das Leis Civis, iniciou-se o projeto de elaboração de um Código Civil, e em 1861 publicou-se o livro sobre Direito de Família, o qual dedicou-se, em seus arts. 1.237 a 1.253, a regular normas atinentes ao pacto antenupcial. Regulava-se sobre a capacidade de celebração, o objeto, as nulidades, as cláusulas proibidas, as formalidades, a possibilidade de alteração prévia ao casamento e a vedação de pacto pós-nupcial.

Em 1890, advém o Decreto n. 181, de autoria de Ruy Barbosa, promulgado pelo Governo Provisório, que fora instalado com a Proclamação da República dos Estados Unidos do Brasil.

O Decreto institui o casamento civil e regulou temas atinentes ao matrimônio. Em seu art. 57 firmava: "na falta de pacto antenupcial, os bens dos cônjuges são presumidos comuns, desde o dia seguinte ao casamento, salvo se provar-se que o matrimônio não foi consumado entre elles". Entendia-se como a consumação do matrimônio a cópula carnal.

Ainda sob a égide do Decreto n. 181, o pacto antenupcial tinha sua eficácia condicionada à celebração do casamento. Além disso, foram trazidas

13. CARDOSO, Fabiana Domingues. **Regime de Bens e Pacto Antenupcial**. Rio de Janeiro: Método/Gen, 2010, p. 102.

14. GOZZO, Débora. **Pacto Antenupcial**. São Paulo: Saraiva, 1992, p. 7.

15. GOZZO, Débora. **Pacto Antenupcial**. São Paulo: Saraiva, 1992, p. 8.

restrições à escolha do regime de bens, como a imposição do regime dotal e de separação de bens.

No subsequente projeto ao Código Civil, de Felício dos Santos, a nota de destaque fora a inclusão da figura do pacto antenupcial na seara dos contratos, e não no casamento. Tratava-se de grande novidade, cuja justificativa decorria da percepção de que o casamento não seria um contrato, mas sim o fato gerador de direitos familiares. Assim, o regramento do matrimônio seria tema não afeto às famílias[16].

O projeto de lei em referência, em seu art. 1.945, vetava a cláusula de determinação de efeitos do pacto em data diversa da do matrimônio, ou que findassem os efeitos do pacto em data anterior à dissolução matrimonial. Ainda nos pontos altos do projeto, o art. 1.947 firmava a validade do contrato matrimonial, celebrado por incapaz de se casar, desde que assistido por aquele que lhe cabia a prerrogativa de conceder a autorização ao casamento.

Ainda no âmbito histórico, o projeto de Antônio Coelho Rodrigues, de 1893, promoveu maior detalhamento ao pacto antenupcial, vedando ao pacto restringir os direitos do chefe de família (art. 1.975) e os legais atribuídos aos cônjuges, além de proibir ao pacto modificar a ordem sucessória (art. 1.976).

Precedendo o Código Civil de 1916, houve o primeiro projeto de Clóvis Beviláqua, o qual trouxe a possibilidade de regime de bens misto, desde que autorizado no pacto (art. 298); exigência de forma pública ao pacto, sob pena de nulidade (art. 299); e a vedação de convenções nupciais que alterem a ordem legal sucessória, restrinjam direitos do chefe de família e impeça a mulher exercitar renúncia à comunhão de bens (art. 300).

Na revisão do projeto, porém, e de sua apresentação ao Congresso em 1900, as previsões inovadoras foram reduzidas. Restou a exigência do instrumento público do pacto, bem como do seu registro em livro especial, pelo tabelião registrador de imóveis da comarca do domicílio dos cônjuges, para que tivesse efeitos *erga omnes* (art. 302).

Adveio o Código Civil de 1916, que em seu art. 256 versava ser "lícito aos nubentes, antes de celebrado o casamento, estipular, quanto aos seus bens, o que lhes aprouver". Uma vez eleito o regime de bens e realizado o pacto antenupcial, a escolha era irrevogável, o mesmo ocorrendo em relação ao pacto. Sintetizava o então art. 230 do Código Civil vigente que "o regime

16. GOZZO, Débora. **Pacto Antenupcial**. São Paulo: Saraiva, 1992, p. 11.

de bens entre cônjuges começa a vigorar desde a data do casamento, e é irrevogável"[17].

O Código Civil de 1916, influenciado pelo direito canônico, romano, germânico e pelas Ordenações do Reino de Portugal, abraçava a possibilidade de escolha convencional do regime de bens pelos nubentes, e trazia como espécies de regimes a comunhão universal, a comunhão parcial, a separação total e a separação dotal.

Já nos preparativos para o Código Civil de 2002, cabe menção ao anteprojeto de Lei de Orlando Gomes, de 1963. Neste, uma grande novidade era a exigência de que o casamento fosse celebrado até três meses após a realização do pacto antenupcial, sob pena de invalidade do pacto (arts. 163 a 167).

O anteprojeto de 1963 não foi promulgado, e posteriormente modificado pelo Projeto 634-B, o qual não fez grandes mudanças no tema. Digno de nota, a previsão do art. 1.668, parágrafo único, o qual dispensava o pacto se a opção dos cônjuges fosse o regime da comunhão parcial, devendo tal escolha ser reduzida a termo.

Após mais de 20 anos de tramitação, chegou a Lei n. 10.406/2002, o novo Código Civil. A dinâmica que viabiliza a escolha do regime de bens convencional, já historicamente existente no Brasil, fora reproduzida no Código Civil de 2002, em seu art. 1.639. Assevera, ainda, a legislação ora vigente, agora em seu art. 1.640, parágrafo único, que "poderão os nubentes, no processo de habilitação, optar por qualquer dos regimes que este Código regula. Quanto à forma, reduzir-se-á a termo a opção pela comunhão parcial, fazendo-se o pacto antenupcial, por escritura pública, nas demais escolhas".

A inclusão da tomada de termo na adoção do regime da comunhão parcial de bens, no Código Civil de 2002, tem por escopo esclarecer aos nubentes as consequências do casamento sem o pacto e o entendimento do regime de bens adotado (comunhão parcial). Justo por isto que o art. 1.528 do Código Civil vigente vaticina o dever do oficial de registro esclarecer aos nubentes a respeito dos diversos regimes de bens[18]. Trata-se de acolhimento ao projeto de Orlando Gomes, já mencionado.

---

17. Conforme assevera Débora Vanessa Caús Brandão, o termo irrevogável deve ser significado como imutável. BRANDÃO, Débora Vanessa Caús. **Regime de Bens no Novo Código Civil**. São Paulo: Saraiva, 2007, p. 61.

18. VENOSA, Sílvio de Salvo. **Direito Civil**. Direito de Família. 10. ed. São Paulo: Atlas, 2010, p. 330.

Outrossim, em uma das novidades mais aplaudidas do Código Civil de 2002, passou-se a permitir a mutabilidade motivada do regime de bens no curso do casamento, na forma do art. 1.639, § 2º. O assunto está, também, regulado na seara processual, na forma do art. 734 do Código de Processo Civil. Trata-se de inserção decorrente de sugestão de Orlando Gomes, quando participou do anteprojeto do Código Civil hoje vigente[19].

Na hipótese de alteração do regime de bens do casamento, mediante ação judicial, não se fará necessário novo pacto, que agora seria pós-nupcial, indicando a escolha do novo regime. A decisão judicial bastará, a qual determinará, na forma do art. 734 do Código de Processo Civil, com o trânsito em julgado da decisão, que sejam "expedidos mandados de averbação aos cartórios de registro civil e de imóveis e, caso qualquer dos cônjuges seja empresário, ao Registro Público de Empresas Mercantis e Atividades Afins"[20].

Finalizado este breve percurso histórico sobre a figura do pacto antenupcial, é momento de avançar ao estudo do seu conceito.

7.2. CONCEITO E CABIMENTO

Não há no Código Civil definição do pacto antenupcial, cabendo a tarefa à doutrina.

Pactum, do latim, significa ajuste, convenção. O pacto antenupcial também é doutrinariamente denominado de pré-nupcial, dotal, convenção matrimonial, contrato nupcial ou capitulação matrimonial. Surgiu com a finalidade de facultar aos nubentes a escolha nupcial de bens, trazendo normatização patrimonial aplicável ao casamento.

19. Há muito, Orlando Gomes, com base em direito comparado, defendia a flexibilidade para a alteração do regime de bens. Nos seus Cinco Estudos sobre o Novo Direito das Famílias, afirma: "O princípio da imutabilidade do regime matrimonial foi abandonado pelas principais legislações. Desde 1882, a Inglaterra o repudiou. O Código Civil Alemão permitiu a alteração do contrato pelo qual institui o regime de bens, contanto que as modificações introduzidas, depois do casamento, não prejudiquem a terceiros (art. 1.434). O Código suíço assegura aos cônjuges a faculdade de mudar o regime matrimonial mediante pacto aprovado pela autoridade tutelar (Art. 248). Concedem-na, ainda, os Códigos da Itália, da Suécia, da Hungria e da União Soviética". GOMES, Orlando. **O Novo Direito de Família**. Cinco Estudos. Salvador: EDUFBA, 1979, p. 18.

20. Registra-se que a doutrina e a jurisprudência, mesmo antes da vigência do Código de Processo Civil de 2015, já se encaminhavam neste sentido. Exemplifica-se com os escritos de Euclides Benedito de Oliveira. OLIVEIRA, Euclides Benedito de. Alteração do Regime de Bens no Casamento. *In*: DELGADO, Mario Luis Regis Delgado; ALVES, Jones Figueirêdo (coord.). **O Novo Código Civil** – Questões Controvertidas. Rio de Janeiro: Método, 2005, p. 393.

Regulará o pacto as regras econômicas e patrimoniais do casamento, estabelecendo o regime de bens ou fazendo adaptações a um dos regimes previstos no Código Civil Brasileiro[21].

O pacto antenupcial é historicamente significado como o contrato solene por meio do qual as partes dispõem sobre o regime de bens que vigorará entre elas, durante o matrimônio[22].

Traduz um negócio jurídico familiar bilateral, pelo qual os nubentes, com autonomia, estruturam, antes do casamento, o regime de bens aplicável ao matrimônio e diverso da comunhão parcial[23]. A escolha deve ser realizada antes do casamento, na fase de habilitação, precedendo a sua celebração.

A regra geral no direito brasileiro é que os consortes, ao se casarem, possuem liberdade de escolha do seu regime de bens, exercitando-a mediante o pacto antenupcial. Fala-se em regra geral, porquanto ser perceptível, dentro do Código Civil, exceções na quais a lei impõe o regime da separação obrigatória de bens[24].

As situações de imposição do regime de separação obrigatória são cogentes. Há um verdadeiro regime de bens compulsório, o qual não pode ser afastado pelo pacto antenupcial[25]. Isto, todavia, não significa a impossibilidade de o pacto, como se verá, regular outros temas, de esfera pessoal e/ou procedimental, ou até mesmo dedicar-se a questões patrimoniais excepcionais, a exemplo do afastamento da súmula 377 do Supremo Tribunal Federal.

Nessa toada, inexistindo suprimento judicial para o casamento e ausente desrespeito à causa suspensiva do matrimônio, os nubentes serão livres à escolha do regime de bens. Para tanto, devem se valer de um pacto antenupcial.

---

21. Conceito sintetizado por Rodrigo da Cunha Pereira. PEREIRA, Rodrigo da Cunha. **Dicionário de Direito de Famílias e Sucessões Ilustrado**. São Paulo: Saraiva, 2015, p. 497.

22. Conceito trabalhado por Silvio Rodrigues. RODRIGUES, Silvio. **Direito Civil**. v. 6. 27. ed. Atual. Francisco José Cahali, com anotações ao novo Código Civil (Lei 10.406, de 10-1-2002). São Paulo: Saraiva, 2002, p. 173.

23. LÔBO, Paulo. **Famílias**. São Paulo: Saraiva, 2008, p. 307.

24. Firma o art. 1.641 do Código Civil ser obrigatório o regime de separação de bens no casamento daqueles que desrespeitarem causa suspensiva; do maior de 70 anos e dos que dependerem, para se casar, de suprimento judicial.

25. Na mesma linha, Francisco Cavalcanti Pontes de Miranda ressalva a impossibilidade de afastamento do regime de bens legalmente imposto. PONTES DE MIRANDA, Francisco Cavalcanti. **Tratado de Direito Privado**. Parte Especial. Direito Matrimonial. v. II. São Paulo: RT, 2012, p. 181.

Acaso, porém, haja o casamento sem o pacto antenupcial e de nubentes que não estejam elencados no rol restrito de imposição da separação obrigatória de bens, ou se o pacto antenupcial não tiver sido confeccionado na forma da lei, o regime aplicável será o da comunhão parcial de bens.

A comunhão parcial de bens denota um verdadeiro regime supletivo[26], é o produto da manifestação omissiva tácita dos nubentes que optaram por não elaborar o pacto antenupcial[27]. A lei irá intervir, por uma deliberação imperativa[28], suprindo a vontade das partes, mediante intervenção estatal supletiva, o que acontece historicamente no cenário nacional.

Até os idos de 1977, essa intervenção se materializava no regime da comunhão universal de bens, como fruto de noção tradicional advinda das Ordenações Portuguesas[29]. Neste contexto histórico, comunhão universal de bens era simplesmente denominada de comunhão de bens.

É apenas com a vigência da Lei n. 6.515/1977 (Lei do Divórcio), em 22 de dezembro, que através do seu art. 50, número 7, modificou-se o regime supletivo, alterando-se o então art. 258 do Código Civil de 1916 e instituindo, como regime supletivo, o da comunhão parcial de bens[30]. Esta premissa persiste até hoje no Brasil[31]. A Lei n. 6.515/1977, no particular, rompeu com tradição secular no direito luso-brasileiro[32].

---

26. Na forma do art. 1.640 do Código Civil, o qual confere o regime da comunhão parcial aos que se casaram, e não escolheram o regime de bens, bem como nas hipóteses de nulidade ou ineficácia do pacto antenupcial.

27. GOZZO, Débora. **Pacto Antenupcial**. São Paulo: Saraiva, 1992, p. 48.

28. GOMES, Orlando. **Direito de Família**. 14. ed. Rio de Janeiro: Forense, 2001, p. 175.

29. VELOSO, Zeno. Separação Obrigatória de Bens – Controvérsias – Doação entre Cônjuges. **Revista IBDFAM Famílias e Sucessões**. n. 20, mar.-abr. 2017. Belo Horizonte, IBDFAM, 2016, p. 12.

30. A adoção do regime supletivo da comunhão parcial de bens não é uma escolha isolada do direito brasileiro. A mesma solução é adotada no direito alemão (BGB, parágrafo 1.363, al. I), italiano (art. 177), português (art. 1.096) e espanhol (art. 1.315). FARIAS, Cristiano Chaves; ROSENVALD, Nelson. **Curso de Direito Civil**. Famílias. v. 6. 7. ed. São Paulo: Atlas, 2015, p. 276.

31. Em interessante pesquisa sobre direito comparado, Fabiana Domingues Cardoso avalia que a escolha de regime de bens supletivo variará conforme a opção legislativa do respectivo Estado. Há países, por exemplo, que optam pelo regime supletivo da separação de bens, a exemplo da Austrália, Chipre, Coreia, Estados Unidos (maioria dos Estados), Grécia, Honduras, Jamaica, Japão, Irlanda, Líbano, Malásia, Marrocos, Mônaco, Nigéria, Paquistão, Senegal, Cingapura e Vaticano. Outros adotam o regime da comunhão universal, como Holanda, Noruega, Vietnã e Ruanda. CARDOSO, Fabiana Domingues. **Regime de Bens e Pacto Antenupcial**. Rio de Janeiro: Método/Gen, 2010, p. 67.

32. CORRÊA DE OLIVEIRA, José Lamartine; FERREIRA MUNIZ, Francisco José. **Curso de Direito de Família**. 3. ed. Curitiba: Juruá, 2000, p. 346.

Infere-se, portanto, que, no Brasil, há duas situações de um regime legal de bens, o qual contemplará a hipótese do regime da separação obrigatória (regime legal obrigatório) e o regime da comunhão parcial (regime legal supletivo)[33].

A realização do pacto antenupcial é uma conduta facultativa. Muitos dos que se casam sofrem com a imposição da separação obrigatória de bens. Outros, simplesmente, não desejam regime de bens diverso da comunhão parcial.

Perceptível que, como a maioria dos consortes não estão nas casuísticas de separação obrigatória e não elegem o regime de bens quando do casamento, o regime da comunhão parcial acaba sendo aquele com maior incidência prática.

Por fim, digno de nota que hoje, no Brasil, não se tem permissivo legislativo sobre a possibilidade de confecção do Pacto pós-nupcial. Entretanto, o Projeto de Reforma do Código Civil, no artigo 1.653-A, parágrafo único, sugere permissivo nesse sentido, sendo que os pactos pós-nupciais sempre terão efeitos prospectivos – não retroativos, *ex-nunc*.

7.3. NATUREZA JURÍDICA

Questão tormentosa relaciona-se à natureza jurídica do pacto antenupcial. Os debates gravitam sobre ser o pacto um negócio jurídico ou um contrato, havendo até mesmo posições intermediárias sobre o tema.

Francisco Cavalcanti Pontes de Miranda afirma que o pacto acaba sendo

> uma figura que fica entre o contrato de direito das obrigações, isto é, o contrato de sociedade, e o casamento mesmo, como irradiador de efeitos. Não se assimila, porém, a qualquer deles: não é simplesmente comunhão, de administração, ou do que quer que se convencione; nem ato constitutivo de sociedade, nem pré-casamento, ou, sequer, parte do casamento[34].

33. Conforme elucida Luiz Edson Fachin. FACHIN, Luiz Edson. **Elementos críticos do direito de família**. *In*: LIRA, Ricardo Pereira (coord.). Rio de Janeiro: Renovar, 2003, p. 158.

34. PONTES DE MIRANDA, Francisco Cavalcanti. **Tratado de Direito Privado**. Parte Especial. Direito Matrimonial. v. II. São Paulo: RT, 2012, p. 313.

Para Orlando Gomes,

> conquanto não seja negócio de conteúdo patrimonial, o pacto antenupcial não é um contrato da mesma natureza dos regulados nos Livros das Obrigações, afirmando-se que tem caráter institucional porque, verificada a condição a que se subordina o início de sua eficácia, as partes, ainda de comum acordo, não podem modificá-lo nem dissolvê-lo[35].

Em direito comparado, percebe-se a natureza contratual do pacto antenupcial no Código Civil Alemão (BGB), em seu parágrafo 1.408, al. 1, e no Francês, que o regula como *contrat du mariage* (contrato de casamento), de forma apartada, inclusive, das regras do casamento[36].

O direito inglês entende ser o pacto um acordo matrimonial (*marrige settlement* ou *family settlement*), que pode ser realizado antes (pré-nupcial) ou após (pós-nupcial) o casamento. A mesma noção aplica-se aos Estados Unidos, onde adota-se como versão pré-nupcial a *prenuptial contract* e pós--nupcial a *postnupcial contracts*[37].

No direito português o casamento é considerado um contrato, sendo a convenção antenupcial uma disposição acessória, fato que reforça sua natureza de contrato acessório ao casamento[38].

Não é tranquila a moldura da natureza jurídica do pacto antenupcial.

O posicionamento contemporâneo majoritário no Brasil, com o qual concorda-se, encaminha-se com a natureza negocial do pacto antenupcial[39], emoldurando-o como um negócio jurídico de direito de família[40].

35. GOMES, Orlando. **Direito de Família**. 14. ed. Rio de Janeiro: Forense, 2001, p. 169-170.

36. CARDOSO, Fabiana Domingues. **Regime de Bens e Pacto Antenupcial**. Rio de Janeiro: Método/Gen, 2010, p. 108-109.

37. SANTOS, Francisco Cláudio de Almeida. O pacto antenupcial e a autonomia privada. In: FERREIRA BASTOS, Eliene; SOUSA, Asiel Henrique de (coord.). **Família e jurisdição**. Belo Horizonte: Del Rey, 2005, p. 193.

38. CAMPOS, Diogo Leite de. **Lições de direito de família e das sucessões**. Coimbra, Almedina, 2008, p. 382-383.

39. Conforme colocado por Caio Mário da Silva Pereira. PEREIRA, Caio Mário da Silva. **Instituições de Direito Civil**. Direito de Família. 11. ed. Rio de Janeiro: Forense, 2011, p. 208. Igualmente defendendo a natureza negocial do pacto antenupcial: MAIA JÚNIOR, Mairan Gonçalves. **A Família e a Questão Patrimonial**: Planejamento Patrimonial, Regime de Bens, Pacto Antenupcial, Contrato Patrimonial na União Estável. 3. ed. São Paulo: RT, 2015, p. 159.

40. GOZZO, Débora. **Pacto Antenupcial**. São Paulo: Saraiva, 1992, p. 34.

Relacionando-se ao ramo familiar, é um negócio jurídico peculiar, especial, de natureza diversa daqueles regulados no campo obrigacional[41].

Assim como o casamento, não se amolda o pacto a uma moldura meramente contratual, pois ambos (casamento e pacto) não visionam regrar apenas o patrimônio, o econômico, indo além e tocando questões existenciais, como fidelidade e mútua assistência[42]. Outrossim, contratos versam sobre interesses contrapostos, e no pacto há, em tese, interesses colidentes, estando mais próximo à figura do acordo.

Destarte, o enquadramento do pacto como negócio jurídico, compreendido como aquele decorrente da vontade humana e cujos efeitos são pretendidos pelas partes, o situa em uma natureza jurídica hábil a contemplar a convenção, o contrato e o acordo, todos exemplos da figura mais macro dos negócios jurídicos[43].

O objeto patrimonial do pacto, como se verá, não é exclusivo. A opção pelo matrimônio e o entabulamento de regras de convivência é existencial; não material. Deve-se valorizar o *affectio maritalis*, entendida como relação de afeto de existência concreta e prova quotidiana, amoldando-se a um modelo familiar mais preocupado com os sujeitos, do que com o conjunto[44]. Assim, também por esta razão, aproxima-se mais a natureza do pacto antenupcial ao negócio jurídico, e não ao contrato.

Malgrado o dito, não se olvida sobre a existência daqueles que ainda persistem entendendo pela natureza contratual do pacto[45].

Em suma, por toda argumentação posta, enquadra-se o pacto antenupcial como um negócio jurídico especial de direito das famílias, assim como o casamento, cujo objeto vai além da patrimonialidade, pois além de permitir regramento sobre regime de bens, também permite regulação sobre temas pessoais e procedimentais.

---

41. GOMES, Orlando. **Direito de Família**. 14. ed. Rio de Janeiro: Forense, 2001, p. 169-177.
42. SCHREIBER, Anderson. **Manual de Direito Civil Contemporâneo**. 2. ed. São Paulo: Saraiva, 2020, p. 934.
43. CARDOSO, Fabiana Domingues. **Regime de Bens e Pacto Antenupcial**. Rio de Janeiro: Método/Gen, 2010, p. 110.
44. CARBONERA, Silvana Maria. O papel jurídico do afeto nas relações de família. *In:* FACHIN, Luiz Edson (coord.). **Repensando os fundamentos do direito civil brasileiro contemporâneo**. Rio de Janeiro: Renovar, 2000, p. 298.
45. GONÇALVES, Carlos Roberto. **Direito Civil Brasileiro**. Direito de Família. São Paulo: Saraiva, 2010, p. 446.

7.4. VALIDADE E FORMA

Como negócio jurídico que é, o pacto deverá respeitar os elementos de validade de todo e qualquer negócio jurídico, os quais estão preponderantemente regulados no art. 104 do Código Civil.

O primeiro elemento da validade do pacto será a capacidade civil, a qual não deve ser entendida como a geral, mas sim como a núbil. Na forma do vigente Código Civil, a capacidade núbil adquire-se os 16 anos, sendo esta, também, a idade mínima demandada para o pacto antenupcial.

Francisco Cavalcanti Pontes de Miranda[46] observa que são "capazes para os pactos antenupciais todas as pessoas que podem contrair matrimônio". Em suma, *habilis ad nuptias, habilis ad pacta nuptialis.*

Para além da capacidade, demanda-se para o pacto a legitimação, pois não bastará a capacidade para que duas pessoas contraiam matrimônio entre si. Se são impedidos de se casar, na forma do art. 1.521 do Código Civil, igualmente o serão para o pacto antenupcial. Trata-se de sistema jurídico parecido com o português[47].

Como a capacidade núbil inicia-se aos 16 anos e a capacidade plena para a vida civil aos 18 anos, o pacto antenupcial realizado por aquele que tem entre 16 e 18 anos ficará "condicionado à aprovação de seu representante legal, salvo as hipóteses de regime obrigatório de separação de bens", na forma do art. 1.654 do Código Civil.

Nessa quadra, se o pacto disser respeito ao casamento de um menor de 18 – e aqui, lembra-se, a capacidade núbil inicia-se aos 16 –, haverá a necessidade da presença do assistente, sob pena de ineficácia[48], ressalvada a hipótese do regime da separação obrigatória de bens[49].

Preponderantemente entende-se que não bastará a autorização do casamento do menor entre 16 e 18 anos para que este possa realizar o pacto sem assistência. Para o pacto demanda-se autorização específica[50], em atenção à

---

46. PONTES DE MIRANDA, Francisco Cavalcanti. **Tratado de Direito Privado**. Parte Especial. Direito Matrimonial. t. VII. São Paulo: RT, 2012, p. 186.

47. CAMPOS, Diogo Leite de. **Lições de direito de família e das sucessões**. Coimbra: Almedina, 2008, p. 201-202.

48. LÔBO, Paulo Luiz Netto. **Direito Civil**: Famílias. São Paulo: Saraiva, 2008, p. 310.

49. Como bem recordado pelo art. 1.654 do Código Civil.

50. PONTES DE MIRANDA, Francisco Cavalcanti. **Tratado de Direito Privado**. Parte Especial. Direito Matrimonial. v. II. São Paulo: RT, 2012, p. 164-165. No mesmo sentido há larga doutrina, a exemplo: GOZZO, Débora. **Pacto Antenupcial**. São Paulo: Saraiva, 1992, p. 42. Divergindo e alinhando-se com a minoria, na defesa da tese para a qual a autorização para o casamento já desembocaria

exigência do art. 1.654 do Código Civil[51] e a percepção de que a emancipação só acontecerá quando do casamento, conforme o art. 5º, parágrafo único, II, do mesmo diploma.

Demanda-se que os pais ou o tutor sejam intervenientes na escritura pública do pacto antenupcial, cuja manifestação de vontade será acolhida pelo notário, ou expresse sua aprovação em documento escrito, com firma reconhecida[52]. Além disso, o instrumento de autorização para o casamento deve ser integralmente transcrito na escritura antenupcial[53].

Todavia, havendo ausência de consentimento expresso do genitor, mas a presença de elementos a evidenciar a anuência no pacto antenupcial do filho menor, o pacto deve ser validado. Nessa linha, firmou o Tribunal da Cidadania que comprovada a presença do genitor na lavratura do pacto, com sua ciência sobre o instrumento, aliado ao registro, o pacto deve ser validamente conservado[54].

Todavia, se o menor entre 16 e 18 anos estiver previamente emancipado, poderá, independentemente de qualquer autorização dos pais ou responsáveis, casar-se e celebrar pacto antenupcial. Recorda-se que atualmente está vedado, em qualquer caso, o casamento do menor de 16 anos de idade, na forma do art. 1.520 do Código Civil. Se não pode casar, não poderá fazer pacto antenupcial[55].

---

para o pacto: PEREIRA, Caio Mário da Silva. **Instituições de Direito Civil**. v. 5. Atual. por Tânia da Silva Pereira. Rio de Janeiro: Forense, 2004, p. 122.

51. Segundo Jones Figueirêdo Alves e Mario Luiz Regis Delgado: "a simples presença do representante, assinalada no instrumento não quer significar sua anuência às disposições ali incluídas, cuja leitura no ato da assinatura do pacto antenupcial deve ser mencionada, para fins de tornar evidenciada a concordância". ALVES, Jones Figueirêdo; DELGADO, Mario Luiz Regis. **Código Civil Anotado**. São Paulo: Método, 2005, p. 846.

52. LÔBO, Paulo Luiz Netto. **Direito Civil**: Famílias. São Paulo: Saraiva, 2008, p. 310.

53. Como bem recordado pelo art. 1.537 do Código Civil.

54. STJ – AgInt no AREsp: 1756924 SP 2020/0233561-8, Relator.: Ministro MARCO AURÉLIO BELLIZZE, Data de Julgamento: 12/08/2024, T3- TERCEIRA TURMA, Data de Publicação: DJe 15/08/2024.

55. A vedação do casamento do menor de 16 (dezesseis) anos de idade é notícia legislativa recente no Brasil, por conta do advento da Lei n. 13.811/2019. Antes do advento desta norma, na redação originária do art. 1.520, havia duas possibilidades do casamento do menor de 16 (dezesseis) anos na legislação nacional: gravidez e evitar imposição ou cumprimento de pena criminal. A segunda hipótese – evitar imposição ou cumprimento de pena criminal – já vinha sendo há muito criticada, havendo até defensores de sua revogação tácita. Isto, porque, desde o advento da Lei n. 11.106/2005 restou expressamente retirado o inciso VII do artigo 107 do Código Penal, o qual previa como causa extintiva da punibilidade em crimes contra os costumes o casamento da vítima com o seu ofensor. No que tange à gravidez, a exposição de motivos da referida norma, verificada no Projeto de Lei n. 7.119/2017, de autoria da Deputada Laura Carneiro, menciona

Outrossim, desde a vigência do Estatuto da Pessoa com Deficiência (EPD) - a que se prefere o batismo de Lei Brasileira de Inclusão (LBI), Lei n. 13.146/2015 –, houve uma tardia, mas louvável mudança na ótica de incapacidades da legislação nacional, visto que o deficiente, *a priori*, passou a ser considerado capaz.

Nessa linha, poderá o deficiente mental ou intelectual, em idade núbil, casar-se, seja externando vontade por si mesmo, ou por seu responsável ou curador, na forma do art. 1.550, § 2º, do Código Civil. Como consequência, poderá o deficiente realizar pacto antenupcial[56].

Sobre a forma e a eficácia do pacto, rege o art. 1.653 do Código Civil: "é nulo o pacto antenupcial se não for feito por escritura pública, e ineficaz se não lhe seguir o casamento".

O pacto antenupcial é um negócio formal, demandando o Código Civil que seja feito antes do casamento, por escritura pública, sendo um ato de exclusiva atribuição do notário.

A anterioridade do pacto ao casamento acaba por diferenciá-lo dos demais negócios jurídicos, os quais não possuem essa prejudicialidade temporal[57]. Já a exigência de forma pública justifica-se diante dos efeitos do pacto perante terceiros, visto tratar-se de um instrumento que diz respeito não apenas aos nubentes, mas também à sociedade.

O pacto será lavrado por meio de escritura pública, mediante um notário da confiança dos nubentes. Posteriormente, o traslado da escritura será levado, conjuntamente com os demais documentos, à habilitação do matrimônio, junto ao oficial e ao cartório correspondente, com declaração

---

um alarmante número de mulheres que se casaram com menos de 16 (dezesseis) anos no Brasil, conforme dados do IBGE. Assim, segundo os motivos do Projeto de Lei, há uma clara relação entre o casamento precoce e a gravidez na adolescência, com consequente evasão escolar e exploração sexual, o que demanda políticas estatais visionado a proteção integral das crianças e jovens. Por tudo isto, como fruto do Projeto de Lei, veio a mudança legislativa em questão, com a novel redação do art. 1.520 do Código Civil. Para maiores detalhes sobre a exposição de motivos conferir: BRASIL. Câmara Legislativa. **Projeto de Lei n. 7.119/2017**. Autoria da Deputada Laura Carneiro. Brasília, DF. Disponível em: https://www.camara.leg.br/proposicoesWeb/prop_mostrarintegra;jsessionid=F17DAB70DE6A831C697F74DA2EC32BCF.proposicoesWebExterno2?codteor=1533566&filename=PL+7119/2017. Acesso em: 01 abr. 2021.

56. Como noticiado na introdução deste trabalho, não é objeto desta pesquisa os limites do pacto antenupcial realizado entre pessoas eventualmente vulneráveis. Logo, não se debruçará a pesquisa sobre a questão dos limites do pacto antenupcial realizado por deficientes.

57. Conforme pontua Maria Rita Aranha da Gama Lobo Xavier, o direito português tem regramento similar, possibilitando a confecção do pacto, sua alteração ou revogação até a celebração do casamento. XAVIER, Maria Rita Aranha da Gama Lobo. **Limites à Autonomia Privada na Disciplina das Relações Patrimoniais entre os Cônjuges**. Coleção Teses. Porto: Almedina, 2000, p. 119.

da data e do cartório cujas notas foi tomada a escritura do pacto antenupcial, declarando, expressamente, "sendo conhecido"[58].

Como a forma pública é da substância do ato (*ad substantiam*), o seu desrespeito ocasionará a nulidade absoluta do pacto, segundo o art. 1.653 do Código Civil[59]. Será nulo o pacto antenupcial realizado por instrumento diverso do público – como particular ou verbal – e é desprovido de valor a mera indicação do regime de bens no termo do casamento[60], pois demanda-se a escritura pública no pacto antenupcial.

Sobre a nulidade absoluta por desrespeito à forma exigida na norma, rigorosamente nem seria necessária a disciplina expressa no art. 1.653 do Código Civil. A própria análise da parte geral do direito civil, em especial da conjugação dos arts. 104, III e 166, IV, levariam à mesma conclusão, inferindo-se situação de nulidade virtual.

Recorda-se que em sendo hipótese de nulidade absoluta, restará inviável a convalidação do pacto antenupcial que não atendeu à forma pública, consoante a disciplina do art. 169 do Código Civil. Nada impede, porém, agora sob a égide do art. 170 do mesmo diploma, que o pacto nulo, por vício de forma, seja recategorizado em um outro negócio, através do instituto da conversão substancial. Para tanto, deve-se aproveitar a manifestação de vontade primitiva e os elementos materiais do negócio primevo, convertendo-o em um novo negócio.

Um pacto nulo, pois feito por instrumento particular, que veicule uma doação, poderá ser aproveitado como contrato de doação, o qual demanda apenas forma escrita, conforme infere-se do art. 541 do Código Civil[61].

Como o desrespeito à forma é situação de nulidade absoluta, esta poderá ser suscitada por qualquer pessoa, incluindo o Ministério Público, quando couber intervir no feito. Tem-se como viável, até mesmo, o reconhecimento da nulidade absoluta pelo juízo, de ofício, com o devido contraditório, para evitar a decisão surpresa, consoante o art. 10 do Código de Processo Civil.

---

58. Como recorda Paulo Luiz Netto Lôbo, com embasamento legal no art. 70 da Lei n. 6.015/1973. LÔBO, Paulo Luiz Netto. **Direito Civil**: Famílias. São Paulo: Saraiva, 2008, p. 308-309.

59. Firmando ser a forma pública da substância do pacto antenupcial, sendo a consequência de sua inobservância a nulidade absoluta, coloca-se, dentre tantos autores: GRAMSTRUP, Erik Frederico; ZANETTI, Andrea Cristina. Aspectos formativos do contrato na atualidade. Quaestio Iuris, v. 12, p. 683, 2020. Disponível em: https://www.e-publicacoes.uerj.br/index.php/quaestioiuris/article/view/38456/33553. Acesso em: 16 fev. 2021.

60. CORRÊA DE OLIVEIRA, José Lamartine; FERREIRA MUNIZ, Francisco José. **Curso de Direito de Família.** 3. ed. Curitiba: Juruá, 2000, p. 371; LÔBO, Paulo Luiz Netto. **Direito Civil**: Famílias. São Paulo: Saraiva, 2008, p. 309.

61. FARIAS, Cristiano Chaves; ROSENVALD, Nelson. **Curso de Direito Civil**. Famílias. v. 6. 7. ed. São Paulo: Atlas, 2015, p. 318.

Malgrado a forma pública, nada impede que a escritura pública do pacto antenupcial seja lavrada por mandatário, constituído por procuração por instrumento público e com poderes especiais para tanto[62].

Demanda-se o mandato por instrumento público porque visiona a prática de um ato a ser realizado por instrumento público, na forma do art. 657 do Código Civil[63]. Outrossim, seguramente, o poder para lavrar um pacto é especial, transbordando os gerais de mera administração, consoante o art. 661 do Código Civil.

Há doutrina, diga-se, criticando a representação no pacto antenupcial. Para Francisco Cavalcanti Pontes de Miranda, por ser um negócio familiar, não deveria admitir a figura da representação[64]. A possibilidade de representação para a lavratura do pacto, entretanto, é clara, pois se até o casamento poderá ser celebrado por procuração[65], quiçá o pacto, que é um acessório ao matrimônio[66].

Há boa linha doutrinária criticando a forma pública do pacto, por entender ser demasiada burocracia. Os defensores deste pensamento argumentam que deveria ser permitido o pacto por instrumento particular, como ocorre em países estrangeiros, como a Suécia[67]. Entrementes, com olhos à segurança jurídica, a maior parte dos ordenamentos alienígenas demandam forma pública aos pactos, como percebe-se na Alemanha, Itália, México e França, por exemplo[68].

Concorda-se, portanto, com a exigência nacional de forma pública, especialmente diante dos efeitos do pacto perante terceiros. Além disso, por ser exigência legal, a flexibilização para permisso de um pacto por instrumento particular demandaria modificação legislativa.

---

62. FARIAS, Cristiano Chaves; ROSENVALD, Nelson. **Curso de Direito Civil**. Famílias. v. 6. 7. ed. São Paulo: Atlas, 2015, p. 317.

63. Divergindo do dito, Paulo Luiz Netto Lôbo reforça a possibilidade de procuração por instrumento particular, com firma reconhecida. LÔBO, Paulo Luiz Netto. **Direito Civil**: Famílias. São Paulo: Saraiva, 2008, p. 309.

64. PONTES DE MIRANDA, Francisco Cavalcanti. **Tratado de Direito Privado**. Parte Especial. Direito Matrimonial. t. VII. São Paulo: RT, 2012, p. 310.

65. O art. 1.542 do Código Civil firma a possibilidade de representação no casamento, desde que mediante procuração pública, com poderes especiais e validade de 90 (noventa) dias. Tal representação apenas restará inviável no casamento nuncupativo.

66. VENOSA, Sílvio de Salvo. **Direito Civil**. Direito de Família. 10. ed. São Paulo: Atlas, 2010, p. 331; GOZZO, Débora. **Pacto Antenupcial**. São Paulo: Saraiva, 1992, p. 47; BRANDÃO, Débora Vanessa Caús. **Regime de Bens no Novo Código Civil**. São Paulo: Saraiva, 2007, p. 196.

67. CARDOSO, Fabiana Domingues. **Regime de Bens e Pacto Antenupcial**. Rio de Janeiro: Método/ Gen, 2010, p. 143.

68. CARDOSO, Fabiana Domingues. **Regime de Bens e Pacto Antenupcial**. Rio de Janeiro: Método/ Gen, 2010, p. 143.

7.5. EFICÁCIA

Voltando à redação do art. 1.653 do Código Civil, verifica-se que além de ser por forma pública, o pacto apenas começará a produzir os seus efeitos no momento do casamento, havendo, para grande parte da doutrina, uma condição suspensiva[69].

Todavia, há linha doutrinária no sentido de que o pacto não estaria sob condição suspensiva ao casamento, pois não é possível confundir a vontade de se casar com a efetiva celebração do matrimônio. Outrossim, a condição em comento não decorreria da vontade das partes, mas da lei, e os seus efeitos não retroagem à celebração do pacto, mas ao cumprimento da suposta condição.

Nessa ordem de ideias, o casamento não seria, juridicamente, uma condição suspensiva, mas uma *conditio iuris* para que o pacto produza seus efeitos[70]. Entende-se ser este o posicionamento mais acertado[71].

O pacto antenupcial é um negócio realizado *causa matrimonii*, tendo sua eficácia vinculada à celebração válida do casamento[72] e produzindo efeitos a partir de então, de forma *ex-nunc*.

Condicionado ao casamento, tem-se como nula a cláusula do pacto antenupcial que estipule o início da vigência do regime de bens a partir de determinado tempo após o casamento, ou em momento diverso da celebração[73].

Até a realização do casamento nada impede que o pacto seja revogado, retificado ou alterado; sua intangibilidade se perfectibilizará apenas quando do matrimônio[74].

A solução da ineficácia do pacto pela ausência de casamento, conferida pelo Código Civil vigente, é melhor do que a da legislação anterior, a qual,

---

69. Nesse sentido encaminha-se larga doutrina, por exemplo: TARTUCE, Flávio. **Direito Civil**. Direito de Família. 13. ed. Rio de Janeiro: Forense, 2018, p. 169.
70. GOZZO, Débora. **Pacto Antenupcial**. São Paulo: Saraiva, 1992, p. 47.
71. CARVALHO SANTOS, João Manoel. **Código Civil brasileiro interpretado**. v. IV. 7. ed. Rio de Janeiro: Livraria Freitas Bastos, 1964, p. 304.
72. ZANONI, Eduardo A. **Derecho Civil**: Derecho de Familia. t. II. 4. ed. Buenos Aires: Astrea, 2002, p. 482.
73. LÔBO, Paulo Luiz Netto. **Direito Civil**: Famílias. São Paulo: Saraiva, 2008, p. 310.
74. VENOSA, Sílvio de Salvo. **Direito Civil**. Direito de Família. 10. ed. São Paulo: Atlas, 2010, p. 331.

equivocadamente, sufragava ser inteiramente nulo o pacto ao qual não se seguisse o casamento[75], na forma do art. 256, parágrafo único, II, do Código Civil de 1916.

Em suma-síntese, o pacto antenupcial é um negócio jurídico solene e causa matrimonial. Desrespeitada a forma pública, o negócio do pacto antenupcial será nulo. Acaso, porém, o pacto tenha sido celebrado por escritura pública e a ele não se tenha seguido o casamento, o pacto será válido, contudo, ineficaz.

No que tange ao registro do casamento, pouco importa a demora entre a sua ocorrência e a celebração do matrimônio. O interregno entre a celebração do casamento e o registro não atingirá a eficácia do pacto incorporado ao processo de habilitação[76].

Em sendo o pacto um negócio jurídico acessório ao casamento, a nulidade do casamento ocasionará a do pacto, consoante o princípio da gravitação jurídica ou universal. Entretanto, a eventual invalidade do pacto, que é acessório, não gerará a do casamento, principal[77], o qual seguirá válido e pelo regime da comunhão parcial de bens, ressalvada situação de imposição da separação obrigatória de bens.

Há, porém, uma excepcional hipótese em que o casamento, malgrado inválido, terá seus efeitos preservados àquele que estiver de boa-fé, até a data da sentença anulatória. É o chamado casamento putativo[78]. Nessa moldura, o eventual pacto poderá também ter seus efeitos conservados, até a data da sentença anulatória e para aquele que estiver de boa-fé[79].

Malgrado ser o pacto acessório, não há, no Brasil, um prazo decadencial expresso, após a sua realização, para que se ultime o casamento, sob pena de ineficácia do pacto[80].

75. SCHREIBER, Anderson. **Manual de Direito Civil Contemporâneo**. 2. ed. São Paulo: Saraiva, 2020, p. 934.

76. LÔBO, Paulo Luiz Netto. **Direito Civil**: Famílias. São Paulo: Saraiva, 2008, p. 309.

77. PEREIRA, Caio Mário da Silva. **Instituições de Direito Civil**. Famílias. v. 5. 17. ed. Rio de Janeiro: Forense, 2009, p. 210.

78. Na forma do art. 1561 do Código Civil. O tema já fora enfrentado neste trabalho.

79. FARIAS, Cristiano Chaves; ROSENVALD, Nelson. **Curso de Direito Civil**. Famílias. v. 6. 7. ed. São Paulo: Atlas, 2015, p. 314.

80. VENOSA, Sílvio de Salvo. **Direito Civil**. Direito de Família. 10. ed. São Paulo: Atlas, 2010, p 331.

No direito português, por exemplo, percebe-se solução diversa, pois resta fixado o prazo de um ano, após a realização do pacto, para que haja o casamento, sob pena do pacto vir a caducar[81]. No Brasil, há notícia histórica de projeto de lei que tentou fixar o prazo de três meses, sem sucesso.

Na ausência de prazo, há linha doutrinária que tenta sustentar a tese, em uma interpretação sistemática do Código Civil, que o pacto teria eficácia apenas se celebrado o casamento em até 90 dias após a sua realização, posto ser este o prazo de habilitação para o matrimônio, na forma do art. 1532 do Código Civil[82].

Este pensamento, todavia, não se sustenta[83]. É francamente majoritária a linha de ausência de um prazo de ineficácia automática do pacto antenupcial no direito brasileiro[84].

Apesar da omissão legislativa nacional, há quem defenda que não ocorrendo o matrimônio é viável a uma das partes denunciar o pacto[85]. Igualmente possível seria aos nubentes regular, no próprio pacto, um prazo para que se realize o casamento, sob pena de automática extinção[86], ou ineficácia[87].

De mais a mais, é viável às partes, antes do casamento, modificarem o pacto antenupcial[88], vigorando, no casamento, o pacto que os nubentes levaram à eventual habilitação. Este é o entendimento do Superior Tribunal

---

81. Na forma do art. 1.716 do Código Civil português, "a convenção caduca, se o casamento não for celebrado dentro de um ano, ou se, tendo-o sido, vier a ser declarado nulo ou anulado, salvo o disposto em matéria de casamento putativo".

82. BRANDÃO, Débora Vanessa Caús. **Regime de Bens no Novo Código Civil**. São Paulo: Saraiva, 2007, p. 40.

83. MAIA JÚNIOR, Mairan Gonçalves. **A Família e a Questão Patrimonial**: Planejamento Patrimonial, Regime de Bens, Pacto Antenupcial, Contrato Patrimonial na União Estável. 3. ed. São Paulo: RT, 2015, p. 219.

84. Posiciona-se com a maioria, no particular: PONTES DE MIRANDA, Francisco Cavalcanti. **Tratado de Direito Privado**. Parte Especial. Direito Matrimonial. v. II. São Paulo: RT, 2012, p. 201.

85. SCHREIBER, Anderson. **Manual de Direito Civil Contemporâneo**. 2. ed. São Paulo: Saraiva, 2020, p. 934; BRANDÃO, Débora Vanessa Caús. **Regime de Bens no Novo Código Civil**. São Paulo: Saraiva, 2007, p. 196.

86. GONÇALVES, Carlos Roberto. **Direito Civil Brasileiro**. Direito de Família. São Paulo: Saraiva, 2010, p. 447.

87. VENOSA, Sílvio de Salvo. **Direito Civil**. Direito de Família. 10. ed. São Paulo: Atlas, 2010, p. 331.

88. MAIA JÚNIOR, Mairan Gonçalves. **A Família e a Questão Patrimonial**: Planejamento Patrimonial, Regime de Bens, Pacto Antenupcial, Contrato Patrimonial na União Estável. 3. ed. São Paulo: RT, 2015, p. 202.

de Justiça, em manutenção de acórdão oriundo do Tribunal de Justiça de Santa Catarina[89]:

D'outro giro, se houver o falecimento de um dos nubentes, ou o advento de impedimento matrimonial, o pacto, confeccionado por escritura pública, mas em relação ao qual não se seguiu o casamento, restará absolutamente[90] ineficaz[91], por fato superveniente. Igualmente ineficaz será o pacto se, malgrado realizado por escritura pública, uma das partes vier a se casar com terceiro[92].

O casamento que se submeterá ao pacto há de ser o consequente ao relacionamento que o gerou. Afinal, as partes podem ser as mesmas, mas o casamento em período diverso. Assim, se fora feito um pacto antenupcial entre João e Maria, mas eles romperam o noivado, vindo João a se casar com Kássia e, após viúvo, resolvendo casar-se com Maria, o primeiro pacto não poderá ser aproveitado para o segundo matrimônio[93].

De mais a mais, acaso no registro do casamento conste regime de bens diverso do da regra geral, mas inexista pacto antenupcial, deverá prevalecer o regime da regra geral, e não o da certidão de casamento, pois não é juridicamente válida a escolha do regime sem o competente pacto antenupcial.

Nesse sentido, colocou-se o Superior Tribunal de Justiça, no Julgamento do REsp 1.608.590, quando se entendeu pela aplicação do regime da comunhão parcial em casamento cuja certidão indicava o regime da comunhão universal, mas desprovido de pacto antenupcial[94].

Uma solução para esta problemática, admitida pelas Casas Judiciais Nacionais, é a busca do suprimento. Assim, haverá a lavratura do pacto após o casamento e a retificação do registro, para constar, na certidão, a menção

89. BRASIL. Superior Tribunal de Justiça – REsp: 178245 SC 1998/0043670-7, Rel. Min. Aldir Passarinho Junior, j. 13-12-2005, Quarta Turma, Public 06-03-2006, p. 389.

90. SCHREIBER, Anderson. **Manual de direito civil contemporâneo**. 2. ed. São Paulo: Saraiva, 2020, p. 934.

91. LÔBO, Paulo Luiz Netto. **Direito Civil**: Famílias. São Paulo: Saraiva, 2008, p. 309.

92. GONÇALVES, Carlos Roberto. **Direito Civil Brasileiro**. Direito de Família. São Paulo: Saraiva, 2010, p. 445.

93. TAVARES, Daniela Faria. Do Pacto Antenupcial. *In:* LEITE, Heloísa Maria Daltro (coord.). **O Novo Código Civil**: do direito de família. Rio de Janeiro: Freitas Bastos, 2002, p. 334.

94. BRASIL. Superior Tribunal de Justiça- REsp: 1608590 ES 2016/0162966-5, Rel. Min. Ricardo Villas Bôas Cueva, J. 13-03-2018, Terceira Turma, Public 20/03/2018.

ao pacto. Dessa forma restará preservada a vontade na escolha do regime de bens por parte dos nubentes[95].

D'outra banda, não é possível a modificação do ajuste no pacto antenupcial por via transversa, sem o consentimento dos cônjuges. Justamente por isso, entendeu o Superior Tribunal de Justiça, no Julgamento do REsp 1.706.812, a impossibilidade de configuração de sociedade de fato hábil à partilha patrimonial entre cônjuges casados no regime da separação convencional de bens[96].

Após as premissas construídas, infere-se que o pacto, como negócio jurídico familiar que o é, tem como características a pessoalidade, pois é confeccionado pelos cônjuges; o formalismo, ao demandar escritura pública; o nominalismo, pois previsto em lei; a legalidade, diante da previsão legal de suas regras fundamentais, e a acessoriedade ao casamento[97].

No que tange à eficácia do pacto entre os cônjuges, ao que se chama de eficácia interna ou *inter-partes*, tal se dará automaticamente com o casamento. Mas e a eficácia perante terceiros, também denominada de eficácia externa ou *erga omnes*?

Para que o pacto tenha eficácia externa demanda-se o seu registo no cartório de registro de imóveis do domicílio dos cônjuges, em livro especial: Livro n. 03, denominado Livro Auxiliar[98].

O pacto não deverá ser registrado no Cartório de Registro de Imóveis do local do casamento, mas sim do primeiro domicílio do casal, que apenas existirá após o matrimônio[99]. Ademais, apesar de não haver obrigatoriedade, nada impede que os cônjuges levem o pacto para averbação onde houver registro de imóvel ou de direito real de qualquer dos cônjuges, visionando cautelas em face de terceiros[100].

95. TJ-MG – Apelação Cível: 50081711120238130261, Relator.: Des.(a) Ramom Tácio, Data de Julgamento: 23/10/2024, Câmaras Especializadas Cíveis / 16ª Câmara Cível Especializada, Data de Publicação: 25/10/2024.

96. BRASIL. Superior Tribunal de Justiça- REsp: 1706812 DF 2017/0281834-5, Rel. Min. Ricardo Villas Bôas Cueva, J. 03-09-2019, Terceira Turma, Public 06/09/2019.

97. GOZZO, Débora. **Pacto Antenupcial**. São Paulo: Saraiva, 1992, p. 34-35.

98. O dito infere-se do art. 1.657 do Código Civil e dos arts. 167, I, n. 168, I, "m", 174, § 1º, 178 e 243, todos da Lei n. 6.015/1973 (Lei de Registros Públicos).

99. LÔBO, Paulo Luiz Netto. **Direito Civil**: Famílias. São Paulo: Saraiva, 2008, p. 311.

100. VENOSA, Sílvio de Salvo. **Direito Civil**. Direito de Família. 10. ed. São Paulo: Atlas, 2010, p. 332.

A inscrição do pacto no Registro de Imóveis do primeiro domicílio conjugal representa elemento de publicidade, com o escopo de alertar terceiros sobre a modificação de domínio do bem. Antes dela, o pacto apenas operará efeitos entre os nubentes (*inter-partes*); ao depois, sua eficácia atua *erga-omnes*, não mais procedendo a alegação de desconhecimento por quem quer que seja[101].

Não havendo o citado registro, o pacto segue válido, acaso confeccionado por escritura pública, e com eficácia *inter-partes* (regime interno), acaso tenha ocorrido o casamento. Porém, carecerá o pacto de oponibilidade a terceiros.

Mas, no que tange aos terceiros, qual o regime de bens a ser considerado em relação ao matrimônio que possui pacto realizado por escritura pública, no qual houve posterior casamento, mas desprovido de registro no Registro de Imóveis do primeiro domicílio conjugal?

Há duas posições.

A primeira delas defende que para os terceiros vigorará o casamento sob o regime da comunhão parcial de bens, pois este é o regime supletivo[102]. Há, porém, quem entenda que diante da ausência do registro do pacto, será viável aos terceiros, no que diz respeito aos imóveis, considerar o regime da comunhão parcial, ou o do pacto não registrado, como melhor lhes aprouver[103].

A eficácia contra terceiros (*erga-omnes*), decorrente do registro de imóveis do primeiro domicílio dos cônjuges, relaciona-se apenas aos bens imóveis. No que concerne aos móveis, a eficácia decorrerá apenas e tão somente do próprio pacto e do registro do casamento[104].

Em suma-síntese, o pacto antenupcial deve ser necessariamente feito por escritura pública, no Tabelionato de Notas, e posteriormente levado ao Cartório de Registro Civil das Pessoas Naturais onde será realizado o casamento. Ato contínuo, o pacto deverá ser registrado no Cartório de Registro de Imóveis do primeiro domicílio do casal, para que produza efeitos perante terceiros, e também será averbado na matrícula dos bens imóveis do casal.

A condição de validade do pacto é a forma pública. A sua eficácia perante os nubentes (eficácia interna ou *inter-partes*) demandará apenas a

101. RODRIGUES, Silvio. **Direito Civil**. v. 6. 27. ed. Atual. Francisco José Cahali, com anotações ao novo Código Civil (Lei 10.406, de 10-1-2002). São Paulo: Saraiva, 2002, p. 193.

102. GONÇALVES, Carlos Roberto. **Direito Civil Brasileiro**. Direito de Família. São Paulo: Saraiva, 2010, p. 445; CARDOSO, Fabiana Domingues. **Regime de Bens e Pacto Antenupcial**. Rio de Janeiro: Método/Gen, 2010, p. 146.

103. LÔBO, Paulo Luiz Netto. **Direito Civil**: Famílias. São Paulo: Saraiva, 2008, p. 312.

104. LÔBO, Paulo Luiz Netto. **Direito Civil**: Famílias. São Paulo: Saraiva, 2008, p. 311.

realização do casamento. Para ser eficaz em face de terceiros (eficácia externa ou *erga-omnes*), será necessário o registro no Cartório de Registro de Imóveis do primeiro domicílio do casal[105].

Interessante nota prática é que a disciplina do registro no cartório imobiliário do primeiro domicílio dos cônjuges não parece ser a mais eficiente[106]. É possível que os nubentes tenham bens imóveis em outros domicílios, não havendo obrigatoriedade legislativa de registro do pacto nas demais localidades[107]. Outrossim, não se olvida a situação em que os nubentes não tenham imóveis, quando o pacto, a rigor do texto normativo, não será registrado em lugar algum, carecendo de qualquer publicidade[108]. Soma-se a situação de mudança do primeiro domicílio conjugal, quando a lei não demanda o registro do pacto no novo domicílio[109].

Melhor saída, então, seria o registro no livro de registro civil, à margem do registro do casamento, conferindo-se o mesmo sistema de publicidade dado ao matrimônio e sanando-se as dificuldades citadas[110].

Procurando adequar o sistema a solucionar o problema posto, há quem sustente[111], com base na Lei de Registros Públicos[112], que o registro do pacto antenupcial deverá ser realizado no cartório de registro de imóveis do domicílio do casal, independentemente da existência de bens, e ser levado ao cartório de registro de imóveis de outras localidades, onde haja bens imóveis do casal, ou onde venham a ser adquiridos[113].

---

105. FARIAS, Cristiano Chaves; ROSENVALD, Nelson. **Curso de Direito Civil**. Famílias. v. 6. 7. ed. São Paulo: Atlas, 2015, p. 318.

106. TAVARES, Daniela Faria. Do Pacto Antenupcial. *In:* LEITE, Heloísa Maria Daltro (coord.). **O Novo Código Civil**: do direito de família. Rio de Janeiro: Freitas Bastos, 2002, p. 336-337.

107. LÔBO, Paulo Luiz Netto. **Direito Civil:** Famílias. São Paulo: Saraiva, 2008, p. 311.

108. FARIAS, Cristiano Chaves; ROSENVALD, Nelson. **Curso de Direito Civil**. Famílias. v. 6. 7. ed. São Paulo: Atlas, 2015, p. 318.

109. LÔBO, Paulo Luiz Netto. **Direito Civil**: Famílias. São Paulo: Saraiva, 2008, p. 311.

110. OLIVEIRA, José Lamartine Corrêa de; MUNIZ, Francisco José Ferreira. **Curso de Direito de Família**. 3. ed. Curitiba: Juruá, 2000, p. 359.

111. ROSA, Conrado Paulino da. **Direito de Família Contemporâneo**. 7. ed. Salvador: Juspodivm, 2020, p. 247.

112. Firma o art. 244 da Lei de Registros Públicos (Lei n. 6.015/1973) que "as escrituras antenupciais serão registradas no livro n. 3 do cartório do domicílio conjugal, sem prejuízo de sua averbação obrigatória no lugar da situação dos bens imóveis de propriedade do casal, ou dos que forem sendo adquiridos e sujeitos a regime de bens diverso do comum, com a declaração das respectivas cláusulas, para ciência de terceiros.

113. SANTOS, Luiz Felipe. A Mutabilidade do Regime de Bens. **Migalhas**. Disponível em: https://migalhas.uol.com.br/depeso/2295/a-mutabilidade-dos-regimes-de-bens. Acesso em: 26 fev. 2021.

Ainda quanto às questões registrais, tratando-se de empresário, o registro há de ser feito na sua inscrição, na Junta Comercial, segundo estabelecem os arts. 968, I, e 979, ambos do Código Civil, e o art. 37, III, da Lei n. 4.726/1965.

Vencidas as questões formais e de eficácia do pacto, avança-se à abordagem dos seus limites, encapsulados no respeito às questões de ordem pública e atentos às fronteiras da autonomia.

Registra-se que o Projeto de Reforma do Código Civil (PL 04/2025) mantém a necessidade de forma pública ao pacto antenupcial, acrescendo, como novidade, a demanda de forma pública ao contrato de convivência. Ademais, caminha o projeto segundo o posicionamento jurisprudencial hoje dominante, no sentido de que o pacto conjugal e o contrato de convivência não terão efeitos retroativos, registrando, como novidade, a possibilidade do pacto pós-conjugal, realizado no curso do matrimônio e, igualmente, sem efeitos retroativos.

7.6. LIMITES

Como negócio jurídico que o é, o pacto não pode entrar em rota de colisão com disposição absoluta de lei, devendo obediência às questões de ordem pública. Essa premissa decorre tanto da disciplina do art. 1655 do Código Civil, específica dos pactos antenupciais, como da teoria geral dos negócios jurídicos, pelas regras dos arts. 104, II e 166, VII, ambos do Código Civil.

A liberdade no pacto antenupcial é limitada[114]. A autonomia, tal como qualquer liberdade individual, encontrará seus delineamentos no interesse público[115]. Verifica-se a já estudada autonomia privada[116].

Conforme pontua Maria Rita Aranha da Gama Lobo Xavier[117], há uma histórica mudança de sentido na leitura do princípio da autonomia, que passa a contar com limites e restrições para a sua autodefesa, ambicionando evitar que o seu exercício abusivo desemboque na sua própria eliminação. O pacto, por sua vez, denota um negócio jurídico dispositivo, claramente limitado pelas questões de ordem pública[118].

Uma vez verificado o desrespeito às questões de ordem pública, a saída será reduzir o negócio jurídico, com a exclusão, apenas e tão somente, da

114. PONTES DE MIRANDA, Francisco Cavalcanti. **Tratado de Direito Privado**. Parte Especial. Dissolução da Sociedade Conjugal e Eficácia Jurídica do Casamento. t. VII. São Paulo: RT, 2012, p. 313.

115. GOZZO, Débora. **Pacto Antenupcial**. São Paulo: Saraiva, 1992, p. 2.

116. As premissas sobre autonomia foram desenvolvidas na Parte I deste trabalho.

117. XAVIER, Maria Rita Aranha da Gama Lobo. **Limites à Autonomia Privada na Disciplina das Relações Patrimoniais entre os Cônjuges**. Coleção Teses. Porto: Almedina, 2000, p. 35.

118. GOMES, Orlando. **Direito de Família**. 14. ed. Rio de Janeiro: Forense, 2001, p. 178.

cláusula ou convenção que atinja a questão de ordem pública, conservando-se o restante[119]. Aplica-se o princípio *utile per inutile non vitiatur*[120].

A construção sugerida é adotada pelo Superior Tribunal de Justiça. O Tribunal da Cidadania entendeu por inválida convenção presente no pacto que, ao arrepio do Código Civil e de forma *contra legem*, condicionava a concorrência sucessória do cônjuge, com os ascendentes, ao regime de bens do casamento[121]. Trata-se de condicionamento inexistente no ordenamento jurídico brasileiro e que desrespeita questão de ordem pública; qual seja: a ordem de vocação hereditária. Não se anulou o pacto, mas apenas a convenção desatenta aos limites da autonomia. Veja-se:

> RECURSO ESPECIAL - **SUCESSÃO - CÔNJUGE SUPÉRSTITE - CONCORRÊNCIA COM ASCENDENTE, INDEPENDENTE O REGIME DE BENS ADOTADO NO CASAMENTO - PACTO ANTENUPCIAL - EXCLUSÃO DO SOBREVIVENTE NA SUCESSÃO DO DE CUJUS - NULIDADE DA CLÁUSULA** - RECURSO IMPROVIDO. 1 – O Código Civil de 2002 trouxe importante inovação, erigindo o cônjuge como concorrente dos descendentes e dos ascendentes na sucessão legítima. Com isso, passou-se a privilegiar as pessoas que, apesar de não terem qualquer grau de parentesco,

---

119. Como posto pelo art. 1.655 do Código Civil, que nulifica apenas a cláusula ou convenção que desrespeita questão de ordem pública, e não todo o pacto. Outrossim, a própria teoria geral do direito civil traria a mesma solução, pois a invalidade parcial não deve gerar o aniquilamento de todo o negócio jurídico, devendo ser conservada a manifestação de vontade viável. Trata-se da inteligência dos arts. 112 e 184 do Código Civil.

120. Leia-se, em tradução livre, "o útil não é viciado pelo inútil". Conforme Antônio Junqueira de Azevedo, no direito, há muito, é conhecida a regra da nulidade parcial, sintetizada na máxima *utile per inutile no vitaur*. Trata-se de regra que dialoga com a conservação dos negócios jurídicos e a incomunicabilidade da nulidade, sendo que se esta atingir a parte acessória do negócio, que é cindível da principal, deve-se extirpar a parte acessória inválida e conservar as demais do negócio. AZEVEDO, Antônio Junqueira de. **Novos Estudos e Pareceres de Direito Privado**. São Paulo: Saraiva, 2009, p. 16-17. Na parte geral do direito civil essa máxima se verifica no art. 184, enquanto que em relação aos pactos antenupciais infere-se a regra do art. 1.655. Afirma-se, inclusive, que a máxima *utile per inutile no vitaur* remete a um brocardo jurídico. Verbera Rubens Limongi França que o brocardo, entendido como máxima ou axioma jurídico, é de suma importância para o direito, tendo sua aplicação referendada na omissão normativa e no uso dos Princípios Gerais do Direito como método de integração, na forma do art. 4º da Lei de Introdução às Normas do Direito Brasileiro. Os brocardos jurídicos revelam importância ímpar, pois são capazes de fornecer, em certas circunstâncias, elementos básicos de direito e solução mais conveniente. FRANÇA, Rubens Limongi. **Brocardos Jurídicos**. Regras de Justiniano. 4. ed. São Paulo: RT, 1984, p. 19-21.

121. Não há condicionamento da concorrência sucessória do cônjuge com os ascendentes a depender do regime de bens do casamento, na forma do art. 1.829, II e 1.837, ambos do Código Civil. Tal se dá apenas na concorrência sucessória do cônjuge com os descendentes, na forma do art. 1.829, I, do Código Civil.

são o eixo central da família. 2 – Em nenhum momento o legislador condicionou a concorrência entre ascendentes e cônjuge supérstite ao regime de bens adotado no casamento. 3 – Com a dissolução da sociedade conjugal operada pela morte de um dos cônjuges, o sobrevivente terá direito, além do seu quinhão na herança do *de cujus*, conforme o caso, à sua meação, agora sim regulado pelo regime de bens adotado no casamento. 4 – O artigo 1.655 do Código Civil impõe a nulidade da convenção ou cláusula do pacto antenupcial que contravenha disposição absoluta de lei. 5 – Recurso improvido

(BRASIL. Superior Tribunal de Justiça – REsp: 954567 PE 2007/0098236-3, Rel. Min. Massami Uyeda, j. 10/05/2011, Terceira Turma). Grifos nossos.

Tal nulidade poderá ser arguida por qualquer interessado ou pelo Ministério Público, cabendo ao juiz, inclusive, declará-la de ofício, mas não a suprir[122], após o contraditório, diante da vedação à decisão surpresa[123].

A questão pragmática, porém, é saber quando o pacto avança e desrespeita as questões de ordem pública, e quando ele denota exercício regular da autonomia privada.

A resposta a esta *vexata quaestio* é casuística, pois em cada situação há de se verificar se o pacto se coaduna ou ultrapassa as fronteiras da autonomia. Doutrina e jurisprudência há muito debatem o tema, havendo relevantes e conflituosos posicionamentos, os quais serão enfrentados ao longo deste trabalho.

Zeno Veloso[124], por exemplo, afirma a impossibilidade do pacto regular disposição mortuária, por conta da vedação da *pacta de corvina*.

Cristiano Chaves de Farias e Nelson Rosenvald[125] afirmam a impossibilidade do pacto dispensar a mútua assistência, trazer renúncia ao pedido

122. LÔBO, Paulo Luiz Netto. **Direito Civil**: Famílias. São Paulo: Saraiva, 2008, p. 310. Ademais, a afirmação tem base no art. 169 do Código Civil.

123. BRASIL. Código de Processo Civil (2015). Art. 10.

124. "A disposição mortuária, no direito brasileiro, é matéria reservada ao negócio jurídico do testamento, que tem forma especial e solene". VELOSO, Zeno. Regimes Matrimoniais de Bens. *In*: PEREIRA, Rodrigo da Cunha (coord.). **Direito de Família Contemporâneo**. Belo Horizonte: Del Rey, 1997, p. 105.

125. FARIAS, Cristiano Chaves; ROSENVALD, Nelson. **Curso de Direito Civil**. Famílias. v. 6. 7. ed. São Paulo: Atlas, 2015, p. 316-317.

de dissolução afetiva, regulando uma espécie de casamento irretratável, além de determinar o afastamento sucessório.

Paulo Luiz Netto Lôbo[126] informa a inviabilidade do pacto regular data diversa da celebração do casamento para que o regime de bens surta seus efeitos; impedir àquele que não conferiu vênia conjugal invalidar o ato e possibilitar a um dos cônjuges doação unilateral da totalidade do patrimônio do casal. Segue o autor[127] para afirmar ser inviável ao pacto imputar a um dos cônjuges a administração exclusiva de bens comuns[128], dispensar a vênia conjugal para o contrato de fiança[129] e clausular alteração da ordem de vocação hereditária, excluindo da sucessão herdeiros necessários e/ou estabelecendo pacto sucessório, seja aquisitivo (*de succedento*) e/ou renunciativo (*non succedendo*)[130].

Flávio Tartuce[131] argumenta a impossibilidade do pacto antenupcial, sob pena de nulidade, regular renúncia prévia aos alimentos[132], por desrespeito ao art. 1.707 do Código Civil; afastar o regime da separação obrigatória de bens, nas hipóteses do art. 1.641 do Código Civil, e clausular o afastamento sucessório[133].

Carlos Roberto Gonçalves[134] indica ser nula, no pacto antenupcial, por desrespeito à questão de ordem pública, cláusula de dispensa à mútua assistência.

Maria Helena Diniz[135] entende como inadmissível, no pacto antenupcial, por desrespeito à ordem pública, cláusula que dispense os consortes dos deveres de fidelidade, coabitação e mútua assistência; privem a mãe de assumir a direção da família, ficando submissa ao marido; altere a ordem de

126. LÔBO, Paulo. **Código Civil Comentado**. v. XVI, São Paulo: Atlas, 2003, p. 276.

127. LÔBO, Paulo Luiz Netto. **Direito Civil**: Famílias. São Paulo: Saraiva, 2008, p. 310.

128. Nesse sentido, coloca-se larga doutrina, por exemplo: TARTUCE, Flávio. **Direito Civil**. Direito de Família. 13. ed. Rio de Janeiro: Forense, 2018, p. 171.

129. LÔBO, Paulo. **Código Civil Comentado**. V. XVI. São Paulo: Atlas, 2003, p. 232.

130. MONTEIRO, Washington de Barros. **Curso de Direito Civil**. v. II. São Paulo: Saraiva, 1970, p. 155.

131. TARTUCE, Flávio. **Direito Civil**. Direito de Família. 13. ed. Rio de Janeiro: Forense, 2018, p. 169.

132. ROSA, Conrado Paulino da. **Direito de Família Contemporâneo**. 7. ed. Salvador: Juspodivm, 2020, p. 246.

133. ROSA, Conrado Paulino da. **Direito de Família Contemporâneo**. 7. ed. Salvador: Juspodivm, 2020, p. 246.

134. GONÇALVES, Carlos Roberto. **Direito Civil Brasileiro**. Direito de Família. São Paulo: Saraiva, 2010, p. 445.

135. DINIZ, Maria Helena de. **Curso de Direito Civil Brasileiro**. v. V. 29. ed. São Paulo: Saraiva, 2012, p. 173.

vocação hereditária; ajuste comunhão de bens quando há imposição legal de separação obrigatória e estabeleça dispensa de vênia conjugal.

Francisco Cavalcanti Pontes de Miranda[136] verbera serem vedadas, no pacto antenupcial, cláusulas que determinem a proibição da separação do casal; que regule o regime de bens diverso do eventual obrigatório determinado pela legislação; fixe data diversa da data do casamento para o início dos efeitos do regime de bens; atente aos princípios da dignidade, da liberdade de expressão, da privacidade e honra; que permita alienar bem particular do outro cônjuge sem o seu consentimento; que impeça doação entre os cônjuges, que exclua direito real de habitação e que altere a ordem de vocação hereditária.

Arnaldo Rizzardo[137] defende que há uma série de temas atinentes ao casamento que não podem ser modificados por ato volitivo dos cônjuges, especialmente quando relacionados à organização da família, aos direitos e deveres conjugais e à mútua assistência.

Francisco Cláudio Almeida Santos[138] informa a inviabilidade do pacto antenupcial regular sobre a dispensa aos alimentos, a indenização por tempo de duração do relacionamento, a renúncia ao direito real de habitação e outras tantas cláusulas que, segundo o autor, desrespeitariam o ideal de comunhão de vidas do casamento.

Débora Gozzo[139] sublinha a impossibilidade do pacto antenupcial disciplinar sobre deveres conjugais, entendido como aqueles elencados no art. 1.566 do Código Civil.

Fato, porém, que malgrado as posições doutrinárias exemplificativas, há largos embates de zonas não pacíficas sobre aquilo que é, ou não, admitido no regramento pré-nupcial[140].

Para aclarar o tema, avançará este trabalho ao tratamento setorizado dos objetos patrimonial, procedimental e pessoal do pacto antenupcial,

136. Pontua Francisco Cavalcanti Pontes de Miranda a impossibilidade de afastamento do regime de bens legalmente imposto. PONTES DE MIRANDA, Francisco Cavalcanti. **Tratado de Direito Privado.** Parte Especial. Direito Matrimonial. v. II. São Paulo: RT, 2012, p. 181.

137. RIZZARDO, Arnaldo. **Direito de Família**. 4. ed. Rio de Janeiro: Forense, 2006, p. 627.

138. SANTOS, Francisco Cláudio de Almeida. O pacto antenupcial e a autonomia privada. *In*: FERREIRA BASTOS, Eliene; SOUSA, Asiel Henrique de (coord.). **Família e jurisdição**. Belo Horizonte: Del Rey, 2005, p. 207.

139. GOZZO, Débora. **Pacto Antenupcial**. São Paulo: Saraiva, 1992, p. 81-82.

140. GONÇALVES, Carlos Roberto. **Direito Civil Brasileiro**. Direito de Família. São Paulo: Saraiva, 2010, p. 71.

objetivando debater o que pode e o que não pode ser inserido no negócio jurídico do pacto, na busca dos limites públicos da autonomia privada na seara nupcial.

Os debates serão colocados sempre com um viés pragmático e tendo como premissa de limitação as questões de ordem pública, conforme os pilares desenvolvidos na Parte I deste Trabalho. Debater-se-á sobre a (im) possibilidade da disposição constante no pacto antenupcial, em cotejo com as fronteiras da autonomia privada.

Outrossim, o enquadramento do tema como objeto patrimonial, pessoal ou procedimental dar-se-á sob um enfoque de prevalência, já que muitos dos temas tangenciam mais de um desses grupos. O encaixe em si não mudará a eventual conclusão e a análise do respectivo questionamento.

Inicia-se com o espaço temático com maior zona de pacificação no pacto antenupcial: o seu objeto patrimonial.

8

OBJETO PATRIMONIAL

É historicamente tranquila a possibilidade de regramento patrimonial dentro do pacto antenupcial. Afinal, como expresso na normatização codificada, mediante o pacto confere-se aos noivos o direito de eleição do regramento norteador das relações econômicas que regerão a comunhão de vidas[1].

O pacto antenupcial acaba por viabilizar o chamado regime de bens convencional, eleito pela vontade dos nubentes, em claro exercício da autonomia privada e na forma da lei[2].

Sobre o objeto patrimonial do pacto há uma opção legislativa predisposta no ordenamento jurídico, autorizadora do regramento de questões patrimoniais.

Como visto nas premissas delineadas na Parte I deste trabalho, se existe uma solução predisposta pelo ordenamento jurídico, fazendo prevalecer o interesse público ou o privado, tal solução deverá ser respeitada. Além disso, ainda como posto nas premissas delineadas na Parte I, se a opção é pela autonomia privada, e é realizada no ambiente do direito privado, ela possuirá maior relevo, ao passo que a publicização deve ser excepcional.

Nessa senda, o objeto imediato do pacto antenupcial é o regramento sobre o regime de bens, propriedade de bens, administração patrimonial, gozo e disponibilidade dos direitos patrimoniais, responsabilidade por dívidas, etc. Regra-se gestão patrimonial, cláusulas de cunho econômico e circulação de riquezas entre o casal, bem como deles em face de terceiros.

No que se relaciona à eleição do regime de bens, o legislador civilista oferece aos nubentes uma espécie de cardápio, com opções pré-determinadas.

1. BRASIL. Código Civil (2002). "Art. 1.639. É lícito aos nubentes, antes de celebrado o casamento, estipular, quanto aos bens, o que lhes aprouver".

2. A possibilidade de convenção sobre o regime de bens não é um fato raro no cenário internacional. Aponta Fabiana Domingues Cardoso que também é viável a escolha do regime de bens, de maneira convencional, na Argentina, Áustria, Bélgica, Chile, China, Croácia, Dinamarca, França, Holanda, Hungria, Israel, Itália, Portugal. CARDOSO, Fabiana Domingues. **Regime de Bens e Pacto Antenupcial**. Rio de Janeiro: Método/Gen, 2010, p. 68.

Tem-se por viável eleger o regime de comunhão parcial, separação convencional, comunhão universal ou, até mesmo, da participação final nos aquestos. A isto denomina-se de princípio da variedade do regime de bens.

Curioso perceber que mesmo no objeto patrimonial do pacto há bons temas de debate sobre os limites de atuação dos nubentes, havendo interessantes zonas de discussão sobre a (im)possibilidade dispositiva e eventual desrespeito às fronteiras da autonomia, por desatenção às questões de ordem pública.

Sobre tais (im)possibilidades de regramentos patrimoniais é que se passa a abordar, de maneira pragmática, analítica e no enfrentamento de questões diretas.

8.1. É POSSÍVEL AO PACTO ANTENUPCIAL CRIAR UM REGIME DE BENS ATÍPICO?

Um primeiro questionamento é se seria viável ao pacto antenupcial a criação de um novo regime de bens, completamente atípico, ou até mesmo misto ou híbrido, misturando regras de regimes pré-existentes. Seria possível?

Será que a variedade atinente à escolha do regime de bens poderá extrapolar os limites da mera eleição de regimes pré-determinados no Código Civil e possibilitar aos nubentes a construção de um novo regime de bens?

A resposta é positiva, como colocam Carvalho Santos[3], Lafayette Rodrigues Pereira[4], Gustavo Tepedino[5], Ana Luíza Maia Nevares[6], Fabiana Domingues Cardoso[7] e tantos outros doutrinadores.

Justamente por conta deste permissivo que, acertadamente, Anderson Schreiber conceitua o pacto antenupcial como o mecanismo através do qual

3. CARVALHO SANTOS, João Manoel. **Código Civil brasileiro interpretado**. v. IV. 7. ed. Rio de Janeiro: Livraria Freitas Bastos, 1964, p. 6.

4. PEREIRA, Lafayette Rodrigues. **Direito de Família**. Ed. Fac-similar de 1889. Brasília: Senado Federal, 2004, p. 31.

5. Segundo o art. 1.698 do Código Civil Português, "Os esposos podem fixar livremente, em convenção antenupcial, o regime de bens do casamento, quer escolhendo um dos regimes previstos neste código, quer estipulando o que a esse respeito lhes aprouver, dentro dos limites da lei".

6. NEVARES, Ana Luiza Maia. O regime de separação obrigatória de bens e o verbete 377 do Supremo Tribunal Federal. **Civilistica.com**., ano 3, n. 1, Rio de Janeiro, jan.-jun. 2014. Disponível em: bit.ly/42nmuiE. Acesso em: 11 dez. 2020.

7. CARDOSO, Fabiana Domingues. **Regime de Bens e Pacto Antenupcial**. Rio de Janeiro: Método/Gen, 2010, p. 68.

os nubentes podem escolher ou elaborar o seu regime de bens[8]. Fala-se em elaborar por ser permitido a confecção de um regime de bens atípico.

O direito nacional, no art. 1.639 do Código Civil, seguiu a orientação do português (art. 1.698)[9], francês (art. 1.387)[10] e espanhol (art. 1.315)[11], não restringindo a autonomia patrimonial do regime de bens a modelos legislativos pré-determinados[12]. Afastou-se o direito brasileiro das legislações suíça e mexicana, nas quais a liberdade de escolha dos nubentes se resume à eleição de regimes de bens pré-indicados na norma[13].

A força criadora de um regime de bens atípico é uma decorrência, inclusive, do estudo da autonomia sob luzes contratuais. O art. 425 do Código Civil aduz ser lícito às partes estipular contratos atípicos, desde que observadas as regras gerais do Código Civil.

Por tudo isto, a liberdade para a estruturação do regime de bens no pacto antenupcial é ampla; é viável a fusão de regras de regimes preexistentes, modificação ou afastamento de regras de um específico regime ou a criação de um regime de bens inédito no ordenamento jurídico nacional, próprio e particularizado[14].

Respeitada a boa-fé, a função social e o equilíbrio material entre as partes, tem-se como plenamente viável encaminharem, os nubentes, um regime de bens atípico.

---

8. SCHREIBER, Anderson. **Manual de Direito Civil Contemporâneo**. 2. ed. São Paulo: Saraiva, 2020, p. 934.

9. SCHREIBER, Anderson. **Manual de Direito Civil Contemporâneo.** 2 Edição. São Paulo: Saraiva, 2020, p. 934.

10. Na forma do art. 1.315 do Código Civil Espanhol, "el régimen económico del matrimonio será el que los cónyuges estipulen en capitulaciones matrimoniales, sin otras limitaciones que las estabelecidas en este Código". Tradução livre: "O regime econômico do casamento será aquele que os cônjuges estipularem nos acordos de casamento, sem outras limitações além das estabelecidas neste Código."

11. Consoante o art. 1.387 do Código Civil Francês, "La loi ne régit l'association conjugale, quant aux biens, qu'à défaut de conventions spéciales que les époux peuvent faire comme ils le jugent à propos, pourvu qu'elles ne soient pas contraires aux bonnes moeurs ni aux dispositions qui suivent". Tradução livre: "A lei só rege a associação conjugal, quanto aos bens, na falta de acordos especiais que os cônjuges possam fazer como bem entenderem, desde que não sejam contrários aos bons costumes ou às disposições seguintes".

12. RODRIGUES, Silvio. **Direito Civil**. Direito de Família. v. 6. 27. ed. (atual.) Francisco José Cahali, com anotações ao novo Código Civil (Lei 10.406, de 10-1-2002). São Paulo: Saraiva, 2002, p. 175.

13. RODRIGUES, Silvio. **Direito Civil**. Direito de Família. v. 6. 27. ed. (atual.) Francisco José Cahali, com anotações ao novo Código Civil (Lei 10.406, de 10-1-2002). São Paulo: Saraiva, 2002, p. 175.

14. RODRIGUES, Silvio. **Direito Civil**. Direito de Família. v. 6. 27. ed. (atual.) Francisco José Cahali, com anotações ao novo Código Civil (Lei 10.406, de 10-1-2002). São Paulo: Saraiva, 2002, p. 174.

Na forma do Enunciado 331 do Conselho da Justiça Federal, "o estatuto patrimonial do casal pode ser definido por escolha de regime de bens distinto daqueles tipificados no Código Civil (art. 1.639 e parágrafo único do art. 1.640), e, para efeito de fiel observância do disposto no art. 1.528 do Código Civil, cumpre certificação a respeito, nos autos do processo de habilitação matrimonial".

No mesmo sentido, coloca-se o Enunciado 80 da Jornada de Direito Notarial do Conselho da Justiça Federal, segundo o qual "podem os cônjuges ou companheiros escolher outro regime de bens além do rol previsto no Código Civil, combinando regras dos regimes existentes (regime misto)".

Nessa linha, inclusive, encaminha-se o Projeto de Reforma do Código Civil, que sugere incluir um § 2º no vigente artigo 1.640, no sentido de ser "lícito aos cônjuges ou conviventes criarem regime atípico ou misto, conjugando regras dos regimes previstos neste Código, desde que não haja contrariedade a normas cogentes ou de ordem pública".

Certo, que, mesmo na atualidade, nada impede que os nubentes combinem regras de regimes de bens diversos ou estabeleçam um regime peculiar, como exemplifica um regime em que conste a específica incomunicabilidade de determinado patrimônio e/ou quotas sociais[15].

Viável a adoção de um regime dotal, com a atribuição exclusiva, a um dos consortes, da administração do dote, não o sendo necessariamente do varão, mas sim fruto da autonomia privada indicada no pacto antenupcial[16].

Possível a construção de um regime com comunicabilidades desiguais – a exemplo de 60% para um dos cônjuges e 40% ao outro –; ou com comunicabilidade adstrita aos bens móveis, ou imóveis; com fusão de regras de regimes pré-existentes.

Factível a construção de um regime de bens que trabalhe com separação convencional apenas para questões societárias e a comunhão parcial para as demais aquisições onerosas realizadas na constância do casamento[17]. É possível um regime de separação convencional com comunicabilidade dos frutos dos bens particulares.

15. PEREIRA, Rodrigo da Cunha. **Dicionário de Direito de Famílias e Sucessões Ilustrado**. São Paulo: Saraiva, 2015, p. 497.

16. CARVALHO NETO, Inácio; FUGIE, Érika Harumi. **Novo Código Civil Comparado e Comentado**. v. II. Curitiba: Juruá, p. 176.

17. NAHAS, Luciana Faísca. Pacto Antenupcial. O que pode e o que não pode constar? *In:* PEREIRA, Rodrigo da Cunha; DIAS, Maria Berenice (Coord.). **Famílias e Sucessões**: Polêmicas. Tendências e Inovações. Belo Horizonte: IBDFAM, 2018, p. 231.

Mas seria viável que este regime misto traga ao pacto antenupcial regra de regime de bens de direito comparado?

Respeitadas as questões de ordem pública, a resposta é positiva. O pacto antenupcial poderá incorporar regras inspiradas na legislação estrangeira[18]. Inviável, porém, seria a simples remissão do pacto a um regime de bens estrangeiro[19], como também o é, por exemplo, em Portugal[20].

Justo por isso, coloca Francisco Cavalcanti Pontes de Miranda[21] que "o princípio da liberdade permite não só escolher um dos regimes previstos e regulados como também *modificá-los, combiná-los*, ou, até, adotar-se de outro direito ou algum regime que tenha sido criado por alguém, em livro, artigo ou folheto de propaganda".

Observadas as fronteiras da autonomia, nada impede a construção de um regime de bens atípico, seja completamente novo, seja fundindo regimes pré-existentes, seja com restrições às regras do regime escolhido. São todas condutas hábeis a gerar um novo regime[22].

No caso da adoção, pelos nubentes, de regime atípico, este deverá ser integralmente transcrito no assento e na certidão de casamento, visionando resguardar interesses dos próprios cônjuges e de terceiros[23].

Ainda nas dúvidas, indaga-se: poderia o pacto adotar como espécie de regime de bens híbrido, regimes de bens diversos a cada um dos cônjuges? Indicar, por exemplo, que para um dos cônjuges o regime seria o da comunhão universal, enquanto para o outro o da comunhão parcial?

A dúvida é instigante.

Gisele Leite[24] defende ser possível, estando a conduta abraçada pela liberdade de escolha do pacto antenupcial. Mas será que esta conduta não feriria a igualdade?

---

18. CARDOSO, Fabiana Domingues. **Regime de Bens e Pacto Antenupcial.** Rio de Janeiro: Método/Gen, 2010, p. 97.
19. CARDOSO, Fabiana Domingues. **Regime de Bens e Pacto Antenupcial.** Rio de Janeiro: Método/Gen, 2010, p. 97.
20. Na forma do art. 1.718 do Código Civil Português, "o regime de bens do casamento não pode ser fixado, no todo ou em parte, por simples remissão genérica para uma lei estrangeira, para um preceito revogado, ou para usos e costumes locais".
21. PONTES DE MIRANDA, Francisco Cavalcanti. **Tratado de Direito Privado**. Parte Especial. Dissolução da Sociedade Conjugal e Eficácia Jurídica do Casamento. t. VIII. São Paulo: RT, 2012, p.156.
22. LÔBO, Paulo. **Código Civil Comentado**. v. I. São Paulo: Atlas, 2003, p. 231-232.
23. LÔBO, Paulo Luiz Netto. **Direito Civil**: Famílias. São Paulo: Saraiva, 2008, p. 309.
24. LEITE, Gisele. "A importância do pacto antenupcial". **Revista IOB de Direito de Família**, São Paulo, IOB, ano IX, n. 45, p. 17-20, dez.-jan. 2008, p. 20.

Francisco Cavalcante Ponte de Miranda[25] entende que não, desde que respeitada a vedação ao enriquecimento sem causa, com o que concorda Fabiana Domingues Cardoso[26].

Acrescentamos a necessidade de respeito à boa-fé e função social, esta compreendida, inclusive, sob o viés do equilíbrio material. É viável, por exemplo, que malgrado o pacto indicar regimes de bens diversos aos cônjuges, aquele que ficou subordinado a um regime com menos comunicabilidades tenha, a seu favor e no mesmo pacto, uma doação ou eventual promessa de doação, a última a incidir na hipótese de dissolução afetiva.

Atento à situação em tela e, em especial, à necessidade de tutela da igualdade material, o Projeto de Reforma do Código Civil propõe modificação ao art. 1.655, para firmar ser "nula de pleno direito a convenção ou cláusula do pacto antenupcial ou convivencial que contravenha disposição absoluta de lei, norma cogente ou de ordem pública, ou que **limite a igualdade de direitos que deva corresponder a cada cônjuge ou convivente**".

Portanto, *a priori*, em sendo tema de viés patrimonial - logo, disponível -, não se verifica problemas nas condutas em tela, desde que não seja veículo de desrespeito à igualdade, boa-fé e função social.

Ainda dentro da eleição do regime híbrido, questão que não costuma ser enfrentada pela doutrina diz respeito aos seus efeitos no campo sucessório. A depender do regime de bens, há diferentes efeitos na concorrência sucessória do cônjuge sobrevivente com os descendentes, segundo o art. 1.829, I, do Código Civil.

Com o escopo de evitar futuros debates quando da abertura da sucessão, Pablo Stolze Gagliano e Rodolfo Pamplona Filho[27] avaliam que, na confecção do regime híbrido, devem os nubentes indicar as regras do regime de bens prevalente. Assim, se os consortes misturam regras do regime da comunhão universal com as da participação final nos aquestos, devem indicar no pacto quais das regras dos dois regimes é prevalente, pois será ele o considerado para fins sucessórios.

Avançando na proposta preventiva sobre questões sucessórias, acaso se esteja diante de um regime completamente atípico, é prudente aos nubentes

---

25. PONTES DE MIRANDA, Francisco Cavalcanti. **Tratado de Direito Privado**. Parte Especial. Dissolução da Sociedade Conjugal e Eficácia Jurídica do Casamento. t. VIII. São Paulo: RT, 2012, p.158-159.

26. CARDOSO, Fabiana Domingues. **Regime de Bens e Pacto Antenupcial**. Rio de Janeiro: Método/ Gen, 2010, p. 97.

27. GAGLIANO, Pablo Stolze; PAMPLONA FILHO, Rodolfo. **Novo Curso de Direito Civil**. Direito de Família. v. 6. 8. ed. Saraiva: São Paulo, 2018, p. 318.

indicarem qual a regra de concorrência sucessória dos cônjuges com descendentes, dentre as possíveis no ordenamento jurídico nacional e que guarde similitude com o regime de bens construído.

A questão é deveras interessante, inclusive por conta do entendimento do Superior Tribunal de Justiça, adiante trabalhado neste capítulo, de ausência de eficácia *post mortem* do pacto antenupcial, que finda com o falecimento de um dos cônjuges, sendo o tema da sucessão guiado pelas cogentes normas atinentes à legítima[28].

Respondendo, então, à questão inicial desta seção, é possível aos nubentes a criação de um regime de bens atípico, seja propriamente atípico ou misto. O propriamente atípico será fruto da completa inventividade humana, enquanto o misto será a mistura de regras de regimes pré-existentes. Em ambos os cenários, haverão os nubentes de respeitar às questões de ordem pública.

A conclusão em tela decorre dos seguintes fundamentos:

> Primus porque o objeto patrimonial do pacto antenupcial decorre de solução predisposta autorizativa do ordenamento jurídico, a qual faz prevalecer a autonomia em detrimento das questões de ordem pública.
>
> Secundus em vista de que ao ser feita a opção legislativa pela autonomia, em um ambiente privado, ela deve ganhar ainda maior relevo, sendo a publicização excepcional.
>
> Tertius em razão da completa ausência de real interesse público hábil a restringir a construção do regime de bens pelos nubentes, ao passo que o tema é de índole eminentemente particular, cujos efeitos em relação a terceiros tem controle eficaz, seja pela forma pública do pacto, seja pelas suas questões de eficácia já estudadas.

8.2. É VIÁVEL AO PACTO ANTENUPCIAL CONSTRUIR UM REGIME DE BENS FÁSICO (*SUNSET CLAUSE*)?

Relacionamentos podem se prolongar no tempo. Durante a jornada de um casal, as necessidades, os desejos e os objetivos se alteram. É salutar, portanto, que para a durabilidade de um relacionamento o direito forneça mecanismos de adaptação, de plasticidade.

28. BRASIL. Superior Tribunal de Justiça. RE no REsp: 1501332 SP 2014/0289217-7, Rel. Min. Humberto Martins, Public 05-12-2016.

Nessa linha de pensamento, soa ao menos estranha a concepção de que ao casal apenas é viável realizar um contrato estático, como um pacto antenupcial, o qual não possa prever algum nível adaptativo na constância do relacionamento.

Por isso raciocina-se a necessidade de que as regras relacionadas às famílias sirvam para cada um dos seus ciclos[29].

Atento a este cenário, há bons escritos doutrinários que firmam a necessidade de certa flexibilidade no que tange ao regime de bens eleito no pacto antenupcial. Fala-se na possibilidade do pacto pré-determinar mudanças automáticas no regime de bens, por ciclos de vida, flexibilizando alterações automáticas, no regime de bens, no curso da relação.

Indicaria o pacto antenupcial, por exemplo, a automática alteração do regime de bens quando da chegada do primeiro filho, após um período de casamento, quando do atingimento de determinado patamar patrimonial, quando em uma determinada idade, dentre outros marcos da vida[30].

Ter-se-á cláusulas presentes no pacto antenupcial a termo ou condicionais, situação possível e bastante proveitosa aos anseios dos nubentes, viabilizando a adequação patrimonial previamente entabulada sempre do surgimento de fatos relevantes[31].

Exemplificando o tema, pactua-se que nos dois primeiros anos de matrimônio aplique-se o regime da separação convencional, como em uma espécie de período de teste; vencido o prazo e mantido o casamento, progrida-se a uma comunhão parcial de bens. Ter-se-á, nesta moldura, uma cláusula a termo.

Convenciona-se, em outra casuística, que o casamento é realizado na comunhão parcial de bens, mas que se amoldará à universal com o eventual nascimento do primeiro filho, inferindo-se uma cláusula condicional.

---

29. Families, like people, are born, grow, and die. GROSSMAN, Joanna L.; FRIEDMAN, Lawrence Meir. **Inside the Castle**: Law and the Family in 20th Century America. Princeton University Press, 2011, p. 22. Nessa linha coloca-se: CARDOSO, Marina Pacheco. Do Pacto Antenupcial: plano de existência, validade e eficácia. *In:* ROSA, Conrado Paulino da; THOMÉ, Liane Maria Busnello (org.). **O Direito do Lado Esquerdo do Peito**: ensaios sobre direito de família e sucessões. Porto Alegre, IBDFAM-RS, 2014, p. 186.

30. CARDOSO, Marina Pacheco. Do Pacto Antenupcial: plano de existência, validade e eficácia. *In:* ROSA, Conrado Paulino da; THOMÉ, Liane Maria Busnello (org.). **O Direito do Lado Esquerdo do Peito**: ensaios sobre direito de família e sucessões. Porto Alegre, IBDFAM-RS, 2014, p. 186.

31. CAHALI, Francisco José. **Contrato de Convivência na União Estável**. São Paulo: Saraiva, 2002, p. 247.

Em mais uma amostra, conveciona-se um determinado regime, a exemplo da comunhão universal, até que um dos cônjuges – ainda fora do mercado de trabalho, pois em fase de formação profissional –, inicie a trabalhar, quando o regime passará a ser o da separação convencional.

As alterações do regime de bens serão sempre prospectivas, com efeitos *ex-nunc* (não retroativos), justamente para preservar os direitos de terceiros.

As casuísticas em tela, ressalta-se, são permitidas no direito anglo-saxão, onde adota-se a possibilidade da denominada *sunset clause*, chamada, em português, de cláusula do pôr-do-sol ou da caducidade.

Mas seria esta conduta juridicamente viável no Brasil?

Sob o ponto de visto social, a tese é sedutora. Isto, porque, o casamento se propõe a um projeto duradouro, o que deve ocasionar certa maleabilidade. Pensar em um pacto antenupcial com um regime de bens estático, para atender um casamento que sofrerá com a dinâmica da vida, são noções que, em certa medida, se afastam.

Entrementes, o sistema nacionalmente adotado para a alteração do regime de bens no curso do casamento exige ação judicial, na forma no art. 1.639, § 2º do Código Civil, e do art. 734 do Código de Processo Civil.

Entende-se que a opção do legislador nacional não foi a melhor. Afinal, sendo viável o divórcio, a separação, o reconhecimento cumulado com a dissolução de união estável e o inventário e partilha extrajudiciais, quando todos os envolvidos sejam maiores, capazes e estejam em consenso, porque não permitir também a mudança do regime de bens extrajudicialmente, para as casuísticas em que todos sejam maiores, capazes e concordes?

Os permissivos para o divórcio, a separação, o reconhecimento cumulado com a dissolução de união estável e o inventário e partilha extrajudiciais estão no ordenamento jurídico brasileiro desde 2007, quando foram inseridos pela Lei Federal n. 11.441. O Conselho Nacional de Justiça (CNJ) há muito regulou o tema, mediante a Resolução n. 35, e Tribunais Estaduais igualmente têm provimentos acerca do assunto.

O Código de Processo Civil, hoje vigente, é igualmente expresso nestes permissivos para o divórcio, a separação, o reconhecimento cumulado com a dissolução de união estável e o inventário e partilha extrajudiciais, conforme se infere dos arts. 733 e 610, respectivamente.

Percebe-se que a opção legislativa brasileira foi diversa em relação à mudança do regime de bens no casamento, demandando, invariavelmente, ação judicial, na qual além da concordância dos cônjuges e existência de motivo, inexista prejuízo a terceiros e haja intervenção do Ministério Público.

Por tudo isto, por mais sedutora que seja a tese de um regime fásico, regulado no pacto antenupcial, ele seria um desrespeito transverso à exigência de ação judicial para alteração do regime de bens no curso do casamento, desrespeitando questão de ordem pública (norma expressa), constante no art. 1.639, § 2º do Código Civil e art. 734 do Código de Processo Civil.

Acabaria o permissivo do regime de bens fásico no pacto antenupcial, na prática, gerando a alteração do regime no curso do matrimônio, sem a verificação de ausência de prejuízo a terceiros e desprovido de intervenção do Ministério Público.

Por fim, não se olvida sobre a existência de vozes dissonantes, advogando a tese da possibilidade do regime fásico, com olhares na autonomia e no permissivo do regime híbrido ou misto[32].

Data vênia, a tese não se sustenta, pois o regime misto ou híbrido não é alterado por fases, mantendo-se com o mesmo regramento desde o seu nascedouro. Ou seja, no regime fásico, diversamente do misto, ter-se-á alteração automática do regime de bens no curso do matrimônio, o que não é viável pela argumentação posta[33].

Assim, a indicação de um regime fásico, com alteração do regime de bens no curso do casamento, via pacto antenupcial, é nula, devendo ser invalidada, conservando as demais passagens do pacto, na melhor forma da aplicação do art. 1.655 do Código Civil. Há, aqui, uma expressa fronteira da autonomia.

De *lege ferenda*, porém, roga-se ao Poder Legislativo modificação normativa, com ajuste no sentido de permitir a mudança extrajudicial do regime de bens no curso do casamento, quando os envolvidos sejam maiores, capazes e estejam em consenso.

---

32. CARDOSO, Fabiana Domingues. **Regime de Bens e Pacto Antenupcial**. Rio de Janeiro: Método/Gen, 2010, p. 211; MAIA JÚNIOR, Mairan Gonçalves. **A Família e a Questão Patrimonial**: Planejamento Patrimonial, Regime de Bens, Pacto Antenupcial, Contrato Patrimonial na União Estável. 3. ed. São Paulo: RT, 2015, p. 212.

33. PONTES DE MIRANDA, Francisco Cavalcanti. **Tratado de Direito Privado.** Parte Especial. Direito Matrimonial. t. VIII. São Paulo: RT, 2012, p. 233; MAIA JÚNIOR, Mairan Gonçalves. **A Família e a Questão Patrimonial**: Planejamento Patrimonial, Regime de Bens, Pacto Antenupcial, Contrato Patrimonial na União Estável. 3. ed. São Paulo: RT, 2015, p. 211.

Com essa eventual mudança legislativa restará mais palatável a sustentação da tese de um regime fásico, previamente eleito no pacto antenupcial, escalonado por períodos da vida conjugal, dando plasticidade ao instrumento do pacto para amoldar-se aos ciclos da vida do casal. A possibilidade será salutar para que os cônjuges possam, no curso da matrimonialidade, adequar o rumo do casamento, vencendo dificuldades e ganhando durabilidade.

Sobre o tema, imagina-se que mais cedo ou mais tarde essa evolução chegará. O direito brasileiro vem progredindo neste assunto.

Quando da vigência do Código Civil de 1916, o seu art. 230 firmava a irrevogabilidade do regime de bens eleito para o casamento. Havia clara influência do Código Civil Francês, o qual encaminhava a imutabilidade do regime de bens fincada na preservação dos interesses de terceiros e das famílias envolvidas, que, muitas vezes, utilizavam os casamentos dos filhos para a confluência de riquezas[34].

Hoje, como se viu, adotando linha sugerida no anteprojeto do Código Civil por Orlando Gomes, permite-se alterar o regime de bens na constância do casamento, condicionada à autorização judicial.

Para o futuro, o Projeto de Reforma do Código Civil já prevê a possibilidade de alteração extrajudicial do regime de bens do casamento, bem como de regramento da *sunset clause*, que poderá ser pactuada antes, ou no curso do casamento ou da união estável.

No que tange à alteração extrajudicial do regime de bens, firma o art. 1.639, § 2º, do Projeto de Reforma do Código Civil, que "depois da celebração do casamento ou do estabelecimento da união estável, **o regime de bens pode ser modificado por escritura pública e só produz efeitos a partir do ato de alteração, ressalvados os direitos de terceiros**".

Já sobre a *sunset clause*, verbera o art. 1.653-B, do Projeto de Reforma do Código Civil, que "admite-se convencionar no pacto antenupcial ou convivencial a alteração automática de regime de bens após o transcurso de um período de tempo prefixado, sem efeitos retroativos, ressalvados os direitos de terceiros".

Ademais, o projeto indica um parágrafo único no art. 1.653-A, o qual admite o pacto pós-nupcial, sempre com efeitos não retroativos (*ex nunc*). Assim,

34. BRANDÃO, Débora Vanessa Caús. **Regime de Bens no Novo Código Civil**. São Paulo: Saraiva, 2007, p. 62.

valida-se a possibilidade do regramento da *sunset*, bem como de outros temas objeto do pacto, mesmo no curso da conjugalidade.

Há, dentre os estudiosos do tema, certo debate se a *sunset clause*, permitida no Projeto de Reforma do Código Civil, autorizaria uma única mudança, já pactuada e após o transcurso de tempo prefixado, ou se seriam possíveis mudanças sucessivas do regime de bens.

Explica-se. Não há dúvidas, pela redação do Projeto, que o casal poderá pactuar, por exemplo, que após 5 (cinco) anos de matrimônio, o regime de bens será automaticamente alterado, saindo de uma separação convencional para uma comunhão parcial de bens.

A dúvida surge, porém, sobre a possibilidade de já deixar clausulada outras mudanças, informando o pacto que após o décimo ano, por exemplo, a relação progrediria da comunhão parcial para a universal. E então?

Malgrado o supracitado art. 1.653-B falar em "alteração" após um "período de tempo prefixado", não há vedação no Projeto para alterações. Alia-se a isto o permissivo do projeto para pactos pós-nupciais, sem limites, bem como a nítida adoção de ampliação da contratualização das relações familiares.

Nessa linha, entendo plenamente viável a *sunset clause* prever alterações sucessivas, sempre respeitando as premissas já estudadas.

8.3. NA SEPARAÇÃO OBRIGATÓRIA DE BENS PODE O PACTO ANTENUPCIAL INDICAR REGIME DE BENS PARA A CASUÍSTICA DE CESSAR O FATO GERADOR DA SEPARAÇÃO OBRIGATÓRIA?

Os argumentos lançados no tópico anterior também são hábeis a afastar a possibilidade de elaboração de pacto antenupcial, por aqueles que tenham a imposição do regime da separação obrigatória de bens, ambicionando que, findo o fato gerador de imposição do regime legal, passe a vigorar o regime convencional eleito no pacto.

Explica-se.

Visitando as hipóteses de regime de separação obrigatória de bens, do art. 1.641 do Código Civil, percebe-se que haverá imposição deste regime àqueles que se casem por suprimento judicial, bem como que desrespeitem causas suspensivas do matrimônio.

Viável, por conseguinte, que após o casamento com a imposição do regime de separação obrigatória, o fato gerador do regime de bens seja ultrapassado. Poderá, por exemplo, o menor entre 16 e 18 anos que se casou na separação obrigatória, por ter contraído matrimônio por suprimento judicial, alcançar a maioridade. Em outra casuística, imagina-se aquele que se casou em separação obrigatória de bens por não ter findado a partilha de bens do divórcio anterior, e que agora, no curso do novo matrimônio, finaliza a aludida partilha.

Será que nestes casos seria hábil ao casal, quando do casamento, ter feito pacto antenupcial indicando o regime de bens a guiar o matrimônio, se cessado o fato gerador do regime da separação obrigatória?

A resposta é negativa. Afinal, este permissivo seria uma burla à necessidade de processo judicial para a alteração do regime de bens do casamento, pelos mesmos fundamentos trazidos na seção anterior. No particular, diverge-se de Fabiana Domingues Cardoso[35], que defende a licitude da conduta.

Para a situação em apreço, a saída será ajuizar a competente ação de mudança de regime de bens, conforme posto pelo Enunciado 262 do Conselho da Justiça Federal, segundo o qual "a obrigatoriedade da separação de bens nas hipóteses previstas nos incs. I e III do art. 1.641 do Código Civil não impede a alteração do regime, desde que superada a causa que o impôs".

Não é diverso o posicionamento jurisprudencial, conforme entendimento histórico do Superior Tribunal de Justiça[36].

Renovam-se os argumentos do tópico anterior pela necessidade de mudança legislativa e adequação do sistema para facilitar a alteração do regime de bens na conjugalidade matrimonial, abrindo espaço para adequações pré-postas, por meio de pactos antenupciais.

Para o futuro, o Projeto de Reforma do Código Civil já prevê a possibilidade de alteração extrajudicial do regime de bens do casamento, bem como de regramento da *sunset clause*, que poderá ser pactuada, inclusive, no curso do casamento ou da união estável, mediante pacto pós-nupcial. Os temas foram visitados no item anterior.

35. CARDOSO, Fabiana Domingues. **Regime de Bens e Pacto Antenupcial**. Rio de Janeiro: Método/Gen, 2010, p. 132.

36. REsp n. 821.807-PR, Rel. Min. Nancy Andrighi, j. 19.10.2006, v.u., Bol. AASP 2.503/4.153.

Portanto, eventualmente aprovado o Projeto de Reforma do Código Civil nos moldes atuais, ter-se-á a possibilidade de o pacto antenupcial indicar o regime de bens a regular o relacionamento, acaso cesse a causa de separação obrigatória de bens.

Afinal, se é possível a mudança extrajudicial do regime de bens, o pacto pós-nupcial e a *sunset clause*, nada impedirá que o casal já estipule a *sunset clause*, afirmando que cessado o fato gerador da separação obrigatória, o regime de bens, automaticamente, se modifique para outro de interesse comum.

8.4. É POSSÍVEL AO PACTO ANTENUPCIAL ESTIPULAR DOAÇÃO E/OU PROMESSA DE DOAÇÃO?

É francamente majoritário o posicionamento sobre a possibilidade do pacto antenupcial regrar sobre doações, sejam entre os nubentes, dos nubentes a terceiros, ou de terceiros ao(s) nubente(s). Justo por isso é viável, inclusive, a presença de terceiro no pacto, seja parente, ou não, dos nubentes[37].

Francisco Cavalcante Pontes de Miranda[38] reitera a possibilidade de "pessoa, ascendente, parente, afim ou estranho" figurar no pacto antenupcial por conta de eventual doação. São "interessados que concordam, ou se servem do mesmo instrumento para a conclusão de outros atos jurídicos, de regra contratuais. O instrumento é um só; mais de um os atos jurídicos".

A doação ventilada no pacto costuma ser feita de maneira condicionada ao casamento. São doações *propter nuptias* que irão caducar se não realizado o casamento, como posto pelo art. 546 do Código Civil. Seguem a lógica legislativa do contrato de doação.

Se a doação for feita no pacto antenupcial entre cônjuges que se casarão no regime da comunhão universal de bens, importante que seja aposta a cláusula de incomunicabilidade, para que o patrimônio fique adstrito à esfera

37. VENOSA, Sílvio de Salvo. **Direito Civil**. Direito de Família. 10. ed. São Paulo: Atlas, 2010, p. 330. Na mesma linha, Lafayette Rodrigues Pereira, para quem "a pessoa, ascendente, colateral ou estranho, que faz doações subordinadas ao casamento" pode ser terceiro figurando no pacto antenupcial. PEREIRA, Lafayette Rodrigues. **Direito de Família**. Brasília: Senado Federal, 2004, p. 136.

38. PONTES DE MIRANDA, Francisco Cavalcanti. **Tratado de Direito Privado**. Parte Especial. Direito Matrimonial. v. II. São Paulo: RT, 2012, p. 187.

de direitos do donatário, conforme art. 1.668, IV, do Código Civil. Ter-se-á a necessidade da chamada instituição do bem reservado.

De mais a mais, nada impede tal doação, mesmo se os cônjuges forem se casar no regime da separação obrigatória de bens, pois, na forma do Enunciado 82 da Jornada de Direito Notarial do Conselho da Justiça Federal, "em regra, é válida a doação entre cônjuges que vivem na separação obrigatória de bens".

Em sendo uma doação em função do casamento, os doadores poderão estipular cláusula resolutiva caso o matrimônio não se opere em determinado prazo[39], para que não se ocasione uma doação em eterna suspensão. Além disso, se os nubentes não tiverem agendado o matrimônio, poderão os doadores requisitar que o magistrado fixe prazo à sua realização, sob pena de ineficácia da doação[40]. Isto, porque, a doação em função do matrimônio tem eficácia adstrita ao casamento e não admite revogação por ingratidão, segundo o art. 564, IV, do Código Civil.

Mas, e a promessa de doação? Poderia ser inserida no pacto antenupcial?

Promessas de doação, não é de hoje, habitam acordos antenupciais, sendo, não raro, manchete na imprensa nacional e internacional.

Segundo notícias, o acordo pré-nupcial envolvendo Kim Kardashian e Kanye West contém disciplina afirmando que Kim, na hipótese de dissolução afetiva, receberá a mansão em Bel Air em doação, além de permanecer com todos os presentes conferidos pelo então ex-marido, a exemplo de joias, carros e ações[41].

No pacto pré-nupcial entre Khloé Kardashian e Lamar Odom restou clausulada, para eventual situação de divórcio, promessa de doação de um carro novo à Khloé, e ingressos de jogos da Liga Nacional de Basquete Norte-Americana[42].

39. PONTES DE MIRANDA, Francisco Cavalcanti. **Tratado de Direito Privado**. Parte Especial. Direito Matrimonial. v. II. São Paulo: RT, 2012, p. 201.

40. PONTES DE MIRANDA, Francisco Cavalcanti. **Tratado de Direito Privado**. Parte Especial. Direito Matrimonial. v. II. São Paulo: RT, 2012, p. 201.

41. BOL. **As bizarrices dos acordos pré-nupciais dos famosos**. Disponível em: bit.ly/3nDCCNN. Acesso em: 09 dez. 2021.

42. BOL. **As bizarrices dos acordos pré-nupciais dos famosos**. Disponível em: bit.ly/3nDCCNN. Acesso em: 09 dez. 2021.

E no Brasil? Seria juridicamente viável a promessa de doação no pacto antenupcial? E em o sendo, será exigível?

Um primeiro debate a ser enfrentado é se seria viável, no Brasil, o contrato de promessa de doação e, em o sendo, se configuraria uma obrigação exigível e em quais termos.

A promessa de doação é o contrato através do qual o sujeito promete, para o futuro, devido à chegada de um termo ou de uma condição, manifestar a sua vontade de modo a concluir um contrato de doação[43].

Há muito, doutrina e jurisprudência debatem derredor da (in)exigibilidade do contrato de promessa de doação, em especial na seara da doação pura.

Para os tradicionais[44], execução forçada e doação pura parecem noções contraditórias. O promitente doador está a se desfazer de algo sem nenhuma contraprestação, por mera liberalidade. Logo, exige-se que a intenção de doar (*animus doandi*) seja atual, pois este é o fato gerador, a causa do contrato.

Ainda sob a lente dos tradicionais, caso seja feita a promessa de doação e, posteriormente, não mais tenha o promitente-doador intenção de doar, plenamente possível a retratação. *Animus doandi* atual seria condição *sine qua non* para o aperfeiçoamento do negócio principal.

Nessa esteira de pensamento, firma Agostinho Alvim[45] que "a promessa de doação poderá ser retratada até o último instante, admitindo o arrependimento da liberalidade"[46].

Miguel Maria de Serpa Lopes pontua que como a doação tem natureza gratuita, é inaceitável a execução cogente e a responsabilidade por perdas e danos, posto que, sob o ponto de vista legislado, o contratado apenas responderia na hipótese de dolo[47].

---

43. CATALAN, Marcos Jorge. Reflexões acerca da eficácia da promessa de doação no direito brasileiro. **Revista Trimestral de Direito Civil**, v. 34, Rio de Janeiro: Padma, abr.-jun. 2008, p. 55.

44. Também mencionando ser este o entendimento da doutrina clássica: MORAES, Maria Celina Bodin de. *In:* Notas sobre a promessa de doação. **Revista de Direito Civil Contemporâneo**. v. 24. São Paulo: RT, out.-dez. 2005, p. 4.

45. ALVIM, Agostinho. **Da Doação**. São Paulo: RT, 1963, p. 43.

46. RODRIGUES, Silvio. **Direito Civil**: Dos Contratos e das declarações unilaterais de vontade. São Paulo: Saraiva, 2004, p. 212.

47. Funda-se o entendimento no antigo art. 1.057 do Código Civil de 1916, atual art. 392 do Código Civil de 2002. LOPES, Miguel Maria de Serpa. **Curso de Direito Civil**: Fontes das Obrigações – Contratos. Rio de Janeiro: Freitas Bastos, 1957, p. 387.

O Superior Tribunal de Justiça já se posicionou seguindo essas premissas. À época, o acórdão pautou-se em precedentes anteriores do mesmo Superior Tribunal de Justiça e, até mesmo, do Supremo Tribunal Federal[48].

Em uma outra linha de pensamento, há doutrina sustentando que, malgrado inexigível a tutela específica para confecção do contrato principal de doação pura, diante da retratação do anterior contrato preliminar por parte do promitente-doador, seria viável e juridicamente devida indenização, pelo promitente-doador ao promissário-donatário, por conta da quebra da promessa de doação.

Francisco Cavalcanti Pontes de Miranda[49] coloca-se no sentido da impossibilidade de execução específica na promessa de doação, restando, porém, ao prejudicando, eventual busca de ressarcimento por perdas e danos.

Ana Prata[50] assevera que a promessa de doação pura é uma promessa precária, pois nela não é possível o cumprimento forçado da obrigação, mas sim meras perdas e danos. Não é diverso o pensamento de Pablo Stolze Gagliano[51] e Luiz Roldão de Freitas Gomes[52].

O pedido de perdas e danos em comento funda-se na quebra de boa-fé e confiança, no viés do abuso de direito e diante da configuração da *nemo postest venire contra factum proprium* (proibição do comportamento contraditório). Recorda-se que em configurado o abuso de direito, a responsabilidade civil será objetiva, conforme disciplina o art. 187 do Código Civil.

Ao ser realizada uma promessa de doação irretratável, o promitente-doador cria, no promissário-donatário, a expectativa de celebração do contrato definitivo. Quando da desistência do promitente-doador, tem o

48. BRASIL. REsp 730.626-SP, Rel. Min. Jorge Scartezzini, j. 03-10-2006. Informativo 299. Precedentes citados do STF: RE 122.054-RS, DJ 6/8/1993; RE 105.862-PE, DJ 20/9/1985; do STJ: REsp 92.787-SP, DJ 26/5/1997.
No mesmo sentido REsp n. 1.394.870 – MS (2013/0237969-2). DJ. 05.03.2018. STF.
Na mesma linha, RE 94.278/SP, Rel. Min. Soares Muñoz, ac. De 19.5.81, in RTJ 103/327.

49. PONTES DE MIRANDA, Francisco Cavalcanti. **Tratado de Direito Privado**: Parte Especial. Atualizado por Bruno Miragem. v. XLVI. São Paulo: RT, 2012, p. 261.

50. PRATA, Ana. **O Contrato Promessa e o seu Regime Civil**. Coimbra: Almedina, 2001, p. 37.

51. GAGLIANO, Pablo Stolze. **O Contrato de Doação**: análise crítica do atual sistema jurídico e os seus efeitos no direito de família e das sucessões. 3. ed. São Paulo: Saraiva, 2010, p. 34.

52. GOMES, Luiz Roldão de Freitas. **Contrato**. Rio de Janeiro: Renovar, 1999, p. 230.

promissário-donatário a quebra da expectativa outrora ocasionada, por um claro comportamento contraditório da contraparte. Há, consequentemente, responsabilidade civil pelo viés do abuso de direito, na modalidade objetiva[53].

Sob outro enfoque, percebe-se ainda a existência de posicionamento doutrinário admitindo, até mesmo, a exigibilidade da promessa de doação pura, com tutela específica para a realização do contrato definitivo, com força nos princípios da boa-fé e função social dos contratos, esta compreendendo, inclusive, o equilíbrio material das prestações.

Maria Celina Bodin de Morais advoga que a promessa de doação é válida, sendo exequível por meio de ação cominatória. Segue a autora afirmando que o *animus doandi* não é causa da doação, mas apenas uma questão psicológica do indivíduo, particular, que não deve ser abraçada pelo direito.

Carlos Roberto Gonçalves firma que considerar o caráter vinculatório da promessa de doação não significa afastar o *animus doandi*, o que segue sendo necessário, porém já manifestado no contrato preliminar[54].

Paulo Nader[55]recorda que a espontaneidade deve estar presente em qualquer promessa de contrato definitivo, posto ser o contrato definitivo uma consequência da avença anterior. Logo, nada de ilícito há na promessa de doação.

Washington de Barros Monteiro[56] verbera ser possível a promessa de doação. Inicialmente por ser expressamente autorizada em outros diplomas cíveis, como o BGB, em seu § 518, além disso, por inexistir qualquer infringência a preceito legal imperativo nacional.

Flávio Tartuce[57] advoga a exigibilidade da promessa de doação pura em função de inexistir proibitivo legal[58], não contrariar a boa-fé e a função social e estar dentro da lícita expressão da autonomia privada.

---

53. MORAES, Maria Celina Bodin de. Notas Sobre Promessa de Doação. *In:* NANNI, Giovanni Ettore (coord.). **Temas Relevantes do Direito Civil Contemporâneo**: Reflexões sobre os Cinco Anos do Código Civil. São Paulo: Atlas, 2008, p.37.

54. GONÇALVES, Carlos Roberto. **Direito Civil Brasileiro**. Contratos e Atos Unilaterais. 9. ed. São Paulo: Saraiva, 2012. p. 47.

55. NADER, Paulo. **Curso de Direito Civil**: Contratos. 8. ed. Rio de Janeiro: Forense, 2016, p. 270.

56. MONTEIRO, Washington de Barros. **Curso de Direito Civil**. Contratos. 36. ed. São Paulo: Saraiva, 2009, p. 137.

57. TARTUCE, Flávio. **Direito Civil**. Teoria Geral dos Contratos e Contratos em Espécie. v. III. 13. ed. São Paulo: Forense, 2018. p. 364.

58. Na linha da possibilidade de realização do contrato de promessa de doação por inexistência de vedação no ordenamento jurídico nacional: LYRA JUNIOR, Eduardo Messias Gonçalves de. O

Arnaldo Rizzardo[59] verbera que a promessa de doação remete à formação de um vínculo unilateral do promitente relativamente ao promissário, criando um liame de responsabilidade civil apto a impor o cumprimento obrigacional ou, ao menos, o pleito indenizatório.

Marcos Jorge Catalan[60] defende que a exigibilidade da promessa de doação funda-se, até mesmo, na boa-fé objetiva e leitura ética dos negócios jurídicos. Expectativas geradas não devem ser indevidamente frustradas, diante da vedação dos comportamentos contraditórios (*nemo potest venire contra factum proprium*).

Cristiano Chaves de Farias e Nelson Rosenvald[61] veiculam três argumentos favoráveis à exigibilidade da promessa de doação pura. *Primus*, por não excepcionar o Código Civil a possibilidade de realização do contrato preliminar de doação pura. *Secundus*, por abraçar o Código Civil a teoria da confiança, corolário da ética, devendo a promessa realizada ser cumprida. *Tertius*, por presumir-se o contrato preliminar irretratável, consoante o art. 463 do Código Civil. Logo, se há promessa de doação pura, sem cláusula de retratação, presume-se irretratável e exigível.

Para além de todos os argumentos em prol da exigibilidade da promessa de doação pura, hábeis a possibilitar tutela específica para a confecção do contrato principal de doação, somam-se, ainda, outros dois. O primeiro deles decorre da necessidade de observância da força obrigatória dos contratos. Contrato devidamente celebrado há de ser exigível, sob pena de enfraquecimento institucional dos pactos e do próprio direito privado. O segundo remete ao caráter consensual do contrato de doação, o qual se torna perfeito e acabado com o mero encontro de vontades, não demandando a entrega do objeto doado, conforme pontua Pablo Stolze Gagliano[62].

contrato preliminar e a sua previsão no Código Civil. **Revista Trimestral de Direito Civil,** Rio de Janeiro, Padma, v. 14, abr.-jun. 2003, p. 20; Igualmente verifica-se o pensamento de ROSENVALD, Nelson. O Contrato Preliminar. **Jus Revista da Associação Mineira do Ministério Público**. Belo Horizonte: Fórum, ano 41, n. 23, jul.-dez., 2010, p. 173.

59. RIZZARDO, Arnaldo. **Contratos**. 17. ed. São Paulo: Forense, 2018. p. 435.

60. CATALAN, Marcos Jorge. Reflexões acerca da eficácia da promessa de doação no direito brasileiro. **Revista Trimestral de Direito Civil**. Rio de Janeiro: Padma, v. 34, abr.- jun., 2008, p. 69.

61. FARIAS, Cristiano Chaves de; ROSENVALD, Nelson. **Curso de Direito Civil**. Contratos. Teoria Geral e Contratos em Espécie. v. IV. 4. ed. São Paulo: Atlas, 2015, p. 94.

62. GAGLIANO, Pablo Stolze. **O Contrato de Doação**: análise crítica do atual sistema jurídico e os seus efeitos no direito de família e das sucessões. 3. ed. São Paulo: Saraiva, 2010, p. 15.

Contrato real é aquele que requer, para ser perfeito e acabado, a entrega do objeto, ao passo que a figura consensual exigirá apenas o encontro de vontades. São exemplos de contratos reais, usualmente recordados pela doutrina, o depósito e o comodato.

Cediço a existência de certa polêmica no enquadramento da doação como contrato consensual ou real. Entretanto, a primeira linha melhor denota a doação. Como lembra Orlando Gomes[63], a doação "não requer para o seu aperfeiçoamento a entrega da coisa doada ao donatário". Entende-se, portanto, malgrado todo o debate doutrinário sobre o tema, ser possível e vinculativa e promessa de doação pura.

D'outra banda, malgrado o amplo debate sobre a (in)exigibilidade da promessa de doação pura, o tema, quando analisado sob a roupagem da promessa de doação onerosa, navega em águas bem mais tranquilas.

Na doação com encargo a dinâmica é outra, pois há um ônus acessório. Nesta moldura será plenamente possível a exigibilidade da doação, desde que adimplido o encargo, como bem posto por Caio Mário da Silva Pereira[64]. A premissa em comento é necessária, inclusive, para a manutenção do sinalagma contratual, de um ajuste, registra-se, oneroso.

Nessa linha há o Enunciado 549 do Conselho da Justiça Federal, segundo o qual "a promessa de doação no âmbito da transação constitui obrigação positiva e perde o caráter de liberalidade previsto no art. 538 do Código Civil". Se dentro de uma transação, a promessa de doação é onerosa, negociada em virtude de um acordo celebrado, há de ser vinculativa.

Conclui-se que são vinculativas promessas de doações realizadas em dissoluções de sociedades conjugais. Se pactuada a promessa de transferência de um imóvel em um acordo de divórcio, por exemplo, não é possível o arrependimento posterior, visto que tal promessa tem força vinculante.

63. GOMES, Orlando **Contratos**. 26. ed. (atual.) Antônio Junqueira de Azevedo e Francisco Paulo de Crescenzo Marino. Rio de Janeiro: Forense, 2007, p. 254. Segundo o autor, a doação não é hábil a transferir a propriedade do bem doado, sendo o contrato de doação apenas o título de transferência, cujos efeitos são meramente obrigacionais. A efetiva transmissão da propriedade demandará o registro, no caso dos imóveis, ou a tradição, no caso dos móveis. Não é outra a opinião de Maria Helena Diniz, quem entende ser a doação um contrato consensual, malgrado alguns defenderem, como afirma a autora, a sua natureza real. DINIZ, Maria Helena. **Curso de Direito Civil**. Teoria das Obrigações Contratuais e Extracontratuais. v. III. 27. ed. São Paulo: Saraiva, p. 252.

64. PEREIRA, Caio Mário da Silva. **Instituições de Direito Civil**. Contratos. v. III. 11. ed. Rio de Janeiro: Forense, 2002, p. 160-161.

O mesmo raciocínio se aplica a eventuais transações sucessórias, nas quais restou pactuada promessa de doação[65].

Não é diverso o raciocínio aplicável às promessas de doações realizadas em pactos antenupciais, objeto de negociação pré-conjugal e cuja exigibilidade há de ser conservada, para manutenção do sinalagma contratual. O aqui enunciado é amplamente aceito nas decisões do Superior Tribunal de Justiça:

> RECURSO ESPECIAL. DIREITO DE FAMÍLIA. AÇÃO COMINATÓRIA. OUTORGA DE ESCRITURA DA NUA-PROPRIEDADE DE **IMÓVEL OBJETO DE PROMESSA DE DOAÇÃO CELEBRADA MEDIANTE PACTO ANTENUPCIAL. EXIGIBILIDADE DA OBRIGAÇÃO.** TRANSAÇÃO POSTERIOR. EFEITOS. SÚMULA 05/STJ.
>
> **1. Controvérsia em torno da validade e eficácia de negócios jurídicos celebrados entre as partes, mediante escritura pública de pacto antenupcial, na qual o réu assumiu o compromisso de doar imóvel à autora, posteriormente substituído por outro bem imóvel (apartamento).**
>
> [...]
>
> **4. Hipótese dos autos em que a liberalidade não animou o pacto firmado pelas partes, mas sim as vantagens recíprocas e simultâneas que buscaram alcançar a aquiescência do Superior Tribunal de Justiça a de ambos ao matrimônio e ao regime de separação total de bens, estabelecendo compromisso de doação de um determinado bem à esposa para o acertamento do patrimônio do casal.**
>
> **5. Aplicação analógica da tese pacificada na Segunda Seção no sentido da validade e eficácia do compromisso de transferência de bens assumidos pelos cônjuges na separação judicial, pois, nestes casos, não se trataria de mera promessa de liberalidade, mas de promessa de um fato futuro que entrou na composição do acordo de partilha dos bens do casal**
>
> EREsp n 125859/RJ. Rel. Min. Ruy Rosado de Aguiar. Segunda Seção. DJ 24.03.2003. Grifos.
>
> AGRAVO REGIMENTAL NO RECURSO ESPECIAL. EMBARGOS À EXECUÇÃO. **ACORDO CELEBRADO EM SEPARAÇÃO CONSENSUAL. HOMOLOGAÇÃO JUDICIAL. DOAÇÃO. ÚNICA FI-**

65. FARIAS, Cristiano Chaves de; ROSENVALD, Nelson. **Curso de Direito Civil**. Contratos. Teoria Geral e Contratos em Espécie. v. IV. 4. ed. São Paulo: Atlas, 2015, p. 105.

LHA. AUSÊNCIA DE VÍCIOS DE VALIDADE. EXIGIBILIDADE DA OBRIGAÇÃO. PRECEDENTES.

1. A jurisprudência desta eg. Corte já se manifestou no sentido de considerar que não se caracteriza como ato de mera liberalidade ou simples promessa de doação, passível de revogação posterior, a doação feita pelos genitores aos seus filhos estabelecida como condição para a obtenção de acordo em separação judicial.

2. Agravo regimental a que se nega provimento.

AgRg no REsp n 883232/MT. Rel. Min. Raul Araújo. 4ª Turma. DJ*e* 26.12.2013. Grifos.

DOAÇÃO. DIREITOS HEREDITÁRIOS. MEAÇÃO.

As partes, quando do falecimento do *de cujus* (pai e marido) e da abertura do inventário, entenderam firmar um contrato particular sobre a cessão de direitos dos filhos para a mãe, além da promessa de doação quanto a todos os bens da viúva meeira, como forma de viabilizar a partilha. Alega-se desobedecida a necessária forma pública, contratada a proibida herança de pessoa viva com o uso de indevida promessa de doação, além de existir coação em sua celebração. **Nesta instância especial, diante dessas peculiaridades, o Min. Relator reconheceu a eficácia do instrumento particular para a comprovação do negócio entabulado. O Min. Ari Pargendler, em seu voto-vista, ao acompanhá-lo, aduziu que a promessa, no caso, caracterizar-se-ia como uma condição do negócio, não seria apenas mera liberalidade.** Já o voto-vista da Min. Nancy Andrighi, também conforme com o do Relator, afastou da cessão dos direitos hereditários a possibilidade de se aventar renúncia e ressaltou que, apesar de consumada em instrumento particular, essa manifestação dos herdeiros recebeu a homologação do juízo mediante termo próprio lavrado nos autos: mesmo inquinada de nula a posterior promessa de doação, permaneceria íntegra a cessão; quisessem desconstituir a partilha, deveriam pautar-se pelo disposto no art. 1.030 do CPC. No que toca à promessa de doação, a Min. Nancy Andrighi firmou não haver interesse dos recorrentes, pois, mesmo que anulada, a viúva meeira poderia, independentemente de promessa, doar a seus filhos o patrimônio amealhado nos mesmos termos do acordo que se quer invalidar. Anotou, também, não haver prejuízo à legítima dos herdeiros necessários, o que afasta a violação do art. 1.176 do CC/1916. Quanto à alegação de uma das rés de que estaria no polo errado da ação, para a Ministra, aquele que inicialmente se coloca totalmente contra as pretensões do autor não pode, simplesmente, no curso da ação, advogar em prol do demandante contra os demais;

> poderia, quando muito, abster-se de litigar e reconhecer a procedência do pedido, sem pretender transferir-se para o polo ativo. REsp 853.133-SC, Rel. originário Min. Humberto Gomes de Barros, Rel. para acórdão Min. Ari Pargendler (art. 52, IV, b, do RISTJ), julgado em 06.05.2008. Informativo 354. Grifos.

Ainda no mesmo Superior Tribunal de Justiça, em voto proferido no Recurso Especial n. 1.355.007-SP, o Ministro Relator Paulo de Tarso Sanseverino fez importante histórico do posicionamento do Tribunal da Cidadania e, em especial, o contraponto das decisões que entendem a inexigibilidade da promessa de doação pura e a exigibilidade da promessa de doação realizada em transações, mesmo que constantes em pacto antenupcial. Cita-se:

> Conforme relatado anteriormente, foi estipulado, em pacto antenupcial, a promessa de doação de nua-propriedade de imóvel.
>
> Sobre a possibilidade de celebração pelos interessados de um contrato de compromisso de doação, nos moldes dos artigos 462 a 466, do CC de 2002, que disciplinam o contrato preliminar, já tive oportunidade de me manifestar em sede doutrinária (in Contratos Nominados II – Contrato Estimatório, Doação, locação de Coisas, Empréstimo: Comodato e Mútuo, Paulo de Tarso Sanseverino, 2. ed. São Paulo: Editora Revista dos Tribunais, 2011, p. 83-86).
>
> Na ocasião, destaquei que parte da doutrina nega validade e eficácia a esse pacto por considerar que o *animus donandi* deve estar presente, obrigatoriamente, no momento da celebração do contrato definitivo. Havendo arrependimento posterior, não haverá doação. Igualmente, por ser incompatível com a noção de liberalidade inerente às doações, não há possibilidade de execução do pacto na hipótese de descumprimento, assim como não haverá obrigação de indenizar.
>
> A esta corrente filiam-se, entre outros, Serpa Lopes (in Curso de Direito Civil. Rio de Janeiro: Freitas Bastos, 199, v. III e IV, p. 391), Sílvio Rodrigues (in Direito Civil – Dos contratos. Saraiva: São Paulo, 2002, p. 200), Caio Mário da Silva Pereira (in Instituições de Direito Civil. Rio de Janeiro: Forense, 1979, v. III, p. 161) e Agostinho Alvim (in Da doação. Saraiva: São Paulo, 1980, p. 42).
>
> Outra parte da doutrina, representada, entre outros, por Natal Nader (in Promessa de doação – Doação inoficiosa. Ajuris 16, p. 126), Washington de Barros Monteiro (in Curso de direito civil – Direito das obrigações, 2ª parte. São Paulo: Saraiva, 1995, v, V, p. 224) e Paulo

Luiz Netto Lôbo (in Comentários ao Código Civil. Parte Especial: Das várias espécies de contratos. São Paulo: Saraiva, 2003, v. 7, p. 284-287), admite a validade e eficácia do contrato preliminar de doação (*pactum de donando*), que não é vedado pelo legislador. A liberalidade está presente no momento da promessa, vinculando o promitente-doador a executá-la como obrigação de fazer.

Pontes de Miranda, por sua vez, sustenta que, na hipótese de inadimplemento, o outorgado (promitente-donatário) conta com ação de indenização, embora não possa exigir a entrega do bem, "pois o que se prometeu foi o contrato e não o bem" (in Tratado de Direito Privado, T. 46, §5.020, n. 5, p. 261).

Anotei, por fim, na oportunidade, que o grande problema da questão "reside no plano da eficácia desse 'pactum de donando' na hipótese de inadimplemento de sua obrigação pelo promitente-doador", não se mostrando "compatível com o conceito de liberalidade ou *animus donandi*, que é inerente à doação, a execução compulsória da obrigação de fazer (celebração do pacto definitivo), que é objeto dos contratos preliminares em geral" e, tampouco, "a possibilidade aventada por Pontes de Miranda de se resolver a questão em perdas e danos se mostra razoável, pois destoa completamente do espírito desse negócio jurídico".

Com isso, concluí que "apenas após a celebração do contrato definitivo de doação mostra-se possível a execução compulsória das obrigações atribuídas ao doador na hipótese de recusa de seu cumprimento amigável".

Entretanto, nas hipóteses de promessa de doação efetivadas em processos de separação ou divórcio, a situação é diferente, devendo ser reconhecida a sua exigibilidade.

Com efeito, trata-se da situação em que os cônjuges separandos ou divorciandos celebram acordo perante o juízo da vara de família, assumindo o compromisso de doar entre si ou a favor dos filhos a totalidade ou parte dos bens do casal. Havendo, posteriormente, a recusa de cumprir o compromisso por parte de um dos ex-cônjuges, passa-se a discutir a validade do acordo judicial e a possibilidade de sua execução.

No âmbito do Superior Tribunal de Justiça, após divergência entre a 3ª e a 4ª Turmas, a matéria restou pacificada pela Segunda Seção, por ocasião do julgamento do EREsp n. 125859/RJ, Rel. Ministro Ruy Rosado de Aguiar, DJ 24/03/2003, no sentido da validade e eficácia do compromisso de transferência de bens assumidos pelos

cônjuges na separação judicial, pois, nestes casos, não se trataria de mera promessa de liberalidade, mas de promessa de um fato futuro que entrou na composição do acordo de partilha dos bens do casal.

A Terceira Turma desta Corte teve a oportunidade de reafirmar esta posição no julgamento do REsp n.º 742048/RS, Rel. Ministro Sidnei Beneti, DJ 24/04/2009, do REsp n.º 853133/SC, Rel. para o acórdão o Ministro Ary Pargendler, DJe 20/11/2008 e, mais recentemente, do REsp n.º 1537287/SP, Rel. Ministro Ricardo Villas Bôas Cueva, DJe 28/10/2016.

Efetivamente, mostra-se correta a orientação traçada pela Segunda Seção, conforme, inclusive, pude reconhecer em sede doutrinária na obra já citada, "pois esse compromisso assumido no processo de separação, de doação dos bens integrantes do patrimônio do casal aos filhos, não constitui apenas uma liberalidade, mas uma forma de superar o impasse na sua partilha em proveito da paz familiar e social", devendo, por isso, "ser garantida a sua exigibilidade concreta".

O norte interpretativo dos julgados referidos é, exatamente, a existência, ainda que indireta, de uma contraprestação nessas promessas de transferência patrimonial. Trata-se, vale dizer, "de condição do negócio, e não mera liberalidade" (Ministro Ary Pargendler em voto proferido no REsp. 853.133/SC).

Tais disposições, aliás, conforme ressaltou a e. Ministra Nancy Andrighi em voto proferido no REsp n. 125959/RJ, não caracterizam promessa de doação, "uma vez que não há ato de liberalidade ou pura e simples vontade de doar aos filhos os bens pertencentes aos pais, mas sim, o estabelecimento de compromisso de transferir a propriedade, a fim de se obter uma separação judicial mais rápida, menos sacrificante e mais amigável possível, além de se proteger o interesse dos filhos". E, ainda, continua Sua Excelência, "nas separações consensuais as partes acordam livremente, abrindo mão de determinado direito, para ganhar outro", a fim de chegarem a um consenso e amigavelmente se separarem".

Por essas mesmas razões, entendo deva ser garantida, no caso, a exigibilidade da "promessa de doação", pois aqui também, conforme se extrai do acórdão recorrido, não é o espírito de liberalidade que animou o pacto firmado pelas partes.

Ao contrário, houve um acordo de vontades entre os nubentes que, imbuídos do desejo de obterem vantagens recíprocas e simultâneas, ou seja, a aquiescência de ambos ao matrimônio e ao regime de separação total de bens, estabeleceram, no bojo de um pacto

> **antenupcial, o compromisso de doação de um determinado bem à esposa para "acertamento do patrimônio do casal", conforme constou da sentença (fls. 338/342).**
>
> **A assertiva é corroborada pelo fato incontroverso de que as partes viveram em união estável por mais de nove anos antes da celebração do casamento, revelando, assim, um possível caráter compensatório da promessa de doação, já que inserida dentro de um pacto pré-nupcial que prevê regime diferente da comunhão parcial.**
>
> **Evidente, assim, que a autora-recorrida, ao anuir com o pacto pré-nupcial, confiava que, na eventualidade de uma dissolução da sociedade conjugal, quando então não haveria partilha de bens, a nua-propriedade do imóvel lhe estaria garantida.**
>
> **Deve ser invocado, ainda, a boa-fé objetiva, impositiva dos deveres de lealdade e honestidade entre as partes contratantes. Assim, ao descumprir promessa de doação manifestada de forma livre e lícita, o recorrente frustra a legítima expectativa depositada pela recorrida ao celebrar o contrato, não podendo este descumprimento ser chancelado pelo Poder Judiciário**
>
> **Não há, assim, como negar exequibilidade à promessa de doação pactuada pelo recorrente com a recorrida no contrato matrimonial, ajuste solene e sinalagmático por natureza, que tem por função principal o estabelecimento de regras patrimoniais que regerão o casamento.**
>
> Ressalto, por fim, que em nenhum momento o recorrente invoca eventual cláusula de arrependimento para a hipótese de desfazimento do matrimônio a obstar a exigibilidade da celebração do contrato definitivo. Grifos.

Pelo exposto, na seara das chamadas promessas de doações com encargo, oneradas, e, em especial, presentes em eventuais transações, inclusive em sede de pacto antenupcial, tem-se, tanto na doutrina como na jurisprudência, vastos e majoritários posicionamentos de vinculação e exigibilidade, ambos hábeis a possibilitar tutela específica na confecção do contrato principal de doação.

Há homenagem à boa-fé, à função social e, inclusive, ao equilíbrio material das prestações. São promessas realizadas em um contexto de reciprocidade, em um ajuste de transação. Muitas das vezes, abre-se mão de um regime com comunicação patrimonial, por conta da doação prometida.

Assim, é lícita e exigível a promessa de doação feita entre nubentes, aposta em pacto antenupcial. Outrossim, plenamente viável a doação veiculada no pacto antenupcial. Nesses casos, possível, até mesmo, a presença de um terceiro, que poderá figurar no pacto, nos limites aqui já externados.

8.5. É VIÁVEL AO PACTO ANTENUPCIAL ESTABELECER O USO GRATUITO DO BEM COMUM, OU EXCLUSIVO DE UM DOS CÔNJUGES, APÓS A DISSOLUÇÃO AFETIVA?

Tema espinhoso relaciona-se à permanência de um dos cônjuges no lar conjugal, após a separação de fato, em especial quando este imóvel é de copropriedade do casal ou de propriedade exclusiva do cônjuge retirante.

Na hipótese em que há copropriedade do imóvel, e apenas um dos cônjuges permanece no seu uso exclusivo após a separação de fato, a jurisprudência encaminha-se pela necessidade de pagamento de aluguel proporcional ao cônjuge retirante, sob a rubrica de alimentos compensatórios, com nítida natureza de prestação compensatória.

O direito nacional, porém, não regra expressamente sobre os alimentos compensatórios na seara familiar, como o faz o francês, o espanhol e o argentino, por exemplo[66]. Entretanto, a omissão legislativa nacional não tem sido impeditivo à adoção da tese pelas Casas Judiciais brasileiras, que trabalham com o assunto pelo viés da mútua assistência e pelo arcabouço de responsabilidade civil, a exemplo de vedação ao enriquecimento sem causa[67].

66. O art. 270 do Código Civil Francês prevê que um dos consortes pode ser obrigado a dar ao outro prestação destinada a compensar, dentro de suas possibilidades, a disparidade que a ruptura do casamento ocasionou nas condições de vida. Esta prestação tem um caráter de crédito, tomando forma de capital, cujo valor é fixado pelo juiz. Já o art. 97 do Código Civil Espanhol verbera que o cônjuge, a quem a separação ou o divórcio produza um desequilíbrio econômico em relação à posição do outro, implicando um agravamento de sua situação em relação ao seu casamento anterior, terá direito a uma indenização, a qual poderá consistir em uma pensão temporária ou por tempo indeterminado, ou em uma prestação única, segundo o que se determine no acordo de regulamentação ou no julgamento. Por sua vez, o recente Código Civil Argentino, sob o batismo de compensação econômica, regula o tema em seu art. 441. Na dicção da norma argentina, a aludida compensação será devida ao cônjuge que vier a sofrer os efeitos de um desequilíbrio manifesto, implicando em piora de sua situação por conta do vínculo matrimonial e de sua ruptura. A compensação será devida por tempo determinado ou, excepcionalmente, de forma indeterminada, sendo viável seu pagamento em dinheiro, ou com o usufruto de determinados bens, ou de qualquer outra maneira determinada pelas partes ou decidida pelo juiz.

67. Para visita mais ampla sobre o tema "alimentos compensatórios": FIGUEIREDO, Luciano Lima. Alimentos Compensatórios: Compensação Econômica e Equilíbrio Patrimonial. **Anais do X**

A natureza dos alimentos compensatórios dialoga com a responsabilidade civil, a vedação do enriquecimento sem causa e uma prestação compensatória. Não tem, por conseguinte, natureza de alimentos civis, que ambicionam a subsistência de modo compatível com a condição social e são guiados pela necessidade e possibilidade.

Nessa toada, dentre os fatos geradores de possíveis alimentos compensatórios, coloca-se a fruição exclusiva, por um dos cônjuges, do patrimônio comum. Cita-se decisão exemplificativa do Superior Tribunal de Justiça:

> AGRAVO EM RECURSO ESPECIAL N. 1.242.468 - RS (2018/0024442-6) RELATORA: MINISTRA MARIA ISABEL GALLOTTI. AGRAVANTE: MIRIA FROZZA. ADVOGADOS: VANDERLEI LUIS WILDNER E OUTRO (S) - RS036737 ALBERTO DE MARCO DICK - RS057987 RICARDO DE MARCO - RS078541. AGRAVADO: DALVI SCUDELLA ADVOGADOS: JAIME CIPRIANI - RS021603. CLAITON ALMEIDA RAMOS - RS054080. LEANDRO JAIME CIPRIANI - RS071309 JAIME CIPRIANI JUNIOR - RS068203 LISA PETTINE - RS092355 VINICIUS VALENTI BRANCHI - RS084648 AGRAVADO: ELÓI ANTONIO SCUDELLA. ADVOGADO: JAIME CIPRIANI - RS021603. AGRAVADO: SIDNEI SCUDELLA ADVOGADOS: LEANDRO JAIME CIPRIANI - RS071309 JAIME CIPRIANI JUNIOR E OUTRO (S) - RS068203 DECISÃO [...]
>
> Após um período de indefinição na jurisprudência deste Tribunal, a questão foi recentemente decidida pela Segunda Seção desta Corte no mesmo sentido do acórdão recorrido. Na oportunidade, o voto condutor do referido acórdão fixou a tese sobre "a possibilidade de se fixar indenização pelo uso exclusivo por um dos ex-cônjuges de imóvel de propriedade comum, independentemente da efetiva partilha". A propósito, confira-se a ementa do julgado: RECURSO ESPECIAL. CIVIL. FAMÍLIA. DIVÓRCIO. PARTILHA. INDENIZAÇÃO PELO USO EXCLUSIVO DE IMÓVEL DE PROPRIEDADE COMUM DOS EX-CÔNJUGES AINDA NÃO PARTILHADO FORMALMENTE. POSSIBILIDADE A DEPENDER DAS CIRCUNSTÂNCIAS DO CASO CONCRETO. RECURSO ESPECIAL PROVIDO. 1. Na separação e no divórcio, sob pena de gerar enriquecimento sem causa, o fato de certo bem comum ainda pertencer indistintamente aos ex-cônjuges, por não ter sido formalizada a partilha, não representa automático empecilho ao pagamento de indenização pelo uso exclusivo do bem por um deles, desde que a parte que toca a cada um tenha sido definida por qualquer

---

Congresso Brasileiro de Direito de Família. v. 10. Belo Horizonte: IBDFAM, 2015, p. 553-570.

> meio inequívoco. 2. Na hipótese dos autos, tornado certo pela sentença o quinhão que cabe a cada um dos ex-cônjuges, aquele que utiliza exclusivamente o bem comum deve indenizar o outro, proporcionalmente. 3. Registre-se que a indenização pelo uso exclusivo do bem por parte do alimentante pode influir no valor da prestação de alimentos, pois afeta a renda do obrigado, devendo as obrigações serem reciprocamente consideradas pelas instâncias ordinárias, sempre a par das peculiaridades do caso concreto. 4. O termo inicial para o ressarcimento deve ser a data da ciência do pedido da parte contrária, que, no caso, deu-se com a intimação. 5. Recurso especial provido. (REsp 1.250.362/RS, Rel. Ministro RAUL ARAÚJO, SEGUNDA SEÇÃO, julgado em 8.2.2017, DJe 20.2.2017). Desse modo, ao contrário do que entendeu o acórdão recorrido, há interesse da autora, ora recorrente, na fixação de aluguel pelo uso exclusivo do imóvel. Quanto à suposta existência de *bis in idem*, em razão de a recorrente receber dos recorridos pensão alimentícia, verifico não ocorrer na espécie, porquanto, à luz do que giza o art. 565 do Código Civil, o pagamento de aluguéis tem natureza jurídica patrimonial, de relação contratual, que envolve coisa não fungível, por tempo determinado ou não, mediante retribuição, enquanto, que a pensão alimentícia, tem natureza de verba alimentar, corolário do direito à vida, extrapatrimonial, não negocial, regida pela regra da temporalidade do pensionamento, viabilizadora da subsistência do alimentando, não visando à ampliação de seu patrimônio, ou à acumulação de riquezas. [...]
>
> Em face do exposto, conheço do agravo, para dar parcial provimento ao recurso especial, reconhecendo o direito da recorrente em receber os aluguéis pleiteados, cumulados com a pensão alimentícia fixada em seu favor, afastando-se a ocorrência de *bis in idem*, e determinando a devolução dos autos ao Tribunal de origem, para que proceda à compensação das verbas. Intimem-se. Brasília, 11 de maio de 2018. MINISTRA MARIA ISABEL GALLOTTI Relatora STJ – AREsp: 1242468 RS 2018/0024442-6, Relator: Ministra MARIA ISABEL GALLOTTI, Data de Publicação: DJ 18/05/2018.

Se o imóvel traduz patrimônio exclusivo de um dos cônjuges e após a separação de fato o não proprietário segue na sua utilização exclusiva, este haverá de pagar aluguel àquele, também sob a rubrica de alimentos compensatórios, com natureza de prestação compensatória.

Malgrado a nomenclatura de alimentos compensatórios[68], o pagamento de aluguel, nas situações mencionadas, liga-se à reparação civil, estando, inclusive, a dialogar mais intimamente com a responsabilidade civil do que, propriamente, com o direito das famílias.

Destarte, se não fossem cônjuges, mas meros condôminos, e um deles estivesse na fruição exclusiva do patrimônio comum, persistiria igualmente devido o aluguel proporcional. Justo por isso que a eventual percepção destes alimentos compensatórios não gerará qualquer impossibilidade de pleito dos alimentos civis.

Diante desta problemática, indaga-se: seria viável ao pacto antenupcial regular sobre o uso gratuito do imóvel comum, ou até exclusivo do outro cônjuge, de forma vitalícia ou periódica, de forma unilateral por um dos cônjuges e após o término do casamento?

A resposta é positiva. Estar-se-á a regular questão patrimonial, a qual é disponível e admite pleno regramento em sede de pacto antenupcial[69].

Como visto na Parte I deste trabalho, e em outras passagens deste capítulo, há, no que concerne ao pacto antenupcial, uma solução predisposta pelo ordenamento jurídico que considera a autonomia na seara patrimonial.

Esta solução tendente à autonomia, na seara privada, também conforme o estudado, deve ganhar ainda maior importância no que tange ao prestígio da liberdade particular.

Outrossim, o regramento em questão pode até decorrer de uma garantia conferida por conta da eleição de um regime de bens de separação, por exemplo, conferindo melhor equilíbrio ao pacto antenupcial.

Assim, plenamente lícita a disposição existente em pacto antenupcial que confere a um dos cônjuges o direito de permanecer no imóvel de copropriedade do casal, ou exclusiva do cônjuge retirante, de forma periódica ou vitalícia, após o término da sociedade conjugal.

68. No caso em moldura, mais do que um alimento compensatório, o tema tem maior diálogo com a copropriedade e o uso exclusivo do bem por um dos coproprietários; ou, ainda, pela propriedade exclusiva e o uso do bem por aquele que não é proprietário. A percepção do aluguel, por conseguinte, tem íntimo diálogo com a questão proprietária, e não tanto com a conjugalidade, malgrado os assuntos se tangenciarem na dissolução afetiva. De todo modo, ampla doutrina e jurisprudência nacionais têm estudado o assunto sob a moldura de alimentos compensatórios.

69. CARDOSO, Fabiana Domingues. **Regime de Bens e Pacto Antenupcial**. Rio de Janeiro: Método/Gen, 2010, p. 181.

Por fim, o Projeto de Reforma do Código Civil objetiva findar a lacuna legislativa sobre os alimentos compensatórios, estabelecendo regras nos artigos 1.709-A até o 1.709-C.

Atento ao fato gerador do desequilíbrio econômico, o Projeto de Reforma do Código Civil, no art. 1.709-A, aduz que "o cônjuge ou convivente cuja dissolução do casamento ou da união estável produza um **desequilíbrio econômico** que importe em uma queda brusca do seu padrão de vida, terá direito aos **alimentos compensatórios que poderão ser por prazo determinado ou não, pagos em uma prestação única, ou mediante a entrega de bens particulares do devedor**".

D'outra banda, visando o fato gerador da fruição exclusiva do patrimônio comum, assevera o Projeto, agora no art. 1.709-B, que "o cônjuge ou convivente, cuja meação seja formada por bens que geram rendas, e que se encontrem sob a posse e a administração exclusiva do seu parceiro, poderá requerer que lhe sejam pagos mensalmente pelo outro consorte ou convivente, parte da renda líquida destes bens comuns, a título de alimentos compensatórios patrimoniais, e que serão devidos até a efetiva partilha dos bens comuns".

O projeto de reforma ainda está em tramitação nas Casas Legislativas, demandando atenção dos operadores do direito sobre eventuais alterações e/ou aprovações.

8.6. SERIA VIÁVEL NO PACTO ANTENUPCIAL CONSTAR CONFISSÃO DE DÍVIDA, TROCA OU PERMUTA, COMPRAS E VENDAS E PROMESSAS DE COMPRAS E VENDAS?

Nada impede que o pacto antenupcial regule uma confissão de dívida entre os nubentes[70], relacionada a um fato ocorrido durante o relacionamento prévio ao casamento e com o intuito de deixar claro o momento, a liquidez, o vencimento e a exigibilidade da dívida.

Ilustra-se com um empréstimo feito por um dos nubentes ao outro, ainda na época do namoro, e cuja dívida resta confessa no pacto, entabulando, quiçá, plano de pagamento.

70. SCHREIBER, Anderson. **Manual de Direito Civil Contemporâneo**. 2. ed. São Paulo: Saraiva, 2020, p. 934.

No mesmo sentido é plenamente viável que o pacto regule sobre troca ou permuta entre os nubentes, bem como compras e vendas[71] e promessas de compras e vendas[72].

Todos são temas de índole patrimonial, abarcados pelo objeto primaz e com autorização legislativa predisposta para regramento no pacto antenupcial. Contemplam exercício de autonomia e, por isso, traduzem regras válidas a constarem em pacto antenupcial.

8.7. É POSSÍVEL AO PACTO ANTENUPCIAL IMPUTAR A UM DOS CÔNJUGES A ADMINISTRAÇÃO EXCLUSIVA DE BENS COMUNS?

Outro tema patrimonial de debate gravita sobre a (im)possibilidade de um dos cônjuges ter a si imputada, através de cláusula no pacto antenupcial, a administração exclusiva dos futuros bens comuns.

Paulo Luiz Netto Lôbo[73] entende que esta cláusula é nula, com o que concorda Flávio Tartuce[74].

Data venia, diverge-se em relações às citadas opiniões contrárias. Administração patrimonial é tema privado. Tanto o é que, não raro, as partes entregam a administração de bens a terceiros, estranhos ao núcleo familiar, como imobiliárias. Tanto o é que é plenamente possível outorga de mandato à pessoa física, estranha ou não ao núcleo familiar, visionando gestão de imóveis.

Em sendo tema de índole privada, não se vislumbra nenhuma nulidade, por desrespeito à questão de ordem pública, em cláusula que institua a administração exclusiva, a um dos cônjuges, dos futuros bens comuns. Qual seria o interesse público violado por esta cláusula? Qual a fronteira da autonomia privada teria sido ultrapassada?

No particular, é inclusive curioso observar que malgrado o posicionamento doutrinário de impossibilidade de o pacto antenupcial determinar a

---

71. VENOSA, Sílvio de Salvo. **Direito Civil**. Direito de Família. 10. ed. São Paulo: Atlas, 2010, p. 331-332.

72. SANTOS, Francisco Cláudio de Almeida. O pacto antenupcial e a autonomia privada. *In*: FERREIRA BASTOS, Eliene; SOUSA, Asiel Henrique de (coord.). **Família e jurisdição**. Belo Horizonte, Del Rey, 2005, p. 201-202.

73. LÔBO, Paulo Luiz Netto. **Código Civil Comentado**. v. XVI. São Paulo: Atlas, 2003, V. XVI, p. 232.

74. TARTUCE, Flávio. **Direito Civil**. Direito de Família. 13. ed. Rio de Janeiro: Forense, 2018, p. 171.

administração exclusiva de bens comuns por um dos consortes, a doutrina é ampla em permitir a um dos cônjuges outorgar, ao outro, mandato para alienação de bens.

Zeno Veloso[75] ressalta ser possível ao cônjuge outorgar mandato ao outro para alienação de bens, desde que este mandato seja revogável. No mesmo sentido coloca-se Francisco Cavalcante Pontes de Miranda[76]. Washington de Barros Monteiro e Regina Beatriz Tavares da Silva[77] argumentam a possibilidade deste mandato ter poderes ilimitados.

Se pode outorgar mandato para alienação, porque não o poderia para a gestão dos bens? Em sendo viável o mandato para gestão dos bens, qual o impeditivo para esta outorga de poderes por meio do pacto antenupcial?

Em sendo tema de índole privada, não se enxerga nenhuma nulidade por desrespeito à questão de ordem pública em cláusula que institua a administração exclusiva dos bens comuns.

Fato, porém, que esta cláusula de administração exclusiva não poderá ser cunhada com irrevogabilidade[78], irretratabilidade e amplos poderes de desfazimento patrimonial. Afinal, gestão patrimonial não se confunde com desfazimento patrimonial.

Cláusula irrevogável e irretratável de gestão unilateral, com amplos poderes para alienação, seria uma permissão travestida para o aniquilamento patrimonial do consorte autorizador, configurando eventual abuso de direito, usurpação indevida e convite à violência patrimonial, o que não se deve tolerar.

Portanto, entende-se como lícita a cláusula que impute a administração exclusiva de bens comuns a um dos cônjuges, desde que revogável. Em sendo tema nitidamente patrimonial, está claramente dentro do objeto primordial

75. VELOSO, Zeno. Separação Obrigatória de Bens – Controvérsias – Doação entre Cônjuges. **Revista IBDFAM Famílias e Sucessões**. n. 20, mar.-abr. 2017. Belo Horizonte: IBDFAM, 2016, p. 31-32.

76. PONTES DE MIRANDA, Francisco Cavalcanti. **Tratado de Direito Privado**. Parte Especial. Dissolução da Sociedade Conjugal e Eficácia Jurídica do Casamento. t. VIII. São Paulo: RT, 2012, p. 428.

77. MONTEIRO, Washington de Barros; SILVA, Regina Beatriz Tavares da. **Curso de Direito Civil** – Direito da Família. v. 2. 39. ed. São Paulo: Saraiva, 2009, p. 221.

78. MAIA JÚNIOR, Mairan Gonçalves. **A Família e a Questão Patrimonial**: Planejamento Patrimonial, Regime de Bens, Pacto Antenupcial, Contrato Patrimonial na União Estável. 3. ed. São Paulo: RT, 2015, p. 211.

do pacto antenupcial, cuja opção legislativa, já ressaltada neste capítulo, é em prol da autonomia privada.

Não se olvida, porém, que o tratamento do tema no pacto antenupcial poderá gerar um inconveniente, com o eventual debate sobre sua revogabilidade, em vista de possível arguição de irrevogabilidade do pacto antenupcial.

Destarte, como será visto no decorrer deste capítulo, em entendimento sustentado por Francisco Cavalcanti Pontes de Miranda[79] e Zeno Veloso[80], o pacto é divisível. Por conseguinte, é viável haver na sua escritura pública trechos revogáveis e até não diretamente ligados ao objeto primordial do pacto.

Outro debate poderia gravitar sobre a seguinte questão: qual a necessidade de confecção do pacto apenas com o escopo de colocação da cláusula-mandato?

Há situações em que os nubentes desejam regular temas diversos no pacto, a exemplo da eleição de um regime de comunhão universal, sendo que este pacto já outorgue a um dos nubentes poderes para gestão patrimonial unilateral. O olhar aqui é de sistematicidade e economia, permitindo-se a solução de todos os temas em um único instrumento, ao revés de demandar-se dois: pacto e contrato de mandato.

O pacto poderá, até mesmo, ir além, regulando deveres de prestação de contas daquele que tem a gestão unilateral, estipulando forma de prestar contas, periodicidade ou diretrizes de gestão. Ao final, vedar a colocação de poderes revogáveis de gestão patrimonial unilateral no pacto gerará apenas a necessidade daqueles que assim o desejam o fazerem mediante instrumento apartado ao pacto, fato que desembocará no mesmo resultado e com menor sistematicidade e economicidade.

Nessa toada, ainda que se entenda eventualmente mais seguro que o assunto seja regulado à parte, fora da escritura pública do pacto antenupcial, isto não significa a impossibilidade de que já conste na escritura pública do pacto antenupcial, até mesmo de forma cindível e pela fundamentação posta.

---

79. PONTES DE MIRANDA, Francisco Cavalcanti. **Tratado de Direito Privado**. Parte Especial. Dissolução da Sociedade Conjugal e Eficácia Jurídica do Casamento. t. VIII. São Paulo: RT, 2012, p. 315.

80. VELOSO, Zeno. Regimes Matrimoniais de Bens. *In:* PEREIRA, Rodrigo da Cunha (coord.). **Direito de Família Contemporâneo**. Belo Horizonte: Del Rey, 1997, p. 86.

8.8. É POSSÍVEL AO PACTO ANTENUPCIAL REGULAR SOBRE AS DESPESAS DO LAR?

Informa o art. 1.568 do Código Civil que, independentemente do regime de bens, os cônjuges são obrigados a concorrer, na proporção dos seus bens e rendimentos do trabalho, para o sustento do lar. Daí decorre a dúvida: poderia o pacto antenupcial disciplinar diversamente?

A resposta, no que tange ao regime da separação convencional, é incontroversa, ao passo que o art. 1.688 do Código Civil expressamente informa a possibilidade do pacto antenupcial disciplinar sobre o custeamento do lar.

E nos demais regimes de bens, seria viável?

No particular, e como bem posto por Mairan Gonçalves Maia Júnior[81], como fruto da autonomia, nada obsta que a conjugalidade discipline diversamente a contribuição sobre o custeamento do lar, independentemente do regime de bens eleito.

Logo, plenamente viável que o pacto antenupcial, por exemplo, discipline custeamento igualitário, ou diferenciado entre os cônjuges, das despesas do lar. Nada impede, ainda, que haja escalonamento de percentuais a depender da fase do relacionamento, como idade, advento ou perda de emprego.

8.9. SERIA VIÁVEL AO PACTO ANTENUPCIAL REGULAR A DISPENSA DE VÊNIA CONJUGAL?

Há situações em que, por conta do matrimônio, o legislador demanda, para a prática de um determinado ato da vida civil, a autorização do cônjuge. Trata-se de casuística de legitimação, capacidade negocial, privada ou específica, também denominada de autorização integrativa. Afinal, para a prática deste determinado ato da vida civil, por conta do casamento, mister a autorização do consorte, não bastando a capacidade civil genérica[82].

81. MAIA JÚNIOR, Mairan Gonçalves. **A Família e a Questão Patrimonial**: Planejamento Patrimonial, Regime de Bens, Pacto Antenupcial, Contrato Patrimonial na União Estável. 3. ed. São Paulo: RT, 2015, p. 152.

82. GONÇALVES, Carlos Roberto. **Direito Civil Brasileiro**. Direito de Família. São Paulo: Saraiva, 2010, p. 263.

No casamento, esta autorização convencionou-se denominar de vênia ou outorga conjugal, gênero cujas espécies são a outorga uxória, quando concedida pela esposa, e a marital, quando conferida pelo marido.

A dúvida que se estabelece é a seguinte: seria lícito ao pacto antenupcial afastar a exigência normativa da vênia conjugal?

Para responder à indagação, primeiro se compreenderá a temática da vênia conjugal e, na sequência, se verificará a (im)possibilidade de sua dispensa mediante pacto antenupcial.

8.9.1. A Vênia Conjugal

Então, indaga-se: quais são os atos em que, por conta do matrimônio, mesmo sendo o consorte dotado de capacidade jurídica geral ou plena, para sua prática se demandará a aquiescência do outro cônjuge?

Consoante o art. 1.647 do Código Civil, infere-se a necessidade de vênia para: i. alienar ou gravar de ônus real bens imóveis; ii. pleitear, como autor ou réu, ações acerca desses bens ou direito; iii. prestar fiança ou aval e iv. fazer doação, não remuneratória, de bens comuns ou dos que possam integrar a futura meação.

Em relação à primeira hipótese – alienar ou gravar de ônus real bens imóveis –, alguns esclarecimentos são importantes.

Nas situações em que os cônjuges são coproprietários do bem, seja por força de um condomínio expresso – como pessoas casadas em regime de separação de bens que optaram por aquisição conjunta de um imóvel –, ou em virtude de regra relacionada ao regime de bens – como aquisição onerosa de um imóvel, em nome de um dos cônjuges, no regime da comunhão parcial, a qual gerará patrimônio comum, na forma do art. 1.660, I, do Código Civil –, a coparticipação é necessária não pela vênia, mas em razão da copropriedade.

Nas molduras de copropriedade não há de se falar em vênia conjugal. Aqui a coparticipação decorrerá do próprio fenômeno da copropriedade, pois a alienação ou oneração do bem imóvel demandará a manifestação de vontade dos proprietários.

A vênia se torna necessária, por exemplo, quando há alienação de um bem particular, a exemplo de um imóvel de uma pessoa que é casada em comunhão parcial, mas cujo fato gerador de aquisição foi uma doação, sendo o bem incomunicável, na forma do art. 1659, I, do Código Civil.

Ainda sobre essa primeira casuística de vênia conjugal, tema que desperta alguma polêmica diz respeito à (in)exigência de vênia conjugal na hipótese de renúncia ou cessão de herança. Demanda-se?

A primeira linha doutrinária, minoritária, firma a desnecessidade da vênia para renúncia e cessão de herança.

Antônio Junqueira de Azevedo[83], em uma análise histórica, recorda que, por força do Estatuto da Mulher Casada, foi modificado o art. 242, IV, do Código Civil de 1916, afastando a necessidade de vênia para aceitação ou renúncia da herança. Tal mudança, registra o autor[84], foi emancipadora à mulher, que antes da reforma não poderia aceitar ou repudiar a herança sem autorização do varão.

Militando a favor da linha doutrinária de inexigibilidade da vênia conjugal para renúncia e cessão de herança, registra-se a ausência de norma expressa a exigindo. Diversamente do Código Civil nacional, há países que a contemplam expressamente, como ocorre, por exemplo, no Código Civil Português, na forma do art. 1683, 2[85].

Seguindo nos argumentos pela inexigibilidade, percebe-se que a demanda de outorga conjugal é exceção legal e que impõe restrição a exercício de direito, pelo que merece interpretação restritiva. Diante de uma interpretação restritiva, não se deve exigir a outorga onde a lei expressamente não o fez.

D'outra banda, uma segunda linha doutrinária, hoje prevalente, entende que se exige a vênia conjugal para renúncia e cessão de herança. São dois argumentos justificadores: i. o fato do direito à sucessão aberta ser um bem imóvel, na forma do art. 80, II, do Código Civil, sendo consabido que a alienação de bens imóveis demanda vênia conjugal, e ii. a percepção de que a renúncia à herança, bem como a sua cessão, remetem à disposição patrimonial imobiliária, enquadrando-se em casuística de exigência da vênia conjugal, na forma do art. 1647, I e IV, do Código Civil.

Para esta linha doutrinária se demandará a vênia na renúncia e na cessão de herança, ainda que o patrimônio hereditário seja móvel, ao passo

83. AZEVEDO, Antônio Junqueira de. **Estudos e Pareceres de Direito Privado**. São Paulo: Saraiva, 2004, p. 355-356.

84. CAHALI, Francisco José; HIRONAKA, Giselda Maria Fernandes Novaes. **Curso Avançado de Direito Civil**. Direito das Sucessões. v. 6. 3. ed. São Paulo: RT, 2007, p. 79.

85. Art. 1.683, 2 do Código Civil Português: 1. Os cônjuges não necessitam do consentimento um do outro para aceitar doações, heranças ou legados. 2. O repúdio da herança ou legado só pode ser feito com o consentimento de ambos os cônjuges, a menos que vigore o regime da separação de bens.

que o caráter imóvel do direito à sucessão aberta, conferido pelo art. 80, II, do Código Civil, independe da natureza dos bens que a integram. Esse é o entendimento histórico do Supremo Tribunal Federal[86].

Comungando com a exigência de vênia conjugal para renúncia e cessão da herança, posicionam-se Francisco José Cahali e Giselda Hironaka[87], Luís Paulo Cotrim Guimarães e Arthur Vasco Itabaiana de Oliveira[88], dentre outros.

Destarte, mesmo na hipótese de cessão gratuita da herança impõe-se a vênia, pois o ato equivaleria à doação, na qual demanda-se a outorga conjugal, na forma do art. 1647, IV, do Código Civil.

A exigência de vênia conjugal para a renúncia e a cessão da herança foi abraçada pela Resolução n. 35 do Conselho Nacional de Justiça, a qual, consoante a redação dada pela Resolução n. 326 do mesmo Conselho Nacional de Justiça, disciplina a lavratura dos atos notariais relacionados a inventário, partilha, separação consensual, divórcio consensual e extinção consensual de união estável por via administrativa.

Com base no art. 17 da Resolução n. 35 do Conselho Nacional de Justiça, "os cônjuges dos herdeiros deverão comparecer ao ato de lavratura da escritura pública de inventário e partilha quando houver renúncia ou algum tipo de partilha que importe transmissão, exceto se o casamento se der sob o regime da separação absoluta". O posicionamento em tela encontra eco nas decisões do Superior Tribunal de Justiça[89].

Portanto, francamente majoritário o entendimento de que a vênia conjugal há de constar na renúncia e cessão de herança.

Seguindo nas situações de outorga presentes no Código Civil, o art. 1647, II indica a necessidade de outorga para as ações reais imobiliárias.

Trata-se de norma que dialoga com o art. 73 do Código de Processo Civil, segundo o qual o cônjuge necessitará do consentimento do outro para propor ação que verse sobre direito real imobiliário, salvo quando casados

---

86. BRASIL. Supremo Tribunal Federal. RE 99.486/RJ, 1a Turma, Rel. Min. Néri da Silveira. j. 29-10-1985. DJU 03-04-1987, p. 5.818.

87. CAHALI, Francisco José; HIRONAKA, Giselda Maria Fernandes Novaes. **Curso Avançado de Direito Civil**. Direito das Sucessões. v. 6. 3. ed. São Paulo: RT, 2007, p. 79.

88. OLIVEIRA, Arthur Vasco Itabaiana de. **Tratado de direito das sucessões**. v. 1. 4. ed. São Paulo: Max Limonad, 1952, p. 16.

89. BRASIL. Superior Tribunal de Justiça. Quarta Turma, REsp: 274432 PR 2000/0086390-4, Rel. Min. Aldir Passarinho Junior, j. 07-12-2006. Grifos.

sob o regime de separação absoluta de bens. Ressalta-se que quando os cônjuges figurarem na condição de réus, ambos devem estar presentes no polo passivo da demanda.

Seguindo sistematicamente na abordagem do tema, nas ações que versem sobre bens imóveis, a confissão de um dos cônjuges não valerá sem a do outro, em razão da necessidade da vênia conjugal, agora conforme o art. 391 do Código de Processo Civil.

De forma idêntica, ambos os cônjuges devem ser citados para ações resultantes de fatos que digam respeito aos mesmos, como atos praticados por eles, assim como nas ações fundadas em dívidas contraídas em favor da família, ou que tenham por objeto o reconhecimento, a constituição ou a extinção de ônus sobre imóveis de um ou de ambos.

No que tange às ações possessórias, a participação de ambos os cônjuges apenas se exigirá nas situações de composse ou de ato por ambos praticados.

O Código Civil exige a vênia conjugal para os contratos de fiança e aval. O primeiro é um contrato acessório que segue a sorte do principal. Serve, aquela (fiança), como garantia deste (contrato principal). Já o aval é um título de crédito autônomo e independente.

Em relação ao aval, o Superior Tribunal de Justiça tem feito interpretação restritiva, ao dispensar a outorga para o aval em cédula de título de crédito comercial. Afirmou o Superior Tribunal de Justiça[90] que a garantia do aval, em cédula de crédito comercial, dispensa a outorga do cônjuge, prevista no art. 1.647, III do Código Civil, por se tratar de situação específica, com normatização especial.

O julgado envolveu tema alusivo a empréstimo garantido por nota de crédito comercial, avalizada por um homem e sem a outorga uxória. Houve a penhora do imóvel do casal e, contra a execução do bem, a mulher interpôs embargos de terceiro. Defendiam os embargos que como a hipoteca é modalidade de garantia real de dívida, o bem não poderia ser dado em garantia, pois o seu marido não tinha a livre disposição do imóvel, necessitando de vênia.

Em decisão de primeiro grau, a sentença negou os pedidos de cancelamento da penhora e de reconhecimento de nulidade do aval. Entretanto, determinou que fosse reservada à mulher metade do valor do bem penhorado, em caso de alienação. O Tribunal de Justiça manteve a decisão. No Superior Tribunal de Justiça, o Relator reconheceu que alguns julgados do

90. Nesse sentido: BRASIL. REsp 1.633.399/SP. Rel. Min. Luis Felipe Salomão, 4ª Turma.

tribunal declararam ser inválido o aval prestado sem a outorga do cônjuge, mas ressalvou que "a questão não vem recebendo tratamento adequado". Seguiu o Relator, "o aval, como qualquer obrigação cambiária, deve corresponder a ato incondicional, não podendo sua eficácia ficar subordinada a evento futuro e incerto, porque dificultaria a circulação do título de crédito, que é sua função precípua". O Ministro destacou o art. 903 do Código Civil, para o qual os títulos de crédito serão regidos por esse Código, desde que não exista disposição diversa em lei especial. Assim, concluiu que a regra do art. 1.647 só alcança os títulos de crédito inominados.

A última situação de exigência da vênia conjugal prevista no Código Civil remete ao art. 1647, IV, contemplando doação, não remuneratória, de bens comuns ou dos que possam integrar a futura meação.

Mas, o rol de situações em que se demanda a vênia, regulado no art. 1647 do Código Civil, é taxativo?

A resposta é negativa.

É viável inferir, em legislação extravagante, outras situações de vênia conjugal. Exemplifica-se com o art. 3º da Lei do Inquilinato (Lei n. 8.245/1991), para o qual na locação de imóveis urbanos, com prazo igual ou superior a 10 anos, demanda-se a *venia*, sob pena do cônjuge que não autorizou estar dispensado de observar o prazo excedente do contrato, podendo denunciá-lo.

A vênia conjugal, sempre que possível, deve ser conferida no mesmo instrumento do ato principal. Consoante o art. 220 do Código Civil, a anuência ou a autorização de outrem, necessária à validade de um ato, provar-se-á do mesmo modo que este, e constará, sempre que possível, do próprio instrumento. Nada impede, todavia, que a vênia seja conferida em instrumento apartado, já que a norma utiliza a expressão "sempre que possível".

Mas, será que há situações nas quais, por conta do regime de bens, libera-se a *venia*?

Em uma leitura sistemática do Código Civil, percebe-se duas casuísticas.

A primeira está capitulada no próprio art. 1.647 do Código Civil: casamento no regime da separação absoluta de bens. Casados em separação absoluta de bens não precisam de vênia conjugal para a prática dos atos da vida civil.

Não se deve confundir, aqui, para que não haja indevida aplicação da exceção, o regime da separação absoluta, também denominada de convencional, total ou voluntária, com o regime da separação legal, igualmente batizada como obrigatória, cogente ou necessária.

Separação absoluta é aquela aplicável ao casamento quando eleita por pacto antenupcial, tendo como consequência a completa ausência de comunicação de bens, com ampla liberdade de cada um dos cônjuges para gestão do seu patrimônio individual, na forma do art. 1687 do Código Civil.

Já a separação obrigatória não é eleita por pacto antenupcial, mas sim imposta, nas casuísticas legais do art. 1641 do Código Civil – recorda-se: desrespeito às causas suspensivas do casamento e aquele que se casa por suprimento judicial.

Destarte, a separação obrigatória, curiosamente e em uma leitura jurisprudencial, não gera a completa incomunicabilidade patrimonial. A Súmula 377 do Supremo Tribunal Federal, amplamente aplicada pelo Superior Tribunal de Justiça e noticiada pela doutrina[91], aduz que na separação obrigatória de bens comunicam-se os bens adquiridos na constância do casamento[92]. O posicionamento jurisprudencial hoje dominante demanda, para tal comunicabilidade, a prova do esforço em comum[93].

Assim, a primeira exceção de exigência da vênia conjugal remete tão somente ao regime de separação convencional de bens. Afinal, o art. 1647 do Código Civil, que trata desta exceção, não a amplia à separação obrigatória. Além disso, na ótica da jurisprudência do Superior Tribunal de Justiça, na separação obrigatória há eventual expectativa de meação, devendo existir mecanismo de controle de gestão dos bens por parte dos cônjuges. Cita-se:

> RECURSO ESPECIAL. NEGATIVA DE PRESTAÇÃO JURISDICIONAL. INEXISTÊNCIA. DOAÇÃO DE BENS ADQUIRIDOS NA CONSTÂNCIA DO CASAMENTO EM **REGIME DA SEPARAÇÃO OBRIGATÓRIA. OUTORGA UXÓRIA. NECESSIDADE**. FINALIDADE. RESGUARDO DO DIREITO À POSSÍVEL MEAÇÃO. FORMAÇÃO DO PATRIMÔNIO COMUM. CONTRIBUIÇÃO INDIRETA. SÚMULA N. 7 DO STJ. RECURSO IMPROVIDO.
>
> 1. Negativa de prestação jurisdicional. Inexistência.
> 2. Controvérsia sobre a aplicação da Súmula n. 377 do STF.

91. Como posto por Zeno Veloso, é quase unânime na doutrina nacional que segue vigorando a Súmula 377 do Supremo Tribunal Federal. VELOSO, Zeno. Separação Obrigatória de Bens – Controvérsias – Doação entre Cônjuges. **Revista IBDFAM Famílias e Sucessões**. n. 20, mar.-abr. 2017. Belo Horizonte: IBDFAM, 2016, p. 23.

92. Súmula 377 do Supremo Tribunal Federal: "No regime da separação legal de bens, comunicam os adquiridos na constância do casamento".

93 EREsp n. 1.623.858/MG, relator Ministro Lázaro Guimarães (Desembargador Convocado do TRF 5ª Região), Segunda Seção, julgado em 23/5/2018, DJe de 30/5/2018.

> 3. Casamento regido pela separação obrigatória. Aquisição de bens durante a constância do casamento. Esforço comum. Contribuição indireta. Súmula n. 7 do STJ.
>
> 4. **Necessidade do consentimento do cônjuge. Finalidade. Resguardo da possível meação. Plausibilidade da tese jurídica invocada pela Corte originária.**
>
> 5. Interpretação do art. 1.647 do Código Civil.
>
> 6. Precedente da Terceira Turma deste Sodalício: "A exigência de outorga uxória ou marital para os negócios jurídicos de (presumidamente) maior expressão econômica previstos no artigo 1.647 do Código Civil (como a prestação de aval ou a alienação de imóveis) decorre da necessidade de garantir a ambos os cônjuges meio de controle da gestão patrimonial, tendo em vista que, em eventual dissolução do vínculo matrimonial, os consortes terão interesse na partilha dos bens adquiridos onerosamente na constância do casamento. **Nas hipóteses de casamento sob o regime da separação legal, os consortes, por força da Súmula n. 377/STF, possuem o interesse pelos bens adquiridos onerosamente ao longo do casamento, razão por que é de rigor garantir-lhes o mecanismo de controle de outorga uxória/marital para os negócios jurídicos previstos no artigo 1.647 da lei civil**" (REsp n. 1.163.074, Rel. Min. Massami Uyeda, DJe 4-2-2010).
>
> 6. Recurso especial improvido.
>
> REsp 1199790/MG. Rel. Min. Vasco Della Giustina. Terceira turma, j. 14-12-2010. Grifos.

A segunda exceção na qual não se precisará da vênia conjugal é bastante específica. Consoante o art. 1656 do Código Civil, é viável aos casados, no regime de participação final nos aquestos, a expressa dispensa, no pacto antenupcial, da vênia conjugal, para a alienação de bens imóveis particulares.

Percebe-se, repisa-se, situação bastante específica. Afinal, além de um casamento em um regime de bens socialmente mais raro – participação final nos aquestos –, demanda-se que o pacto antenupcial expressamente dispense a vênia conjugal e, especificamente, para a venda dos bens imóveis particulares.

Pergunta usualmente feita: no regime de comunhão, seja parcial ou total, a alienação de um bem particular demandará a vênia conjugal?

Como consabido, no regime de comunhão, seja parcial ou total, há bens que não se comunicam, sendo particulares. Na comunhão parcial estes bens estão elencados no art. 1659 do Código Civil; enquanto na universal estão no art. 1668.

Assim, retoma-se a questão: se no regime da comunhão parcial ou universal o cônjuge desejar alienar um bem exclusivo, será necessária a vênia conjugal?

Analisando o Código Civil, a resposta é positiva.

A uma, porque essas condutas não estão emolduradas nas exceções em que não se demanda a vênia conjugal. A duas, tendo em vista que mesmo sendo o bem particular, no regime de comunhão há uma expectativa de comunicabilidade indireta, a qual engloba as benfeitorias e os frutos, conforme regem o art. 1660, IV e V, e o art. 1668, V, ambos todos do Código Civil. Se há expectativa de comunhão, implicitamente deve ser conferido aos cônjuges algum mecanismo de controle na gestão patrimonial.

Justo por isto, vaticina o Enunciado 340 do Conselho da Justiça Federal que "no regime da comunhão parcial de bens é sempre indispensável a autorização do cônjuge, ou seu suprimento judicial, para atos de disposição sobre bens imóveis".

Voltando novamente os olhos ao tratamento da vênia, a negativa injustificada de um dos cônjuges, ou a impossibilidade de consentir – casos como ausência ou estado de coma –, poderá ser suprida pelo magistrado, na forma do art. 1648 do Código Civil.

Mas, o que acontece se o ato demandava a vênia, esta não foi obtida e não houve suprimento do juiz?

Segundo o Código Civil, consoante o art. 1649, a ausência de outorga gerará a anulabilidade do ato, a qual poderá ser pleiteada no prazo decadencial de até 2 anos, contados do término da sociedade conjugal.

Na situação em apreço, afirma Paulo Luiz Netto Lôbo[94], o "termo inicial equivale à condição suspensiva, justificada pela maior liberdade do cônjuge para litigar contra o outro, sem o constrangimento da convivência conjugal".

Em sendo a ausência de vênia situação de anulabilidade, plenamente viável a conservação do ato, através da convalidação. Nessa senda, permite o parágrafo único do art. 1649 do Código Civil a posterior aprovação, pelo cônjuge que inicialmente não havia concedido a outorga, desde que o faça por instrumento público ou particular autenticado.

Em relação à ausência de vênia conjugal no contrato de fiança, a Súmula 332 do Superior Tribunal de Justiça aduz que a anulabilidade ocasionará uma ineficácia total da garantia que, por sua vez, acaba por ser um consectário da própria anulabilidade.

94. LÔBO, Paulo Luiz Netto. **Código Civil Comentado**. v. 1. São Paulo: Atlas, 2003, p. 264.

A exceção ao pensamento em tela se dará – conforme a jurisprudência em tese n. 101, do Superior Tribunal de Justiça, item, 7 –, se o fiador emitir declaração falsa, ocultando o seu estado civil de casado. Aqui, em atenção à boa-fé, não é viável a ineficácia total da garantia.

O entendimento em tela diz respeito apenas à fiança, e não é extensivo, de forma sumulada, ao aval. No que tange ao aval, a doutrina, encaminhada no Enunciado 114 do Conselho da Justiça Federal, aduz que a ausência de outorga desembocará em uma ineficácia relativa; ou seja: o aval não atingirá a meação daquele cônjuge que não autorizou.

Uma vez desatendida a vênia, o cônjuge, que não autorizou, ou os seus herdeiros, terão legitimidade ativa para buscar a invalidação do ato, como posto pelo art. 1650 do Código Civil.

Mas e se houver separação de fato dos cônjuges, ainda será necessária a vênia conjugal, no regime da comunhão, para venda de um bem imóvel particular?

A questão é juridicamente interessante.

De início, recorda-se que vem sendo lugar comum nas Casas Judiciais Nacionais a percepção de que existindo a separação de fato, há paralisação dos efeitos do regime de bens, com impossibilidade de meação dos bens adquiridos após a separação[95].

---

95. Exemplificando o reiterado entendimento dos pretórios nacionais, segue arresto exemplificativo do Superior Tribunal de Justiça: RECURSO ESPECIAL. DIREITO DE FAMÍLIA. NEGATIVA DE PRESTAÇÃO JURISDICIONAL. NÃO OCORRÊNCIA. DIVÓRCIO. REGIME DA COMUNHÃO UNIVERSAL DE BENS. IMÓVEL DOADO COM CLÁUSULA TEMPORÁRIA DE INALIENABILIDADE. BEM INCOMUNICÁVEL. **SEPARAÇÃO DE FATO. TERMO DO REGIME DE BENS.** RECURSO ESPECIAL CONHECIDO E DESPROVIDO. 1. Verifica-se que o Tribunal de origem analisou todas as questões relevantes para a solução da lide de forma fundamentada, não havendo falar em negativa de prestação jurisdicional. 2. No regime da comunhão universal de bens são considerados bens particulares aqueles doados ou herdados com a cláusula de incomunicabilidade e os sub-rogados em seu lugar (art. 1 .668, I, do CC). Assim, nos termos do enunciado n. 49 da Súmula do Supremo Tribunal Federal, "a cláusula de inalienabilidade inclui a incomunicabilidade dos bens." 3. Enquanto não transcorrido o lapso temporal estabelecido na cláusula de inalienabilidade temporária, o bem não integra o patrimônio partilhável. **4. Deve-se aplicar analogicamente a regra do art. 1 .576 do CC à separação de fato, a fim de fazer cessar o regime de bens, o dever de fidelidade recíproca e o dever de coabitação. Em virtude disso, o raciocínio a ser empregado nas hipóteses em que encerrada a convivência more uxorio, mas ainda não decretado o divórcio, é o de que os bens adquiridos durante a separação de fato não são partilháveis com a decretação do divórcio**. 5. Na hipótese dos autos, a separação de fato se deu ainda na vigência da cláusula de inalienabilidade, de modo que o imóvel estava excluído da comunhão, sendo indiferente ter a sentença de divórcio sido proferida quando verificado o prazo estabelecido na cláusula restritiva. 6. Recurso

A construção decorre do Código Civil, que em seu art. 1.576 afirma que a separação coloca fim à sociedade conjugal, paralisando os deveres de coabitação e fidelidade recíproca, bem como os efeitos do regime de bens.

Soma-se a isto a constatação de que malgrado desde a EC 66/2010, a qual alterou o art. 226, § 6º, da Constituição Federal, não mais ser a separação judicial requisito para o divórcio, nem subsistir como figura autônoma no ordenamento jurídico nacional (Tema 1.053 do STF), a separação de fato persiste, podendo até ser objeto de escritura pública, conforme os arts. 52-A a 52-E da Resolução 35 do CNJ, alterada em 2024.

Em síntese, persiste viável a separação de fato e, uma vez comprovada, o que poderá até se dar por escritura pública de declaração da separação de fato, finaliza a sociedade conjugal e, por consequência, os deveres de fidelidade recíproca, coabitação e os efeitos do regime de bens.

Tendo este raciocínio como um dos seus pilares, entendeu o Conselho Superior da Magistratura de São Paulo[96], ao julgar dúvida oriunda de registro de imóveis, que para bens adquiridos após a separação de fato, e antes do divórcio, no regime da comunhão parcial, não se faz necessária a vênia conjugal, por ser um patrimônio particular.

Ademais, somou-se a este argumento a percepção de que a ausência de outorga gera a anulabilidade do ato, e não a nulidade, o que denota ser uma questão privada e submetida a prazo decadencial, na forma do art. 1.649 do Código Civil.

Por fim, ressalta o julgado que em matéria de Registro de Imóveis deve-se buscar o acesso, e não a barreira. O registro é fundamental para que o proprietário exercite os seus direitos.

Pois bem. Com base nessas premissas, questiona-se: seria viável ao pacto antenupcial veicular cláusula dispensando a vênia conjugal?

8.9.2. A Dispensa da Vênia Conjugal no Pacto Antenupcial

Na situação do regime de participação final nos aquestos, e em relação aos bens imóveis particulares, não há dúvidas sobre a possibilidade de

especial conhecido e desprovido. (STJ- REsp: 1760281 TO 2018/0207318-6, Data de Julgamento: 24/05/2022, T3- TERCEIRA TURMA, Data de Publicação: DJe 31/05/2022).

96. Tribunal de Justiça do Estado de São Paulo. Conselho Superior da Magistratura. Apelação nº 1147774-71.2024.8.26.0100. Registro: 2025.0000059107. Julgado em 2024.

dispensa da vênia conjugal no pacto antenupcial. O Código Civil, em seu art. 1656, veicula permissivo expresso sobre o tema e o entendimento da lógica legislativa é clarividente.

Antes, porém, de adentrar na lógica legislativa, ressalta-se que o regime da participação final nos aquestos é de rara incidência prática, a ponto de o Projeto de Reforma do Código Civil optar por sua retirada. A sua exclusão legislativa, porém, não afetará os já casados por este regime, bem como não retirará, dos que o desejarem, a sua construção, mas sob a roupagem de um regime de bens atípico.

Pois bem. O regime de participação final nos aquestos é uma espécie de junção dos regimes de separação convencional com a comunhão parcial. Aplica-se a separação convencional, no curso do casamento, e a comunhão parcial, na sua dissolução. Logo, quando da dissolução será apurado o eventual aquesto e sobre este haverá uma participação final.

Em sendo guiado o curso do relacionamento pelo regime de separação convencional, nada mais lógico do que o legislador oferecer oportunidade aos consortes da dispensa da vênia conjugal para a alienação dos bens imóveis particulares. Afinal, este regime se notabiliza por uma expectativa de comunhão, e não um direito à comunhão[97].

A faculdade de dispensa da vênia, todavia, não alcança os demais bens imóveis que compõem os aquestos. Em relação a estes há copropriedade, pois haverão de estar em nome do casal.

No que tange aos bens móveis particulares, estes podem ser livremente alienados, sem necessidade de vênia, independentemente de qualquer disciplina no pacto[98]. Evidentemente, se for um móvel comum, este demandará a participação dos dois proprietários para a alienação, pelas premissas postas.

Mas o permissivo de dispensa da vênia conjugal para a venda de bens imóveis particulares, aplicável à participação final nos aquestos, mediante cláusula expressa no pacto antenupcial, poderia ser estendido a outros regimes de bens e para outras casuísticas?

Aqui reside o campo de debate.

Nos regimes das comunhões existem bens particulares. O dito ocorre, até mesmo, no regime de comunhão universal de bens, cujos bens incomunicáveis estão mencionados no art. 1668 do Código Civil.

Em um olhar fincado na autonomia, seria viável defender que o Código Civil deveria prever, sempre e independentemente de cláusula expressa no

---

97. LÔBO, Paulo Luiz Netto. **Código Civil Comentado**. v. 1. São Paulo: Atlas, 2003, p. 278.

98. LÔBO, Paulo Luiz Netto. **Código Civil Comentado**. v. 1. São Paulo: Atlas, 2003, p. 311.

pacto antenupcial e da modalidade do regime de bens, a dispensa da vênia para alienação destes bens particulares[99]. Já que não há esta previsão legal, deveria ser facultado aos cônjuges colocá-la no pacto.

Malgrado o dito, tal dispensa não é simpática para a doutrina.

Flávio Tartuce entende como nula a cláusula que dispense a vênia conjugal para alienação de bens imóveis nos regimes da comunhão universal e parcial[100], e inviável a dispensa de vênia em hipóteses para além do art. 1656 do Código Civil, como sua dispensa para a contratação da fiança[101].

Paulo Luiz Netto Lôbo[102], na mesma linha, conclui ser nula a cláusula que dispense a vênia conjugal no contrato de fiança, que impeça ao cônjuge reivindicar imóvel alienado sem o seu consentimento e que dispense a vênia conjugal.

Silvio Rodrigues[103] afirma ser nula, por desrespeitar questão de ordem pública, a cláusula na convenção antenupcial que autorize a alienação de bens particulares, no regime da comunhão parcial ou universal, sem a vênia conjugal.

Orlando Gomes defende que, com a ascensão feminina, há de se conceder a ela poderes de administração dos seus próprios bens, tratando-se de uma prerrogativa a ser assegurada. Logo, não há que se dispensar o consentimento (vênia) nos atos que importem cessão, em especial em um sistema que visiona instaurar equilíbrio de poderes na sociedade conjugal[104].

Para Maria Helena Diniz[105] é inválida a cláusula de dispensa de vênia conjugal no pacto antenupcial, conforme também entendem Arnaldo Rizzardo[106] e Mairan Gonçalves Maia Júnior[107].

---

99. TAVARES, Daniela Faria. Do Pacto Antenupcial. *In:* LEITE, Heloísa Maria Daltro (coord.). **O Novo Código Civil**: do direito de família. Rio de Janeiro: Freitas Bastos, 2002, p. 336.

100. TARTUCE, Flávio. **Direito Civil**. Direito de Família. 13. ed. Rio de Janeiro: Forense, 2018, p. 171.

101. TARTUCE, Flávio. **Direito Civil**. Direito de Família. 13. ed. Rio de Janeiro: Forense, 2018, p. 172.

102. LÔBO, Paulo Luiz Netto. **Direito Civil**: Famílias. São Paulo: Saraiva, 2008, p. 232.

103. RODRIGUES, Silvio. **Direito Civil**. Direito de Família. v. 6. 27. ed. (atual.) Francisco José Cahali, com anotações ao novo Código Civil (Lei 10.406, de 10-1-2002). São Paulo: Saraiva, 2002, p. 175.

104. GOMES, Orlando. **Direito de Família**. 14. ed. Rio de Janeiro: Forense, 2001, p. 18.

105. DINIZ, Maria Helena de. **Curso de Direito Civil Brasileiro**. v. V. 29. ed. São Paulo: Saraiva, 2012, p. 173.

106. RIZZARDO, Arnaldo. **Direito de Família**. 4 ed. Rio de Janeiro: Forense, 2006, p. 628.

107. MAIA JÚNIOR, Mairan Gonçalves. **A Família e a Questão Patrimonial**: Planejamento Patrimonial, Regime de Bens, Pacto Antenupcial, Contrato Patrimonial na União Estável. 3. ed. São Paulo: RT, 2015, p. 211.

Francisco Cavalcanti Pontes de Miranda[108] explica ser vedada a cláusula que possibilite a um dos cônjuges a alienação de bem particular sem o consentimento do outro.

Data venia, diverge-se destes autores neste trabalho.

Questões ligadas à vênia conjugal são relacionadas ao patrimônio, e, por conseguinte, passíveis de disposição. Tanto o são que o legislador civilista, ao regular a vênia, coloca que seu não atendimento gerará a anulabilidade do ato, e não a nulidade absoluta.

Nem sempre foi assim. No contexto do Código Civil anterior, a ausência da vênia conjugal desembocava em nulidade absoluta do ato, como se percebia em seus arts. 235, 242 e 255, a qual era reconhecida pela jurisprudência. Cita-se:

> CIVIL E PROCESSUAL. ACÓRDÃO ESTADUAL. DESFUNDAMENTAÇÃO E OMISSÃO NÃO CONFIGURADAS. **AÇÃO DECLARATÓRIA DE NULIDADE DE CESSÃO DE DIREITOS HEREDITÁRIOS.** AUSÊNCIA DE OUTORGA UXÓRIA DAS ESPOSAS DOS HERDEIROS. VÍCIO QUE NÃO ALCANÇA A CESSÃO REALIZADA PELA VIÚVA MEEIRA. CC ANTIGO, ARTS. 153, 158 E 235, I. I. Hígido o acórdão estadual que enfrenta, suficiente e fundamentadamente, as questões essenciais ao deslinde da controvérsia, apenas que com conclusões desfavoráveis à parte. II. A ausência de outorga uxória na cessão de direitos hereditários de bem imóvel inventariado acarreta a invalidade do ato em relação à alienação da parte dos esposos e a ineficácia quanto à meação de suas esposas, casadas pelo regime da comunhão universal. III. Vício, contudo, que não atinge a mesma cessão feita pela viúva meeira, cujo patrimônio é apartado dos demais herdeiros. IV. Recurso especial conhecido em parte e parcialmente provido.
>
> BRASIL. Superior Tribunal de Justiça – REsp: 274432 PR 2000/0086390-4, Rel. Min. Aldir Passarinho Junior, j. 07-12-2006, Quarta Turma, Public 12-02-2007, p. 262. Grifos.

Ora, se o legislador do Código Civil de 2002 entendeu por migrar a consequência da ausência da vênia conjugal da nulidade absoluta para a anulabilidade, é fato que a retirou de um regime publicista e a situou em um regime privatista.

---

108. PONTES DE MIRANDA, Francisco Cavalcanti. **Tratado de Direito Privado**. Parte Especial. Direito Matrimonial. v. II. São Paulo: RT, 2012, p. 181.

Se o entendimento do legislador fosse no sentido de ser a vênia conjugal questão de ordem pública, o seu desrespeito deveria ocasionar a maior sanção possível na questão das invalidades: a nulidade absoluta, e não é o que ocorre.

Sendo tema privado, relacionado ao patrimônio, que é objeto primaz do pacto antenupcial, tem-se como plenamente viável o seu regramento, inclusive com dispensa.

Ademais, sendo anulável, o ato poderá ser até convalidado, de forma tácita, simplesmente sem arguição da anulabilidade no prazo decadencial legal, ou de forma expressa, com a ratificação autorizada pelo art. 1649, parágrafo único do Código Civil.

Se o legislador civilista entende pela possível convalidação do ato praticado sem a vênia, como então não possibilitar a sua dispensa prévia no pacto, que serviria até com uma prévia cláusula geral de ratificação?

Por tudo isto e, em especial, diante da opção legislativa de situar a questão no campo das anulabilidades – campo privado –, defende-se que é viável a dispensa da outorga conjugal, para alienação de bens particulares, em pacto antenupcial, em situações para além da participação final nos aquestos.

No particular, não se enxerga, por parte do pacto, qualquer desrespeito à questão de ordem pública, havendo respeito da autonomia privada às suas fronteiras.

Sistematicamente, portanto, entende-se pela possibilidade de o pacto antenupcial dispensar a vênia conjugal para alienações de bens particulares:

> *Primus*, porque o objeto patrimonial do pacto antenupcial decorre de solução predisposta autorizativa do ordenamento jurídico, a qual faz prevalecer a autonomia em detrimento das questões de ordem pública.
>
> *Secundus*, em vista de que ao ser feita a opção legislativa pela autonomia, em um ambiente privado, ela deve ganhar ainda maior relevo, sendo a publicização excepcional.
>
> *Tertius*, porque a ausência de vênia conjugal ocasiona a anulabilidade do ato, e não a sua nulidade absoluta, pelo que se percebe o enquadramento privado do tema no Código Civil de 2002.
>
> *Quartus*, pela percepção de que a ausência da vênia conjugal admite convalidação, pelo que, nada impede disciplina prévia, no pacto antenupcial, já conferindo previamente poder individual de ação a um dos cônjuges.

8.10. PODERÁ O MAIOR DE 70 ANOS ESCOLHER REGIME DE BENS MEDIANTE PACTO ANTENUPCIAL?

Da literalidade do Código Civil, infere-se que o maior de 70 anos, ao contrair casamento, não poderá escolher regime de bens, sofrendo a imposição da separação obrigatória (CC, art. 1.641, II).

Trata-se de dispositivo legal cuja constitucionalidade, historicamente, era deveras questionada.

De um lado colocavam-se os defensores da inconstitucionalidade, advogando veicular a norma uma indevida limitação da autonomia, em claro desrespeito aos maiores de 70 anos, que, mesmo no gozo da capacidade civil plena e com possibilidade de exercício efetivo de suas potencialidades, não poderiam escolher o regime de bens do casamento.

D'outro lado colocavam-se os defensores da constitucionalidade da norma, entendendo que o objetivo não era reduzir a autonomia do maior de 70 anos, mas sim considerá-lo vulnerável, pois pessoa idosa, e, por conseguinte, destinatário de um regime legal protetivo diferenciado.

O tema foi afetado a Repercussão Geral e quando todos esperavam uma decisão binária, pela constitucionalidade ou inconstitucionalidade, o Supremo Tribunal Federal, à unanimidade, cravou uma interpretação conforme a constituição, editando o Tema 1.236, com efeitos *erga-omnes* e vinculantes.

Assim, segundo o Tema 1.236, "nos casamentos e uniões estáveis envolvendo pessoa maior de 70 anos, o regime de separação de bens previsto no art. 1.641, II, do Código Civil, pode ser afastado por expressa manifestação de vontade das partes, mediante escritura pública".

Nessa toada, para o maior de 70 anos o regime da separação deixa de ser cogente e obrigatório, passando a supletivo, pois seja no casamento, ou na união estável, apenas incidirá na ausência de manifestação de vontade dos consortes mediante escritura pública.

Para aqueles que já estavam casados, ou em união estável, na separação obrigatória de bens, quando da edição do Tema, resta a possibilidade de, observando os requisitos legais, promover a alteração do regime de bens.

8.11. PODERIA O PACTO ANTENUPCIAL AFASTAR A INCIDÊNCIA DA SÚMULA 377 DO SUPREMO TRIBUNAL FEDERAL?

Ainda no campo do tratamento patrimonial, tema intrigante é o debate derredor da (im)possibilidade daqueles que têm a imposição do regime da separação obrigatória de bens optarem, no pacto antenupcial, pelo afastamento da Súmula 377 do Supremo Tribunal Federal.

Inicia-se explicando a problemática.

Conforme explicitado em linhas pretéritas, aqueles que vão se casar, em regra geral, têm a prerrogativa de eleição do regime de bens. Entretanto, como toda regra geral, há exceções. Assim, se o casamento for em desrespeito à causa suspensiva, envolver maior de 70 anos ou demandar suprimento judicial, não haverá liberdade de escolha do regime de bens, mas imposição do regime de separação obrigatória, como posto pelo art. 1641 do Código Civil.

Como consectário do regime de separação obrigatória imagina-se uma completa incomunicabilidade patrimonial. Entretanto, não é isto que acontece na prática, por força da Súmula 377 do Supremo Tribunal Federal[109].

Consoante o entendimento sumulado, no regime da separação obrigatória comunicam-se os bens adquiridos na constância do casamento.

A compreensão da Súmula perpassa pelo seu contexto histórico. Ela fora editada em 1964, a partir da regra do art. 259 do Código Civil de 1916, segundo a qual "embora o regime não seja o da comunhão de bens, prevalecerão, no silêncio do contrato, os princípios dela, quanto à comunicação dos adquiridos na constância do casamento".

Tratava-se de regramento jurídico *sui generis* que gerava distinção entre a separação absoluta de bens e a então denominada separação parcial de bens. Verificava-se esta última sempre que não houvesse, no pacto antenupcial, o afastamento do esdrúxulo art. 259 do Código Civil[110].

Assim, quando do Código Civil de 1916, por conta do art. 259 – o qual determinava a comunicação dos bens no regime de separação, acaso não

109. Súmula 377 do Supremo Tribunal Federal: "No regime da separação legal de bens, comunicam os adquiridos na constância do casamento". Como se verá no decorrer desta seção, apesar de muitos entenderem pela superação da Súmula, ela segue sendo aplicada pelas Casas Judiciais Nacionais.

110. Nesse sentido, e qualificando como aberração jurídica e esdrúxulo o art. 259: SCHREIBER, Anderson. **Manual de Direito Civil Contemporâneo**. 2. ed. São Paulo: Saraiva, 2020, p. 935.

estivesse expresso no pacto a incomunicabilidade –, consagrou-se o entendimento de que no regime de separação convencional de bens, para efetivar a completa incomunicabilidade patrimonial, o pacto haveria de expressamente mencionar que a separação de bens era total e absoluta[111].

Naquele contexto, o pacto precisaria externar duas vontades. A primeira em escolher o regime da separação de bens e a segunda em afastar qualquer comunicação patrimonial, repisa-se, por conta do art. 259 do Código Civil de 1916.

Nesta moldura, justificou-se a edição da Súmula 377 do Supremo Tribunal Federal, aplicando a comunicabilidade do art. 259 do Código Civil de 1916 à separação obrigatória, com a comunicação dos bens adquiridos na constância do casamento.

A Súmula 377, à época da sua edição, traduzia uma ampliação interpretativa do então vigente art. 259 do Código Civil, o qual fora criado para a separação convencional, mas passou a ser aplicado à legal. Ademais, ainda naquele contexto, o regime de bens da regra geral era a então comunhão universal de bens, na forma do art. 258. Assim, tanto o art. 259 do Código Civil de 1916, como a Súmula 377 do Supremo Tribunal Federal, ao trabalharem com apenas a comunhão de aquestos – bens onerosamente adquiridos na constância do casamento -, acabavam por conduzir a regime de bens diverso.

Com a revogação do Código Civil de 1916 e a consequente queda do art. 259, passou-se ao debate derredor da manutenção da Súmula 377. De um lado, colocavam-se aqueles que enxergavam a superação da súmula. De outro, os defensores da sua manutenção, fincados em ideais de solidarismo familiar e vedação ao enriquecimento sem causa.

A segunda posição sagrou-se vencedora, com a manutenção da aplicação da Súmula 377 à separação obrigatória de bens[112]. Dessa forma, o

111. NEVARES, Ana Luiza Maia. O regime de separação obrigatória de bens e o verbete 377 do Supremo Tribunal Federal. **Civilistica.com.**, ano 3, n. 1, Rio de Janeiro, jan.-jun. 2014. Disponível em: bit.ly/3LMgkBd. Acesso em: 11 dez. 2020.

112. Discorda-se da manutenção da Súmula. Particularmente, alinha-se com o posicionamento de Francisco José Cahali, que firma a superação da Súmula 377 com a revogação do art. 259 do Código Civil de 1916, reiterando que o Código Civil de 2002 não recepciona a Súmula 377 do STF. CAHALI, Francisco José. A Súmula 377 e o Novo Código Civil e a Mutabilidade do Regime de Bens. *In:* **Revista do Advogado** n. 76, ano XXIV, jun. 2004, AASP. Homenagem ao Professor Silvio Rodrigues, com atualização à luz de novos Precedentes. No mesmo sentido é o pensamento de Anderson Schreiber, que também advoga o superamento da Súmula. SCHREIBER, Anderson. **Manual de Direito Civil Contemporâneo**. 2. ed. São Paulo: Saraiva, 2020, p. 935. Diverge-se, ainda no particular, da posição de Maria Berenice Dias, quem firma ser salutar a súmula, a qual ambiciona evitar o enriquecimento sem causa de um dos cônjuges. DIAS, Maria Berenice. **Manual de Direito das Famílias**. São Paulo: RT, 2013, p. 232.

entendimento sumulado, que segue abraçado pelo Superior Tribunal de Justiça e hoje sem extensão à separação convencional de bens[113], desnatura o regime da separação obrigatória, em certa medida aproximando-o da comunhão parcial.

A aproximação ficou de tal tamanho que, há muito, Orlando Gomes pontua a ausência de sentido na conservação no regime da separação obrigatória, o qual deveria ser revogado, diante de sua ociosidade[114].

O próprio Superior Tribunal de Justiça, observando a indevida aproximação entre os regimes da separação obrigatória e da comunhão parcial, passou a sustentar a necessidade de prova do esforço em comum para a divisão do patrimônio comunicável na separação obrigatória, com base na Súmula 377 do Supremo Tribunal Federal. Trata-se de posição defendida por alguns doutrinadores[115]. Cita-se:

> AGRAVO INTERNO NO RECURSO ESPECIAL. DIREITO DE FAMÍLIA. RECONHECIMENTO E DISSOLUÇÃO DE UNIÃO ESTÁVEL. COMPANHEIRO SEXAGENÁRIO. REDAÇÃO ORIGINAL DO ART. 1.641, II, DO CC/2002. APLICAÇÃO. REGIME DE SEPARAÇÃO OBRIGATÓRIA DE BENS. PARTILHA. BENS ADQUIRIDOS ONEROSAMENTE. NECESSIDADE DE PROVA DO ESFORÇO COMUM. AGRAVO INTERNO NÃO PROVIDO. 1. De acordo com a redação originária do art. 1.641, II, do Código Civil de 2002, vigente à época do início da união estável, impõe-se ao nubente ou companheiro sexagenário o regime de separação obrigatória de bens. 2. **"No regime de separação legal de bens, comunicam-se os adquiridos na constância do casamento, desde que comprovado o esforço comum para sua aquisição"** (EREsp 1.623.858/MG, Rel. Min. Lázaro Guimarães – Des. convocado do TRF 5ª Região –, Segunda seção, j. 23-05-2018, DJe 30-05-2018, g.n.). 3. Agravo interno a que se nega provimento.

113. Zeno Veloso expõe ser quase unânime na doutrina nacional a Súmula 377 do Supremo Tribunal Federal ainda em vigor. VELOSO, Zeno. Separação Obrigatória de Bens – Controvérsias – Doação entre Cônjuges. **Revista IBDFAM Famílias e Sucessões**. n. 20, mar.-abr. 2017. Belo Horizonte: IBDFAM, 2016, p. 23.

114. GOMES, Orlando. **Direito de Família**. 14. ed. Rio de Janeiro: Forense, 2001, p. 175-176.

115. Francisco José Cahali advoga que malgrado haver o superamento da Súmula 377 do Supremo Tribunal Federal com o advento do vigente Código Civil, acaso a aquisição patrimonial no curso do regime da separação obrigatória contar com o esforço em comum, o patrimônio há de ser partilhado, com base na tese da sociedade de fato. CAHALI, Francisco José. A Súmula 377 e o Novo Código Civil e a Mutabilidade do Regime de Bens. *In:* **Revista do Advogado** n. 76, ano XXIV, jun. 2004, AASP. Homenagem ao Professor Silvio Rodrigues, com atualização à luz de novos Precedentes.

> (BRASIL. Superior Tribunal de Justiça – AgInt no REsp: 1637695 MG 2016/0296357-0, Rel. Min. Raul Araújo, j. 10-10-2019, Quarta Turma, public 24-10-2019, RSDF, v. 117 p. 142). Grifos.
>
> AGRAVO INTERNO. PROCESSUAL CIVIL E CIVIL. SUCESSÕES. CÔNJUGE OU COMPANHEIRO SEXAGENÁRIO. PARTILHA. PROVA DO ESFORÇO COMUM.
>
> 1. Por força do art. 258, parágrafo único, II, do Código Civil de 1916 (equivalente, em parte, ao art. 1.641, II, do Código Civil de 2002), ao casamento de sexagenário, se homem, ou cinquentenária, se mulher, é imposto o regime de separação obrigatória de bens – recentemente, a Lei 12.344/2010 alterou a redação do art. 1.641, II, do CC, modificando a idade protetiva de 60 para 70 anos – regra também aplicável às uniões estáveis. **2. A Segunda Seção desta Corte, seguindo a linha da Súmula 377 do STF, pacificou o entendimento de que apenas os bens adquiridos onerosamente na constância da união, "e desde que comprovado o esforço comum na sua aquisição, devem ser objeto de partilha"** (EREsp 1171820/PR, Rel. Min. Raul Araújo, Segunda Seção, j. 26-08-2015, DJe 21-09-2015).
>
> [...]
>
> (BRASIL. AgInt nos EDcl no REsp 1873590/RS. Rel. Min. Luis Felipe Salomão. Quarta Turma, j. 19-10-2020. DJ*e* 26-10-2020). Grifos.

A continuidade da aplicação do regime da separação obrigatória e a necessidade de prova do esforço e comum ficam ainda mais claras na recente Súmula 655 do Superior Tribunal de Justiça, que consagra analogia à união estável, segundo a qual "aplica-se à união estável contraída por septuagenário o regime da separação obrigatória de bens, comunicando-se os adquiridos na constância, quando comprovado o esforço em comum".

Certo, que, mesmo com a tentativa de diferenciação, o regime de separação obrigatória, fincado na Súmula 377 do Supremo Tribunal Federal, aproxima-se, por demais, da comunhão parcial, além de gerar o paradoxo de um regime batizado como de separação e no qual há comunicabilidade patrimonial[116].

Chega-se a ludibriar daqueles que estão a se casar em separação obrigatória e, como na média, não conhecem profundamente entendimentos jurisprudenciais sumulados, acabam descobrindo, no futuro, uma surpreendente

116. NEVARES, Ana Luiza Maia. O regime de separação obrigatória de bens e o verbete 377 do Supremo Tribunal Federal. **Civilistica.com**., ano 3, n. 1, Rio de Janeiro, jan.-jun. 2014. Disponível em: bit.ly/3LMgkBd. Acesso em: 11 dez. 2020.

comunicabilidade patrimonial. Casa-se em separação e descobre-se que se vive em comunhão simples de bens, fato, repisa-se, paradoxal[117].

Além disso, o regime de separação obrigatória, com a incidência da Súmula 377 do Supremo Tribunal Federal, ao mesmo tempo que se aproxima do regime da comunhão parcial, não se confunde por inteiro com esta.

Na comunhão parcial há outras comunicabilidades previstas em lei e que não se estendem à separação obrigatória, como o fato eventual, as benfeitorias e frutos de bens particulares e outras casuísticas inferidas do art. 1660 do Código Civil.

Em suma, acaba a Súmula 377 do Supremo Tribunal Federal gerando um regime de bens diverso dos previstos em lei, como uma sexta modalidade, através de uma contestada determinação jurisprudencial e em completo *nonsense*.

Importante destacar que a aplicação da Súmula 377 do Supremo Tribunal Federal restringe-se ao regime da separação obrigatória de bens, não contemplando a separação convencional. Cita-se o Superior Tribunal de Justiça:

> RECURSO ESPECIAL - AÇÃO DE RECONHECIMENTO E DISSOLUÇÃO DE UNIÃO ESTÁVEL - ESCRITURA PÚBLICA DE UNIÃO ESTÁVEL ELEGENDO O REGIME DE SEPARAÇÃO DE BENS - MANIFESTAÇÃO DE VONTADE EXPRESSA DAS PARTES QUE DEVE PREVALECER - PARTILHA DO IMÓVEL DE TITULARIDADE EXCLUSIVA DA RECORRENTE - IMPOSSIBILIDADE - INSURGÊNCIA DA DEMANDADA. RECURSO ESPECIAL PROVIDO.
>
> Hipótese: Cinge-se a controvérsia a definir se o companheiro tem direito a partilha de bem imóvel adquirido durante a união estável pelo outro, diante da expressa manifestação de vontade dos conviventes optando pelo regime de separação de bens, realizada por meio de escritura pública.
>
> [...]
>
> 2.2. O pacto realizado entre as partes, adotando o regime da separação de bens, possui efeito imediato aos negócios jurídicos a ele posteriores, havidos na relação patrimonial entre os conviventes, tal qual a aquisição do imóvel objeto do litígio, razão pela qual este não deve integrar a partilha.

117. Nesse caso, alinha-se com o posicionamento de Francisco José Cahali. CAHALI, Francisco José. A Súmula 377 e o Novo Código Civil e a Mutabilidade do Regime de Bens. *In:* **Revista do Advogado** n. 76, ano XXIV, jun. 2004, AASP. Homenagem ao Professor Silvio Rodrigues, com atualização à luz de novos Precedentes.

> **3. Inaplicabilidade, *in casu*, da Súmula 377 do STF, pois está se refere à comunicabilidade dos bens no regime de separação legal de bens (prevista no art. 1.641, CC), que não é caso dos autos.**
>
> 3.1. O aludido verbete sumular não tem aplicação quando as partes livremente convencionam a separação absoluta dos bens, por meio de contrato antenupcial. Precedente.
>
> [...]
>
> (BRASIL. REsp 1481888/SP. Rel. Min. Marcos Buzzi. Quarta Turma, j. 10-04-2018, Public 17-04-2018. Grifos).

Nesse contexto, uma dúvida se apresenta: aqueles que têm a imposição da separação obrigatória de bens podem, mediante pacto antenupcial, afastar a incidência da Súmula 377 do Supremo Tribunal Federal, para que, efetivamente, haja incomunicabilidade patrimonial, com uma separação total e absoluta?

O debate se coloca, inclusive, porque a leitura do art. 70, item 7 da Lei de Registros Públicos (Lei n. 6.015/1973), poderia levar à conclusão de que as escrituras públicas antenupciais não poderiam ser consignadas no assento de casamento quando o regime for o da separação legal.

Seria, então, o pacto antenupcial realizado por aqueles que se casam em separação obrigatória de bens e que elegem este regime, mas com o afastamento da Súmula 377 do Supremo Tribunal Federal, nulo de pleno direito?

O pacto antenupcial daqueles que se casam em separação obrigatória e afastam a incidência da Súmula 377 do Supremo Tribunal Federal não versa sobre escolha do regime de bens, mas apenas sobre o afastamento da Súmula que determina a comunicabilidade que desnatura o regime de bens imposto.

Em última análise, o pacto fomenta o comando legislativo do art. 1.641 do Código Civil: a completa e absoluta separação de bens. Por conta disto, entende-se pela possibilidade daqueles que se casarão em separação obrigatória de bens optar pela realização de pacto antenupcial dispondo sobre o afastamento da Súmula 377 do Supremo Tribunal Federal, inexistindo qualquer nulidade na hipótese.

Neste caso, afirma José Fernando Simão[118], os cônjuges se "casam em regime de separação obrigatória com pacto antenupcial de separação de bens". Não se verifica a escolha do regime de bens mediante o pacto, mas o afastamento da Súmula 377, no todo ou em parte, pasmem, para fazer valer

118. SIMÃO, José Fernando. **Separação obrigatória com pacto antenupcial?** sim, é possível. Disponível em: **bit.ly/3B4azdc**. Acesso em: 09 nov. 2020.

a lei. Trata-se, é verdade, de pensamento ao menos curioso, pois cogita-se a necessidade de manifestação de vontade justamente para incidir a norma da separação legal, de maneira assertiva. Em um sistema que ainda tolera a incidência da Súmula 377, traduz raciocínio necessário.

Não é diverso o pensamento de Zeno Veloso[119], ao firmar que a Súmula 377 não versa sobre matéria de ordem pública, sendo plenamente possível o seu afastamento, em sede de pacto antenupcial, daqueles que têm a imposição da separação obrigatória.

Na mesma linha coloca-se Ana Luíza Maia Nevares[120], quem vai além, ao afirmar que acaso não haja disciplina no pacto, é possível até uma escritura pública posterior declaratória dos consortes, que vivem em separação obrigatória, afastando a incidência da Súmula 377 do Supremo Tribunal Federal.

Não é outro o pensamento de Paulo Nader[121].

Consagrando a possibilidade do pacto antenupcial afastar a incidência da Súmula 377 do Supremo Tribunal Federal, coloca-se o Enunciado 634 da VIII Jornada de Direito Civil do Conselho da Justiça Federal, ao indicar ser "lícito aos que se enquadrem no rol de pessoas sujeitas ao regime de separação obrigatória de bens (art. 1.641 do Código Civil) estipular, por pacto antenupcial ou contrato de convivência, o regime de separação de bens, a fim de resguardar os efeitos de tal regime e afastar a incidência da Súmula 377 do STF".

Na mesma linha, coloca-se o Enunciado 81 da Jornada de Direito Notarial do Conselho da Justiça Federal, segundo o qual "podem os cônjuges, por meio de pacto antenupcial, optar pela não incidência da Súmula 377 do STF".

Registra-se, novamente, que casarão as partes em separação obrigatória, mas sem a incidência da Súmula 377 do Supremo Tribunal Federal. Para fins sucessórios, por exemplo, considerar-se-á como sendo o regime de bens o da separação obrigatória, o que inviabiliza a concorrência do cônjuge sobrevivente com seus descendentes, nas pegadas do art. 1.829, I do Código Civil.

119. VELOSO, Zeno. Separação Obrigatória de Bens – Controvérsias – Doação entre Cônjuges. **Revista IBDFAM Famílias e Sucessões**. n. 20, mar.-abr. 2017. Belo Horizonte: IBDFAM, 2016, p. 24.

120. NEVARES, Ana Luiza Maia. O regime de separação obrigatória de bens e o verbete 377 do Supremo Tribunal Federal. **Civilistica.com.**, ano 3, n. 1, Rio de Janeiro, jan.-jun. 2014. Disponível em: bit.ly/3LMgkBd. Acesso em: 11 dez. 2020.

121. NADER, Paulo. **Curso de Direito Civil** – Direito de Família. Rio de Janeiro: Forense, 2006, p. 509.

A conduta em comento é permitida, inclusive, mediante provimentos de alguns Tribunais de Justiça, como o Provimento n. 8, de 2016, da Corregedoria Geral de Justiça do Estado de Pernambuco, e o Provimento n. 212, de 2019, do Tribunal de Justiça do Mato Grosso do Sul.

De igual maneira o raciocínio em tema já fora abraçando pelo Superior Tribunal de Justiça:

> RECURSO ESPECIAL. **UNIÃO ESTÁVEL SOB O REGIME DA SEPARAÇÃO OBRIGATÓRIA DE BENS. COMPANHEIRO MAIOR DE 70 ANOS NA OCASIÃO EM QUE FIRMOU ESCRITURA PÚBLICA. PACTO ANTENUPCIAL AFASTANDO A INCIDÊNCIA DA SÚMULA N. 377 DO STF, IMPEDINDO A COMUNHÃO DOS AQUESTOS ADQUIRIDOS ONEROSAMENTE NA CONSTÂNCIA DA CONVIVÊNCIA. POSSIBILIDADE. MEAÇÃO DE BENS DA COMPANHEIRA. INOCORRÊNCIA. SUCESSÃO DE BENS. COMPANHEIRA NA CONDIÇÃO DE HERDEIRA. IMPOSSIBILIDADE. NECESSIDADE DE REMOÇÃO DELA DA INVENTARIANÇA.** 1. O pacto antenupcial e o contrato de convivência definem as regras econômicas que irão reger o patrimônio daquela unidade familiar, formando o estatuto patrimonial - regime de bens - do casamento ou da união estável, cuja regência se iniciará, sucessivamente, na data da celebração do matrimônio ou no momento da demonstração empírica do preenchimento dos requisitos da união estável (CC, art. 1.723). 2. O Código Civil, em exceção à autonomia privada, também restringe a liberdade de escolha do regime patrimonial aos nubentes em certas circunstâncias, reputadas pelo legislador como essenciais à proteção de determinadas pessoas ou situações e que foram dispostas no art. 1.641 do Código Civil, como sói ser o regime da separação obrigatória da pessoa maior de setenta anos (inciso II). 3. "A ratio legis foi a de proteger o idoso e seus herdeiros necessários dos casamentos realizados por interesse estritamente econômico, evitando que este seja o principal fator a mover o consorte para o enlace" (REsp 1689152/SC, Rel. Ministro Luis Felipe Salomão, Quarta Turma, julgado em 24/10/2017, DJe 22/11/2017). 4. Firmou o STJ o entendimento de que, "por força do art. 258, § único, inciso II, do Código Civil de 1916 (equivalente, em parte, ao art. 1.641, inciso II, do Código Civil de 2002), ao casamento de sexagenário, se homem, ou cinquentenária, se mulher, é imposto o regime de separação obrigatória de bens. Por esse motivo, às uniões estáveis é aplicável a mesma regra, impondo-se seja observado o regime de separação obrigatória, sendo o homem maior de sessenta anos ou mulher maior de cinquenta" (REsp 646.259/RS, Rel. Ministro Luis Felipe Salomão, Quarta Turma, julgado em 22/06/2010, DJe 24/08/2010). 5. A Segunda Seção do STJ, em releitura da antiga Súmula n. 377/STF, decidiu que, "no regime de separação legal de bens, comunicam-se

os adquiridos na constância do casamento, desde que comprovado o esforço comum para sua aquisição" EREsp 1.623.858/MG, Rel. Ministro Lázaro Guimarães (Desembargador convocado do TRF 5ª região), Segunda Seção, julgado em 23/05/2018, DJe 30/05/2018), ratificando anterior entendimento da Seção com relação à união estável (EREsp 1171820/PR, Rel. Ministro Raul Araújo, Segunda Seção, julgado em 26/08/2015, DJe 21/09/2015). **6. No casamento ou na união estável regidos pelo regime da separação obrigatória de bens, é possível que os nubentes/companheiros, em exercício da autonomia privada, estipulando o que melhor lhes aprouver em relação aos bens futuros, pactuem cláusula mais protetiva ao regime legal, com o afastamento da Súmula n. 377 do STF, impedindo a comunhão dos aquestos. 7. A mens legis do art. 1.641, II, do Código Civil é justamente conferir proteção ao patrimônio do idoso que está casando-se e aos interesses de sua prole, impedindo a comunicação dos aquestos. Por uma interpretação teleológica da norma, é possível que o pacto antenupcial venha a estabelecer cláusula ainda mais protetiva aos bens do nubente septuagenário, preservando o espírito do Código Civil de impedir a comunhão dos bens do ancião. O que não se mostra possível é a vulneração dos ditames do regime restritivo e protetivo, seja afastando a incidência do regime da separação obrigatória, seja adotando pacto que o torne regime mais ampliativo e comunitário em relação aos bens. 8. Na hipótese, o de cujus e a sua companheira celebraram escritura pública de união estável quando o primeiro contava com 77 anos de idade - com observância, portanto, do regime da separação obrigatória de bens -, oportunidade em que as partes, de livre e espontânea vontade, realizaram pacto antenupcial estipulando termos ainda mais protetivos ao enlace, demonstrando o claro intento de não terem os seus bens comunicados, com o afastamento da incidência da Súmula n. 377 do STF. Portanto, não há falar em meação de bens nem em sucessão da companheira (CC, art. 1.829, I).** 9. Recurso especial da filha do de cujus a que se dá provimento. Recurso da ex-companheira desprovido.

(STJ - REsp: 1922347 PR 2021/0040322-7, Relator: Ministro LUIS FELIPE SALOMÃO, Data de Julgamento: 07/12/2021, T4 - QUARTA TURMA, Data de Publicação: DJe 01/02/2022)

Por fim, há uma interessante questão de direito intertemporal que merece ser abordada. Aqueles que se casaram na época do entendimento anterior, sob o regime da separação obrigatória de bens e, por conseguinte, com a incidência da Súmula 377 do Supremo Tribunal Federal, podem pactuar, hoje, o afastamento da aludida súmula?

Com todas as vênias aos posicionamentos contrários[122], entende-se que sim, inclusive por escritura pública declaratória posterior, embasada no art. 2.035 do Código Civil.

Na forma do art. 2.035, os negócios jurídicos celebrados à época do Código Civil anterior, mas cujos efeitos adentram o vigente, terão a validade verificada pela lei da época da confecção – Código Civil de 1916 – e a eficácia, após a vigência do Código Civil de 2002, consoante a norma vigente.

Em sendo o regime de bens tema ligado à eficácia do casamento, diante da atual leitura de possibilidade de afastamento da Súmula 377, tem-se que facultar, àqueles que se casaram à época do entendimento anterior, o exercício da autonomia privada, com o afastamento da Súmula.

Outrossim, no particular, não se pode afirmar que o art. 2.039 do Código Civil seria um obstáculo. Consoante a redação do artigo, o regime de bens nos casamentos celebrados na vigência do Código Civil anterior é o por ele estabelecido. Mas o que isto significa?

O art. 2.039 do Código Civil liga-se apenas ao regime supletivo, incidente quando do silêncio dos nubentes, não sendo, por exemplo, impeditivo para a mudança do regime de bens no curso do casamento. Assim já entendeu o STJ por mais de uma oportunidade[123].

A doutrina se encaminha na mesma linha, pois o Enunciado 260 do Conselho da Justiça Federal firma que "A alteração do regime de bens prevista no § 2º, do art. 1.639 do Código Civil também é permitida nos casamentos realizados na vigência da legislação anterior", não sendo, por conseguinte, o art. 2.039 do Código Civil um impedimento a esta conduta.

Ora, se o art. 2.039 do Código Civil não é impeditivo à alteração do regime de bens de casamento anteriores à vigência do Código Civil de 2002,

---

122. Francisco José Cahali advoga a impossibilidade daqueles que se casaram na época do Código Civil de 1916, no regime de separação legal de bens, afastarem a Súmula 377 do Supremo Tribunal Federal, enxergando no art. 2.039 do Código Civil um obstáculo intransponível. CAHALI, Francisco José. A Súmula 377 e o Novo Código Civil e a Mutabilidade do Regime de Bens. *In:* **Revista do Advogado** n. 76, ano XXIV, jun. 2004, AASP. Homenagem ao Professor Silvio Rodrigues, com atualização à luz de novos Precedentes.

123. Vide, como exemplo:
- REsp 868.404/SC, Rel. Min. Hélio Quaglia Barbosa, Quarta Turma, j. 12-06-2007, DJ 06-08-2007 p. 519.
- REsp 821.807/PR, Rel. Min. Nancy Andrighi, Terceira Turma, j. 19-10-2006, DJ 13-11-2006, p. 261.
- REsp 730.546/MG, Rel. Min. Jorge Scartezzini, Quarta Turma, j. 23-08-2005, DJ 03-10-2005 p. 279.

também não poderá sê-lo para a sua manutenção, com uma simples declaração de afastamento da Súmula 377 do Supremo Tribunal Federal.

Do dito, cotejando o abordado neste item com as construções realizadas na Parte I deste trabalho, infere-se que o permissivo para o afastamento da Súmula 377 do Supremo Tribunal Federal, mediante pacto antenupcial ou escritura pública declaratória posterior, daqueles que têm a imposição do regime da separação obrigatória, emoldura-se no espaço de autonomia privada conferido aos consortes:

> A uma porque o objeto patrimonial do pacto antenupcial decorre de solução predisposta autorizativa do ordenamento jurídico, a qual faz prevalecer a autonomia patrimonial em detrimento das questões de ordem pública.
>
> A duas em vista de que ao ser feita a opção legislativa pela autonomia, em um ambiente privado, ela deve ganhar ainda maior relevo, sendo a publicização excepcional.
>
> A três porque o afastamento da Súmula 377 do Supremo Tribunal Federal alinha o casamento daqueles que estão em separação obrigatória com a *ratio* legislativa de completa incomunicabilidade patrimonial.
>
> A quarto tendo em vista a completa ausência de real interesse público hábil a restringir o afastamento da Súmula 377 do Supremo Tribunal Federal, que se relaciona a tema patrimonial e claramente privado.

8.12. O PACTO ANTENUPCIAL PODE SER APROVEITADO À UNIÃO ESTÁVEL?

Seguindo nas questões patrimoniais, tema curioso é saber se o pacto antenupcial poderia ser aproveitado à união estável, como contrato de convivência hábil a regular as questões patrimoniais.

Há, nesta indagação, duas casuísticas possíveis. A primeira relaciona-se àqueles que realizam o pacto antenupcial, mas não se casam, simplesmente passando a conviver em união estável. A segunda remonta àqueles que realizam o pacto antenupcial, mas demoram a se casar, havendo um lapso temporal, após a confecção do pacto e antes do casamento, no qual vivenciam uma união estável.

Será que nestas molduras o pacto antenupcial servirá ao regramento da união estável, como uma espécie de contrato de convivência?

Para melhor compreensão do tema, far-se-á uma rápida digressão sobre o contrato de convivência na união estável e, posteriormente, será enfrentada a (im)possibilidade do aproveitamento do pacto antenupcial como contrato de convivência.

8.12.1. O Contrato de Convivência

O Código Civil confere àqueles que desejam regular a união estável a possibilidade de fazê-lo por contrato escrito, o que vem sendo doutrinariamente denominado de contrato de convivência[124].

Nem sempre foi assim. Antes do enquadramento da união estável como entidade familiar, os então chamados "casamentos por contrato" eram nulos, por afrontar a solidez do matrimônio instituição[125]. Havia até normas de corregedorias, a exemplo de São Paulo e Rio Grande do Sul, informando a nulidade destes ajustes de convivência[126].

Com a elevação da união estável à entidade familiar e o aprimoramento do tratamento legislativo sobre o assunto, o contrato de convivência é, hoje, amplamente aceito no direito nacional. O debate, diuturnamente, não reside na validade do ajuste, mas sim no seu possível conteúdo e/ou eficácia[127].

A Lei n. 8.971/1994 não tinha expressa passagem sobre o contrato de convivência, mas também não vedava a conduta[128]. A primeira notícia legislativa sobre o tema é encontrada na Lei n. 9.278/1996[129], que em seu art. 5º afirma:

> os bens móveis e imóveis adquiridos por um ou por ambos os conviventes, na constância da união estável e a título oneroso, são considerados fruto do trabalho e esforço comum, passando a pertencer a ambos os cônjuges, em condomínio e em partes iguais, salvo estipulação contrária em contrato escrito.

Seguindo o embrião legislativo de 1996, o Código Civil de 2002, em seu art. 1725, verbera: "na união estável, salvo contrato escrito dos companheiros,

---

124. Consoante o permissivo do art. 1.725 do Código Civil.

125. VENOSA, Sílvio de Salvo. **Direito Civil**. Direito de Família. 10. ed. São Paulo: Atlas, 2010, 331-351.

126. CAHALI, Francisco José. **Contrato de Convivência na União Estável**. São Paulo: Saraiva, 2002, p. 75.

127. VENOSA, Sílvio de Salvo. **Direito Civil**. Direito de Família. 10. ed. São Paulo: Atlas, 2010, p. 331-352.

128. A Lei n. 8.971/1894 adveio na sequência do texto constitucional e disciplinou o direito dos companheiros aos alimentos e à sucessão, trazendo como requisitos para configuração da união estável que os companheiros fossem solteiros, divorciados ou viúvos e que houvesse uma convivência mínima de cinco anos ou existência de prole.

129. A Lei n. 9.278/1996 veio na sequência da Lei n. 8.971/1994 e não a ab-rogou, mas apenas a derrogou, retirando, por exemplo, o requisito temporal de cinco anos ou prole para configurar união estável, fato que persiste até os dias atuais: VENOSA, Sílvio de Salvo. **Direito Civil**. Direito de Família. 10. ed. São Paulo: Atlas, 2010, p. 331-352.

aplica-se às relações patrimoniais, no que couber, o regime da comunhão parcial de bens"[130].

Pelo contrato de convivência, portanto, os sujeitos em união estável regulam os reflexos de sua relação[131]. É o contrato de convivência o sucedâneo do pacto antenupcial, aplicando-se àquele à união estável e este ao casamento.

O contrato de convivência não tem força de criar uma união estável. A sua eficácia está condicionada à caracterização, pelas circunstâncias fáticas, da entidade familiar, em função do comportamento das partes. A união estável é *conditio juris* do contrato de convivência, de maneira que inexistindo a união estável, a convenção não produzirá os efeitos nela projetados[132].

Por conseguinte, traduz equívoco gravíssimo a confecção de um negócio jurídico criador da união estável, pois esta consiste em uma entidade familiar fática. O contrato não tem o condão de criar a união estável, podendo, sim, servir como um testemunho, um conteúdo probatório[133].

---

130. Registra-se não ser a união estável o centro de estudos deste trabalho. Dessa forma, em respeito ao recorte epistemológico, não serão delongados debates não essenciais ao deslinde do tema-problema. Não se olvida, porém, sobre a existência de interessantes debates sobre o tema união estável. Dentre eles, discute-se derredor da atual (in)aplicabilidade da Leis n. 8.971/1994 e n. 9.278/1996, após o advento do Código Civil de 2002. Flávio Tartuce, por exemplo, defende ainda ser aplicável o art. 9º da Lei n. 9.278/1996, o qual firma a competência do Juízo da Vara de Família, assegurado o segredo de justiça, para as questões atinentes à união estável. Segundo Flávio Tartuce, o vigor normativo em questão justifica-se diante da ausência de norma expressa no Código Civil regulando o tema, na forma do art. 2.043. TARTUCE, Flávio. **Direito Civil**. Direito de Família. 13. ed. Rio de Janeiro: Forense, 2018, p. 335. De seu turno, Pablo Stolze Gagliano e Rodolfo Pamplona Filho advogam a permanência do vigor de alguns artigos da Lei n. 9.278/1996, a exemplo da normatização especial do direito real de habitação, conforme o seu art. 7º, parágrafo único. GAGLIANO, Pablo Stolze; PAMPLONA FILHO, Rodolfo. **Novo Curso de Direito Civil**. Direito de Família. v. 6. 8. ed. São Paulo: Saraiva, 2018, p. 435. D'outra banda, Carlos Roberto Gonçalves ensina que como o Código Civil de 2002 regulou por completo a temática da união estável, restariam revogadas as Leis n. 8.971/94 e n. 9.278/96. GONÇALVES, Carlos Roberto. **Direito Civil Brasileiro**. Direito de Família. São Paulo: Saraiva, 2010, p. 608.

131. CAHALI, Francisco José. **Contrato de Convivência na União Estável**. São Paulo: Saraiva, 2002, p. 305.

132. CAHALI, Francisco José. **Contrato de Convivência na União Estável**. São Paulo: Saraiva, 2002, p. 306.

133. VELOSO, Zeno. **Regime Matrimonial de Bens**: Direito de Família Contemporâneo. Belo Horizonte: Del Rey, 1997, p. 25. Sobre o tema, registra-se que o pensamento em comento coloca-se diante do posicionamento, ainda majoritário, da natureza jurídica da união estável como sendo um ato-fato jurídico. Nesse sentido, Paulo Luiz Netto Lôbo, quem expressamente enquadra a união estável como ato-fato, sendo, portanto, desnecessária qualquer manifestação de vontade para que produza os seus efeitos. Segundo o autor, bastará a configuração fática para incidência das normas cogentes, restando verificada a união estável. LÔBO, Paulo Luiz Netto. **Direito Civil**: Famílias. São Paulo: Saraiva, 2008, p. 152. Não é diverso o posicionamento de Rodrigo da Cunha

Não se olvida, porém, que o contrato de convivência servirá como eventual prova pré-constituída da união estável e, não raro, indicará declaração de data inicial da união.

Destarte, por ser a união estável uma situação de fato, o contrato de convivência pode ser firmado antes ou durante a convivência, inclusive regulando situações pretéritas. Nada impede, outrossim, que o contrato de convivência seja alterado no curso da união estável[134].

Portanto, diversamente do pacto antenupcial, que necessariamente é confeccionado antes do casamento, o contrato de convivência poderá ser

---

Pereira, quem entende ser a união estável um ato-fato jurídico, ou ato real, não demandando a vontade para que produza os seus efeitos jurídicos. Nessa senda, arremata o autor, basta sua configuração fática para a incidência da moldura jurídica da união estável. PEREIRA, Rodrigo da Cunha (coord.). **Tratado de Direito das Famílias**. Belo Horizonte: IBDFAM, 2015. O Superior Tribunal de Justiça encaminha-se no mesmo sentido, como aponta decisão exemplificativa: RECURSO ESPECIAL. CIVIL. FAMÍLIA. RECONHECIMENTO DE UNIÃO ESTÁVEL POS MORTEM. ENTIDADE FAMILIAR QUE SE CARACTERIZA PELA CONVIVÊNCIA PÚBLICA, CONTÍNUA, DURADOURA E COM OBJETIVO DE CONSTITUIR FAMÍLIA (*ANIMUS FAMILIAE*). DOIS MESES DE RELACIONAMENTO, SENDO DUAS SEMANAS DE COABITAÇÃO. TEMPO INSUFICIENTE PARA SE DEMONSTRAR A ESTABILIDADE NECESSÁRIA PARA RECONHECIMENTO DA UNIÃO DE FATO. [...] 3. Na hipótese, o relacionamento do casal teve um tempo muito exíguo de duração – apenas dois meses de namoro, sendo duas semanas em coabitação – que não permite a configuração da estabilidade necessária para o reconhecimento da união estável. **Esta nasce de um ato-fato jurídico: a convivência duradoura com intuito de constituir família. Portanto, não há falar em comunhão de vidas entre duas pessoas, no sentido material e imaterial, numa relação de apenas duas semanas.** 4. Recurso especial provido. BRASIL. Superior Tribunal de Justiça. REsp: 1761887 MS 2018/0118417-0, Rel. Min. Luis Felipe Salomão, Quarta Turma, j. 06-08-2019, public. 24-09-2019 RMDCPC, v. 92 p. 129. Fato, porém, que não é de hoje, há novos ares soprando derredor da moldura da natureza jurídica da união estável, descortinando-se uma possível modificação da tese majoritária. Registra-se que este autor defende, desde 2011, a necessidade de releitura do enquadramento jurídico da união estável, para sua categorização como negócio jurídico. FIGUEIREDO, L. L.; MASCARENHAS, A. C. F. A Autonomia Privada nas Relações Familiares: O cerceamento do direito ao namoro. **Teses da Faculdade Baiana de Direito**. v. 3. Salvador: Juspodivm, 2011, p. 227-253. Demonstrando a importância do tema e os seus possíveis novos rumos, recentemente um dos grandes baluartes no estudo da teoria do ato, fato e negócio jurídico, ao analisar o enquadramento da natureza jurídica da união estável, mudou a sua posição anterior. Marcos Bernardes de Mello, que historicamente enxergava a união estável como ato jurídico *stricto sensu* compósito, expressamente revendo o seu posicionamento anterior, passou a enxergar a união estável como negócio jurídico. MELLO, Marcos Bernardes de. Breves Notas sobre o Perfil Jurídico da União Estável. **Revista Fórum de Direito Civil – RFDC**, Belo Horizonte, ano 9, n 24, p. 235-260, maio-ago. 2020. O assunto, veja-se, é de complexidade ímpar e, portanto, demanda, para sua análise, trabalho especificamente voltado para a sua abordagem, fato incabível no recorte metodológico do presente estudo. Ressalta-se que ao se raciocinar a união estável como negócio jurídico, poder-se-ia defender sua constituição mediante ato volitivo expresso, como ocorre com o matrimônio. Esta situação, porém, não será enfrentada neste trabalho, por conta do recorte metodológico proposto.

134. VENOSA, Sílvio de Salvo. **Direito Civil**. Direito de Família. 10. ed. São Paulo: Atlas, 2010, p. 353.

celebrado já na constância da união estável, declarando a data que aquela teve início e regulando outros temas.

Servirá o contrato de convivência, inclusive, para modificar o regime de bens no curso da união, o que não é viável no pacto antenupcial. A mudança de regime de bens no curso do casamento, invariavelmente, exigirá ação judicial[135].

Sobre a forma do contrato de convivência, malgrado o Código Civil exigir a escrita, sendo plenamente possível a sua realização por instrumento particular, aconselha-se que o faça por escritura pública, visionando evitar arguição de vícios de consentimento.

Infere-se, aqui, mais uma importante diferença do cotejo entre o contrato de convivência e o pacto antenupcial, instrumento este que, necessariamente, há de ser realizado por escritura pública, sob pena de nulidade absoluta, conforme já enfrentado neste trabalho.

Uma vez verificados os contornos do contrato de convivência, indaga-se: poderia o pacto antenupcial ser aproveitado como contrato de convivência?

8.12.2. O Aproveitamento do Pacto Antenupcial em Contrato de Convivência

A primeira situação a despertar debates sobre o aproveitamento do pacto antenupcial como contrato de convivência relaciona-se à casuística em que os nubentes realizam o pacto, mas não se casam, passando a conviver em união estável. Será que nestes casos o pacto antenupcial poderia ser aproveitado como contrato de convivência?

Rodrigo da Cunha Pereira[136] e Mairan Gonçalves Maia Júnior[137] entendem que sim, com o que se concorda. Mas, qual é o fundamento jurídico de aproveitamento deste pacto antenupcial na união estável?

Na casuística em que o pacto é elaborado, mas não há casamento, optando os nubentes por viverem em união estável, há doutrina que defende o aproveitamento deste pacto, à união estável, por aplicação do instituto

135. TEPEDINO, Gustavo. Contratos em Direito de Família. *In*: **Tratado de Direito das Famílias**. Belo Horizonte: IBDFAM, 2015, p. 495.

136. PEREIRA, Rodrigo da Cunha. **Dicionário de Direito de Famílias e Sucessões Ilustrado**. São Paulo: Saraiva, 2015, p. 498.

137. MAIA JÚNIOR, Mairan Gonçalves. **A Família e a Questão Patrimonial**: Planejamento Patrimonial, Regime de Bens, Pacto Antenupcial, Contrato Patrimonial na União Estável. 3. ed. São Paulo: RT, 2015, p. 233.

da conversão substancial. Assim se colocam Cristiano Chaves de Farias e Nelson Rosenvald[138].

No particular, entende-se que não se trata de efetiva aplicação da conversão substancial. Afinal, a conversão substancial demanda, para sua aplicação, a nulidade do negócio originário, nas pegadas do art. 170 do Código Civil. Veja-se que esta nulidade não ocorre se o pacto fora celebrado por instrumento público, como infere-se do art. 1653 do mesmo Código Civil.

Nessa linha, parece de maior acerto a defesa de que decorrerá o aproveitamento em tela de uma homenagem à autonomia privada e a percepção de que nos negócios jurídicos deve-se buscar a eficácia da vontade manifestada.

Haverá o aproveitamento de um negócio jurídico ineficaz - o pacto que não se seguiu o casamento –, em um eficaz - o contrato de convivência –, com uma verdadeira conduta pós-eficacial para regular a conjugalidade fática da união estável. Há nítido diálogo com o ideal da conservação dos negócios jurídicos.

Certo que se fora feito o pacto antenupcial com o intuito de regular os efeitos patrimoniais da conjugalidade matrimonial, que seja aproveitado como contrato de convivência, acaso os nubentes optem por viver uma conjugalidade convivencial, ao revés de matrimonial.

O pensamento em comento não encontra nenhum impeditivo legislativo, inclusive atento a percepção de que o pacto antenupcial tem forma pública, enquanto o contrato de convivência demanda apenas instrumento escrito. Ter-se-á um contrato de convivência com formalidade acima da legalmente exigida e regrando a conjugalidade.

Cediço que na dinâmica da análise moderna dos negócios jurídicos e contratos, deve o operador do direito, criteriosamente, sempre buscar a efetivação daquilo que fora pactuado, reduzindo, quando viável, as consequências das invalidades e ineficácias. Mister, para tanto, atenção a institutos como boa-fé, confiança e conservação dos atos, honrando a autovinculação das partes àquilo que livremente escolheram[139].

---

138. FARIAS, Cristiano Chaves; ROSENVALD, Nelson. **Curso de Direito Civil**. Famílias. v. 6. 7. ed. São Paulo: Atlas, 2015, p. 315.

139. Erik Frederico Gramstrup e Andrea Cristina Zanetti analisam os aspectos formativos dos contratos na atualidade, visando preservar o negócio e minimizar invalidades e ineficácias. GRAMSTRUP, Erik Frederico; ZANETTI, Andrea Cristina. Aspectos formativos do contrato na atualidade. ***Quaestio Iuris***, v. 12, p. 683, 2020. Disponível em: **bit.ly/3LLO6qh**. Acesso em: 16 fev. 2021.

Nesse sentido, coloca-se o Superior Tribunal de Justiça:

> AGRAVO EM RECURSO ESPECIAL Nº 2064895 – RJ (2022/0029122-7)
>
> [...]
>
> O recurso especial objetiva o provimento de agravo de instrumento que, em autos de ação de reconhecimento e dissolução de união estável, estabeleceu como regime de bens o da separação total. Busca a parte recorrente ver reconhecida a ineficácia do pacto nupcial, considerando que está vinculado ao casamento, o qual nunca ocorreu, além do que, teria sido apresentado no processo a destempo. Para tanto, reitera as alegações apresentadas perante o Tribunal *a quo* de que não há na petição inicial pedido de adoção de regime diverso do regime da comunhão parcial de bens e que, em réplica, o autor alterou a postulação e pleiteou o regime da separação total de bens, nos termos dos arts. 329 e 434 do CPC/2015, que vedam a modificação do pedido após a citação e a juntada de documentos após o ajuizamento. Em preliminar, não prospera a alegada ofensa aos arts. 489 e 1.022 do Código de Processo Civil de 2015, tendo em vista que o v. acórdão recorrido dirimiu a matéria submetida à sua apreciação, manifestando-se expressamente acerca dos temas necessários à solução da lide, dessa forma, adotou fundamentação suficiente, decidindo integralmente a controvérsia. O Tribunal *a quo* motivou seu entendimento quanto ao acolhimento do pacto antenupcial no momento da réplica, e sua eficácia, bem como fundamentou a não ocorrência da alteração do pedido. É indevido conjecturar-se acerca da deficiência de fundamentação ou da existência de omissão, de obscuridade ou de contradição no julgado apenas porque decidido em desconformidade com os interesses da parte. [...]
>
> RECURSO ESPECIAL – AÇÃO DE RECONHECIMENTO E DISSOLUÇÃO DE UNIÃO ESTÁVEL – ESCRITURA PÚBLICA DE UNIÃO ESTÁVEL ELEGENDO O REGIME DE SEPARAÇÃO DE BENS – MANIFESTAÇÃO DE VONTADE EXPRESSA DAS PARTES QUE DEVE PREVALECER – PARTILHA DO IMÓVEL DE TITULARIDADE EXCLUSIVA DA RECORRENTE – IMPOSSIBILIDADE – INSURGÊNCIA DA DEMANDADA. RECURSO ESPECIAL PROVIDO. Hipótese: Cinge-se a controvérsia a definir se o companheiro tem direito à partilha de bem imóvel adquirido durante a união estável pelo outro, diante da expressa manifestação de vontade dos conviventes optando pelo regime de separação de bens, realizada por meio de escritura pública. 1. No tocante aos direitos patrimoniais decorrentes da união estável, aplica-se como regra geral o regime da comunhão parcial de bens, ressalvando os casos em que houver disposição expressa em

> contrário. 2. Na hipótese dos autos, os conviventes firmaram escritura pública elegendo o regime da separação absoluta de bens, a fim de regulamentar a relação patrimonial do casal na constância da união. 2.1. A referida manifestação de vontade deve prevalecer à regra geral, em atendimento ao que dispõem os artigos 1.725 do Código Civil e 5º da Lei 9.278/96. 2.2. O pacto realizado entre as partes, adotando o regime da separação de bens, possui efeito imediato aos negócios jurídicos a ele posteriores, havidos na relação patrimonial entre os conviventes, tal qual a aquisição do imóvel objeto do litígio, razão pela qual este não deve integrar a partilha. 3. Inaplicabilidade, *in casu*, da Súmula 377 do STF, pois esta se refere à comunicabilidade dos bens no regime de separação legal de bens (prevista no art. 1.641, CC), que não é caso dos autos. 3.1. O aludido verbete sumular não tem aplicação quando as partes livremente convencionam a separação absoluta dos bens, por meio de contrato antenupcial. Precedente. 4. Recurso especial provido para afastar a partilha do bem imóvel adquirido exclusivamente pela recorrente na constância da união estável. (REsp 1481888/SP, Rel. Ministro Marco Buzzi, Quarta Turma, julgado em 10/4/2018, DJe de 17/4/2018). Dessa forma, entende-se que o acórdão recorrido deve ser confirmado pelos seus próprios fundamentos. Diante do exposto, conheço do agravo para negar provimento ao recurso especial. Deixo de majorar os honorários advocatícios sucumbenciais, posto que o recurso especial é oriundo de agravo de instrumento. Publique-se. Brasília, 29 de agosto de 2022. Ministro RAUL ARAÚJO Relator (STJ - AREsp: 2064895 RJ 2022/0029122-7, Relator: Ministro RAUL ARAÚJO, Data de Publicação: DJ 31/08/2022).

Uma segunda casuística de debates remete à indagação derredor do imediato aproveitamento do pacto antenupcial àqueles que vivem em união estável, já tendo efeitos entre a data de sua confecção e o casamento.

Não raro, aqueles que vão se casar já vivenciam uma união estável. Assim, já em união estável, realizam o pacto antenupcial, o qual, como consabido e em relação ao casamento, apenas produzirá os seus efeitos quando do matrimônio. Mas, será que este pacto realizado já não seria hábil a regular o regime de bens da união estável, aplicando-se o pacto, após a sua confecção, ao período que engloba a união estável prévia à celebração do casamento?

A resposta é positiva para Luciana Faísca Nahas[140], com o que se concorda. No mesmo sentido existe precedente do Superior Tribunal de Justiça:

---

140. NAHAS, Luciana Faísca. Pacto Antenupcial. O que pode e o que não pode constar? *In:* PEREIRA, Rodrigo da Cunha; DIAS, Maria Berenice (coord.). **Famílias e Sucessões**: Polêmicas. Tendências e

> DIREITO CIVIL. FAMÍLIA. CONVIVÊNCIA EM UNIÃO ESTÁVEL NO PERÍODO ENTRE CASAMENTOS. COMUNHÃO PARCIAL DE BENS. PACTO ANTENUPCIAL, DURANTE A UNIÃO, PRÉVIO AO SEGUNDO CASAMENTO PELO REGIME DE SEPARAÇÃO TOTAL DE BENS. VIGÊNCIA IMEDIATA. ARTIGOS 1.725, DO CÓDIGO CIVIL, E 5°, DA LEI N. 9.278/96. DISSÍDIO JURISPRUDENCIAL NÃO COMPROVADO. ALIMENTOS. REEXAME DE PROVAS. IMPOSSIBILIDADE. ÓBICE DA SÚMULA 7, DO STJ. 1. O regime de bens vigente na constância da união estável durante o período entre os dois casamentos dos litigantes é o da comunhão parcial, caso não haja contrato escrito estabelecendo de forma diversa (art. 1.725 do Código Civil e 5° da Lei n. 9.278/96). 2. O contrato pode ser celebrado a qualquer momento da união estável, tendo como único requisito a forma escrita. **Assim, o pacto antenupcial prévio ao segundo casamento, adotando o regime da separação total de bens ainda durante a convivência em união estável, possui o efeito imediato de regular os atos a ele posteriores havidos na relação patrimonial entre os conviventes, uma vez que não houve estipulação diversa.** 3. Inviável a análise do recurso especial quando dependente de reexame de matéria fática da lide (Súmula 7 do STJ). 4. Recurso especial a que se nega provimento, na parte conhecida.
>
> BRASIL. Superior Tribunal de Justiça – REsp: 1483863 SP 2014/0225668-9, Rel. Min. Maria Isabel Gallotti, j. 10-05-2016, Quarta Turma, Public 22-06-2016. Grifos.

O tema, porém, não é dos mais tranquilos, havendo divergência interna no próprio Superior Tribunal de Justiça. Veja-se:

> AGRAVO REGIMENTAL NO RECURSO ESPECIAL – AÇÃO DE RECONHECIMENTO DE SOCIEDADE DE FATO CUMULADA COM DIVÓRCIO DIRETO – DECISÃO MONOCRÁTICA QUE NEGOU SEGUIMENTO AO RECLAMO. IRRESIGNAÇÃO DA RÉ. 1. Uma vez reconhecida a união estável, devem ser partilhados os bens adquiridos na sua constância por força de norma cogente, necessitando, para tanto, a comprovação do período e da forma de aquisição, **assim a superveniência de pacto antenupcial celebrado pelo ex-casal por ocasião do casamento, por meio do qual elegeram o regime da separação de bens, deverá disciplinar a situação**

Inovações. Belo Horizonte: IBDFAM, 2018, p. 234.

> **patrimonial das partes somente após o vínculo conjugal**. 2. Agravo regimental desprovido.
>
> BRASIL. Superior Tribunal de Justiça - AgRg no REsp: 1427918 SP 2013/0422254-3, Rel. Min. Marco Buzzi, j. 17-11-2015, Quarta Turma, Public 30-11-2015. Grifos.

Ademais, nos argumentos contrários ao aproveitamento, há entendimento de que o pacto antenupcial lavrado para fins de conversão da união estável em casamento não deve ter efeito retroativo[141], conforme pontua o Código de Normas do Espírito Santo, em seu art. 661, e de Santa Catarina, no seu art. 701. Por consequente, não teria como o pacto produzir efeitos antes de celebrado o casamento.

Malgrado as vozes dissonantes, em homenagem à autonomia privada e ao aproveitamento dos atos, bem como atento ao fato de que o contrato de convivência demanda apenas forma escrita, enquanto o pacto é realizado por instrumento público, entende-se como plenamente viável o aproveitamento do pacto antenupcial em contrato de convivência, com efeitos imediatos àqueles que desistiram de se casar e vivem em união estável, bem como àqueles que, após o pacto antenupcial, vivenciam uma união estável até o casamento.

Verifica-se que o pacto, que fora confeccionado visionando reger a conjugalidade matrimonial, deve ser aplicado, de pronto, à conjugalidade convivencial. Afinal, se a ética relacional das partes demanda aplicação do pacto à conjugalidade, que se aplique de imediato à convivencial, em especial em um sistema jurídico que, progressivamente, aproxima o casamento da união estável[142].

Em busca de maior segurança, para aqueles que já vivem em união estável, uma boa solução é indicar, no próprio pacto antenupcial, sua imediata produção de efeitos, aplicando-se, imediatamente, à união estável. Acolhendo a tese, segue importante julgamento do Superior Tribunal de Justiça:

---

141. ASSUMPÇÃO, Letícia Franco Maculan. Aspectos práticos da conversão da união estável em casamento. *In*: MOTA, Júlia Cláudia Rodrigues da Cunha. **Revista IBDFAM Famílias e Sucessões**, n. 11, set.-out. 2015. Belo Horizonte: IBDFAM, 2015, p. 78.

142. Registra-se, sem adentar no acerto ou desacerto da conduta, pois fugiria ao recorte metodológico deste trabalho, que há progressiva aproximação entre os institutos da união estável e do casamento. Falando por todas, cita-se decisão do Supremo Tribunal Federal, que em tema de repercussão geral (Tema 809), em sede sucessória, firmou a inconstitucionalidade do art. 1.790 do Código Civil e aduziu a aplicação, à sucessão da união estável, da regra da sucessão do cônjuge.

AGRAVO INTERNO NO RECURSO ESPECIAL. AÇÃO DE RECONHECIMENTO E DISSOLUÇÃO DE UNIÃO ESTÁVEL. EXISTÊNCIA DE CONTRATO DE CONVIVÊNCIA. ADOÇÃO DO REGIME DA SEPARAÇÃO TOTAL DE BENS. INCIDÊNCIA DA SÚMULA 5/STJ. NÃO COMPROVAÇÃO DO ESFORÇO COMUM. EXIGÊNCIA CONTIDA NA SÚMULA 380/STF. APLICAÇÃO AO PERÍODO ANTERIOR À LEI 9.278/96. AGRAVO NÃO PROVIDO. 1. Segundo disposição contida no art. 5º da Lei 9.278/96 e no art. 1.725 do CC/2002, aplica-se à união estável o regime da comunhão parcial de bens, sendo possível, no entanto, disposição dos conviventes em sentido contrário, cujo único requisito exigido é a forma escrita. 2. O eg. Tribunal de origem concluiu que o pacto antenupcial firmado entre os conviventes, além de dispor sobre a escolha do regime da separação total de bens, tratou sobre regras patrimoniais atinentes à própria união estável, extremando o acervo patrimonial de cada um e consignando a ausência de interesse na constituição de esforço comum para formação de patrimônio em nome do casal. 3. Independentemente do *nomen iures* atribuído ao negócio jurídico, as disposições estabelecidas pelos conviventes visando disciplinar o regime de bens da união estável, ainda que contidas em pacto antenupcial, devem ser observadas, especialmente porque atendida a forma escrita, o único requisito exigido. Precedente do STJ. 4. Nos termos da Súmula 380 do STF, é necessária a comprovação do esforço comum para partilhar bens adquiridos na constância da união estável, mas antes da entrada em vigor da Lei 9.278/96. Precedentes do STJ. 5. Agravo interno não provido. (STJ – AgInt no REsp: 1590811 RJ 2014/0180569-9, Relator: Ministro LÁZARO GUIMARÃES DESEMBARGADOR CONVOCADO DO TRF 5 REGIÃO, Data de Julgamento: 27/02/2018, T4 – QUARTA TURMA, Data de Publicação: DJe 02/03/2018)

8.13. SERIA VIÁVEL AO PACTO ANTENUPCIAL FIXAR DATA POSTERIOR À CELEBRAÇÃO DO CASAMENTO PARA O INÍCIO DOS SEUS EFEITOS?

O pacto antenupcial iniciará a produção de seus efeitos automaticamente com o matrimônio, conforme o art. 1639 do Código Civil. Justo por isto, consoante o art. 1653 do Código Civil, o pacto confeccionado por escritura pública, mas em relação ao qual não se seguiu o casamento, será válido, porém ineficaz.

Diante deste cenário, questiona-se: seria viável ao pacto antenupcial fixar data para o início da produção dos efeitos do regime de bens escolhido após a data de celebração do casamento?

A resposta é negativa.

O Código Civil, em seu art. 1639, é expresso em afirmar que o pacto produzirá os seus efeitos automaticamente quando da celebração do casamento, sendo uma questão de ordem pública. Assim, disciplina em sentido contrário no pacto – a disciplina, não o pacto – será nula de pleno direito, por afronta à questão de ordem pública, na forma do art. 1655 do Código Civil e conforme pontua Paulo Luiz Netto Lôbo[143].

No mesmo sentido, Francisco Cavalcanti Pontes de Miranda[144] afirma ser vedada, no pacto antenupcial, cláusula que fixe data diversa da do casamento para início dos efeitos do regime de bens. Não é outro o posicionamento de Mairan Gonçalves Maia Júnior[145].

Para o futuro, o Projeto de Reforma do Código Civil prevê a possibilidade da *sunset clause*, já estudada, que poderá ser pactuada, inclusive, no curso do casamento ou da união estável. Assim, verbera o art. 1.653-B, do Projeto de Reforma do Código Civil, que "admite-se convencionar no pacto antenupcial ou convivencial a alteração automática de regime de bens após o transcurso de um período de tempo prefixado, sem efeitos retroativos, ressalvados os direitos de terceiros".

Ademais, o projeto indica um parágrafo único no art. 1.653-A, o qual admite o **pacto pós-nupcial**, sempre com efeitos não retroativos (*ex nunc*). Com isso, valida-se a possibilidade do regramento da *sunset,* bem como de outros temas objeto do pacto, mesmo no curso da conjugalidade.

Nessa toada, eventualmente aprovado o Projeto de Reforma do Código Civil nos moldes atuais, ter-se-á a possibilidade de o pacto antenupcial indicar o regime de bens a regular o relacionamento de forma fásica, tendo, em certa medida, espaço de liberdade para efeitos prospectivos.

Vencido o tratamento das polêmicas derredor do objeto patrimonial do pacto antenupcial, avança ao enfrentamento de seus "novos objetos", os quais contemplarão o objeto pessoal e o procedimental.

---

143. LÔBO, Paulo Luiz Netto. **Direito Civil**: Famílias. São Paulo: Saraiva, 2008, p. 276.

144. PONTES DE MIRANDA, Francisco Cavalcanti. **Tratado de Direito Privado**. Parte Especial. Direito Matrimonial. v. II. São Paulo: RT, 2012, p. 181.

145. MAIA JÚNIOR, Mairan Gonçalves. **A Família e a Questão Patrimonial**: Planejamento Patrimonial, Regime de Bens, Pacto Antenupcial, Contrato Patrimonial na União Estável. 3. ed. São Paulo: RT, 2015, p. 211.

9

OS "NOVOS OBJETOS" DO PACTO ANTENUPCIAL

A leitura despatrimonializada e repersonificada do direito civil cultivou fértil terreno para debates sobre o alargamento dos limites do pacto antenupcial, permitindo maior autorregramento da vontade na conjugalidade.

Com isto, passou a doutrina a se questionar derredor da (im)possibilidade do pacto antenupcial versar sobre questões diversas do regime de bens, indo além da patrimonialidade.

Isso seria possível?

O tema não é dos mais simples.

Os estudos doutrinários sobre os pactos antenupciais, muitas das vezes, sequer tocam no assunto, resumindo-se a apontar a necessidade de seu registro, para sua eficácia *erga omnes*, bem como a limitação genérica de respeito às questões de ordem pública[1].

Em uma análise literal do art. 1.639 do Código Civil[2], ao pacto antenupcial não está nem expressamente vedado, e nem expressamente autorizado, o tratamento de questões não patrimoniais. Malgrado a referência legislada ao "regramento sobre bens", não utiliza o Código Civil expressão de objeto restritiva, como "exclusivamente" ou "tão somente".

---

1. Nessa linha coloca-se Pontes de Miranda, quem enxerga o caráter meramente patrimonial do pacto antenupcial, e afirma ser "nula a cláusula: i) que contenha ilicitude ou imoralidade, isto é, que seja *contra bonos mores*, pois o ser contra direitos conjugais paternos não esgota a lista, às vezes instável, do ilícito e do imoral. Cabe ao juiz auscultar a ordem jurídica, apreciando o ato ou a cláusula, conforme as concepções dominantes no seu círculo social. PONTES DE MIRANDA, Francisco Cavalcanti. **Tratado de Direito Privado**. v. VIII. São Paulo: RT, 1983, p. 241.
2. BRASIL. Código Civil (2002). "Art. 1.639. É lícito aos nubentes, antes de celebrado o casamento, estipular, quanto aos bens, o que lhes aprouver".

Apesar do dito, pelo contexto do tema, geralmente se faz a leitura do pacto antenupcial como um permissivo de tratamento meramente patrimonial[3]. Isto, porque, o pacto antenupcial está incluso no Título Direito Patrimonial[4] e há alusão do art. 1639 à estipulação "quanto aos bens". Nessa senda, cláusulas que versem sobre deveres conjugais, por exemplo, têm validade questionada[5].

Exemplificando a linha doutrinária, afirma Sílvio de Salvo Venosa[6] que "o pacto antenupcial é negócio jurídico de direito de família e sua finalidade é exclusivamente regular o regime patrimonial dos cônjuges no casamento a realizar-se. Não se admite outras disposições estranhas a essa finalidade". O autor vai além, ao defender que "o pacto deve ter em mira exclusivamente os direitos patrimoniais e cabe ao cartorário encarregado de documentá-lo orientar os nubentes e recusar-se a inserir disposições nulas, levantando-se dúvida, se for o caso".

Nessa visão, poderiam ser objeto destes arranjos contratuais o regime de bens, doações entre os cônjuges, ou deles para terceiros, compras e vendas, trocas ou permutas e cessões. Mantida a questão patrimonial, seria possível, até mesmo, a participação de um terceiro, doador, destinando bens ao casal.

Em sentido próximo coloca-se Fabiana Domingues Cardoso[7], para quem o pacto antenupcial não poderá modificar os deveres mínimos dos cônjuges estampados no art. 1566 do Código Civil. Avança[8] para firmar que o pacto poderá regular o percentual de titularidade de cada bem adquirido na constância do casamento, seja ele proporcional ou não ao rendimento de cada consorte; regrar sobre (in)comunicabilidade dos bens anteriores

---

3. TEPEDINO, Gustavo. Contratos em Direito de Família. *In:* **Tratado de Direito das Famílias**. Belo Horizonte: IBDFAM, 2015, p. 478.

4. BRANDÃO, Débora Vanessa Caús. **Regime de Bens no Novo Código Civil**. São Paulo: Saraiva, 2007, p. 189.

5. Assim ensina Washington de Barros Monteiro: "fazendo lavrar o pacto antenupcial, devem os nubentes ater-se, tão somente, às relações econômicas, não podendo ser objeto de qualquer estipulação os direitos conjugais, paternos e maternos. MONTEIRO, Washington de Barros. **Curso de Direito Civil**. v. II. São Paulo: Saraiva, 2004, V. II, p. 193.

6. VENOSA, Sílvio de Salvo. **Direito Civil**. Direito de Família. 10. ed. São Paulo: Atlas, 2010, p. 331-332.

7. CARDOSO, Fabiana Domingues. **Regime de Bens e Pacto Antenupcial**. Rio de Janeiro: Método/Gen, 2010, p. 218.

8. CARDOSO, Fabiana Domingues. **Regime de Bens e Pacto Antenupcial**. Rio de Janeiro: Método/Gen, 2010, p. 164-167.

ao matrimônio; dispor sobre doações; determinar confecção de fundo de emergência conjunto entre os consortes; ajustes sobre partilha de bens em eventual separação ou divórcio; regras sobre crescimento patrimonial e passivos, enfim, debates sempre com viés patrimonial.

Para Carvalho Santos[9], as convenções antenupciais "não podem regular senão os interesses econômicos dos cônjuges".

Firma Francisco Cláudio Almeida Santos[10] que a lei é clara "ao dispor ser lícito aos nubentes, antes de celebrado o casamento, estipular, quanto aos seus bens, presentes e futuros, o que desejarem. Literalmente, o que consta na lei é limitado aos bens". Avança para firmar que o pacto poderá estipular doações entre cônjuges ou de terceiros aos cônjuges, venda de imóveis, permuta, promessa de venda e compra, cessão de direitos, sujeitando ou não tais negócios ao casamento.

Conforme avalia Orlando Gomes[11], o conteúdo do pacto apenas contemplará cláusulas relativas às relações patrimoniais, não podendo contemplar cláusulas de relações pessoais dos cônjuges, nem patrimoniais que não se relacionem exclusivamente ao regime de bens.

Washington de Barros Monteiro[12] firma que no pacto antenupcial "devem os nubentes ater-se, tão-somente, às relações econômicas". No mesmo sentido enfatiza Maria Helena Diniz[13], para quem o pacto antenupcial "deve conter tão-somente estipulações atinentes às relações econômicas dos cônjuges".

Mairan Gonçalves Maia Júnior[14] verbera que os deveres recíprocos entre os cônjuges são regulados por normas jurídicas cogentes, sendo, por conseguinte, irrenunciáveis, inalteráveis e iniludíveis por acordo.

9. CARVALHO SANTOS, João Manoel. **Código Civil brasileiro interpretado**. v. IV. 7. ed. Rio de Janeiro: Livraria Freitas Bastos, 1964, p. 474; CARDOSO, Fabiana Domingues. **Regime de Bens e Pacto Antenupcial**. Rio de Janeiro: Método/Gen, 2010, p. 107.

10. SANTOS, Francisco Cláudio de Almeida. O pacto antenupcial e a autonomia privada. *In*: FERREIRA BASTOS, Eliene; SOUSA, Asiel Henrique de (coord.). **Família e jurisdição**. Belo Horizonte, Del Rey, 2005, p. 201-202.

11. GOMES, Orlando. **Direito de Família**. 14. ed. Rio de Janeiro: Forense, 2001, p. 167-169.

12. MONTEIRO, Washington de Barros. **Curso de Direito Civil**. v. II. São Paulo: Saraiva, 1970, p. 217.

13. DINIZ, Maria Helena de. **Curso de Direito Civil Brasileiro**. v. V. 29. ed. São Paulo: Saraiva, 2012, p. 153.

14. MAIA JÚNIOR, Mairan Gonçalves. **A Família e a Questão Patrimonial**: Planejamento Patrimonial, Regime de Bens, Pacto Antenupcial, Contrato Patrimonial na União Estável. 3. ed. São Paulo: RT, 2015, p. 82-83.

A visão unicamente patrimonialista do pacto antenupcial ancora-se nos anacrônicos valores do Código Civil de 1916, o qual retratava o matrimônio com especial ênfase material, fincada no regime de bens.

D'outra banda, há quem sustente que a inexistência de vedação legal expressa possibilita aos pactos antenupciais extrapolarem as questões meramente patrimoniais, versando sobre temas pessoais[15] e até procedimentais.

O pacto ganha função para além do patrimônio[16], tocando também a existência, regulando, por exemplo, o reconhecimento de filhos, a nomeação de tutor, deveres conjugais adicionais, dentre outros temas[17]. Além disso, poderia o pacto versar sobre temas procedimentais, aplicados em eventual dissolução afetiva, como a dispensa da audiência prévia de autocomposição, utilização de mediação privada e impossibilidade de execução provisória.

Em síntese, não se restringiria o pacto a declarações de cunho patrimonial[18], e este pacto poderia ser *locus* de autocomposição prévia sobre temas para além do patrimônio[19].

A noção mais ampla do objeto do pacto antenupcial alinha-se a uma perspectiva menos patrimonialista e mais existencialista do direito civil, sendo o matrimônio *locus* não apenas de regramento patrimonial, mas também de exercício de autonomia existencial.

Não há óbice ao pacto regular matéria extrapatrimonial[20].

---

15. DIAS, Maria Berenice. **Manual de Direito das Famílias**. São Paulo: RT, 2013, p. 217; CARDOSO, Fabiana Domingues. **Regimes de bens e pacto antenupcial**. São Paulo: Método, 2011, p. 161; FARIAS. Cristiano Chaves; ROSENVALD, Nelson. **Curso de Direito Civil.** Famílias. v. 6. 7 ed. São Paulo: Atlas, 2015, p. 371.

16. PEREIRA, Rodrigo da Cunha. **Dicionário de Direito de Famílias e Sucessões Ilustrado**. São Paulo: Saraiva, 2015, p. 498.

17. SCHREIBER, Anderson. **Manual de Direito Civil Contemporâneo**. 2. ed. São Paulo: Saraiva, 2020, p. 934.

18. Esse é um pensamento que ultrapassa o território nacional, havendo notícias em direito comparado, a exemplo do espanhol: CALBALADEJO, Manuel. **Curso de Derecho de Civil**: Derecho de Família. 8. ed. Barcelona: José Maria Bosch Editor, 1997, p. 137.

19. NAHAS, Luciana Faísca. Pacto Antenupcial. O que pode e o que não pode constar? *In:* PEREIRA, Rodrigo da Cunha; DIAS, Maria Berenice (coord.). **Famílias e Sucessões**: Polêmicas. Tendências e Inovações. Belo Horizonte: IBDFAM, 2018, p. 246.

20. TEPEDINO, Gustavo. Controvérsias sobre regime de bens no novo Código Civil. *In:* PEREIRA, Rodrigo da Cunha (coord.). **Família e Solidariedade**: teoria e prática do direito de família. Rio de Janeiro: Lumen Juris/IBDFAM, 2008, p. 215; ROSA, Conrado Paulino da. **Direito de Família Contemporâneo**. 7. ed. Salvador: Juspodivm, 2020, p. 245.

Não se olvida, ainda, da existência do posicionamento daqueles que entendem[21] ser viável ao pacto trazer outros temas estranhos ao regime de bens, os quais serão regidos pelo respectivo arcabouço normativo, do respectivo ramo do direito. Exemplifica-se com a assunção da obrigação de uma das partes de venda de um bem à outra, após o casamento, tema que será regido pelo direito obrigacional; e com o reconhecimento de um filho, assunto norteado pelas normas familiaristas de parentesco e filiação[22].

Nessa quadra coloca-se Francisco Cavalcante Pontes de Miranda, ao afirmar que onde se estipula sobre interesses antes do casamento a convenção é antenupcial, mas não necessariamente ato familiarista, pois é viável que a disciplina não seja rigorosamente afeta ao regime de bens[23]. Segue para aduzir que qualquer disposição que esteja no mesmo instrumento do pacto antenupcial, mas que não diga respeito ao regime de bens, há de ser tratada como negócio jurídico comum, separada do próprio pacto. O pacto é divisível – princípio da divisibilidade do pacto –, fato que permite, inclusive, invalidações parciais[24].

Avança Pontes de Miranda[25] para ressaltar que se não se seguir o matrimônio ao pacto, as cláusulas estranhas ao tema regime de bens seguem eficazes, a exemplo de doção, venda e compra ou troca.

Zeno Veloso informa ser possível aproveitar a escritura pública do pacto antenupcial para tratar de outros negócios jurídicos, mesmo estranhos ao casamento. Advoga o autor que tais atos ou negócios não estão subordinados ao casamento, e que mesmo na ausência deste, os atos ou negócios serão eficazes. Assim, a ineficácia da escritura pública pela ausência do casamento alcançará apenas a questão relacionada ao regime de bens[26].

O que é perceptível, certamente, é que a doutrina vem avançando no objeto do pacto antenupcial, transbordando o seu contorno meramente patrimonial.

Sufragando o dito, coloca-se o Enunciado 635 das Jornadas de Direito Civil do Conselho da Justiça Federal, para o qual o pacto antenupcial e o

21. LÔBO, Paulo Luiz Netto. **Direito Civil**: Famílias. São Paulo: Saraiva, 2008, p. 309.
22. LÔBO, Paulo Luiz Netto. **Direito Civil**: Famílias. São Paulo: Saraiva, 2008, p. 307.
23. PONTES DE MIRANDA, Francisco Cavalcanti. **Tratado de Direito Privado**. v. VIII. São Paulo: RT, 1983, p. 315.
24. PONTES DE MIRANDA, Francisco Cavalcanti. **Tratado de Direito Privado**. v. VIII. São Paulo: RT, 1983, p. 316.
25. PONTES DE MIRANDA, Francisco Cavalcanti. **Tratado de Direito Privado**. v. VIII. São Paulo: RT, 1983, p. 202.
26. VELOSO, Zeno. **Regime Matrimonial de Bens**: Direito de Família Contemporâneo. Belo Horizonte: Del Rey, 1997, p. 86.

contrato de convivência podem conter cláusulas existenciais, desde que estas não violem os princípios da dignidade da pessoa humana, da igualdade entre os cônjuges e da solidariedade familiar.

Outrossim, o Enunciado 18 da Jornada de Processo Civil do Conselho da Justiça Federal ressalta que os pactos antenupciais e os contratos de convivência traduzem um fecundo *locus* para o desenvolvimento dos negócios jurídicos processuais. Analogamente encaminha-se o Enunciado 24 do Instituto Brasileiro de Direito das Famílias.

Até mesmo o Superior Tribunal de Justiça, em notícia veiculada no seu sítio oficial sobre o pacto antenupcial, afirmou que "o pacto não se limita à regulação patrimonial e pode incluir cláusulas não patrimoniais ou indenizatórias, desde que não violem a dignidade e os direito e garantias fundamentais dos cônjuges"[27].

Respeitado o limite da ordem pública, firmado no art. 1655 do Código Civil, nada impede que o pacto antenupcial vá além das questões patrimoniais, regulando temas extrapatrimoniais.

No particular, os argumentos delineados na Parte I deste trabalho são irrefutáveis na construção de incidência da autonomia nas relações familiares, fincado em pensamentos, inclusive, constitucionais.

Destarte, dentre aqueles que advogam a ideia de limites mais amplos aos pactos antenupciais, há embates do que poderia, ou não, ser incluído, em especial no âmbito de questões pessoais e procedimentais.

Com efeito, os negócios existenciais de família acabam sendo passíveis de uma "sindicância" judicial[28], pois devem estar alinhados com isonomia, dignidade da pessoa humana, função instrumental da família e proteção ao livre exercício da autonomia existencial[29].

Dentro deste contexto, passa-se à abordagem sobre a inserção de cláusulas pessoais e procedimentais nos pactos antenupciais, perquirindo sobre o que estaria de acordo com a autonomia privada e o que seria violador da ordem pública, desrespeitando as fronteiras da autonomia.

27. Disponível em: https://www.stj.jus.br/sites/portalp/Paginas/Comunicacao/Noticias/2024/10112024-Felizes-para-sempre--nos-termos-do-contrato-o-que-diz-o-STJ-sobre-o-pacto-antenupcial.aspx. Acesso em 16.09.2025.

28. TEPEDINO, Gustavo. Contratos em Direito de Família. *In:* **Tratado de Direito das Famílias**. Belo Horizonte: IBDFAM, 2015.

29. SCHREIBER, Anderson. **Manual de Direito Civil Contemporâneo**. 2. ed. São Paulo: Saraiva, 2020, p. 935.

9.1. O OBJETO PESSOAL

Proliferam escritos, no direito nacional, sobre eventuais cláusulas pessoais em pactos antenupciais. Muitos destes escritos têm por base o direito estrangeiro, em especial norte-americano, no qual são corriqueiros verdadeiros tratados contratuais sobre acordos conjugais.

Sendo assim, passa-se a debater, analiticamente, a (in)viabilidade jurídica nacional de uma série de cláusulas, perquirindo se cada uma delas traduz regular exercício da autonomia ou desrespeito às fronteiras da autonomia.

Em síntese, a pergunta que se colocará ao se debater cada uma dessas cláusulas é se a disposição estaria dentro do espaço de autonomia ou se, ao revés, haveria extrapolação da liberdade e atingimento das questões de ordem pública, com consequente nulidade da disposição.

O cardápio dessas cláusulas é longo e se submete a um rol exemplificativo. Almeja-se, a partir de então, apresentar um vasto rol de situações para debate, sendo, porém, inviável vencer todas as casuísticas que poderão decorrer da inventividade humana.

Ademais, a inserção desses temas como referentes a cláusulas pessoais é o seu diálogo com os deveres dos cônjuges no casamento, na esteira do art. 1566 do Código Civil. Não se olvida, todavia, que como o direito é uno, a existência de situações que transbordam o pessoal e tocam no patrimonial, em vice-versa.

A quantificação indenizatória para eventual quebra da fidelidade recíproca, por exemplo, presente em um pacto antenupcial, pode ser encarada tanto como um tema pessoal (reforço do dever de fidelidade recíproca), como patrimonial (quantificação indenizatória).

Para este trabalho, por opção metodológica, prestigiou-se o tratamento de temas como o exemplificado acima na quadra pessoal, por entender o seu claro diálogo com os deveres pessoais do casamento.

9.1.1. É Possível ao Pacto Antenupcial Dispensar o Dever de Fidelidade Recíproca?

Da leitura do art. 1566 do Código Civil percebe-se que dentre os deveres pessoais do casamento consta a "fidelidade recíproca". Mas seria este um dever absoluto, ou seria viável aos consortes afastá-lo, mediante cláusula do pacto antenupcial?

A questão em tela há muito é colocada na doutrina e tem como "pano de fundo" a verificação, ou não, da monogamia como uma questão de ordem pública. Se assim compreendida, é inviável o afastamento do dever de fidelidade recíproca mediante disposição privada, sendo, portanto, nula a cláusula de infidelidade constante em pacto antenupcial. Ao revés, acaso compreendida a monogamia como questão privada, tem-se como plenamente possível o seu afastamento, mediante disposição de vontade clausulada no pacto antenupcial.

O cerne da discussão, portanto, é perquirir se a monogamia é, ou não é, uma questão de ordem pública. Logo, indaga-se: traduz a monogamia questão de ordem pública e, consequentemente, uma fronteira à autonomia?

9.1.1.1. A Monogamia é uma Questão de Ordem Pública?

Historicamente, com a sacralização do matrimônio[30] e sua elevação à moldura necessária para uma família perfeita, a quebra da fidelidade traduzia desrespeito ao que de mais importante havia na sistemática social: o casamento.

Como entidade situada entre a moral, o direito e a religião, o casamento trazia consigo um ideal romântico, de eternização e fidelidade absoluta. A quebra da fidelidade, por conseguinte, tornou-se um problema a partir de então. Inicialmente, era algo tão grave que tinha repercussões penais, com a tipificação do adultério, o que revelava uma leitura publicista do tema.

A tipificação do adultério já existia no Código Criminal Brasileiro de 1830, repetindo-se no de 1890, ambos no sentido de apenas apenar a mulher adúltera. Com o Código Criminal de 1940, resta democratizada a punição do adúltero, podendo ser apenado tanto o homem, como a mulher, apenando-o com detenção de quinze dias a seis meses, na forma do art. 240.

Apenas em 2006, por meio da Lei n. 11.105, foi extinto o tipo penal do adultério, passando a infidelidade a ser assunto mais afeto ao direito privado, hábil a aparelhar eventual dissolução afetiva fundada em culpa e/ou reparação civil. E qual o conteúdo deste dever de fidelidade?

Arnoldo Wald[31] defende que o conteúdo do dever de fidelidade divide-se em um fazer, traduzido no débito conjugal, e em um não fazer, verificado na ausência de relação conjugal com sujeito estranho à conjugalidade já instalada, como uma espécie de dever de exclusividade.

Para Orlando Gomes[32] o casamento gera não só convivência, mas uma união carnal, com direito ao *jus in corpus* e consequente existência de um

---

30. GILISSEN, John. **Introdução Histórica ao Direito**. 3. ed. Coimbra: Calouste Gulbenkian, Livraria Almedina, 2001, p. 569-570.

31. WALD, Arnold. **O novo direito de família**. São Paulo: Saraiva, 2000, p. 83.

32. GOMES, Orlando. **Direito de Família**. 4. ed. Rio de Janeiro: Forense, 1981, p. 137.

débito conjugal. Há, segundo o autor, uma coabitação com direito à permanente satisfação deste débito, apenas afastado em situações excepcionais, como idade avançada, condição de saúde, dispensa eventual, separação por culpa de um dos cônjuges, dentre outros fatores.

O débito conjugal, entendido com o dever de manutenção de relações conjugais (prestações fisiológicas), significado como coabitação, hoje encontra-se ultrapassado. Cada sujeito tem direito à tutela do próprio corpo e a conjugalidade não pode significar apropriação.

Há muito venceu-se a noção de que o casamento seria um contrato para posses recíprocas de suas propriedades sexuais ao longo da vida[33]. Ultrapassou-se o conceito doutrinário segundo o qual o casamento seria "o contrato bilateral e solene, pelo qual um homem e uma mulher se unem indissoluvelmente, legitimando por ele suas relações sexuais"[34].

Tem-se, atualmente, no débito conjugal, apenas uma natural consequência da conjugalidade matrimonial, cuja descaracterização ensejará a eventual dissolução do vínculo por separação ou divórcio[35]. Resta, porém, a leitura da fidelidade como dever de exclusividade. Nessa quadra, debate-se: a quebra da fidelidade demandaria conjunção carnal, como exigia-se à época do adultério?

Caio Mário da Silva Pereira[36] defendia que sim, entendendo a infidelidade como a manutenção de relação sexual com pessoa alheia à conjugalidade.

Orlando Gomes[37] encaminhava-se na mesma linha, ao demandar o adultério propriamente dito para configuração do desatendimento do dever de fidelidade. Todavia, avança o autor para afirmar a possibilidade de atingimento de um aspecto moral da fidelidade, decorrente do agravo à honra do outro cônjuge e autorizador do desfazimento matrimonial por injúria grave[38].

---

33. Influenciado pelo quadro social à época, Immanuel Kant escreveu: "o matrimônio (*matrimonium*) é a ligação de duas pessoas de sexos diferentes para a posse recíproca de suas propriedades sexuais ao longo da vida". KANT, Immanuel. **Princípios metafísicos da doutrina do direito**. São Paulo: Martins Fontes, 2014, p. 87.
34. Assim definia o casamento: BEVILÁQUA, Clóvis. **Direito da Família**. 7. ed. Rio de Janeiro: Freitas Bastos, 1943, p. 34.
35. MAIA JÚNIOR, Mairan Gonçalves. **A Família e a Questão Patrimonial**: Planejamento Patrimonial, Regime de Bens, Pacto Antenupcial, Contrato Patrimonial na União Estável. 3. ed. São Paulo: RT, 2015, p. 97.
36. PEREIRA, Caio Mário da Silva. **Instituições de Direito Civil**. v. 5. Atualizado por Tânia da Silva Pereira. Rio de Janeiro: Forense, 2004, p. 171.
37. GOMES, Orlando. **Direito de Família**. 14. ed. Rio de Janeiro: Forense, 2001, p. 139.
38. GOMES, Orlando. **Direito de Família**. 14. ed. Rio de Janeiro: Forense, 2001, p. 136.

O posicionamento majoritário estabeleceu-se no sentido de que a fidelidade se coloca para além da questão carnal. Álvaro Villaça Azevedo[39] observa que a análise do dever de não fazer decorrente da fidelidade remete tanto ao seu aspecto físico, como moral. Independentemente de cópula carnal, a quebra da fidelidade recíproca poderá se configurar[40], sendo viável, até mesmo, falar-se em uma infidelidade virtual[41].

Atento a este tema, Lourival Serejo noticiou quebras de vínculos matrimoniais em razão de pessoas que, casadas, desenvolviam relação afetiva com personagens ficcionais, como na comunidade *Second Life*, havendo até quem quisesse contrair matrimônio com um personagem de desenho animado[42].

Fato que os debates sobre infidelidade virtual, em certa medida, são até inócuos, pois além de estar emoldurada como desrespeito ao conceito mais amplo de fidelidade, emoldura-se como quebra do dever matrimonial de consideração e respeito mútuos, elencado no art. 1566, V do Código Civil[43].

Remetendo a um ilícito civil, a quebra do dever de fidelidade, historicamente, era hábil a aparelhar uma dissolução afetiva fundada em culpa, inclusive com penalizações ao culpado (traidor), a exemplo da inconcebível perda da guarda do filho menor, conforme previsto na Lei n. 6.515/1977 (Lei do Divórcio).

Entrementes, com o avançar da história, doutrina e jurisprudência esvaziaram o debate da culpa nas ações de dissolução afetiva. Como bem posto por Orlando Gomes, o debate da culpa não é adequado aos problemas do divórcio[44].

Fato, porém, que o Código Civil segue conferindo consequências à quebra da fidelidade recíproca, a exemplo da perda, pela culpa, do direito à prestação

39. AZEVEDO, Álvaro Villaça. **Direito de Família**. São Paulo: Atlas, 2013, p. 122.

40. SANTOS, Regina Beatriz Tavares da Silva Papa dos. Responsabilidade Civil dos cônjuges. *In:* PEREIRA, Rodrigo da Cunha. **A família na travessia do milênio**. Belo Horizonte: Del Rey, 2000, p. 128.

41. "A infidelidade é expressão abrangente. O Código Civil não a define. Embora haja na doutrina certa controvérsia sobre o seu conceito, parece-nos que a infidelidade pode se configurar com relação sexual (infidelidade material) ou sem ela (infidelidade moral). Não é necessária conjunção carnal. Portanto, pouco importa se há contrato físico ou se a relação é apenas virtual". FERRIANI, Adriano. Sexo pela internet e infidelidade conjugal. **Migalhas**, v. 1, p. 1-3, 2011.

42. SEREJO, Lourival. Família Virtual. **Boletim IBDFAM** n. 54, jan.-fev., 2009, p. 9.

43. MAIA JÚNIOR, Mairan Gonçalves. **A Família e a Questão Patrimonial**: Planejamento Patrimonial, Regime de Bens, Pacto Antenupcial, Contrato Patrimonial na União Estável. 3. ed. São Paulo: RT, 2015, p. 97; FERRIANI, Adriano. Sexo pela internet e infidelidade conjugal. **Migalhas**, v. 1, p. 1-3, 2011.

44. GOMES, Orlando. **Direito de Família**. 14. ed. Rio de Janeiro: Forense, 2001, p. 52.

de alimentos, na forma dos arts. 1694 e 1704, e do patronímico acrescido, consoante o art. 1578. Para muitos, a exemplo de Paulo Luiz Netto Lôbo[45], essas situações traduzem inserção legislativa inadequada e impertinente ao atual contexto constitucional, em especial após a Emenda Constitucional n. 66/2010.

Destarte, não mais se relaciona a penalização do culpado com perda ou restrições relacionadas à guarda de filhos menores e/ou direito de convivência. A explicação é lógica: guarda e convivência são temas a serem definidos na busca de proteção integral do menor, e não como mecanismos de sanção ao eventual culpado pelo fim do relacionamento.

Além disso, a quebra da fidelidade é hábil a ensejar reparação civil. Como posto por Zeno Veloso, "se não fosse possível pedir indenização por violação dos deveres matrimoniais, a enumeração desses deveres não passaria de um discurso vazio do legislador"[46].

No tema responsabilidade civil por término do relacionamento fundado em culpa, é curioso perceber que, malgrado a natureza negocial do casamento, a jurisprudência analisa tal responsabilização como extracontratual, de maneira restrita.

O Superior Tribunal de Justiça, por exemplo, já consignou que não há dever de indenizar se o traidor não teve a intenção de lesar ou ridicularizar o cônjuge traído[47]. Trata-se de premissa que gera ao cônjuge inocente a necessidade de produzir prova complexa e diabólica, além de se amoldar ao ultrapassado paradigma que confunde o dano moral com o abalo emocional[48].

Nessa toada, há quem defenda que não se deveria exigir a prova da dor para configurar o dano, sendo que este se configuraria, simplesmente, pela quebra do dever existencial à fidelidade recíproca[49]. Remeteria a um dano *in re ipsa*.

45. LÔBO, Paulo Luiz Netto. **Direito Civil**: Famílias. São Paulo: Saraiva, 2008, p. 142.

46. VELOSO, Zeno. Deveres dos cônjuges: responsabilidade civil. *In:* CHINELATO, Silmara Juny de Abreu; SIMÃO, José Fernando; FUJITA, Jorge Shiguemitsu; ZUCCHI, Maria. Cristina. **Direito de Família no Novo Milênio**: estudos em homenagem ao Professor Álvaro Villaça Azevedo. São Paulo: Atlas, 2010, p. 180.

47. BRASIL. Superior Tribunal de Justiça. **Agravo Regimental em Recurso Especial n. 566.277/MG**. Rel. Maria Isabel Gallotti. Acórdão, j. 6-11-2014.

48. ALBUQUERQUE. Raul Cézar de. A (des)consideração do direito à fidelidade do cônjuge: um contributo à teoria da responsabilidade civil familiar. *In:* **Revista Fórum de Direito Civil – RFDC**. Belo Horizonte, ano 4, n. 10, p. 266-267, set.-dez. 2015.

49. ALBUQUERQUE. Raul Cézar de. A (des)consideração do direito à fidelidade do cônjuge: um contributo à teoria da responsabilidade civil familiar. *In:* **Revista Fórum de Direito Civil – RFDC**. Belo Horizonte, ano 4, n. 10, p. 269, set.-dez. 2015.

Mas, afinal, seria ou não a monogamia uma questão de ordem pública?

Conforme adverte Maria Berenice Dias[50], a monogamia não se trata de um princípio de índole constitucional, ao passo que a Constituição Federal não a contempla nem expressamente, e nem implicitamente. Lembra a autora que a Constituição Federal admite, inclusive, a possibilidade de filhos fora do casamento, com igualdade de direitos em relação aos filhos outrora chamados de legítimos[51].

E o que seria a monogamia?

Tem-se na monogamia, segundo a autora gaúcha, uma mera função ordenadora da família, sendo a uniconjugalidade imposição de ordem moral[52]. Como vetor ordenador, percebe-se a presença do ideal monogâmico em várias passagens do direito infraconstitucional.

Na família casamentária o tema é abordado como impedimento matrimonial, cuja afronta levará à nulidade do casamento[53]. Ademais, o próprio tipo penal da bigamia, capitulado no art. 235 do Código Penal, é uma homenagem à monogamia.

Ainda na seara matrimonial, a infidelidade e a quebra do respeito mútuo[54] consistem em grave violação aos deveres do casamento[55]. Uma vez declarada a culpa, mediante o reconhecimento judicial de que um dos cônjuges infringiu gravemente o dever conjugal, o consorte culpado[56] sofre

---

50. DIAS, Maria Berenice. **Manual de Direito das Famílias**. 8. ed. São Paulo: RT, 2011, p. 58.

51. Sabe-se que a diferenciação entre filhos legítimos e ilegítimos, este englobando os adulterinos, incestuosos e clérigos, não mais deve ser utilizada, em razão da igualdade entre os filhos independentemente de sua origem. Restou utilizado o signo no texto apenas como apto a esclarecer didaticamente a situação.

52. MADALENO, Rolf. **Curso de Direito de Família**. São Paulo: Forense, 2008, p. 816. Rodrigo da Cunha Pereira afirma que a monogamia não mais deve ser enxergada como mera norma moral, mas sim como um preceito básico e organizador das relações jurídicas das famílias brasileiras. *In:* PEREIRA, Rodrigo da Cunha. **Princípios Fundamentais Norteadores do Direito de Família**. Belo Horizonte: Del Rey, 2006.

53. Como posto pelos arts.1.521 e 1.548, ambos do Código Civil. O tema já fora abordado neste trabalho quando do tratamento do casamento.

54. Nessa linha, não se pretende perquirir sobre a (des)necessidade de conjunção carnal para a configuração do adultério no campo cível, ao passo que relações com terceiros, até mesmo virtuais, já são aptas a gerar grave violação aos deveres conjugais, pois desabonadoras do respeito mútuo.

55. Conforme posto no art. 1.566 do Código Civil.

56. Não é o escopo dessa produção discutir sobre a *desculpabilização* da separação e a ineficácia da declaração de culpa, mormente em face da Emenda Constitucional n. 66/10. Com efeito, apesar de larga doutrina no sentido da desculpabilização, é fato que o Código Civil ainda confere consequências jurídicas à culpa na dissolução afetiva.

algumas consequências, como, em regra, a perda do seu direito à prestação de alimentos[57] e à possibilidade de imposição de retirada do sobrenome acrescido do cônjuge inocente, quando do casamento[58].

Ainda no tema alimentos, o Código Civil[59] ordena extinguir o direito a alimentos do credor que vier a ter relação concubinária. Ademais, o concubino não consta no rol de legitimados para o pleito alimentar[60].

Na seara dos contratos, há vedação de doação de bens pelo cônjuge adúltero ao seu cúmplice, sendo passível de anulação pelo consorte inocente, ou seus herdeiros necessários, no prazo de até dois anos, contados da dissolução da sociedade conjugal[61]. A reivindicação dos bens comuns apenas será possível se inexistir separação de fato e não restar comprovado que tal bem foi fruto do esforço comum do adúltero com o concubino[62].

Ainda em sede de contratos, é proibido ao concubino figurar como beneficiário do seguro de vida[63].

No terreno do direito sucessório, coadunando-se com a vedação pertinente à doação, proíbe-se a nomeação do concubino como herdeiro ou

---

57. Excepcionalmente, o cônjuge declarado culpado pode ser credor de alimentos do inocente, caso não tenha parentes em condição de prestá-los e nem aptidão para o trabalho (art. 1.704 do Código Civil). Malgrado consistir em norma que promove o direito à vida, verifica-se questionável afronta à eticidade, a qual é um dos pilares do direito civil.

58. A referida perda relaciona-se ao patronímico acrescido no ato do casamento, na forma do art. 1.565 do Código Civil. Para que esta ocorra faz-se necessário pedido expresso do cônjuge inocente, declaração de culpa daquele que vai perder o sobrenome e, ainda, a não ocorrência de uma das hipóteses enunciadas no rol de incisos do art. 1.578 do Código Civil, a saber: I – evidente prejuízo para a sua identificação; II – manifesta distinção entre o seu nome de família e o dos filhos havidos da união dissolvida; III – dano grave reconhecido na decisão judicial.

59. BRASIL. Código Civil (2002). Art. 1.708.

60. BRASIL. Código Civil (2002). Art. 1.694.

61. BRASIL. Código Civil (2002). Art. 550. Interessante questão é a qualidade do bem quando retorna ao patrimônio do cônjuge inocente, ainda na constância do casamento. Consistiria na rara hipótese em que o cônjuge inocente ajuizou a ação para invalidar a doação, mas não tem interesse no término do relacionamento. Este bem passa a ser considerado com patrimônio exclusivo do cônjuge inocente, ou na hipótese de separação ou divórcio será objeto de meação como aquesto? O tema não é regulado no Código Civil vigente. Demais disto, a interpretação das sanções deve ser restritiva. Logo, não se sustenta a tese do retorno como patrimônio exclusivo. Entretanto, de *lege ferenda*, como mudança legislativa, revela-se oportuno o bem retornar como exclusivo do cônjuge inocente, a título de sanção pelo ato.

62. BRASIL. Código Civil (2002). Arts. 1.801 e 1.802.

63. BRASIL. Código Civil (2002). Art. 793.

legatário do testador casado, salvo se este, sem culpa sua, estiver separado de fato do cônjuge há mais de cinco anos[64].

O objetivo da vedação ao ato de disposição testamentária, assim como de doação, é proteger o patrimônio advindo da relação casamentária. Ressalva-se, porém, que é sempre possível a deixa patrimonial ao filho comum do cônjuge adúltero com o concubino, pautada no ideal de isonomia filial, previsto constitucionalmente[65] e amparado no Código Civil[66].

No âmbito previdenciário, o entendimento mais recente dos Tribunais Superiores se encaminha pela impossibilidade de repartição do benefício entre cônjuge e/ou companheiro e a/o concubina(o), em atenção à monogamia. Cita-se:

> CIVIL E PROCESSUAL CIVIL. RECURSO ESPECIAL. PRELIMINARES DE ILEGITIMIDADE PASSIVA, INÉPCIA DA INICIAL E IMPOSSIBILIDADE JURÍDICA DO PEDIDO AFASTADAS. AÇÃO DE RECONHECIMENTO DE UNIÃO ESTÁVEL, SOCIEDADE DE FATO OU CONCUBINATO. PARTILHA DE PENSÃO PREVIDENCIÁRIA. SERVIDOR PÚBLICO CASADO. IMPOSSIBILIDADE. RECURSO ESPECIAL PROVIDO. 1. Inexistindo vedação normativa explícita a que a concubina peça, em juízo, o reconhecimento jurídico de uma determinada situação para fins de recebimento de pensão previdenciária, a impossibilidade jurídica do pedido aventada pelo recorrente há de ser afastada. 2. Em princípio, a viúva titular da pensão previdenciária deixada pelo marido, é parte legítima para figurar no polo passivo de ação movida pela concubina, visando o rateio da verba. 3. Não se declara a nulidade do processo por ausência de intimação do órgão previdenciário, quando o mérito é decidido favoravelmente à recorrente. **4. Não é juridicamente possível conferir ao concubinato adulterino o mesmo tratamento da união estável. 5. "A titularidade da pensão decorrente do falecimento de servidor público pressupõe vínculo agasalhado pelo ordenamento jurídico, mostrando-se impróprio o implemento de divisão a beneficiar, em detrimento da família, a concubina."** (RE 590.779-1/ES; Rel. Min. Marco Aurélio, DJ 26-03-2009). 6. Recurso especial provido.
>
> BRASIL. Superior Tribunal de Justiça – REsp: 1185653 PE 2010/0047138-7, Rel. Min. Luis Felipe Salomão, j. 07-12-2010, Quarta Turma.

64. Sobre o tema: BRASIL. Código Civil (2002). Art. 1.642.
65. BRASIL. Constituição Federal (1988). Art. 227.
66. BRASIL. Código Civil (2002). Art. 1.803; BRASIL. Supremo Tribunal Federal. Súmula 447.

> COMPANHEIRA E CONCUBINA – DISTINÇÃO. Sendo o Direito uma verdadeira ciência, impossível é confundir institutos, expressões e vocábulos, sob pena de prevalecer a babel. UNIÃO ESTÁVEL – PROTEÇÃO DO ESTADO. A proteção do Estado à união estável alcança apenas as situações legítimas e nestas não está incluído o concubinato. PENSÃO – SERVIDOR PÚBLICO – MULHER – CONCUBINA – DIREITO. **A titularidade da pensão decorrente do falecimento de servidor público pressupõe vínculo agasalhado pelo ordenamento jurídico, mostrando-se impróprio o implemento de divisão a beneficiar, em detrimento da família, a concubina.**
>
> BRASIL. Supremo Tribunal Federal. RE 590.779/ES, Rel. Min. Marco Aurélio, j. 10-2-09, 1ª Turma, DJE 27-3-2009.

O tema, inclusive, foi recentemente mais fortemente pacificado no sentido de impossibilidade de rateio do benefício, em julgamento do Supremo Tribunal Federal, com Repercussão Geral (Tema 529). A votação foi bastante apertada, sendo fixada a tese por 6 votos favoráveis e 5 contrários:

> Decisão: O Tribunal, por maioria, apreciando o Tema 529 da repercussão geral, negou provimento ao recurso extraordinário, nos termos do voto do Relator, vencidos os Ministros Edson Fachin, Roberto Barroso, Rosa Weber, Cármen Lúcia e Marco Aurélio.
>
> A preexistência de casamento ou de união estável de um dos conviventes, ressalvada a exceção do artigo 1.723, § 1º, do Código Civil, impede o reconhecimento de novo vínculo referente ao mesmo período, inclusive para fins previdenciários, em virtude da consagração do dever de fidelidade e da monogamia pelo ordenamento jurídico-constitucional brasileiro. Plenário, Sessão Virtual de 11-12-2020 a 18-12-2020.

No que tange às escrituras públicas lavradas em alguns Tabelionatos de Notas do país para regular relações poligâmicas, o Conselho Nacional de Justiça, pautado na monogamia, as entendeu como nulas, vedando aos notários novas lavraturas. A votação foi bastante apertada, com 8 votos favoráveis e 6 contrários. Cita-se notícia sobre o assunto:

> CNJ proíbe cartórios de registrar união estável poliafetiva
>
> *Publicado em 26/06/2018 – 14:06*
>
> *Por Felipe Pontes – Repórter da Agência Brasil Brasília*
>
> O Conselho Nacional de Justiça (CNJ) decidiu hoje (26) impedir, por 8 votos a 6, que os cartórios de todo o país lavrem qualquer tipo de

documento que declare a união estável entre mais de duas pessoas, relação conhecida como poliamor.

Prevaleceu o entendimento do relator do caso, o conselheiro João Otávio de Noronha, também ministro do Superior Tribunal de Justiça (STJ) e atual Corregedor Nacional de Justiça. Para ele, o sistema legal brasileiro, incluindo a Constituição, não permite a união estável entre mais de duas pessoas, motivo pelo qual os tabelionatos não podem lavrar escritura que declare esse tipo de relação.

"Não é falso moralismo, não é nada. Se as pessoas querem viver uma relação de poliamor, que vivam, é outra coisa. Mas a escritura pública está aqui para declarar a vontade jurídica das partes. Se a vontade é jurídica, [a união estável poliafetiva] reputa a vontade ilícita, a vontade não permitida pela lei", argumentou Noronha.

O tema causou polêmica no CNJ, sendo discutido por três sessões até se chegar a um resultado. Votaram junto com Noronha os conselheiros Márcio Schiefler, Maria Iracema Martins do Vale, Fernando Mattos, Valtércio Ronaldo de Oliveira, Valdetário Monteiro, André Luiz Godinho e Maria Tereza Uille Gomes.

Em sessão anterior, o conselheiro Aloysio Corrêa da Veiga, que é ministro do Tribunal Superior do Trabalho (TST), divergiu. Ele votou no sentido de que os cartórios fossem permitidos a lavrar escritura ao menos declaratória da vontade dos integrantes da união poliafetiva, mesmo que o documento não tivesse nenhum efeito jurídico para fins de herança ou de direitos previdenciário, por exemplo.

"Ainda que não seja possível reconhecer união poliafetiva como união estável nem equipará-la à família, não se pode negar direito à escritura pública", disse Corrêa em seu voto. Ele foi acompanhado pelos conselheiros Daldice Almeida, Arnaldo Hossepian, Henrique de Almeida Ávila e pela presidente do CNJ, ministra Cármen Lúcia.

O conselheiro Luciano Frota foi além. Para ele, o CNJ deveria permitir aos cartórios que emitam escrituras dando à união poliafetiva os mesmos direitos da união estável entre duas pessoas, o que no Brasil equivale ao casamento.

A discussão sobre o chamado poliamor chegou ao CNJ por meio de um pedido de providência feito pela Associação de Direito de Família e das Sucessões (ADFAS) à Corregedoria Nacional de Justiça, vinculada ao órgão.

No pedido para que fosse determinado que as corregedorias estaduais proibissem a lavratura, foram citados dois casos de formalização de união entre três pessoas, sendo um em Tupã (SP), em 2012, e outro em São Vicente (SP), em 2016. Também houve reconhecimento de

> união entre um "trisal" no Rio de Janeiro, em 2015. Tais escrituras agora perderam a validade.
>
> Para a associação, a Constituição e as regras infraconstitucionais sobre a família estabelecem a monogamia como condição necessária para o reconhecimento da união estável.

Percebe-se, portanto, que seja em uma leitura sistematizada do Código Civil, seja no viés de análise das decisões nacionais sobre o assunto, a conotação conferida ao ideal monogâmico remete a uma leitura publicizada.

Ocorre que, como visto no início deste trabalho, o direito das famílias é atualmente enxergado como direito civil por excelência, integrando ramo privado. Guia-se pelo princípio da autonomia, devendo obediência ao direito e garantia fundamental do autorregramento da vontade, o qual é mais amplo nas relações de conjugalidade, sem a presença de vulneráveis.

A autonomia privada dos agentes familiares na conjugalidade apenas deverá ceder espaço quando constatados limites das chamadas fronteiras da autonomia. O direito de família deve ser mínimo e a intervenção estatal excepcional.

Retoma-se, portanto, a questão: seria a monogamia uma questão de ordem pública hábil a impor a fidelidade recíproca? Ou seria possível afastar o dever de fidelidade recíproca mediante o exercício de autonomia?

9.1.1.2. A Monogamia, o Pacto Antenupcial e a Autonomia

É sensitivo de que a noção sobre com quem e de qual maneira a pessoa poderá se relacionar insere-se na esfera do privado. Se pessoas capazes, não vulneráveis, sem qualquer vício de vontade, entendem pelo afastamento da monogamia, não caberá ao Estado intervir para proibir a conduta, pois não há, *in casu*, interesse público hábil a instrumentalizar a intervenção estatal.

Em uma leitura de intervenção estatal mínima nas famílias, verifica-se que ninguém, quiçá o Estado, tem o direito de se imiscuir na relação sentimental alheia, invadindo o recanto de intimidade da conjugalidade. A decisão derredor de uma relação monogâmica, ou não, diz respeito apenas aos envolvidos, e não a terceiros[67].

67. GAGLIANO, Pablo Stolze; PAMPLONA FILHO, Rodolfo. **Novo Curso de Direito Civil**. Direito de Família. v. 6. 8. ed. Saraiva: São Paulo, 2018, p. 294.

A dispensa da fidelidade recíproca deve ser entendida como prerrogativa privada. Assim, nada impede cláusula, em pacto antenupcial, que verse sobre afastamento da fidelidade, desde que respeite a paridade, a dignidade e a isonomia, como colocam Gustavo Tepedino[68] e Anderson Schreiber[69]. Na mesma linha, Dimitri Soares Carvalho[70] entende ser viável firmar acordos sobre relações sexuais, inclusive com dispensa à monogamia.

Paulo Luiz Netto Lôbo ressalta que atualmente não há um dever de fidelidade exigível, pois a liberdade do indivíduo, aliada à proteção da intimidade e privacidade, impossibilitam a exigibilidade da fidelidade recíproca[71].

Segundo Cristiano Chaves de Farias e Nelson Rosenvald[72], toda e qualquer cláusula versando sobre as múltiplas e diversas formas de vida conjugal, como disposição atinente à fidelidade, será válida, desde que preservada a liberdade de manifestação, a seriedade de propósitos e a dignidade dos envolvidos. Arrematam que "se o casal pretende dispensar, reciprocamente, a fidelidade ou a coabitação, é prerrogativa privada, até porque se quiserem assim proceder, não será a lei que obstará"[73].

Rodrigo da Cunha Pereira[74] entende que proibir o estabelecimento de cláusulas de conteúdo moral, sobre fidelidade, vedação de relação aberta ou práticas sexuais não convencionais, seria o equivalente a intervir, indevidamente, na autonomia dos envolvidos no relacionamento. E Conrado Paulino da Rosa[75], por sua vez, argumenta pela viabilidade de afastamento da fidelidade recíproca clausulada em pacto antenupcial.

---

68. TEPEDINO, Gustavo. Controvérsias sobre regime de bens no novo Código Civil. *In:* PEREIRA, Rodrigo da Cunha (coord.). **Família e Solidariedade**: teoria e prática do direito de família. Rio de Janeiro: Lumen Juris/IBDFAM, 2008, p. 215; ROSA, Conrado Paulino da. **Direito de Família Contemporâneo**. 7. ed. Salvador: Juspodivm, 2020, p. 245.
69. SCHREIBER, Anderson. **Manual de direito civil contemporâneo**. 2. ed. São Paulo: Saraiva, 2020, p. 935.
70. CARVALHO, Dimitri Braga Soares de. **Contratos familiares**: cada família pode criar seu próprio Direito de Família. Disponível em: https://www.ibdfam.org.br/artigos/1498/Contratos+familiares%3A+cada+fam%C3%ADlia+pode+criar+seu+próprio+Direito+de+Fam%C3%ADlia#_ftn2. Acesso em: 13 nov. 2020, p. 3.
71. LÔBO, Paulo Luiz Netto. **Direito Civil**. Famílias. São Paulo: Saraiva, 2011, p. 143.
72. FARIAS, Cristiano Chaves; ROSENVALD, Nelson. **Curso de Direito Civil**. Famílias. v. 6. 7. ed. São Paulo: Atlas, 2015, p. 316.
73. FARIAS, Cristiano Chaves; ROSENVALD, Nelson. **Curso de Direito Civil**. Famílias. v. 6. 7. ed. São Paulo: Atlas, 2015, p. 316.
74. PEREIRA, Rodrigo da Cunha. **Direito das Famílias**. São Paulo: Forense/Gen, 2020, p. 148; ROSENVALD, Nelson. **Curso de Direito Civil**. Famílias. v. 6. 7. ed. São Paulo: Atlas, 2015, p. 316.
75. ROSA, Conrado Paulino da. **Direito de Família Contemporâneo**. 7. ed. Salvador: Juspodivm, 2020, p. 245.

Do dito, conclui-se, amparado nos ideais de autonomia e ausência de percepção de questão de ordem pública, ser a fidelidade recíproca afastável por regramento expresso no pacto antenupcial. Não se verifica, aqui, qualquer motivo para a excepcional intervenção estatal hábil a reduzir o exercício da autonomia privada na conjugalidade.

Malgrado o dito, para a maioria da doutrina, a cláusula que dispensa a fidelidade recíproca no casamento é nula de pleno direito, atingindo questão de ordem pública - a monogamia - e consequentemente ineficaz. Nesse sentido posicionam-se Rolf Madaleno[76], Silvio Rodrigues[77], Carlos Roberto Gonçalves[78], Maria Helena Diniz[79], Zeno Veloso[80], Fabiana Domingues Cardoso[81], Mairan Gonçalves Maia Júnior[82], dentre outros.

A maioria doutrinária, como citado acima, também ganha expressão no Conselho Nacional de Justiça, no Superior Tribunal de Justiça e no Supremo Tribunal Federal, conforme decisões já mencionadas.

9.1.1.3. A Presunção da Monogamia e o Afastamento Comportamental

Uma vez estabelecido o entendimento de que é possível afastar a monogamia por cláusula expressa no pacto antenupcial, indaga-se: se o pacto antenupcial for silente sobre o tema, o relacionamento se presumirá monogâmico ou não?

Por conta da tradição secular existente no Brasil de relacionamentos monogâmicos, acaso em um casamento não haja cláusula de afastamento do dever de fidelidade recíproca, há presunção de monogamia, por força do art. 1566, I do Código Civil.

76. MADALENO, Rolf. **Curso de Direito de Família**. São Paulo: Forense, 2008, p. 529.
77. RODRIGUES, Silvio. **Direito Civil**. v. VI. São Paulo: Saraiva, 2007, p. 139.
78. GONÇALVES, Carlos Roberto. **Direito Civil Brasileiro**. Direito de Família. São Paulo: Saraiva, 2010, p. 446.
79. DINIZ, Maria Helena de. **Curso de Direito Civil Brasileiro**. v. V. 29. ed. São Paulo: Saraiva, 2012, p. 173.
80. VELOSO, Zeno. Santinha quer excluir fidelidade. **Jornal o Liberal**. 14 fev. 2021.
81. CARDOSO, Fabiana Domingues. **Regime de Bens e Pacto Antenupcial**. Rio de Janeiro: Método/Gen, 2010, p. 218.
82. MAIA JÚNIOR, Mairan Gonçalves. **A Família e a Questão Patrimonial**: Planejamento Patrimonial, Regime de Bens, Pacto Antenupcial, Contrato Patrimonial na União Estável. 3. ed. São Paulo: RT, 2015, p. 82-83.

Os relacionamentos matrimoniais presumem-se monogâmicos, salvo manifestação de vontade em sentido diverso. A monogamia é a conduta social média nacional, fincada em atenção histórica.

Situação curiosa, entretanto, e que tem certa percepção prática, remete aos relacionamentos matrimoniais em que não há dispensa expressa ao dever de fidelidade recíproca, mas nos quais, por conduta comportamental reiteradamente aceita por todos, não se exige o respeito à fidelidade. Nesse contexto, a fidelidade recíproca ainda seria exigível?

Infere-se, aqui, uma verdadeira *supressio* (supressão) do direito de exigência da fidelidade recíproca, e *surrectio* (surgimento) do direito de inobservância à monogamia, tudo amparado em conduta reiterada no tempo, de aceite comum.

Hodiernamente é usual o aceite de comportamentos como hábeis a conferir importantes efeitos jurídicos na seara negocial e contratual, visto que são significados como vontade, vinculando[83].

Na seara da conjugalidade, há de se perquirir quais os comportamentos que casais validam mediante condutas permitidas. Afinal, "pessoas são diferentes. Algumas coisas são toleradas por muitos, outras não são admitidas por ninguém"[84].

Atento a este cenário, bem como à autonomia e as indevidas intromissões estatais na vida privada, coloca-se recente julgado do Tribunal de Justiça gaúcho, que reconheceu famílias paralelas, legitimadas por permissivo através da conduta de todos os envolvidos ao longo de anos, com consequente partilha patrimonial entre todos os envolvidos, na chamada teoria da "triação":

> APELAÇÃO CÍVEL. AÇÃO DECLARATÓRIA DE UNIÃO ESTÁVEL *POST MORTEM*. PLEITO DE RECONHECIMENTO DO INSTITUTO. CABIMENTO. CONCOMITÂNCIA COM O CASAMENTO QUE NÃO AFASTA A PRETENSÃO NO CASO. SENTENÇA REFORMADA. I. Presente prova categórica de que o relacionamento mantido entre a requerente e o falecido entre 08/2000 e a data do

83. Analisam os aspectos formativos dos contratos na atualidade e a força dos comportamentos como juridicamente vinculantes: GRAMSTRUP, Erik Frederico; ZANETTI, Andrea Cristina. Aspectos formativos do contrato na atualidade. ***Quaestio Iuris***, v. 12, p. 683, 2020. Disponível em: https://www.e-publicacoes.uerj.br/index.php/quaestioiuris/article/view/38456/33553. Acesso em: 16 fev. 2021.

84. FERRIANI, Adriano. Sexo pela internet e infidelidade conjugal. **Migalhas**, v. 1, p. 1-3, 2011.

óbito dele se dava nos moldes do artigo 1.723 do Código Civil, mas também a higidez do vínculo matrimonial do *de cujus* até o mesmo momento. **Caso provada a existência de relação extraconjugal duradoura, pública e com a intenção de constituir família, ainda que concomitante ao casamento e sem a separação de fato configurada, deve ser, sim, reconhecida como união estável, mas desde que o cônjuge não faltoso com os deveres do casamento tenha efetiva ciência da existência dessa outra relação fora dele, o que aqui está devidamente demonstrado. Ora, se a esposa concorda em compartilhar o marido em vida, também deve aceitar a divisão de seu patrimônio após a morte, se fazendo necessária a preservação do interesse de ambas as células familiares constituídas.** Em havendo transparência entre todos os envolvidos na relação simultânea, os impedimentos impostos nos artigos 1.521, inciso VI, e artigo 1.727, ambos do Código Civil, caracterizariam uma demasiada intervenção estatal, devendo ser observada sua vontade em viver naquela situação familiar. Formalismo legal que não pode prevalecer sobre situação fática há anos consolidada. Sentimentos não estão sujeitos a regras, tampouco a preconceitos, de modo que, ao analisar as lides que apresentam paralelismo afetivo, indispensável que o julgador decida com observância à dignidade da pessoa humana, solidariedade, busca pela felicidade, liberdade e igualdade. Deixando de lado julgamentos morais, certo é que casos como o presente são mais comuns do que pensamos e merecem ser objeto de proteção jurídica, até mesmo porque o preconceito não impede sua ocorrência, muito menos a imposição do castigo da marginalização. Princípio da monogamia e dever de lealdade estabelecidos que devem ser revistos diante da evolução histórica do conceito de família, acompanhando os avanços sociais. II. Reconhecida a união estável e o casamento simultâneos, como no presente, a jurisprudência da Corte tem entendido necessário dividir o patrimônio adquirido no período da concomitância em três partes, o que se convencionou chamar de trisção. Não se pode deixar de referir que o caso se centrou mais no reconhecimento da união estável, de modo que inviável afirmar aqui e agora, com segurança, quais são exatamente os bens amealhados no período. Além disso, ao que tudo indica, a partilha de bens do falecido já foi realizada entre os anteriores herdeiros, enquanto que os filhos maiores e capazes desse não participaram do processo, mas apenas a cônjuge, razão pela qual não podem ter seu direito atingido sem o exercício do contraditório e da ampla defesa. Ao juízo de família, na ação proposta, compete apenas reconhecer ou não a existência da afirmada relação estável da demandante com o *de cujus* e a repercussão patrimonial a que essa faz jus, sendo que a extensão dos efeitos patrimoniais que são próprios à

> condição de companheira deverá ser buscada em demanda própria. Apelação parcialmente provida, por maioria.
>
> BRASIL. Tribunal de Justiça do Rio Grande do Sul – AC: 70082663261 RS, Rel. José Antônio Daltoe Cezar, j. 09-10-2020, Oitava Câmara Cível, public 27-10-2020. Grifos.

Nessa linha, diante da inexistência de interesse público hábil a criar fronteira à autonomia privada, tem-se como válida a cláusula no pacto antenupcial que afaste o dever de fidelidade recíproca.

Acaso, porém, não haja manifestação expressa do casal pela adoção da cláusula de infidelidade, o relacionamento presume-se monogâmico, ressalvada a situação na qual o casal, por conduta reiterada no tempo, permita-se relacionamentos extraordinários.

9.1.2. Seria Viável ao Pacto Antenupcial Veicular Regramento Sexual?

Seria juridicamente possível ao pacto antenupcial regular questões sexuais, com acordos sobre frequência, métodos e afins?

Dimitri Carvalho entende ser viável[85], no pacto, acordos sobre relações sexuais, que envolvam temas como frequência de relações.

Data venia, enxerga-se dificuldade no regramento em tela. Questões relacionadas a regramento sexual dialogam com disposições relativas ao próprio corpo e exigem consentimento sempre atualizado. A inexistência desse consentimento poderá ocasionar até crime, inclusive no curso da conjugalidade.

Ademais, se o pacto regular a frequência de duas relações sexuais semanais, por exemplo, e um dos cônjuges se nega, seria isto um ilícito sancionável?

Haveria direito de o suposto atingido pelo inadimplemento requisitar o cumprimento obrigacional, até com tutela específica ou conversão em perdas e danos?

Novamente a tese não se sustenta, pois se estaria, de maneira transversa, repristinando o ultrapassado instituto do débito conjugal, em completo

85. CARVALHO, Dimitri Braga Soares de. **Contratos familiares**: cada família pode criar seu próprio Direito de Família. Disponível em: https://www.ibdfam.org.br/artigos/1498/Contratos+familiares%3A+cada+fam%C3%ADlia+pode+criar+seu+próprio+Direito+de+Fam%C3%ADlia#_ftn2. Acesso em: 13 nov. 2020, p. 3.

desrespeito às questões atinentes à integridade física de cada sujeito. Haveria afronta à personalidade, violação à dignidade e dificuldade ética.

Há clara fronteira da autonomia com consequentemente nulidade absoluta desta cláusula em eventual pacto antenupcial, conservando o instrumento nas demais passagens, consoante o art. 1655 do Código Civil.

9.1.3. É Possível ao Pacto Antenupcial Regular Cláusula Indenizatória por Dissolução Afetiva?

Debate-se a possibilidade de colocação, no pacto antenupcial, de cláusula indenizatória pelo término do relacionamento, que poderá contemplar tanto a hipótese de término motivado, a exemplo da quebra de fidelidade recíproca, como imotivado, por mero ato volitivo.

A conduta é pacificamente possível em alguns países, a exemplo dos Estados Unidos, e alvo de várias notícias da mídia nacional e internacional.

Na América do Norte, não raro, os chamados *prenuptials agreements*, ou simplesmente *prenups*, veiculam valores extremamente elevados para a quebra da fidelidade recíproca, ou mesmo para o simples término relacional.

Em uma das manchetes mais famosas sobre o tema, afirma-se que Catherine Zeta-Jones, ao se casar com Michael Douglas, disciplinou, para o término afetivo, indenização de 2,8 milhões de dólares por cada ano de casada e de 5 milhões de dólares por quebra da fidelidade recíproca[86].

No Brasil, malgrado a existência de vozes refratárias ao tema, a exemplo de João Ricardo Brandão Aguirre[87], há defensores da licitude da disposição, como Francisco José Cahali[88], Antônio Carlos Mathias Coltro[89], Maria Bere-

86. REVISTA MONET. **Os mais surpreendentes acordos de casamento das celebridades internacionais**. Confira quais casais famosos têm os contratos mais excêntricos. Publicado em: 28 jan. 205. Disponível em: https://revistamonet.globo.com/Listas/noticia/2015/01/os-mais-surpreendentes-acordos-de-casamento-das-celebridades-internacionais.html. Acesso em: 09 dez. 2021 (*online*).

87. AGUIRRE, João Ricardo Brandão. Algumas Reflexões sobre o Planejamento Sucessório: a escolha de algumas veredas pode não levar à terra prometida. *In:* TEIXEIRA, Daniele Chaves (coord.). **Arquitetura do Planejamento Sucessório**. t. II. Belo Horizonte: Fórum, 2020, p. 370.

88. Afirma Francisco José Cahali a viabilidade de se estabelecer cláusula fixando previamente indenização em caso de eventual rompimento relacional, seja voluntário e imotivado, ou culposo, consoante o contratualmente ajustado pelas partes. CAHALI, Francisco José. **Contrato de Convivência na União Estável**. São Paulo: Saraiva, 2002, p. 244.

89. Entendendo pela viabilidade desta cláusula, Antônio Carlos Mathias Coltro afirma ser "descabido, outrossim, não se reconhecer válida cláusula em que se estabeleça indenização que um

nice Dias[90], Gustavo Tepedino[91], Anderson Schreiber[92] e Mairan Gonçalves Maia Júnior[93].

Para o melhor desenvolvimento desta seção, iniciar-se-á abordando os argumentos contrários à viabilidade jurídica da estipulação indenizatória em comento, em um esforço de afastá-los. Na sequência, avançará o trabalho para os argumentos favoráveis às disposições, mencionando tanto os relacionados à previsão de cláusula indenizatória por término relacional motivado, como por dissolução imotivada.

9.1.3.1. A (I)Licitude da Cláusula Indenizatória no Pacto Antenupcial

João Ricardo Brandão Aguirre[94] afirma a inviabilidade da presença de cláusula penal indenizatória em pactos antenupciais. Seus bons fundamentos para tanto são: i. a não configuração dos deveres conjugais como obrigações; ii. a consequente impossibilidade de aplicação das regras de responsabilidade contratual ao descumprimento dos deveres conjugais, não havendo de se falar em mora, relação creditória, perdas e danos, *astreintes*, tutelas específicas e cláusula penal; e iii. a decorrência de incidência das regras da responsabilidade civil extracontratual quando do descumprimento dos deveres conjugais, falando-se em eventual indenização consoante as regras do direito comum.

---

companheiro deve ao outro, no fim do relacionamento comum, o que tanto poderá se determinar com fundamento no simples fato da separação, querido por um dos parceiros, quanto no de sua culpa por ela. Em qualquer dos casos, não sendo a cláusula contrária aos bons costumes, à ordem pública ou aos princípios gerais do direito, estando as partes capacitadas a contratar, nenhuma razão existe a obstar que assim disponham". COLTRO, Antônio Carlos Mathias. Referências sobre Contrato de União Estável. *In:* DELGADO, Mario Luiz Regis; ALVES, Jones Figueirêdo (org.). **Questões Controvertidas no Novo Código Civil**. v. 4. Rio de Janeiro: Método, 2005.

90. DIAS, Maria Berenice. **Manual de Direito das Famílias**. 8. ed. São Paulo: RT, 2011, p. 234-235.

91. TEPEDINO, Gustavo. Controvérsias sobre regime de bens no novo Código Civil. *In:* PEREIRA, Rodrigo da Cunha (coord.). **Família e Solidariedade**: teoria e prática do direito de família. Rio de Janeiro: Lumen Juris/IBDFAM, 2008, p. 215.

92. SCHREIBER, Anderson. **Manual de Direito Civil Contemporâneo**. 2. ed. São Paulo: Saraiva, 2020, p. 934.

93. MAIA JÚNIOR, Mairan Gonçalves. **A Família e a Questão Patrimonial**: Planejamento Patrimonial, Regime de Bens, Pacto Antenupcial, Contrato Patrimonial na União Estável. 3. ed. São Paulo: RT, 2015, p. 211-212.

94. AGUIRRE, João Ricardo Brandão. Algumas Reflexões sobre o Planejamento Sucessório: a escolha de algumas veredas pode não levar à terra prometida. *In:* TEIXEIRA, Daniele Chaves (coord.). **Arquitetura do Planejamento Sucessório**. t. II. Belo Horizonte: Fórum, 2020, p. 370.

Pedindo licença aos posicionamentos contrários, e sempre com o único objetivo de evoluir nos temas, passa-se a discordar dos argumentos em questão. Para tanto, inicia-se investigando a diferenciação entre dever jurídico e obrigação.

Dever jurídico importa na necessidade de observância de determinado comportamento, por força da imposição do ordenamento jurídico. Trata-se, como pontua Orlando Gomes[95], na "necessidade que corre a todo indivíduo as ordens ou comandos do ordenamento jurídico, sob pena de incorrer numa sanção, como o dever universal de não perturbar o direito do proprietário".

Conforme coloca Edvaldo Britto, ao atualizar a obra de Orlando Gomes, "o conceito de dever jurídico se superpõe ao de obrigações"[96]. Justo por isso, exemplifica-se como dever jurídico a obrigação do comprador em pagar o preço, a obrigação do inquilino conservar o imóvel locado e restituí-lo ao locador, findo o contrato; o dever de fidelidade dos cônjuges; o respeito à propriedade alheia e o dever de não lesar o patrimônio.

Infere-se que a conceituação de dever, na leitura de Orlando Gomes, é inicialmente ampla. Contempla tanto o dever geral, decorrente de norma positiva expressa e na qual há sanção, como também hipóteses de obrigações, compreendidas como deveres jurídicos *stricto sensu*, específicos e individualizados, os quais incidem sobre pessoas certas e determinadas e decorrentes da vontade humana[97].

Justo por isso, Orlando Gomes[98] registra: "a obrigação, em uma relação jurídica, ocupa o lado passivo e, por isso, consiste no próprio dever jurídico", podendo ser a obrigação definida como "certo comportamento exigível pelo titular do respectivo direito subjetivo (lado ativo)".

Nessa senda, a obrigação é espécie de dever jurídico, o qual deve ser compreendido como gênero, para contemplar tanto os deveres legais gerais, como as obrigações propriamente. Em razão disso, dentre os exemplos mencionados como deveres jurídicos, há claramente situações de obrigações, como a do comprador pagar o preço e do inquilino conservar o imóvel.

Não é por outro motivo, ainda, que não sejam os tangenciamentos conceituais, que na propriedade fala-se da existência de uma obrigação

95. GOMES, Orlando. **Obrigações**. Edvaldo Brito (atual.). 17. ed. Rio de Janeiro: Forense, 2008, p. 11.
96. GOMES, Orlando. **Obrigações**. Edvaldo Brito (atual.). 17. ed. Rio de Janeiro: Forense, 2008, p. 11.
97. FARIAS, Cristiano Chaves; ROSENVALD, Nelson. **Curso de Direito Civil**. Obrigações. v. 6. 9. ed. São Paulo: Atlas, 2015, p. 87.
98. GOMES, Orlando. **Obrigações**. Edvaldo Brito (atual.). 17. ed. Rio de Janeiro: Forense, 2008, p. 11.

jurídica negativa e universal de respeito, a qual, de fato, é um dever jurídico, de acordo com Orlando Gomes[99].

Não é por outro motivo, inclusive, que grande parte da doutrina nacional, a exemplo de Flávio Tartuce[100], especifica que o "dever jurídico engloba não só as relações obrigacionais ou de direito pessoal, mas também as de direito real, relacionada com o Direito das Coisas. Também podem ter por objeto o Direito da Família, o Direito das Sucessões, o Direito de Empresa e os Direitos da Personalidade".

Não é diversa a linha doutrinária de Anderson Schreiber[101], para quem a obrigação é "uma espécie particular de dever jurídico".

Assim, o fato dos deveres conjugais estarem eventualmente catalogados como deveres, não retira o seu caráter obrigacional. Isto, inclusive, não é inédito no sistema normativo nacional. Veja-se, por exemplo, que a Lei n. 8.245/1991 estabelece os deveres do locador e do locatário, os quais apenas existem em função de um contrato, não perdendo o seu caráter obrigacional.

Por conseguinte, o descumprimento de um dever conjugal, que tem viés obrigacional, poderá ocasionar responsabilidade civil contratual, assim como ocasionar o descumprimento de um dever do inquilino, em uma relação locatária.

Destarte, ao dever jurídico, genérico, opõe-se o direito subjetivo. O dever jurídico de respeitar à propriedade opõe-se ao direito subjetivo do proprietário de vê-la respeitada, ao passo que a obrigação de pagar o preço do comprador opõe-se ao direito subjetivo do vendedor em recebê-lo.

Na seara dos deveres conjugais, em especial na fidelidade recíproca, não é diferente. O dever da fidelidade recíproca opõe-se ao direito do outro de exigi-la, sob pena de uma dissolução conjugal e de efeitos jurídicos, inclusive, catalogados ao culpado, como eventual perda de direito aos alimentos e imposição de retirada do sobrenome acrescido.

Soma-se ao dito que os deveres do casamento não são uma imposição social geral, como deveres legais. Todos temos o dever de respeitar a propriedade alheia, mas tal não se dá com os deveres conjugais. Estes apenas são

99. GOMES, Orlando. **Obrigações**. Edvaldo Brito (atual.). 17. ed. Rio de Janeiro: Forense, 2008, p. 12.

100. TARTUCE, Flávio. **Direito Civil**. Direito das Obrigações e Responsabilidade Civil. Família. 14. ed. Rio de Janeiro: Forense, 2019, p. 17.

101. SCHREIBER, Anderson. **Manual de Direito Civil Contemporâneo**. 2. ed. São Paulo: Saraiva, 2020, p. 934.

impostos àqueles que estão na relação de conjugalidade, que estabeleceram o vínculo mediante o casamento.

Em razão disso que o Superior Tribunal de Justiça firma não ser possível o pleito indenizatório, por quebra da fidelidade recíproca, em face do amante, devendo restringir-se ao cônjuge traidor. Apenas o cônjuge tem o dever de fidelidade, pois este decorre do casamento, não de uma imposição geral. Se fosse um dever geral, deveria o amante responder de forma extracontratual.

> RESPONSABILIDADE CIVIL. DANO MORAL. ADULTÉRIO. AÇÃO AJUIZADA PELO MARIDO TRAÍDO EM FACE DO CÚMPLICE DA EX-ESPOSA. ATO ILÍCITO. INEXISTÊNCIA. AUSÊNCIA DE VIOLAÇÃO DE NORMA POSTA.
>
> **1. O cúmplice de cônjuge infiel não tem o dever de indenizar o traído, uma vez que o conceito de ilicitude está imbricado na violação de um dever legal ou contratual, do qual resulta dano para outrem, e não há no ordenamento jurídico pátrio norma de direito público ou privado que obrigue terceiros a velar pela fidelidade conjugal em casamento do qual não faz parte.**
>
> 2. Não há como o Judiciário impor um "não fazer" ao cúmplice, decorrendo disso a impossibilidade de se indenizar o ato por inexistência de norma posta – legal e não moral – que assim determine. **O réu é estranho à relação jurídica existente entre o autor e sua ex-esposa, relação da qual se origina o dever de fidelidade mencionado no art. 1.566, inciso I, do Código Civil de 2002.**
>
> 3. De outra parte, não se reconhece solidariedade do réu por suposto ilícito praticado pela ex-esposa do autor, tendo em vista que o art. 942, *caput* e parágrafo único, do CC/02 (art. 1.518 do CC/16), somente tem aplicação quando o ato do co-autor ou partícipe for, em si, ilícito, o que não se verifica na hipótese dos autos.
>
> 4. Recurso especial não conhecido.
>
> (BRASIL. REsp 1122547/MG. Recurso Especial 2009/0025174-6. Rel. Min. Luis Felipe Salomão. Quarta Turma, DJ 10-11-2009).

Tal fato, todavia, não quer significar a possibilidade de utilização de tutelas específicas, *astreintes* e aplicação de inadimplemento relativo ao descumprimento dos deveres conjugais. Com efeito, mesmo na seara contratual, esses institutos têm as suas exceções.

É uníssono que a obrigação negativa, por exemplo, não admite inadimplemento relativo, mas apenas absoluto. Por isso firma o art. 390 do Código Civil que "nas obrigações negativas o devedor é havido por inadimplente desde o dia que executou o ato que devia se abster". Assim, no descumprimento da fidelidade recíproca, pouca importa se houve apenas um encontro extraconjugal.

Outrossim, diante do caráter pessoal da obrigação, personalíssimo, não há se falar em tutela específica ou *astreintes* como mecanismos definitivos de coerção absoluta. Não há de se impor a conduta compulsoriamente, de forma absoluta. É plenamente viável a compensação mediante perdas e danos. Observa-se que na própria sistemática contratual, muitas das vezes, a tutela específica é convertida em perdas e danos.

Recorda-se, ainda, de que há consequências previstas para o culposo, considerado aquele que gravemente infringiu um dos deveres do casamento e tornou insuportável a vida conjugal, no próprio ordenamento jurídico. Este terá, pela regra geral, perda dos alimentos e, remotamente, imposição de retirada do sobrenome eventualmente acrescido.

Por tudo isto, não se vê impeditivo para a adoção de cláusula penal indenizatória, em pacto antenupcial, para situação de dissolução afetiva. O pacto, como negócio jurídico que o é, admite tal disposição.

O cuidado que se impõe, porém, é que tal cláusula não seja fato gerador de desavenças familiares e/ou incentivadora ao desenlace afetivo, sob pena de contrariar a noção de comunhão plena de vidas[102].

Ademais, deve preservar valores condizentes com a capacidade econômico-financeira dos nubentes, para não representar "um contrato de risco ou jogo econômico entre seus partícipes, devendo ser repudiada, nas relações familiares, a expectativa de sua formação apenas como potencial fonte de riquezas"[103].

Em síntese, tendo em vista que o pacto antenupcial e o casamento têm natureza negocial, neles podem incidir cláusulas típicas dos negócios jurídicos, desde que guardem conformidade com a finalidade e o respeito às questões de ordem pública[104].

---

102. CARDOSO, Fabiana Domingues. **Regime de Bens e Pacto Antenupcial**. Rio de Janeiro: Forense; São Paulo: Método, 2010, p. 158.

103. CAHALI, Francisco José. **Contrato de Convivência na União Estável**. São Paulo: Saraiva, 2002, p. 245.

104. MAIA JÚNIOR, Mairan Gonçalves. **A Família e a Questão Patrimonial**: Planejamento Patrimonial, Regime de Bens, Pacto Antenupcial, Contrato Patrimonial na União Estável. 3. ed. São Paulo: RT, 2015, p. 211-212.

Assim, como afirma Mairan Gonçalves Maia Júnior[105], é viável a inclusão de cláusula penal em pacto antenupcial, sem retirar o cabimento de eventual controle judicial.

Vencida a premissa do cabimento da cláusula indenizatória no pacto antenupcial, até mesma vista como cláusula penal, para uma boa compreensão do tema, iniciar-se-á com a abordagem da (im)possibilidade de o pacto fixar indenização por término motivado do relacionamento e, posteriormente, avançará para o debate sobre a fixação indenizatória pelo término imotivado.

9.1.3.2. Cláusula Indenizatória por Término Conjugal Motivado

Seria juridicamente viável cláusula com prévia fixação indenizatória, em pacto antenupcial, para o eventual término motivado do casamento, a exemplo de uma traição?

É curioso perceber que o humano tem infindáveis e diferentes desejos.

Ao lado daqueles que ambicionam o afastamento da fidelidade recíproca, apondo a já estudada cláusula de infidelidade no pacto antenupcial, há aqueles que desejam o reforço da monogamia, fortalecendo-a, com a prévia quantificação do valor indenizatório para a hipótese de desatenção à fidelidade recíproca[106]. Dentre os últimos, há até aqueles que escalonam valores indenizatórios previamente fixados, aplicando-se a depender do desgaste decorrente da quebra da fidelidade recíproca e do nível de exposição do ato.

Mas, seria esta prévia fixação indenizatória juridicamente possível?

Não raro, há notícias veiculadas pela imprensa internacional sobre a inserção de cláusula, em acordos pré-nupciais, versando sobre indenização na casuística de quebra do dever de fidelidade recíproca.

Recentemente veiculou-se que o acordo pré-nupcial entre a atriz e cantora Jennifer Lopez e o ex-jogador de beisebol Alex Rodriguez determina

105. MAIA JÚNIOR, Mairan Gonçalves. **A Família e a Questão Patrimonial**: Planejamento Patrimonial, Regime de Bens, Pacto Antenupcial, Contrato Patrimonial na União Estável. 3. ed. São Paulo: RT, 2015, p. 211.

106. NAHAS, Luciana Faísca. Pacto Antenupcial. O que pode e o que não pode constar? *In:* PEREIRA, Rodrigo da Cunha; DIAS, Maria Berenice (coord.). **Famílias e Sucessões**: Polêmicas. Tendências e Inovações. Belo Horizonte: IBDFAM, 2018, p. 242.

multa de 250 milhões de dólares em caso de traição comprovada[107].O valor da penalização, segundo notícias, representaria 70% da fortuna do atleta e, acaso efetivamente adimplido a Jennifer Lopez, aumentaria a riqueza desta em 60%[108].

Ainda nos exemplos, menciona-se o acordo pré-nupcial entre o cantor Justin Timberlake e a atriz Jessica Biel, segundo o qual se Justin a traísse ela receberia uma indenização de 500 mil dólares. A inserção, de acordo com as notícias, decorreu de uma traição do cantor, na época de namoro[109].

No casamento entre o comediante Charlie Sheen e a atriz Denise Richards há notícias de uma cláusula, no acordo nupcial, de indenização por traição no valor de 4 milhões de dólares[110].

Caso emblemático envolve o jogador do golfe Tiger Woods e a modelo Elin Nordegren. Após um divórcio conturbado, em 2010, por traições de Tiger e o cumprimento do então acordo pré-nupcial, pelo qual a modelo recebeu 110 milhões de dólares, noticia-se que o atleta está disposto a reconquistá-la. Para tanto, propôs um novo casamento, entabulando um novo pacto antenupcial com penalização por traição em 350 milhões de dólares[111].

Já no ajuste pré-nupcial firmado entre Rosie O'Donnell e Michelle Rounds, restou pactuado que na hipótese de traição, aquela que violar a fidelidade recíproca seria apenada com a ausência de qualquer participação patrimonial no momento da dissolução afetiva[112].

---

107. TERRA. **JLO receberá 13 bi do marido caso seja traída por ele**. Disponível em: https://www.terra.com.br/diversao/tv/blog-sala-de-tv/jlo-recebera-r-13-bi-do-marido-caso-seja-traida-por ele,d21fdf9cb0f8bfe2bf7a5fec40f0e416xntjppxv.html#:~:text=A%20cl%C3%A1usula%20principal%20determina%20multa,R%24%201%2C8%20bi. Acesso em: 09 dez. 2021.

108. TERRA. **JLO receberá 13 bi do marido caso seja traída por ele**. Disponível em: https://www.terra.com.br/diversao/tv/blog-sala-de-tv/jlo-recebera-r-13-bi-do-marido-caso-seja-traida-por ele,d21fdf9cb0f8bfe2bf7a5fec40f0e416xntjppxv.html#:~:text=A%20cl%C3%A1usula%20principal%20determina%20multa,R%24%201%2C8%20bi. Acesso em: 09 dez. 2021.

109. BOL. **As bizarrices dos acordos pré-nupciais dos famosos**. Disponível em: https://www.bol.uol.com.br/listas/as-bizarrices-dos-acordos-nupciais-dos-famosos.htm. Acesso em: 09 dez. 2021.

110. REVISTA MONET. **Os mais surpreendentes acordos de casamento das celebridades internacionais**. Confira quais casais famosos têm os contratos mais excêntricos. Publicado em: 28 jan. 205. Disponível em: https://revistamonet.globo.com/Listas/noticia/2015/01/os-mais-surpreendentes-acordos-de-casamento-das-celebridades-internacionais.html. Acesso em: 09 dez. 2021.

111. REVISTA CARAS. **Tiger Woods quer reconquistar ex e oferece acordo milionário em caso de nova traição**. Disponível em: https://caras.uol.com.br/arquivo/tiger-woods-quer-reconquistar-ex-e-oferece-acordo-milionario-em-caso-de-traicao.phtml. Acesso em: 09 dez. 2021.

112. BOL. **As bizarrices dos acordos pré-nupciais dos famosos**. Disponível em: https://www.bol.uol.com.br/listas/as-bizarrices-dos-acordos-nupciais-dos-famosos.htm. Acesso em: 09 dez. 2021.

Voltando os olhos ao Brasil, recentemente ganhou holofotes o divórcio entre o cantor Gusttavo Lima e a celebridade Andressa Suita, com debates sobre possível quebra de fidelidade e a incidência de penalização prevista no pacto antenupcial. A contenda chegou a ocasionar medidas de prevenção dos divorciandos, com uma verdadeira limpeza digital em dispositivos e nas redes sociais[113].

Mas seria a quebra da fidelidade recíproca um ilícito indenizável no Brasil?

No Brasil a quebra da fidelidade recíproca, eventualmente, é hábil a ensejar reparação civil. Como posto por Zeno Veloso, "se não fosse possível pedir indenização por violação dos deveres matrimoniais, a enumeração desses deveres não passaria de um discurso vazio do legislador"[114].

Se a quebra da fidelidade recíproca é hábil a gerar responsabilidade civil, nada mais salutar do que permitir a sua prévia quantificação, mediante cláusula em pacto antenupcial. Mas tal quantificação teria natureza jurídica de cláusula penal?

A questão é polêmica.

Apesar de muitos defenderem a natureza de cláusula penal da disposição em análise, não se olvida sobre a existência de posicionamento que afasta a possibilidade de inserção de cláusula penal em pacto antenupcial. Há doutrina pela inviabilidade de qualquer cláusula penal em pacto antenupcial, o qual tem natureza de negócio jurídico especial, não se amoldando ao direito obrigacional[115].

No particular, discorda-se. A prévia fixação indenizatória em tela é, sim, cláusula penal, hábil, inclusive, a atender a sua dupla função: i. coercitiva, ao intimidar para o cumprimento do dever de fidelidade recíproca, e ii. ressarcitória, ao pré-fixar as perdas e danos no eventual inadimplemento.

Além disso, a cláusula penal para situação de quebra da fidelidade recíproca traduz, a um só tempo, respeito à autonomia privada e incentivo à monogamia.

Ou seja, mesmo àqueles que são defensores de uma força pública do dever de fidelidade recíproca, e de um olhar menos autônomo aos deveres

113. COLÉGIO NOTARIAL DO BRASIL. Seção São Paulo. **Segundo dados, pactos antenupciais cresceram 110% nos últimos 10 anos no Brasil**. Disponível em: https://www.cnbsp.org.br/index.php?pG=X19leGliZV9ub3RpY2lhcw==&in=MTQ5NjA=&filtro=1. Acesso em: 09 jan. 2021.

114. VELOSO, Zeno. Deveres dos cônjuges: responsabilidade civil. *In:* CHINELATO, Silmara Juny de Abreu; SIMÃO, José Fernando; FUJITA, Jorge Shiguemitsu; ZUCCHI, Maria. Cristina. **Direito de Família no Novo Milênio**: estudos em homenagem ao Professor Álvaro Villaça Azevedo. São Paulo: Atlas, 2010, p. 80.

115. FARIAS, Cristiano Chaves; ROSENVALD, Nelson. **Curso de Direito Civil**. Famílias. v. 6. 7. ed. São Paulo: Atlas, 2015, p. 371-372.

do casamento, a aludida cláusula indenizatória haveria de ser possível, seja como medida compensatória, seja como medida inibitória, de reforço ao ideal supostamente público da monogamia.

Para além disso, quando se pesquisa o fato social de colocação desta cláusula penal, causa assombro os valores que costumam ser fixados, geralmente exorbitantes. Nubentes que não unem grandes riquezas, visionando um poder coercitivo exacerbado da prévia indenizatória por traição, regulam cláusulas penais milionárias.

Para esta patologia, o próprio Código Civil[116] tem remédio, ao consignar que se a cláusula penal for manifestamente excessiva, deve o juiz reduzi-la de ofício.

A atuação judicial mencionada é vinculativa e de ordem pública, devendo o magistrado agir de ofício, conforme vaticina o Enunciado 356 do Conselho da Justiça Federal[117]. Por isto, é vedado às partes afastar a intervenção judicial na hipótese, agora nas pegadas do Enunciado 355 do mesmo Conselho da Justiça Federal[118].

Nessa senda, posiciona-se no sentido de que, sim, é viável a prévia fixação indenizatória pelo término motivado do relacionamento, no pacto antenupcial, a qual se traveste de cláusula penal. Trata-se de legítimo exercício da autonomia e que não esbarra em nenhuma questão de ordem pública.

Ao que parece, tais luzes permissivas da cláusula penal por dissolução afetiva motivada vêm começando a contaminar a jurisprudência. Em 2023, por exemplo, o Tribunal de Justiça de Minas Gerais autorizou a lavratura de pacto antenupcial com cláusula penal de R$ 180.000,00 (cento e oitenta mil reais) para a hipótese de traição. Veja-se que se autorizou a lavratura, sem debate sobre a exigibilidade da cláusula[119].

Apesar disso, há doutrina que não vem abraçando a licitude desta cláusula, compreendendo que há desrespeito à questão de ordem pública, conforme firma Maria Helena Diniz[120].

---

116. BRASIL. Código Civil (2002), Art. 413.

117. Enunciado 356 do Conselho da Justiça Federal: "Nas hipóteses previstas no artigo 413 do Código Civil, o juiz deverá reduzir a cláusula penal de ofício".

118. Enunciado 355 do Conselho da Justiça Federal: "Não podem as partes renunciar à possibilidade de redução da cláusula penal se ocorrer qualquer das hipóteses previstas no art. 413 do Código Civil, por se tratar de preceito de ordem pública".

119. Confirma a notícia no site oficial. Disponível em https://www.tjmg.jus.br/portal-tjmg/noticias/justica-autoriza-pacto-antenupcial-com-multa-de-r-180-mil-em-caso-de-infidelidade.htm. Acesso em 15.09.2025.

120. DINIZ, Maria Helena de. **Curso de Direito Civil Brasileiro**. v. V. 29. ed. São Paulo: Saraiva, 2012, p. 173.

Outros autores autorizam a cláusula, mas por fundamento diverso. Entendem que sua presença no pacto antenupcial não deve ser compreendida como questão afeta ao pacto, mas como tema obrigacional, que deve ser considerado diante da divisibilidade do instrumento. Dessa forma colocam-se Fabiana Domingues Cardoso[121] e Francisco Cláudio de Almeida Santos[122].

9.1.3.3. Cláusula Indenizatória por Término Conjugal Imotivado

Vencido o debate sobre o (des)cabimento de prévia fixação indenizatória por quebra da fidelidade recíproca, aparelhando o término motivado do relacionamento, avança-se para perquirir sobre a (im)possibilidade de prévia quantificação indenizatória, no pacto antenupcial, para a casuística de término imotivado do relacionamento.

Indaga-se: seria viável pré-monetizar indenização na hipótese de término imotivado do relacionamento, como uma espécie de reparação civil?

Novamente trata-se de cláusula, não raro, presente em acordos pré-nupciais de famosos, manchetes na imprensa nacional e internacional.

Segundo notícias, o acordo pré-nupcial envolvendo a celebridade Kim Kardashian e o cantor Kanye West contém disciplina afirmando que Kim receberá um milhão de dólares por cada ano que permanecer casada, limitando-se ao valor de dez anos, na hipótese de dissolução afetiva[123].

Já o ajuste antenupcial entre a atriz Nicole Kidman e o cantor Keith Urban prevê que a cada ano de casamento o esposo terá direito, na hipótese de dissolução afetiva, ao valor de 640 mil dólares. Entretanto, se o esposo, durante o casamento, fizer uso de drogas, perderá por inteiro o direito à indenização[124].

---

121. CARDOSO, Fabiana Domingues. **Regime de Bens e Pacto Antenupcial**. Rio de Janeiro: Método/Gen, 2010, p. 202.

122. SANTOS, Francisco Cláudio de Almeida. O pacto antenupcial e a autonomia privada. *In*: FERREIRA BASTOS, Eliene; SOUSA, Asiel Henrique de (coord.). **Família e jurisdição**. Belo Horizonte: Del Rey, 2005, p. 203.

123. BOL. *Site* de notícias. **As bizarrices dos acordos pré-nupciais dos famosos**. Disponível em: https://www.bol.uol.com.br/listas/as-bizarrices-dos-acordos-nupciais-dos-famosos.htm. Acesso em: 09 dez. 2021.

124. BOL. *Site* de notícias. **As bizarrices dos acordos pré-nupciais dos famosos**. Disponível em: https://www.bol.uol.com.br/listas/as-bizarrices-dos-acordos-nupciais-dos-famosos.htm. Acesso em: 09 dez. 2021.

O acordo pré-nupcial entre os cantores Jay-Z e Beyoncé estabelece que em eventual divórcio, ela terá direito de receber 15 milhões de dólares, mais 5 milhões por cada filho gerado na união[125].

No pacto antenupcial celebrado entre os atores Katie Holmes e Tom Cruise, restou ajustado que em caso de divórcio, ela receberia 3 milhões de dólares por cada ano de relacionamento, limitados ao máximo de 33 milhões de dólares. Se o relacionamento ultrapassasse onze anos, no advento do divórcio, a atriz teria direito a metade dos bens do futuro ex-marido[126].

E no Brasil, seria uma cláusula juridicamente viável?

Parte da doutrina dedica-se ao tema, entendendo por sua viabilidade, a exemplo de Antônio Carlos Mathias Coltro[127], inclusive com eventual regramento de progressão, conforme o tempo de duração do vínculo, como aduz Vanessa Kerpel Chincoli[128].

Mas seria tal valor previamente fixado uma cláusula penal?

Luciana Faisca Nahas entende que não, pois o término imotivado do relacionamento é um direito potestativo, sendo incabível sua vinculação com uma cláusula penal. Nessa senda, eventual ajuste de valores pelo término imotivado do relacionamento seria uma mera liberalidade, emoldurando-se como uma doação em pecúnia pelo término relacional[129].

---

125. REVISTA MONET. **Os mais surpreendentes acordos de casamento das celebridades internacionais**. Confira quais casais famosos têm os contratos mais excêntricos. Publicado em: 28 jan. 205. Disponível em: https://revistamonet.globo.com/Listas/noticia/2015/01/os-mais-surpreendentes-acordos-de-casamento-das-celebridades-internacionais.html. Acesso em: 09 dez. 2021 (*online*).

126. REVISTA MONET. **Os mais surpreendentes acordos de casamento das celebridades internacionais**. Confira quais casais famosos têm os contratos mais excêntricos. Publicado em: 28 jan. 205. Disponível em: https://revistamonet.globo.com/Listas/noticia/2015/01/os-mais-surpreendentes-acordos-de-casamento-das-celebridades-internacionais.html. Acesso em: 09 dez. 2021 (*online*).

127. COLTRO, Antônio Carlos Mathias. Referências sobre Contrato de União Estável. *In:* DELGADO, Mario Luiz Regis; ALVES, Jones Figueirêdo (org.). **Questões Controvertidas no Novo Código Civil**. v. 4. Rio de Janeiro: Método, 2005; FARIAS, Cristiano Chaves; ROSENVALD, Nelson. **Curso de Direito Civil**. Famílias. v. 6. 7. ed. São Paulo: Atlas, 2015, p. 317; DIAS, Maria Berenice. **Manual de Direito das Famílias**. 8. ed. São Paulo: RT, 2011, p. 234-235.

128. CHINCOLI, Vanessa Kerpel. O Pacto Antenupcial no Direito Brasileiro. *In:* NORONHA, Carlos Silveira (coord.). **Temas de Direito de Família e Sucessões na Atualidade**: reexame dos estudos acerca dos efeitos secundários da sentença cível de mérito. Porto Alegre: Sulina, 2016, p. 356.

129. NAHAS, Luciana Faísca. Pacto Antenupcial. O que pode e o que não pode constar? *In:* PEREIRA, Rodrigo da Cunha; DIAS, Maria Berenice (coord.). **Famílias e Sucessões**: Polêmicas. Tendências e Inovações. Belo Horizonte: IBDFAM, 2018, p. 233.

Destarte, firma Francisco José Cahali que a indenização pela

> separação espontânea e sem causa imputável ao outro, no exercício da liberdade de rompimento, a indenização poderá ter caráter meramente compensatório, para contrapesar a frustração da expectativa criada quando da formação da entidade familiar (tanto no aspecto afetivo como no tocante a eventuais vantagens econômicas advindas do regime patrimonial adotado); ou poderá ter feição reparatória, para recompor eventuais prejuízos experimentados em função do ingresso no relacionamento, como renúncia à atividade profissional exercida ou ascensão na carreira. Se, paralelamente à indenização assim fixada, houver sido acordada a separação dos bens, afastando incidência da presunção legal de condomínio, evidencia-se a sua fixação para reparar o inconveniente pela privação sobre os bens amealhados na constância da relação[130].

Nessa linha, a cláusula em questão terá até mesmo a moldura de uma prefixação de eventuais alimentos ressarcitórios. Decerto, é viável a inclusão de alimentos compensatórios, com um viés indenizatório e voluntário, negocialmente pactuados, com o fito de, por exemplo, indenizar aquele que deixou à vida profissional para se dedicar ao matrimônio[131], ou que aceitou como opção de regime de bens o da separação convencional, tendo em vista que receberá verba indenizatória no eventual desenlace afetivo.

Acolhendo a possibilidade da prévia indenização por término relacional imotivado constar no pacto antenupcial, cita-se decisão oriunda do Tribunal de Justiça gaúcho, que além de reconhecer a licitude da disciplina do tema no pacto, ainda determinou a atualização do valor para pagamento, tendo em vista a sua natureza nitidamente indenizatória. No caso, o regime de bens eleito fora o da separação absoluta de bens, mas com previsão indenizatória pelo término imotivado do casamento, em um verdadeiro balanceamento. Cita-se:

> APELAÇÃO CÍVEL. UNIÃO ESTÁVEL NÃO CONFIGURADA. CASAMENTO POSTERIOR. PACTO ANTENUPCIAL QUE ADOTOU O **REGIME DA SEPARAÇÃO DE BENS**. ALIMENTOS. ESCRITURA PÚBLICA COM DISPOSIÇÃO ACERCA DE ALIMENTOS TEMPORÁRIOS À MULHER. HIGIDEZ DA DISPOSIÇÃO. ALIMENTOS AO FILHO. VALOR SUFICIENTE AO SUSTENTO DA CRIANÇA. DIFE-

130. CAHALI, Francisco José. **Contrato de Convivência na União Estável**. São Paulo: Saraiva, 2002, p. 244.

131. NAHAS, Luciana Faísca. Pacto Antenupcial. O que pode e o que não pode constar? *In:* PEREIRA, Rodrigo da Cunha; DIAS, Maria Berenice (coord.). **Famílias e Sucessões**: Polêmicas. Tendências e Inovações. Belo Horizonte: IBDFAM, 2018, p. 243.

> RENCIADAS POSSIBILIDADES DO GENITOR. 1. UNIÃO ESTÁVEL PRÉVIA AO CASAMENTO. [...] **2. CORREÇÃO MONETÁRIA DE VALOR INDENIZATÓRIO PELO FIM DO CASAMENTO. Cabível a correção monetária do valor de R$ 500.000,00, decorrente de cláusula de nítido caráter indenizatório pelo fim do casamento, posta no pacto antenupcial de separação de bens, sob pena de descaracterização de sua finalidade. Correção que deve incidir entre a data do pacto e a data do pagamento, apurando-se aí a diferença, que deverá ser atualizada até à data da quitação.** 3. ALIMENTOS À MULHER. Pretende a autora que sejam estabelecidos alimentos em seu benefício tomando-se percentual de todas as rendas percebidas pelo varão, sem caráter de transitoriedade. Não há causa para o acolhimento de seu pedido, porquanto na referida escritura pública de pacto antenupcial os litigantes deliberaram que haveria o pagamento de pensão alimentícia para ela no valor de cinco salários mínimos por período não superior a cinco anos. Nada há nos autos para retirar da cláusula sua validade e eficácia, pois o documento foi firmado por pessoas maiores, capazes e no pleno exercício de sua autonomia de vontade, tratando de direito disponível. Tampouco prospera a alegação de nulidade por afronta à disposição absoluta de lei, qual seja o art. 1.694 do CCB. [...] (Apelação Cível n. 70054895271, Oitava Câmara Cível, Tribunal de Justiça do RS, Rel. Luiz Felipe Brasil Santos, j. 01-08-2013).
>
> BRASIL. Tribunal de Justiça do Rio Grande do Sul – AC: 70054895271 RS, Rel. Luiz Felipe Brasil Santos, j. 01-08-2013, Oitava Câmara Cível, public 05-08-2013. Grifos.

Apesar do dito, há vozes expressas em sentido contrário à cláusula em comento, a exemplo de Francisco Cláudio de Almeida Santos[132].

Em um viés de autonomia, enxergando não haver barreira de ordem pública na situação posta, entende-se viável a inserção da cláusula indenizatória por término imotivado do relacionamento, escalonada ou não, significando uma pré-fixação indenizatória de caráter ressarcitório, ou mera liberalidade, a depender do contexto fático.

Tal cláusula situa-se em espaço de autonomia, sendo plenamente viável o estabelecimento prévio de valor, até mesmo como fruto de uma espécie de transação pelo modelo de regime de bens eleito, ou afastamento profissional para dedicação familiar.

---

132. SANTOS, Francisco Cláudio de Almeida. O pacto antenupcial e a autonomia privada. *In*: FERREIRA BASTOS, Eliene; SOUSA, Asiel Henrique de (coord.). **Família e jurisdição**. Belo Horizonte: Del Rey, 2005, p. 207.

9.1.4. É Possível ao Pacto Antenupcial Consignar a Dispensa do Dever de Coabitação?

Da leitura do art. 1.566 do Código Civil, percebe-se que dentre os deveres pessoais do casamento está a "vida em comum, no domicílio conjugal". A isto a doutrina denomina de coabitação.

Ocorre que, na atualidade, cônjuges optam por residir em imóveis diversos, sem prejuízo da conjugalidade. A opção, por vezes, se dá por razões de trabalho, que impõe às partes domicílios diversos. Em outras oportunidades, opta-se por convicções pessoais.

O legislador civilista, inclusive, expressamente firma a possibilidade de ausência do domicílio conjugal para atender a encargos públicos, exercício da profissão ou interesses particulares relevantes, na forma do art. 1.569. Não raro, o trabalho leva os cônjuges, ainda que transitoriamente, a residirem em comarcas ou até países diversos, sem que isso traduza a falência matrimonial.

Várias circunstâncias, inclusive a autonomia do casal, sob a lente da intervenção mínima no direito de família, poderão conduzir à residência em casas separadas[133].

Diante disto, pergunta-se: seria viável a colocação, no pacto antenupcial, de uma cláusula de dispensa ao dever de coabitação?

A resposta é positiva, havendo até quem denomine este relacionamento de *living apart together.*

Nessa senda, nada impede que o domicílio conjugal seja dúplice, consoante o ideal de pluralidade domiciliar expresso no Código Civil, restando cada cônjuge com a conservação do seu respectivo domicílio, como pontua Mairan Gonçalves Maia Júnior[134].

A cláusula de dispensa da coabitação, no pacto antenupcial, vem sendo amplamente aceita pela doutrina. Respeitada a dignidade e a isonomia,

133. GAGLIANO, Pablo Stolze; PAMPLONA FILHO, Rodolfo. **Novo Curso de Direito Civil**. Direito de Família. v. 6. 8. ed. São Paulo: Saraiva, 2018, p. 301.

134. MAIA JÚNIOR, Mairan Gonçalves. **A Família e a Questão Patrimonial**: Planejamento Patrimonial, Regime de Bens, Pacto Antenupcial, Contrato Patrimonial na União Estável. 3. ed. São Paulo: RT, 2015, p. 98.

nada impede que o pacto regule a dispensa de coabitação[135], através de uma estipulação que afaste o dever do art. 1566, II, do Código Civil[136].

Há até aqueles que progridam no tema para defender a inconstitucionalidade da exigência do domicílio comum conjugal, norma que merece interpretação restritiva, cedendo espaço a outros interesses conjugais[137].

Não obstante, digno de nota que há divergência, havendo doutrina que não enxerga a possibilidade de afastamento do dever de coabitação clausulada no pacto antenupcial. São defensores deste posicionamento restritivo Maria Helena Diniz[138], Silvio Rodrigues[139] e Carlos Roberto Gonçalves[140].

9.1.5. Poderia o Pacto Antenupcial Afastar o Dever de Mútua Assistência? Pré-Fixar Valor e/ou Transitoriedade Alimentar?

Conforme estabelece o art. 1566 do Código Civil, percebe-se, dentre os deveres do casamento, a mútua assistência, elencada em seu inciso III. Historicamente, o dever de mútua assistência remete ao *mutuum adiutorium* do direito canônico, de altíssimo valor ético e que dialoga com o elemento espiritual do vínculo da conjugalidade. Seu conteúdo diz respeito a ajudas e cuidados mútuos, com compartilhamento de alegrias, dores, adversidades e enfermidades, dentre outras situações[141].

A leitura da mútua assistência leva à verificação de seu aspecto material – de manutenção comum – e moral – de apoio recíproco. Trata-se de dever que se projeta para após o fim do vínculo conjugal e, por isso, não se

135. TEPEDINO, Gustavo. Controvérsias sobre regime de bens no novo Código Civil. *In:* PEREIRA, Rodrigo da Cunha. (coord.). **Família e Solidariedade**: teoria e prática do direito de família. Rio de Janeiro: Lumen Juris/IBDFAM, 2008, p. 215.

136. CHINELATO, Silmara Juny. **Comentários ao Código Civil** – Direito de Família. v. 18. São Paulo: Saraiva, 2004, p. 319.

137. Gramstrup, Erik Frederico; BURGARIN, Tomás Tenshin Sataka. **A Liberdade das Uniões à Luz do Princípio da Igualdade Familiar**. Curitiba: Prismas, 2019, p. 224.

138. DINIZ, Maria Helena de. **Curso de Direito Civil Brasileiro**. v. V. 29. ed. São Paulo: Saraiva, 2012, p. 173.

139. RODRIGUES, Silvio. **Direito Civil**. Direito de Família. v. 6. 27. ed. (atual.) Francisco José Cahali, com anotações ao novo Código Civil (Lei 10.406, de 10-1-2002). São Paulo: Saraiva, 2002, p. 139.

140. GONÇALVES, Carlos Roberto. **Direito Civil Brasileiro**. Direito de Família. São Paulo: Saraiva, 2010, p. 446.

141. GOMES, Orlando. **Direito de Família**. 14. ed. Rio de Janeiro: Forense, 2001, p. 140.

confunde com o mero sustento do lar conjugal, o qual finda com o término do relacionamento[142].

Traduz a mútua assistência, no seu aspecto material, não apenas obrigações de fazer, mas também o dever de socorro materializado na obrigação alimentar[143]. Já no viés moral, remete à reciprocidade de apoio moral, psicológico e espiritual.

Por decorrer da vida em comum, e dialogar com a subsistência, doutrina e jurisprudência entendem pela impossibilidade de dispensa antecipada da mútua assistência. Logo é inviável a cláusula que, em pacto antenupcial, antecipadamente dispense a mútua assistência, com prévia renúncia aos alimentos.

O pensamento em questão, aponta Yussef Said Cahali[144], decorre não apenas da análise dos deveres do casamento, mas do próprio art. 1.707 do Código Civil, que apoiado na tradição do art. 404 do Código Civil anterior, firma a irrenunciabilidade do direito aos alimentos. Por consequência é inviável a renúncia aos alimentos futuros a que se faça *jus*, sendo apenas possível a renúncia ao exercício do direito de cobrança dos alimentos devidos e não prestados.

A conclusão decorre, inclusive, da percepção de que a fixação dos alimentos demanda análise da necessidade do alimentando no momento do pleito, não sendo possível uma moldura prévia. Os princípios da dignidade humana e da proteção à família são imperativos e não poderiam ser afastados pela autonomia privada, notadamente de forma antecipada.

Os alimentos remetem à tema com viés também publicista, não condizente com uma mera leitura egoística-patrimonial, demandando do operador do direito um enfoque de verdadeiro interesse público familiar[145]. Justo por isso, arremata Yussef Said Cahali[146], o direito de alimentos não pode ser objeto de transação ou renúncia.

142. CAHALI, Yussef Said. **Dos Alimentos**. 7. ed. São Paulo: RT, 2012, p. 147.

143. Concordamos, no particular, com Pablo Stolze Gagliano e Rodolfo Pamplona Filho. GAGLIANO, Pablo Stolze; PAMPLONA FILHO, Rodolfo. **Novo Curso de Direito Civil**. Direito de Família. v. 6. 8. ed. São Paulo: Saraiva, 2018, p. 305. Discorda desta premissa Orlando Gomes, quem distingue o dever de assistência do de socorro. Este, segundo o autor, materializa-se no dever de prestar alimentos e remete a um aspecto da eficácia econômica do casamento. GOMES, Orlando. **Direito de Família**. 14. ed. Rio de Janeiro: Forense, 2001, p. 141.

144. CAHALI, Yussef Said. **Dos Alimentos**. 7. ed. São Paulo: RT, 2012, p. 51.

145. CAHALI, Yussef Said. **Dos Alimentos**. 7. ed. São Paulo: RT, 2012, p. 33.

146. CAHALI, Yussef Said. **Dos Alimentos**. 7. ed. São Paulo: RT, 2012, p. 34.

Portanto, a simples cláusula de dispensa da mútua assistência, com renúncia antecipada aos alimentos, é nula, por constituir, a um só tempo, fraude à lei imperativa e ter objeto ilícito[147].

Segundo Francisco José Cahali[148], os alimentos são estipulados no Código Civil como questão de ordem pública, dado o inscrito no art. 1694. Inviável, portanto, cláusula que tenha por escopo renunciar aos alimentos, a qual será ilícita e não produzirá efeitos.

Também entendem pela nulidade desta cláusula Flávio Tartuce[149], Carlos Roberto Gonçalves[150], Conrado Paulino da Rosa[151], Maria Helena Diniz[152], Francisco Cláudio Almeida Santos[153] e tantos outros doutrinadores.

Não é outra a linha do Superior Tribunal de Justiça:

> Irrenunciabilidade, na constância do vínculo familiar, dos alimentos devidos. Tendo os conviventes estabelecido, no início da união estável, por escritura pública, a dispensa à assistência material mútua, a superveniência de moléstia grave na constância do relacionamento, reduzindo a capacidade laboral e comprometendo, ainda que temporariamente, a situação financeira de um deles, autoriza a fixação de alimentos após a dissolução da união.
>
> REsp 1.178.233-RJ, Rel. Min. Raul Araújo, DJe 9-12-14. 4ª T. (Info STJ 553)

Sob outro aspecto, indaga-se: ao revés de renúncia antecipada, poderia o pacto antenupcial fixar o montante da eventual pensão no momento da dissolução afetiva e a possível transitoriedade dos alimentos?

A conduta não é inédita no cenário internacional e já foi alvo notícias veiculadas pela mídia internacional.

---

147. BRASIL. Código Civil (2002). Art. 166.

148. CAHALI, Francisco José. **Contrato de Convivência na União Estável**. São Paulo: Saraiva, 2002, p. 75.

149. TARTUCE, Flávio. **Direito Civil.** Direito de Família. 13. ed. Rio de Janeiro: Forense, 2018, p. 169.

150. GONÇALVES, Carlos Roberto. **Direito Civil Brasileiro**. Direito de Família. São Paulo: Saraiva, 2010, p. 445.

151. ROSA, Conrado Paulino da. **Direito de Família Contemporâneo**. 7. ed. Salvador: Juspodivm, 2020, p. 246.

152. DINIZ, Maria Helena de. **Curso de Direito Civil Brasileiro**. v. V. 29. ed. São Paulo: Saraiva, 2012, p. 173.

153. SANTOS, Francisco Cláudio de Almeida. O pacto antenupcial e a autonomia privada. *In*: FERREIRA BASTOS, Eliene; SOUSA, Asiel Henrique de (coord.). **Família e jurisdição**. Belo Horizonte: Del Rey, 2005, p. 207.

No pacto pré-nupcial entre a celebridade Khloé Kardashian e o jogador de basquete Lamar Odom, restou clausulada, para a hipótese de divórcio, que ele pagaria a ela uma pensão de 25 mil dólares e uma mesada de 5 mil para compras e mais 1 mil para tratamentos estéticos[154].

E no Brasil, seria viável?

Neste caso, como é intuitivo, não estar-se-á a falar em renúncia aos alimentos, mas em sua pré-fixação e eventual limitação temporal, com transitoriedade, fato viável no ordenamento jurídico nacional.

Como coloca Yussef Said Cahali[155], embora a consagrada indisponibilidade do direito aos alimentos devidos por lei, tem-se por válidas as convenções estipuladas entre as partes com o escopo de fixar a pensão, presente ou futura, e relacionada ao modo de sua prestação.

Justo por isto, nada impede que se regule sobre o valor da prestação alimentar, negociando o seu aspecto patrimonial[156], e/ou sua duração no tempo, em vista do seu caráter transitório. A tese já fora acolhida pelos Tribunais de Justiça gaúcho e catarinense:

> APELAÇÃO CÍVEL. UNIÃO ESTÁVEL NÃO CONFIGURADA. CASAMENTO POSTERIOR. PACTO ANTENUPCIAL QUE ADOTOU O REGIME DA SEPARAÇÃO DE BENS. **ALIMENTOS. ESCRITURA PÚBLICA COM DISPOSIÇÃO ACERCA DE ALIMENTOS TEMPORÁRIOS À MULHER. HIGIDEZ DA DISPOSIÇÃO.** ALIMENTOS AO FILHO. VALOR SUFICIENTE AO SUSTENTO DA CRIANÇA. DIFERENCIADAS POSSIBILIDADES DO GENITOR. 1. UNIÃO ESTÁVEL PRÉVIA AO CASAMENTO. [...] **3. ALIMENTOS À MULHER. Pretende a autora que sejam estabelecidos alimentos em seu benefício tomando-se percentual de todas as rendas percebidas pelo varão, sem caráter de transitoriedade. Não há causa para o acolhimento de seu pedido, porquanto na referida escritura pública de pacto antenupcial os litigantes deliberaram que haveria o pagamento de pensão alimentícia para ela no valor de cinco salários mínimos por período não superior a cinco anos. Nada há nos autos**

154. BOL. *Site* de notícias. **As bizarrices dos acordos pré-nupciais dos famosos**. Disponível em: https://www.bol.uol.com.br/listas/as-bizarrices-dos-acordos-nupciais-dos-famosos.htm. Acesso em: 09 dez. 2021.

155. CAHALI, Yussef Said. **Dos Alimentos**. 7. ed. São Paulo: RT, 2012, p. 92.

156. NAHAS, Luciana Faísca. Pacto Antenupcial. O que pode e o que não pode constar? *In:* PEREIRA, Rodrigo da Cunha; DIAS, Maria Berenice (coord.). **Famílias e sucessões**: Polêmicas. Tendências e Inovações. Belo Horizonte: IBDFAM, 2018, p. 227.

> **para retirar da cláusula sua validade e eficácia, pois o documento foi firmado por pessoas maiores, capazes e no pleno exercício de sua autonomia de vontade, tratando de direito disponível. Tampouco prospera a alegação de nulidade por afronta à disposição absoluta de lei, qual seja o art. 1.694 do CCB.** 4. ALIMENTOS AO FILHO. Não obstante as necessidades da criança serem presumidas pela menoridade, dispensando provas, e a circunstância de ser o genitor pessoa de ótima condição financeira, circunstância que, por certo, reflete na estimativa de valores da pensão alimentícia, o valor dos alimentos em R$ 8.000,00 satisfaz plenamente o justo equilíbrio dos binômio necessidade/possibilidade e preserva o padrão de vida a que a criança, que conta hoje cinco anos de idade, estava habituada. Não há causa para reforma da sentença tanto para majorar ou para reduzir o valor, a ser corrigido anualmente pelo IGP-M. DERAM PROVIMENTO EM PARTE À APELAÇÃO E NEGARAM PROVIMENTO AO RECURSO ADESIVO. UNÂNIME. (Apelação Cível N. 70054895271, Oitava Câmara Cível, Tribunal de Justiça do RS, Relator: Luiz Felipe Brasil Santos, Julgado em 01/08/2013)
>
> TJ-RS – AC: 70054895271 RS, Relator: Luiz Felipe Brasil Santos, Data de Julgamento: 01/08/2013, Oitava Câmara Cível, Data de Publicação: Diário da Justiça do dia 05/08/2013. Grifos.
>
> AGRAVO DE INSTRUMENTO. DIREITO CIVIL. FAMÍLIA. AÇÃO DE RECONHECIMENTO E DISSOLUÇÃO DE UNIÃO ESTÁVEL E PEDIDO DE TUTELA ANTECIPADA DE ALIMENTOS. DECISÃO INTERLOCUTÓRIA QUE CONCEDEU ALIMENTOS PROVISÓRIOS EM FAVOR DA AUTORA. RECURSO DO RÉU. PLEITO DE MINORAÇÃO DA VERBA. **QUANTIA DISPOSTA EM CONTRATO. PARTICULAR DE UNIÃO ESTÁVEL. POSSIBILIDADE DO ALIMENTANTE E NECESSIDADE DA ALIMENTADA EVIDENCIADAS. DECISÃO MANTIDA.** RECURSO CONHECIDO E DESPROVIDO
>
> TJSC, Agravo de Instrumento n. 0031788-33.2016.8.24.0000, de Itajaí, Rel. Des. Jairo Fernandes Gonçalves, j. 17.1.2016. Grifos.

Ressalta-se que o Superior Tribunal de Justiça, na Jurisprudência em Teses n. 65, item 14, afirma: "os alimentos devidos entre ex-cônjuges devem ter caráter excepcional, transitório e devem ser fixados por prazo determinado, exceto quando um dos cônjuges não possua mais condições de reinserção no mercado de trabalho ou de readquirir sua autonomia financeira".

Em suma, o pacto antenupcial não pode dispensar os alimentos, com renúncia prévia, mas poderá determinar o *quantum* obrigacional e regular sobre o prazo dos eventuais alimentos transitórios, que podem, até mesmo, serem proporcionais ao tempo de casamento, conforme explica Luciana Faísca Nahas[157].

Fabiana Domingues Cardoso[158], na mesma linha, sufraga a possibilidade dos nubentes ajustarem parâmetros básicos para a fixação dos alimentos em eventual rompimento conjugal, a exemplo de quantia mínima até a fixação judicial.

A premissa ganha cada vez mais adeptos, a exemplo de Conrado Paulino da Rosa[159], e insere-se nos limites da autonomia, que respeita a questão de ordem pública - caráter irrenunciável dos alimentos - e transaciona apenas sobre o seu aspecto patrimonial - valor e transitoriedade.

De mais a mais, na eventual percepção futura de que o montante e/ou transitoriedade alimentar ajustada no pacto antenupcial não se amoldou ao cenário fático, quando da efetiva dissolução afetiva, há remédio no sistema nacional: a competente ação revisional.

9.1.6. É Viável ao Pacto Antenupcial Regular a Obrigatoriedade de Retirada do Sobrenome Acrescido?

Há notícias históricas que remetem à família greco-romana sobre a aquisição do sobrenome em decorrência do casamento. Naquele contexto, quando do casamento, a esposa transmudava-se do culto da família originária, paterna, para o culto da família matrimonial, passando a adorar os antepassados da família do marido, que, após o casamento, também eram seus.

Simbolizando essa passagem e este segundo nascimento da mulher, havia a imposição, como decorrência do casamento, do acréscimo do sobrenome do marido[160].

157. NAHAS, Luciana Faísca. Pacto Antenupcial. O que pode e o que não pode constar? *In:* PEREIRA, Rodrigo da Cunha; DIAS, Maria Berenice (coord.). **Famílias e Sucessões**: Polêmicas. Tendências e Inovações. Belo Horizonte: IBDFAM, 2018, p. 243.

158. CARDOSO, Fabiana Domingues. **Regime de Bens e Pacto Antenupcial**. Rio de Janeiro: Método/Gen, 2010, p. 168.

159. ROSA, Conrado Paulino da. **Direito de Família Contemporâneo**. 7. ed. Salvador: Juspodivm, 2020, p. 245.

160. COULANGES, Fustel. **A Cidade Antiga**. Tradução Fernando de Aguilar. 8. ed. Lisboa: Livraria Clássica Editora, 1954, p. 33.

Voltando-se os olhos ao cenário nacional, na vigência do Código Civil de 1916, havia a obrigatoriedade, quando do casamento, do acréscimo do sobrenome do esposo, por parte da mulher. É apenas com a Lei n. 6.515/1977 (Lei do Divórcio) que este acréscimo se torna facultativo.

Dando novas luzes ao tema, o Código Civil de 2002, além de facultar a conduta do acréscimo, que deixa de ser impositiva, a guia pela isonomia. Hoje é possível, quando do casamento e por qualquer dos cônjuges, o acréscimo do sobrenome do outro[161], o que se dará através de exercício de mera opção informada ao Ofício de Registro Civil, bastando a declaração no processo de habilitação.

Malgrado a lei utilizar-se da expressão "acréscimo do sobrenome do outro", o entendimento das Casas Judiciais Nacionais encaminha-se por eventual possibilidade de supressão, no momento do acréscimo, desde que ausente prejuízos a terceiros, demonstração de justo motivo e inexistente prejuízo à ancestralidade e à sociedade. Cita-se acórdão exemplificativo do Superior Tribunal de Justiça:

> RECURSO ESPECIAL. DIREITO CIVIL. FAMÍLIA. CASAMENTO. NOME CIVIL. SUPRESSÃO DO PATRONÍMICO MATERNO. POSSIBILIDADE. JUSTO MOTIVO. DIREITO DA PERSONALIDADE. INTEGRIDADE PSICOLÓGICA. LAÇOS FAMILIARES ROMPIDOS. AUTONOMIA DE VONTADE. 1. Excepcionalmente, desde que preservados os interesses de terceiro e demonstrado justo motivo, é possível a supressão do patronímico materno por ocasião do casamento. 2. A supressão devidamente justificada de um patronímico em virtude do casamento realiza importante direito da personalidade, desde que não prejudique a plena ancestralidade nem a sociedade. 3. Preservação da autonomia de vontade e da integridade psicológica perante a unidade familiar no caso concreto. 4. Recurso especial não provido.
>
> (BRASIL. Superior Tribunal de Justiça – REsp: 1433187 SC 2014/0022694-1, Rel. Min. Ricardo Villas Bôas Cueva, j. 26-05-2015, Terceira Turma, Public. 02-06-2015).

Além disso, por força da alteração na Lei de Registros Públicos (Lei 6.015/73) pela Lei 14.382/2022, tem-se como viável o acréscimo do sobrenome mesmo após a celebração do casamento, conforme a novel redação do art. 57, II.

---

161. Código Civil (2002). Art. 1.565, § 1º.

Além disso, quando do término do casamento, poderá o cônjuge que fez o acréscimo do sobrenome requerer o retorno ao nome de solteiro, consistindo em direito potestativo[162]. Tal retorno poderá ser requisitado em qualquer das causas de extinção da sociedade conjugal - separação, divórcio ou viuvez -, conforme o novel art. 57, III, da Lei de Registros Públicos (Lei 6.015/73), fruto da alteração pela Lei 14.382/2022.

Infere-se, diuturnamente, que seja no acréscimo, ou na retirada, a conduta, além de facultativa, é unilateral, não sendo viável a imposição. Afinal, o nome integra a personalidade, passando a compor os direitos da personalidade do sujeito[163].

Entretanto, não raro, quando da dissolução afetiva, malgrado o regramento nacional sobre o tema, há o desejo de imposição de retirada do sobrenome acrescido pelo outro. Há algum espaço legislativo para tanto?

Excepcionalmente o Código Civil regula a possibilidade de imposição de retirada do sobrenome acrescido pelo outro, em seu art. 1578. Para tanto, além de comprovar a culpa pelo término do relacionamento daquele que sofrerá a imposição de retirada, será necessário pedido expresso e que a supressão não ocasione evidente prejuízo para identificação, manifesta distinção entre o seu nome de família e os dos filhos havidos da união dissolvida, ou dano grave.

Percebe-se, portanto, que as imposições de retirada, por força da lei, são bem restritivas e, neste cenário, fica a dúvida: antevendo essa eventual problemática, poderia o pacto antenupcial regular que com o término do relacionamento haverá, impositivamente, o retorno ao nome de solteiro?

Há quem entenda que sim, como fruto da autonomia privada[164]. Ora, se é viável ao cônjuge, no momento da dissolução e até posteriormente, realizar tal retirada ao sobrenome acrescido, porque não facultar o regramento do tema no momento do pacto antenupcial?

162. BRASIL. Código Civil (2002). Art. 1.578.

163. Como posto pelo art. 16 do Código Civil, o nome é composto pelo prenome e sobrenome, e integra os direitos da personalidade do sujeito.

164. NAHAS, Luciana Faísca. Pacto Antenupcial. O que pode e o que não pode constar? *In:* PEREIRA, Rodrigo da Cunha; DIAS, Maria Berenice (coord.). **Famílias e Sucessões**: Polêmicas. Tendências e Inovações. Belo Horizonte: IBDFAM, 2018, p. 239.

O tema é instigante e polêmico. Afinal, o nome, uma vez acrescido, passa a integrar a personalidade do seu titular, tendo toda a tutela atinente aos direitos da personalidade, dentre elas um forte caráter indisponível.

Justo por isso, revendo a posição consignada até a 3ª edição desta obra, passo a defender a inviabilidade da cláusula, por ofender direito da personalidade e, reflexamente, temas permeados por questões de ordem pública.

9.1.7. Poderia o Pacto Antenupcial Regular a Renúncia à Herança?

Uma indagação que vem despertando grandes debates diz respeito à (im)possibilidade de colocação, no pacto antenupcial, de cláusula de renúncia do cônjuge à participação sucessória, em concorrência com descendentes ou ascendentes do falecido, ou até mesmo quando for herdeiro de forma isolada.

A questão remete, previamente, à análise do pacto antenupcial como mecanismo de planejamento sucessório, em especial pelo impacto que o regime de bens passou a ocasionar na seara sucessória[165]. Dialoga, ainda, com a renúncia à condição pessoal do cônjuge de herdeiro.

9.1.7.1. Compreensão da Posição Sucessória do Cônjuge

A leitura do pacto antenupcial como mecanismo de planejamento sucessório ganhou grande relevância com o Código Civil de 2002. Isto, porque, o vigente Código Civil exacerbou o papel sucessório do cônjuge, que passa a eventualmente concorrer hereditariamente com descendentes, na forma do art. 1829, I, do Código Civil; na ausência de descendentes, a sempre concorrer com ascendentes, conforme o art. 1829, II, do Código Civil; e a herdar isoladamente, em inexistindo descendentes e ascendentes.

Com a figura do supercônjuge, aliado a relacionamentos cada vez mais efêmeros, o intuito de um cuidado sucessório progressivamente ganha mais espaço.

165. CARDOSO, Fabiana Domingues. **Regime de Bens e Pacto Antenupcial**. Rio de Janeiro: Método/Gen, 2010, p. 70.

D'outra banda, é cediço que a verificação dos amores líquidos, na concepção de Zygmunt Bauman[166], com relações afetivas cada vez mais fluidas, intensas e passageiras; somados ao envelhecimento populacional, perda de referenciais religiosos e desejo de blindagem patrimonial, assevera Otávio Luiz Rodrigues[167]; aliado à mudança de perfil proprietário, que migra do modelo tradicional imóvel para uma miríade de possibilidades, com múltiplas aplicações, ações, patrimônio digital e afins, indica João Ricardo Brandão Aguirre[168], são apenas alguns dos fatores impulsionadores de um movimento de maior autonomia na seara sucessória.

Assim, debate-se sobre contratos sucessórios.

Contrato sucessório traduz qualquer convenção cujo objeto seja a herança de pessoa viva. São negócios jurídicos bilaterais e irrevogáveis acerca da sucessão[169], os quais ambicionam exercício do poder de autodeterminação, tão característico nas relações privadas[170].

Contrato sucessório é um instrumento de planejamento sucessório.

Planejamento sucessório é o instrumento jurídico hábil à adoção de uma estratégia visionando a transferência eficaz e eficiente do patrimônio de uma pessoa para após a sua morte[171].

É consabido que a escolha por um determinado regime de bens ganhou importante consequência sucessória com o Código Civil de 2002, diante da análise da concorrência do cônjuge com os descendentes, na forma do art. 1829, I.

---

166. BAUMAN, Zygmunt. **Amor Líquido**: Sobre a Fragilidade dos Laços Humanos. Rio de Janeiro: Jorge Zahar, 2004.

167. RODRIGUES JUNIOR, Otávio Luiz. **Direito Civil Contemporâneo**: Estatuto Epistemológico, Constituição e Direitos Fundamentais. 2 ed. Rio de Janeiro: Forense, 2019 (*Kindle*), Posição 2529 a 2535.

168. AGUIRRE, João Ricardo Brandão. Algumas Reflexões sobre o Planejamento Sucessório: a escolha de algumas veredas pode não levar à terra prometida. *In:* TEIXEIRA, Daniele Chaves (coord.). **Arquitetura do Planejamento Sucessório**. t. II. Belo Horizonte: Fórum, 2020, p. 370.

169. MONTEIRO FILHO, Carlos Edison do Rêgo; SILVA, Rafael Cândido da. A proibição dos pactos sucessórios: releitura funcional de uma antiga regra. **Revista de Direito Privado**, v. 72 São Paulo: RT, 2016, p. 170.

170. AGUIRRE, João Ricardo Brandão. Algumas Reflexões sobre o Planejamento Sucessório: a escolha de algumas veredas pode não levar à terra prometida. *In:* TEIXEIRA, Daniele Chaves (coord.). **Arquitetura do Planejamento Sucessório**. t. II. Belo Horizonte: Fórum, 2020, p. 370.

171. TEIXEIRA, Daniele. Noções Prévias do Direito das Sucessões: Sociedade, Funcionalização e Planejamento Sucessório. *In:* TEIXEIRA, Daniele Chaves (coord.). **Arquitetura do Planejamento Sucessório**. Belo Horizonte: Fórum, 2018, p. 35.

Nessa senda, a escolha de um dado regime de bens, ou até mesmo a construção de um regime de bens atípico, mediante o pacto antenupcial, é hábil a ter clarividentes impactos sucessórios. Justo por isso, elenca-se o pacto antenupcial como um dos tradicionais mecanismos de planejamento sucessório[172].

Voltando os olhos ao Código Civil, em especial ao art. 1829, I, verifica-se:

> CC, art. 1.829. A sucessão legítima defere-se na ordem seguinte:
>
> I – aos descendentes, em concorrência com o cônjuge sobrevivente, salvo se casado este com o falecido no regime da comunhão universal, ou no da separação obrigatória de bens (art. 1.640, parágrafo único); ou se, no regime da comunhão parcial, o autor da herança não houver deixado bens particulares;

Na literalidade normativa, o cônjuge supérstite não concorrerá com os descendentes nos seguintes regimes de bens: a) comunhão universal; b) separação obrigatória e c) comunhão parcial de bens, ressalvados os bens particulares.

A norma trouxe polêmicas ao direito nacional.

A primeira remete a de qual forma haverá a concorrência sucessória do cônjuge sobrevivente com os descendentes no regime da comunhão parcial de bens. O posicionamento firmado aduz que o cônjuge sobrevivente apenas concorrerá com os descendentes sobre os bens particulares. Assim coloca-se o Enunciado 270 do Conselho da Justiça Federal e o atual entendimento do Superior Tribunal de Justiça:

> RECURSO ESPECIAL. CIVIL. DIREITO DAS SUCESSÕES. CÔNJUGE SOBREVIVENTE. REGIME DE COMUNHÃO PARCIAL DE BENS. HERDEIRO NECESSÁRIO. EXISTÊNCIA DE DESCENDENTES DO CÔNJUGE FALECIDO. CONCORRÊNCIA. ACERVO HEREDITÁRIO. EXISTÊNCIA DE BENS PARTICULARES DO DE CUJUS. INTERPRETAÇÃO DO ART. 1.829, I, DO CÓDIGO CIVIL. VIOLAÇÃO AO ART. 535 DO CPC. INEXISTÊNCIA. [...] 2. Nos termos do art. 1.829, I, do Código Civil de 2002, o cônjuge sobrevivente, casado no regime de comunhão parcial de bens, concorrerá com os

172. Assim o fazem, por exemplo, Flávio Tartuce e Giselda Hironaka, que mencionam o pacto antenupcial como um dos mecanismos tradicionais de planejamento sucessório. TARTUCE, Flávio Murilo. Planejamento Sucessório: conceito, mecanismos e limitações. **Revista Brasileira de Direito Civil** – RBDCivil. Belo Horizonte, v. 21, p. 87-109, jul.-set, 2009.

> descendentes do cônjuge falecido somente quando este tiver deixado bens particulares. 3. A referida concorrência dar-se-á exclusivamente quanto aos bens particulares constantes do acervo hereditário do de cujus. 4. Recurso especial provido.
>
> (BRASIL. Superior Tribunal de Justiça – REsp: 1368123 SP 2012/0103103-3, Rel. Min. Sidnei Beneti, j. 22/04/2015, Segunda Seção, Public 08-06-2015)

A segunda polêmica relaciona-se à concorrência hereditária do cônjuge sobrevivente com os descendentes, ou ascendentes, no regime de separação convencional de bens, o que revela incongruência legislativa entre o regime patrimonial em vida – de completa separação – e após a morte – de concorrência hereditária.

Diante de tamanha incongruência legislativa, o Superior Tribunal de Justiça realizou tentativa de adequação, *contra legem*, ambicionando afastar a concorrência hereditária do cônjuge supérstite com os descendentes, acaso o casamento fosse realizado pelo regime da separação convencional de bens[173].

Entretanto, o próprio Superior Tribunal de Justiça percebeu inviável a tentativa de adequação, pois estaria funcionando como um verdadeiro legislador, o que não deveria prosperar. Assim, retornou ao entendimento originário e alinhado ao Código Civil, firmando a concorrência sucessória do cônjuge sobrevivente com descendentes, quando casados em regime de separação convencional de bens.

> RECURSO ESPECIAL. DIREITO DAS SUCESSÕES. INVENTÁRIO E PARTILHA. REGIME DE BENS. **SEPARAÇÃO CONVENCIONAL.** PACTO ANTENUPCIAL POR ESCRITURA PÚBLICA. CÔNJUGE SOBREVIVENTE. **CONCORRÊNCIA NA SUCESSÃO HEREDITÁRIA COM DESCENDENTES. CONDIÇÃO DE HERDEIRO. RECONHECIMENTO. EXEGESE DO ART. 1.829, I, DO CC/02.** AVANÇO NO CAMPO SUCESSÓRIO DO CÓDIGO CIVIL DE 2002. PRINCÍPIO DA VEDAÇÃO AO RETROCESSO SOCIAL. 1. O art. 1.829, I, do Código Civil de 2002 confere ao cônjuge casado sob a égide do regime de **separação convencional a condição de herdeiro necessário, que concorre com os descendentes do falecido independentemente do período de duração do casamento, com vistas a garantir-lhe o mínimo necessário para uma sobrevivência digna.**

173. REsp 992.749/MS. Rel. Min. Nancy Andrighi – Terceira Turma, j. 01-12-2009.

2. O intuito de plena comunhão de vida entre os cônjuges (art. 1.511 do Código Civil) conduziu o legislador a incluir o cônjuge sobrevivente no rol dos herdeiros necessários (art. 1.845), o que reflete irrefutável avanço do Código Civil de 2002 no campo sucessório, à luz do princípio da vedação ao retrocesso social.

3. **O pacto antenupcial celebrado no regime de separação convencional somente dispõe acerca da incomunicabilidade de bens e o seu modo de administração no curso do casamento, não produzindo efeitos após a morte por inexistir no ordenamento pátrio previsão de ultratividade do regime patrimonial apta a emprestar eficácia póstuma ao regime matrimonial.**

4. O fato gerador no direito sucessório é a morte de um dos cônjuges e não, como cediço no direito de família, a vida em comum. As situações, porquanto distintas, não comportam tratamento homogêneo, à luz do princípio da especificidade, motivo pelo qual a intransmissibilidade patrimonial não se perpetua *post mortem*.

5. **O concurso hereditário na separação convencional impõe-se como norma de ordem pública, sendo nula qualquer convenção em sentido contrário,** especialmente porque o referido regime não foi arrolado como exceção à regra da concorrência posta no art. 1.829, I, do Código Civil.

6. O regime da separação convencional de bens escolhido livremente pelos nubentes à luz do princípio da autonomia de vontade (por meio do pacto antenupcial), não se confunde com o regime da separação legal ou obrigatória de bens, que é imposto de forma cogente pela legislação (art. 1.641 do Código Civil), e no qual efetivamente não há concorrência do cônjuge com o descendente.

7. Aplicação da máxima de hermenêutica de que não pode o intérprete restringir onde a lei não excepcionou, sob pena de violação do dogma da separação dos Poderes (art. 2º da Constituição Federal de 1988).

8. O novo Código Civil, ao ampliar os direitos do cônjuge sobrevivente, assegurou ao casado pela comunhão parcial cota na herança dos bens particulares, ainda que os únicos deixados pelo falecido, direito que pelas mesmas razões deve ser conferido ao casado pela separação convencional, cujo patrimônio é, inexoravelmente, composto somente por acervo particular.

9. Recurso especial não provido.

(REsp 1472945/RJ. Rel. Min. Ricardo Villas Bôas Cueva, Terceira Turma, DJe 19-11-2014). Grifos.

> AGRAVO REGIMENTAL NO RECURSO ESPECIAL. DIREITO DAS SUCESSÕES. CÔNJUGE. REGIME DE SEPARAÇÃO CONVENCIONAL DE BENS. HERDEIRO NECESSÁRIO. CONCORRÊNCIA COM DESCENDENTES. POSSIBILIDADE. ART. 1.829, I, DO CÓDIGO CIVIL. PRECEDENTES. SÚMULA 83 DO STJ. AGRAVO REGIMENTAL A QUE SE NEGA PROVIMENTO.
>
> **1. Admite-se ao cônjuge casado sob o regime de separação convencional de bens, a condição de herdeiro necessário, possibilitando a concorrência com os descendentes do falecido. Precedentes. Incidência da Súmula 83 do STJ.**
>
> 2. Agravo regimental a que se nega provimento.
>
> (AgRg no REsp 1334340/MG, Rel. Min. Marco Aurélio Bellizze, Terceira Turma, DJe 08-10-2015). Grifos.

Curioso que a incongruência legislativa relativa ao regime de separação convencional não se percebe no regime da separação obrigatória de bens. Nesta o cônjuge sobrevivente não concorre com os descendentes, na forma do art. 1829, I, do Código Civil e conforme amplamente abraçado pelo Superior Tribunal de Justiça:

> DIREITO CIVIL. DIREITO DAS SUCESSÕES. CÔNJUGE. HERDEIRO NECESSÁRIO. ART. 1.845 DO CC. REGIME DE SEPARAÇÃO CONVENCIONAL DE BENS. CONCORRÊNCIA COM DESCENDENTE. POSSIBILIDADE. ART. 1.829, I, DO CC. **1. O cônjuge, qualquer que seja o regime de bens adotado pelo casal, é herdeiro necessário (art. 1.845 do Código Civil). 2. No regime de separação convencional de bens, o cônjuge sobrevivente concorre com os descendentes do falecido. A lei afasta a concorrência apenas quanto ao regime da separação legal de bens prevista no art. 1.641 do Código Civil. Interpretação do art. 1.829, I, do Código Civil. 3. Recurso especial desprovido.**
>
> STJ – REsp: 1430763 SP 2014/0011346-2, Relator: Ministra NANCY ANDRIGHI, Data de Julgamento: 19/08/2014, T3 – TERCEIRA TURMA, Data de Publicação: DJe 02/12/2014. Grifos.

Pois bem. As duas pacificações sobre a concorrência hereditária do cônjuge sobrevivente com os descendentes, realizadas pelo Superior Tribunal de Justiça, acabaram por reduzir a força do pacto antenupcial como meio de planejamento sucessório.

Entretanto, malgrado as posições do Superior Tribunal de Justiça, e até mesmo a opção legislativa nacional, fato que a verificação de concorrência hereditária do cônjuge com os descendentes, ou ascendentes, no regime de separação convencional, traduz uma completa incongruência. Afinal, aqueles que se casam em separação convencional, no mais das vezes, desejam afastamento patrimonial[174].

Diante disto, passou a doutrina a buscar embasamentos jurídicos para, dentro do pacto antenupcial, afastar a concorrência sucessória do cônjuge, apondo no pacto antenupcial um verdadeiro contrato sucessório. O escopo seria, em certa medida, utilizar o pacto antenupcial como um mecanismo de planejamento sucessório.

Seria a conduta juridicamente viável?

9.1.7.2. O Pacto Antenupcial e o Planejamento Sucessório

Classicamente defende-se a impossibilidade do pacto antenupcial regular sobre temas sucessórios, por conta da vedação à *pacta de corvina*[175], uma das regras de ouro de todo e qualquer planejamento sucessório[176].

Disposições mortuárias no pacto antenupcial seriam nulas, por desrespeitar questão de ordem pública. O *locus* para o regramento das questões mortuárias seria o testamento ou o codicilo.

O art. 426 do Código Civil, por conseguinte, afastaria de plano a possibilidade de constar, no pacto antenupcial, qualquer cláusula sobre a herança dos cônjuges, seja de maneira dispositiva – atribuindo futura herança ao parceiro sobrevivente –, seja na modalidade de renúncia[177].

---

174. Indicando a referida incongruência e possibilidade do pacto antenupcial afastar a concorrência sucessória do cônjuge com descendentes é que se coloca o parecer de Miguel Reale e Judith Martins-Costa. REALE, Miguel; MARTINS-COSTA, Judith. Casamento sob o regime da separação total de bens, voluntariamente escolhido pelos nubentes. Compreensão do fenômeno sucessório e seus critérios hermenêuticos. A força normativa do pacto antenupcial. **Revista Trimestral de Direito Civil – RTDC,** ano 6, v. 24, out.-dez. 2005, p. 219-220.

175. "A disposição mortuária, no direito brasileiro, é matéria reservada ao negócio jurídico do testamento, que tem forma especial e solene". VELOSO, Zeno. Regimes Matrimoniais de Bens. *In:* PEREIRA, Rodrigo da Cunha (coord.). **Direito de Família Contemporâneo**. Belo Horizonte: Del Rey, 1997, p. 105.

176. Para Flávio Tartuce e Giselda Hironaka, todo planejamento sucessório deve respeito a duas regras de ouro: i. atenção à legítima e ii. não violação à *pacta de corvina*. HIRONAKA, Giselda Maria Fernandes Novaes; TARTUCE, Flávio Murilo. Planejamento Sucessório: conceito, mecanismos e limitações. **Revista Brasileira de Direito Civil –** RBDCivil. Belo Horizonte, v. 21, p. 87-109, jul.-set, 2009.

177. CARDOSO, Fabiana Domingues. **Regime de Bens e Pacto Antenupcial**. São Paulo: Método, 2011, p. 183.

Tal disposição, constante no pacto antenupcial, seria nula de pleno direito, por desrespeito à questão de ordem pública, conforme percebe-se da análise conjunta dos arts. 426, 166, VII e 1655, todos do Código Civil.

A origem da vedação dos pactos sucessórios, ou *pacta de corvina*, é romana, e remete à imoralidade da fusão entre atos contratuais e testamentários, conforme observam Flávio Tartuce e Giselda Hironaka[178].

José Fernando Simão afirma que as raízes da *pacta de corvina* são de cunho moral. Afinal, o contrato sobre herança de pessoa viva apenas produzirá efeitos após a morte daquele que tem bem ou bens transferidos. Logo, desperta-se o desejo da morte, ou da antecipação da morte do sujeito de cuja herança se trata. Soma-se a isto à pressão que sofreriam os herdeiros, tentados a dispor da herança de pessoa viva diante de um momento de dificuldade financeira, além do argumento lógico-jurídico de que não há herança de quem está vivo, pois a herança pressupõe a morte[179].

Assim, renúncia à herança só seria viável, no cenário nacional, quando aberta a sucessão, até mesmo porque o pacto antenupcial não poderá produzir efeitos para após o falecimento de um dos cônjuges. Na esteira do aqui afirmado, já se posicionou o Superior Tribunal de Justiça:

> RE no RECURSO ESPECIAL N. 1.501.332 - SP (2014/0289217-7) RELATOR: MINISTRO HUMBERTO MARTINS RECORRENTE: LÉO STEINBRUCH ADVOGADOS: ALESSANDRA RUGAI BASTOS E OUTRO (S) - SP139133 RAFAEL STUPPIELLO DE SOUZA - SP247503 RECORRIDO: FABIANE NORAH SCHNAID STEINBRUCH ADVOGADOS: CIBELE PINHEIRO MARÇAL CRUZ E TUCCI E OUTRO (S) - SP065771 DANIEL RAICHELIS DEGENSZAJN - SP248678 INTERES.: CLARICE STEINBRUCH - POR SI E REPRESENTANDO INTERES.: FABIO STEINBRUCH - ESPÓLIO ADVOGADOS : LUIZ RODRIGUES CORVO E OUTRO (S) - SP018854 WALKER ORLOVICIN CASSIANO TEIXEIRA - SP174465 RECURSO EXTRAORDINÁRIO.

178. HIRONAKA, Giselda Maria Fernandes Novaes; TARTUCE, Flávio Murilo. Planejamento Sucessório: conceito, mecanismos e limitações. **Revista Brasileira de Direito Civil** – RBDCivil. Belo Horizonte, v. 21, p. 87-109, jul.-set, 2009, p. 96.

179. SIMÃO, José Fernando. Repensando a noção de pacto sucessório: *de lege ferenda*. **Carta Forense**. 2 fev. 2017. Disponível em: http://www.cartaforense.com.br/conteudo/colunas/repensando-a-nocao-de-pacto-sucessorio-de-lege-ferenda/17320. Acesso em: 01 fev. 2021.

CIVIL. SUCESSÕES. CÔNJUGE. HERDEIRO NECESSÁRIO. AUSÊNCIA DE ULTRATIVIDADE DO REGIME DE BENS PACTUADO EM VIDA. VIOLAÇÃO AO ATO JURÍDICO PERFEITO. MATÉRIA INFRACONSTITUCIONAL. OFENSA REFLEXA. RECURSO EXTRAORDINÁRIO INADMITIDO. DECISÃO [...]. **AFASTAMENTO. CÔNJUGE. HERDEIRO NECESSÁRIO. EXEGESE DOS ARTS. 1.845 E 1.829, III, DO CÓDIGO CIVIL/2002. REGIME DE SEPARAÇÃO TOTAL CONVENCIONAL DE BENS. REGRAMENTO VOLTADO PARA AS SITUAÇÕES DE PARTILHA EM VIDA. NÃO ULTRATIVIDADE.** [...] **2. A definição da ordem de vocação hereditária é competência atribuída ao legislador, que, no novo Código Civil, erigiu o cônjuge sobrevivente à condição de herdeiro necessário, independentemente do regime de bens adotado no casamento. 3. O regime de bens entre os cônjuges, contratado por meio do pacto antenupcial, extingue-se com a morte de um dos contratantes, não podendo produzir efeitos depois de extinto.** [...]. **O acórdão recorrido consigna que o regime de bens pactuado na constância do casamento perde seus efeitos após o falecimento de um dos cônjuges, passando o cônjuge supérstite a figurar como herdeiro necessário, a teor do disposto no novo Código Civil.** Para melhor ilustração, transcrevo excerto do voto condutor: "**Passando à questão central do recurso, sustentam os recorrentes, irmãos do falecido, que a recorrida não detém a condição de herdeira necessária porquanto casada sob o regime de separação convencional de bens, com base no qual alegam que os bens dos cônjuges não se comunicam na vida e na morte. Aduzem que o patrimônio familiar foi construído pelo pai e tio dos recorrentes e que todos os membros da família se casam sob o regime de separação de bens, com o propósito de que o patrimônio herdado mantenha-se dentro dos laços de consanguinidade. Tanto essa era a intenção do falecido que fez pacto antenupcial, escolhendo o regime de separação total de bens, e lavrou testamento outorgando substancioso legado à recorrida, porém manifestando seu desejo de que seu patrimônio fosse destinado aos irmãos, já que não tinha descendentes nem ascendentes. Alegam a impossibilidade de se atribuir interpretação às normas de sucessão que impliquem o esvaziamento do sentido do art. 1.687 do Código Civil e a modificação post mortem do regime de bens escolhido livremente pelos nubentes. O recurso não colhe êxito. A questão já foi objeto de ampla discussão neste Tribunal, prevalecendo o entendimento de que o regime de separação convencional de bens objeto de pacto antenupcial vale para disciplinar a separação de bens em vida, havendo outro sistema próprio para as hipóteses de**

partilha de bens causa mortis, instituído pelo legislador, a quem cabe definir a ordem de vocação hereditária. Afastou-se a pretendida ultratividade do regime de bens contratado por meio do pacto antenupcial, pois não poderia continuar produzindo efeitos depois de extinto pela morte de um dos contraentes. **Reconheceu-se ainda que o Código Civil de 2002, no art. 1.845, erigiu o cônjuge à condição de herdeiro necessário sem nenhuma ressalva, estipulando tão somente regras de concorrência na hipótese de haver descendentes (art. 1.829, I, do CC). [...]. E percebam: a lei não afasta a condição de herdeiro necessário do cônjuge nos casos em que não admite a concorrência; simplesmente atribui ao descendente a primazia na ordem da vocação hereditária. Sob esse aspecto, não vejo nenhuma dificuldade em interpretar referido dispositivo legal.** [...] 3. Recurso especial desprovido.' **A matéria voltou a ser examinada pelas Turmas que compõem a Seção de Direito Privado do STJ, as quais têm mantido o entendimento de que o cônjuge supérstite é herdeiro necessário, independentemente do regime de bens adotado no casamento, consoante se verifica dos seguintes julgados:** [...]" (RE 955.845 ED, Relator Min. ROBERTO BARROSO, Primeira Turma, julgado em 21/6/2016, PROCESSO ELETRÔNICO DJe-178 DIVULG 22/8/2016 PUBLIC 23/8/2016.)"

Além disso a legítima é questão de ordem pública. Por conseguinte, o Tribunal da Cidadania entendeu por inválida convenção presente no pacto que, ao arrepio do Código Civil e de forma *contra legem*, condicionava a concorrência sucessória do cônjuge, com os ascendentes, ao regime de bens do casamento. Cita-se:

> **RECURSO ESPECIAL - SUCESSÃO - CÔNJUGE SUPÉRSTITE - CONCORRÊNCIA COM ASCENDENTE, INDEPENDENTE O REGIME DE BENS ADOTADO NO CASAMENTO - PACTO ANTENUPCIAL - EXCLUSÃO DO SOBREVIVENTE NA SUCESSÃO DO DE CUJUS- NULIDADE DA CLÁUSULA - RECURSO IMPROVIDO. [...] 2 - Em nenhum momento o legislador condicionou a concorrência entre ascendentes e cônjuge supérstite ao regime de bens adotado no casamento. [...] 4 - O artigo 1.655 do Código Civil impõe a nulidade da convenção ou cláusula do pacto antenupcial que contravenha disposição absoluta de lei.** 5 - Recurso improvido.
>
> BRASIL. Superior Tribunal de Justiça – REsp: 954567 PE 2007/0098236-3, Rel. Min. Massami Uyeda, j. 10/05/2011, Terceira Turma, Public 18/05/2011. Grifos.

Malgrado o dito, há interessante produção doutrinária defendendo a viabilidade da renúncia à concorrência hereditária do cônjuge, seja com descendentes, ou com ascendentes do falecido, inclusive mediante regramento constante no pacto antenupcial.

Trata-se de linha doutrinária que diferencia os institutos da participação sucessória do cônjuge, sendo mero benefício da conjugalidade, quando atuando na concorrência hereditária com descendentes ou ascendentes, e posição de efetivo herdeiro, quando o cônjuge recebe o patrimônio isoladamente.

Segundo essa construção, o cônjuge poderia renunciar antecipadamente a participação sucessória, mas não poderia abdicar de sua condição de herdeiro, conforme defende, por exemplo, Rolf Madaleno[180].

Nessa linha interpretativa do Código Civil, o cônjuge apenas será herdeiro na ausência de descendentes e ascendentes, quando restará hereditariamente contemplado, independentemente do regime de bens ou de qualquer outra condicionante[181].

Entretanto, nas hipóteses em que o cônjuge estaria a concorrer sucessoriamente com descendentes ou ascendentes, ele não estaria figurando como herdeiro. Haveria um mero benefício conjugal, em um viés protetivo, assistencial e até aproximado de verba indenizatória[182]. Seria, ainda consoante essa linha doutrinária, uma sucessão atípica e singular, categorizada com um direito vidual, e não propriamente hereditário[183], configurando mera participação sucessória.

Avança Rolf Madaleno para defender a renunciabilidade do benefício de concorrência sucessória do cônjuge, posto ter característica diversa da herança, desde que o faça sem prejuízo a terceiros. Para o autor, inexistiria

180. MADALENO, Rolf. Renúncia da Herança no Pacto Antenupcial. *In:* PEREIRA, Rodrigo da Cunha; DIAS, Maria Berenice (coord.). **Famílias e Sucessões**: Polêmicas. Tendências e Inovações. Belo Horizonte: IBDFAM, 2018, p. 39-99.

181. MADALENO, Rolf. Renúncia da Herança no Pacto Antenupcial. *In:* PEREIRA, Rodrigo da Cunha; DIAS, Maria Berenice (coord.). **Famílias e Sucessões**: Polêmicas. Tendências e Inovações. Belo Horizonte: IBDFAM, 2018, p. 42-61.

182. MADALENO, Rolf. Renúncia da Herança no Pacto Antenupcial. *In:* PEREIRA, Rodrigo da Cunha; DIAS, Maria Berenice (coord.). **Famílias e Sucessões**: Polêmicas. Tendências e Inovações. Belo Horizonte: IBDFAM, 2018, p. 43-63.

183. MADALENO, Rolf. Renúncia da Herança no Pacto Antenupcial. *In:* PEREIRA, Rodrigo da Cunha; DIAS, Maria Berenice (coord.). **Famílias e Sucessões**: Polêmicas. Tendências e Inovações. Belo Horizonte: IBDFAM, 2018, p. 55.

nesta conduta qualquer violação à questão de ordem pública[184]; a dita renúncia poderia, inclusive, constar de pacto antenupcial.

Na mesma linha, Mário Luiz Regis Delgado[185] ressalta que o cônjuge concorre excepcionalmente com herdeiros de primeira e segunda classe, sendo sucessor apenas de terceira classe. Argumenta que na concorrência não há sucessão propriamente dita, defendendo sua renunciabilidade, inclusive por meio de pacto antenupcial.

Segue Mário Luiz Regis Delgado[186] para defender que a renúncia "ao direito concorrencial não configura ato imoral, assim como não o é renunciar a meação", e conclui que "isso pode ser feito de *lege lata*, ou seja, sem necessidade de alteração legislativa do art. 426 do Código Civil". Segundo o autor, a interpretação do art. 426 do Código Civil tem sido "hiperbolizada", pois a expressão "proibição de contrato" não deveria abranger a renúncia à herança, a qual é ato meramente abdicativo.

Carlos Edison Rêgo Monteiro Filho e Rafael Cândido da Silva[187] vaticinam ser viável a renúncia abdicativa hereditária no pacto antenupcial, seja a título gratuito, ou oneroso, neste último caso com contrapartida pecuniária que atenda à razão legislativa assistencial do cônjuge.

Rolf Madaleno[188] deduz que o pacto antenupcial poderá veicular: i. um pacto sucessório positivo, através do qual é instituído parceiro ou terceiros como seu sucessor, a título universal (herdeiro), ou singular (legatário), com eficácia diferida para o momento da morte; ou ii. um pacto sucessório negativo, o qual traduz prévia renúncia à concorrência hereditária.

184. MADALENO, Rolf. Renúncia da Herança no Pacto Antenupcial. *In:* PEREIRA, Rodrigo da Cunha; DIAS, Maria Berenice (coord.). **Famílias e Sucessões**: Polêmicas. Tendências e Inovações. Belo Horizonte: IBDFAM, 2018, p. 64.

185. DELGADO, Mário Luiz Regis. Controvérsias na sucessão do cônjuge e do convivente. *In:* DELGADO, Mário Luiz; ALVES, Jones Figueiredo (coord.). **Novo Código Civil**. Questões Controvertidas no Direito de Família e das Sucessões. São Paulo: Método, 2005, p. 422.

186. DELGADO, Mário Luiz Regis. Da Renúncia Prévia do Direito Concorrencial por Cônjuges e Companheiros. **Consultor Jurídico** (CONJUR), em 7 abr. 2019. Disponível em: https://www.conjur.com.br/2019-abr-07/processo-familiar-renuncia-previa-direito-concorrencial-conjuge-companheiro. Acesso em: 02 fev. 2021.

187. MONTEIRO FILHO, Carlos Edison do Rêgo; SILVA, Rafael Cândido da. A proibição dos pactos sucessórios: releitura funcional de uma antiga regra. **Revista de Direito Privado**, v. 72 São Paulo: RT, 2016, p. 180.

188. MADALENO, Rolf. Renúncia da Herança no Pacto Antenupcial. *In:* PEREIRA, Rodrigo da Cunha; DIAS, Maria Berenice (coord.). **Famílias e Sucessões**: Polêmicas. Tendências e Inovações. Belo Horizonte: IBDFAM, 2018, p. 90.

A despeito da beleza dos raciocínios, percebe-se que no sistema legislativo posto, eles não são juridicamente viáveis. O sistema sucessório atinente à legítima trabalha com uma ordem de vocação hereditária que, quando relativa aos herdeiros legítimos necessários, é impositiva, de ordem pública.

O sistema legislativo não diferencia a figura do benefício sucessório (concorrência hereditária), retirando o seu caráter sucessório, da herança propriamente dita, informando a renunciabilidade da primeira e a irrenunciabilidade da segunda.

O cônjuge, em todos os cenários do direito posto, herda de forma universal, o que afasta a ideia de um mero benefício vidual à título singular, como sucessor singular, como firma João Ricardo Brandão Aguirre[189].

A própria exposição de motivos do Código Civil[190] ressalta a mudança de paradigma no que tange ao sistema sucessório do cônjuge, quem, tendo a incidência da regra geral do regime da comunhão parcial de bens, ao revés da universal, passou a "ser considerado herdeiro necessário, com todas as cautelas e limitações compreensíveis em questão tão delicada e relevante".

Por tudo isto, relevante uma reforma legislativa fazendo a categorização diferenciadora indicada – entre benefício sucessório e herança –, e permitindo a renunciabilidade do benefício sucessório, sem que haja desrespeito à *pacta de corvina*, prevista no art. 426 do Código Civil.

Além disto, será necessária atenção à adequação do art. 1.808 do Código Civil, o qual não permite a renúncia sob termo. Veja-se que a renúncia à herança de quem está vivo é um termo, pois a herança apenas se abrirá no momento da morte, a qual é evento futuro e certo, conforma lembra João Ricardo Brandão Aguirre[191].

Atento a isto, o Ministro Luís Roberto Barroso, quando do julgamento conjunto dos Recursos Extraordinários n. 878.694/MG e n. 646.721/RS,

---

189. AGUIRRE, João Ricardo Brandão. Algumas Reflexões sobre o Planejamento Sucessório: a escolha de algumas veredas pode não levar à terra prometida. *In:* TEIXEIRA, Daniele Chaves (coord.). **Arquitetura do Planejamento Sucessório**. t. II. Belo Horizonte: Fórum, 2020, p. 370.

190. SENADO FEDERAL. **Novo Código Civil**: Exposição de Motivos e texto Sancionado. Brasília: Senado Federal, Subsecretaria de Edições Técnicas, 2005. Disponível em: https://www2.senado.leg.br/bdsf/item/id/70319. Acesso em: 02 fev. 2021.

191. AGUIRRE, João Ricardo Brandão. Algumas Reflexões sobre o Planejamento Sucessório: a escolha de algumas veredas pode não levar à terra prometida. *In:* TEIXEIRA, Daniele Chaves (coord.). **Arquitetura do Planejamento Sucessório**. t. II. Belo Horizonte: Fórum, 2020, p. 370.

afirma a necessidade de mudança legislativa para a conferência de tal liberdade de renúncia. Cita-se:

> 68. É importante observar, porém, que a declaração de inconstitucionalidade da distinção de regimes sucessórios entre cônjuges e companheiros, prevista no art. 1.790 do CC/2002, não impede uma futura atuação do legislador no sentido de garantir a possibilidade de exercício da autonomia da vontade pelos companheiros (e também pelos cônjuges). Desde que mantenha a equiparação de regimes sucessórios entre o casamento e a união estável como regra geral, o Poder Legislativo poderá criar regime sucessório diverso, ao qual os companheiros poderão optar, em vida, mediante acordo escrito. Nesse caso, porém, para que não se viole a presente decisão, será preciso fixar-se que, não havendo convenção, será aplicável à união estável o regime estabelecido no art. 1.829 do CC/2002.

Nessa ordem de ideias, para as Cortes Superiores no Brasil, é inviável e nula a renúncia do cônjuge, no pacto antenupcial, à sua condição de sucessor, ainda que na hipótese de concorrência com os descendentes ou ascendentes, mesmo se considerando tal moldura como de sucessão atípica.

Nessa mesma linha coloca-se Paulo Luiz Netto Lôbo[192], que imputa nulidade na cláusula que altere a ordem de vocação hereditária, que exclua da sucessão herdeiros necessários e que estabeleçam pacto sucessório, aquisitivo (*succedendo*) ou renunciativo (*non sucedendo*).

Não é outro o pensamento de Washington de Barros Monteiro[193], Mairan Gonçalves Maia Júnior[194], Cristiano Chaves de Farias e Nelson Rosenvald[195], Conrado Paulino da Rosa[196], Maria Helena Diniz[197], Flávio Tartuce e

192. LÔBO, Paulo Luiz Netto. **Direito Civil**: Famílias. São Paulo: Saraiva, 2008, p. 310.

193. MONTEIRO, Washington de Barros. **Curso de Direito Civil**. v. II. São Paulo: Saraiva, 1970, p. 155.

194. MAIA JÚNIOR, Mairan Gonçalves. **A Família e a Questão Patrimonial**: Planejamento Patrimonial, Regime de Bens, Pacto Antenupcial, Contrato Patrimonial na União Estável. 3. ed. São Paulo: RT, 2015, p. 215.

195. FARIAS, Cristiano Chaves; ROSENVALD, Nelson. **Curso de Direito Civil**. Famílias. v. 6. 7. ed. São Paulo: Atlas, 2015, p. 317.

196. ROSA, Conrado Paulino da. **Direito de Família Contemporâneo**. 7. ed. Salvador: Juspodivm, 2020, p. 246.

197. DINIZ, Maria Helena de. **Curso de Direito Civil Brasileiro**. v. V. 29. ed. São Paulo: Saraiva, 2012, p. 173.

Giselda Hironaka[198], João Ricardo Brandão Aguirre[199], Francisco Cavalcanti Pontes de Miranda[200] e tantos outros doutrinadores.

Para muitos, a adoção da possibilidade do pacto antenupcial conter a renúncia hereditária de um dos cônjuges demanda reforma legislativa. Assim ocorreu em Portugal, em 2018, que através da Lei n. 418 conferiu nova redação ao art. 1.700, item 1 do Código Civil[201], para firmar a possibilidade de renúncia hereditária do cônjuge, através de pacto antenupcial, desde que o casamento tenha sido no regime da separação, seja convencional ou imperativa.

No particular, inclusive, o direito português é mais aberto do que o nacional. A legislação civil lusitana permite uma espécie de doação *causa mortis* entre os cônjuges e de terceiros aos esposos, aperfeiçoando-se a doação quando da morte do doador, na forma do art. 1.701.

Outrossim, permite o Código Civil Português, agora em seu art. 1.719, que havendo descendentes comuns, na hipótese de divórcio ou falecimento de um dos cônjuges, aplique-se o regime da comunhão geral (universal), independentemente do regime de bens que guiou o matrimônio.

No Brasil há propostas doutrinárias de reforma legislativa ambicionando uma maior abertura do pacto antenupcial para as questões sucessórias. José Fernando Simão[202], por exemplo, propõe a inclusão de um parágrafo

---

198. HIRONAKA, Giselda Maria Fernandes Novaes; TARTUCE, Flávio Murilo. Planejamento Sucessório: conceito, mecanismos e limitações. **Revista Brasileira de Direito Civil** – RBDCivil. Belo Horizonte, v. 21, p. 87-109, jul.-set, 2009.

199. AGUIRRE, João Ricardo Brandão. Algumas Reflexões sobre o Planejamento Sucessório: a escolha de algumas veredas pode não levar à terra prometida. *In:* TEIXEIRA, Daniele Chaves (coord.). **Arquitetura do Planejamento Sucessório**. t. II. Belo Horizonte: Fórum, 2020, p. 370.

200. Francisco Cavalcanti Pontes de Miranda avalia a impossibilidade de afastamento do regime de bens legalmente imposto. PONTES DE MIRANDA, Francisco Cavalcanti. **Tratado de Direito Privado**. Parte Especial. Direito Matrimonial. v. II. São Paulo: RT, 2012, p. 181.

201. Firma o art. 1.700 do Código Civil Português: "1. A convenção antenupcial pode conter: a) A instituição de herdeiro ou a nomeação de legatário em favor de qualquer dos esposados, feita pelo outro esposado ou por terceiro nos termos prescritos nos lugares respectivos; b) A instituição de herdeiro ou a nomeação de legatário em favor de terceiro, feita por qualquer dos esposados. c) A renúncia recíproca à condição de herdeiro legitimário do outro cônjuge. 2. São também admitidas na convenção antenupcial cláusulas de reversão ou fideicomissárias relativas às liberalidades aí efectuadas, sem prejuízo das limitações a que genèricamente estão sujeitas essas cláusulas. 3. A estipulação referida na alínea c) do n.º 1 apenas é admitida caso o regime de bens, convencional ou imperativo, seja o da separação".

202. SIMÃO, José Fernando. Repensando a noção de pacto sucessório: *de lege ferenda*. **Carta Forense**. 2 fev. 2017. Disponível em: http://www.cartaforense.com.br/conteudo/colunas/repensando-a-nocao-de-pacto-sucessorio-de-lege-ferenda/17320. Acesso em: 01 fev. 2021.

único no art. 426 do Código Civil, para firmar que os cônjuges teriam dupla faculdade: i. adotar um regime de bens restritivo, como forma de se proteger de eventual divórcio, e ii. garantir uma proteção ao viúvo(a), que, em caso de morte do seu consorte, passaria a ter direito à meação.

O Projeto de Reforma do Código Civil, hoje em tramitação e ainda não aprovado, inclusive, prevê essa possibilidade, fazendo a inserção de parágrafos no art. 426. Nessa toada, o § 1º, inciso II, firma que "não são considerados contratos, tendo por objeto herança de pessoa viva, os negócios: II – que permitam aos nubentes ou conviventes, por pacto antenupcial ou convivencial, renunciar à condição de herdeiro". Já o § 2º preceitua que "os nubentes podem, por meio de pacto antenupcial ou por escritura pública pós-nupcial, e os conviventes, por meio de escritura pública de união estável, renunciar reciprocamente à condição de herdeiro do outro cônjuge ou convivente".

Mas, afinal, posso ou não fazer constar em um pacto antenupcial cláusula de renúncia sucessória?

Aqui um argumento inteligente pode ser uma luz aos desejosos da cláusula.

É consabido que por força do *droit de saisine* a lei que regula a sucessão é a da época da sua abertura, a qual se dá com a morte (CC, arts. 1.784 e 1.787). Portanto, a verificação de validade da cláusula de renúncia à herança deve se dar não no momento da confecção do pacto, mas quando do falecimento de um dos cônjuges.

Fincado nessas premissas, o Conselho Superior da Magistratura de São Paulo[203], em resposta a dúvida suscitada pelo Registro de Imóveis sobre a

203. Registro de Imóveis – Escritura pública de pacto antenupcial que fixa o regime da separação convencional de bens – Cláusula que prevê a renúncia recíproca ao direito sucessório em concorrência com herdeiros de primeira classe, conforme previsão do art. 1.829, I, do CC – Desqualificação pelo Oficial e dúvida julgada procedente, sob o argumento de infringência ao art. 426 do CC, que veda contrato cujo objeto seja herança de pessoa viva – Controvérsia doutrinária acerca da validade da renúncia antecipada ao direito sucessório concorrencial – Validade da renúncia defendida por parte da doutrina, que não vislumbra transgressão a nenhum dispositivo legal (arts. 426, 1.784 e 1.804, parágrafo único, todos do CC) – Distinção entre pacta corvina e renúncia antecipada à herança, que não tem como objeto disposição sobre o patrimônio de pessoa viva – Discussão sobre a legalidade da renúncia antecipada de herdeiro necessário à legítima, antes da abertura da sucessão, que somente seria possível de lege ferenda – Cônjuges devidamente advertidos, por ocasião da lavratura da escritura, a respeito da controvérsia do tema e possibilidade de invalidação futura da cláusula – Registro no Livro 03 do RI obstado em razão de uma única cláusula, impedindo que o pacto como um todo surta efeitos perante terceiros – Validade da renúncia antecipada será avaliada na esfera jurisdicional se a sociedade e o vínculo conjugal terminarem pela morte de um dos cônjuges e se houver concorrência na sucessão – Registro do pacto essencial para que o regime da separação convencional de bens, em sua totalidade, tenha

impossibilidade de registrar um pacto com cláusula de renúncia recíproca à concorrência sucessória dos cônjuges, casados em separação convencional, com os descendentes, entendeu pela possibilidade do registro.

Como dito na decisão, por força do *droit de saisine*, a (in)validade da cláusula apenas haverá de ser verificada quando da abertura da sucessão, devendo, na atividade dos Tabelionatos e Registros, ser efetuado o ato, informando as partes o risco da futura invalidade.

Outrossim, destaca a decisão que ainda que a aludida cláusula de renúncia seja futuramente nulificada, o pacto não o será, extirpando-se apenas a cláusula. Assim, deve ser feito o registro do pacto, para que tenha eficácia *erga omnes* dos demais aspectos, a exemplo do regime de bens eleito (CC, arts. 1.655 e 1.657).

Trata-se de interessante e importante argumento em um contexto no qual há nítido movimento legislativo de mudança, com provável futura possibilidade da aludida renúncia. Com efeito, o PL 04/2025, o qual propõe alterações no Código Civil, prevê a possibilidade da renúncia à herança no pacto antenupcial, pós-nupcial, e contrato de convivência, todos por escritura pública. Assim, nos dias de hoje, caso haja o desejo de inserção da renúncia, aconselha-se uma redação em que conste declaração apartada, de cada um dos nubentes, sobre o referido desejo , o qual apenas será implementado se juridicamente possível quando da abertura da sucessão (morte). Ademais, aconselha-se constar a advertência do tabelião sobre o tema, haja vista o atual entendimento de nulidade da cláusula.

Por fim, indaga-se: há, hoje, algum mecanismo jurídico hábil a afastar por completo o cônjuge sobrevivente da herança?

A saída àqueles que desejam afastar a sucessão do cônjuge será a partilha patrimonial em vida, antecipando, em vida, as transferências patrimoniais, conforme assinala Paulo Luiz Netto Lôbo[204].

---

eficácia em face de terceiros – Registro do pacto não significa adesão à legalidade da cláusula de renúncia antecipada, aberta a via jurisdicional para discussão dos interessados, após a abertura da sucessão – Distinção entre a amplitude da qualificação do registrador para o registro constitutivo de direitos reais e para o registro de pacto antenupcial, para fins de eficácia perante terceiros – Apelação provida para determinar o registro do pacto antenupcial. (Tribunal de Justiça de São Paulo. Conselho Superior da Magistratura. Apelação no 1000348-35.2024.8.26.0236. Julgada em 2024).

204. LÔBO, Paulo Luiz Netto. **Direito Civil**: Sucessões. 5. ed. v. 6. São Paulo: Saraiva, 2019, p. 315-317.

9.1.8. É Possível ao Pacto Antenupcial Regular sobre Férias Conjugais?

Tema que vem ganhando espaço é o regramento sobre férias conjugais, entendida por um período sabático de afastamento do lar, com data marcada para retorno. Trata-se de uma espécie de férias solitárias, na busca de autoconhecimento e/ou reestabelecimento de ideias e ideais[205].

Trata-se de regramento atinente ao direito de liberdade de cada um dos cônjuges, sendo viável ainda que inexista previsão no pacto. A previsão, porém, não é eivada de qualquer ilicitude, sendo até pedagógica.

9.1.9. Seria Viável ao Pacto Antenupcial Regular sobre Convenção Comportamental?

Segundo notícias da mídia, o acordo pré-nupcial do fundador do Facebook, Mark Zuckerberg, com sua esposa Priscilla Chan, garante à esposa de Mark um encontro a sós com o esposo por semana[206].

Ainda conforme as manchetes internacionais, o contrato nupcial envolvendo Tom Cruise e Katie Holmes trazia projeções comportamentais para além da dissolução afetiva[207]. Por conta do ajuste, Katie não poderia fazer qualquer comentário sobre a relação de Tom Cruise com a Cientologia[208].

Tais cláusulas seriam viáveis?

Entende-se, *a priori*, que sim.

Convenções de certos comportamentos já vem sendo doutrinariamente admitidas, a exemplo de cláusula de mediação privada anterior

205. GLOBO.COM. **Férias conjugais são moda entre famílias dos EUA**. Disponível em: http://g1.globo.com/jornaldaglobo/0,,MUL905350-16021,00-FERIAS+CONJUGAIS.html. Acesso em: 09 dez. 2020.

206. BOL. *Site* de notícias. **As bizarrices dos acordos pré-nupciais dos famosos**. Disponível em: https://www.bol.uol.com.br/listas/as-bizarrices-dos-acordos-nupciais-dos-famosos.htm. Acesso em: 09 dez. 2021.

207. R 7. Notícias. *Site* de notícias. **Após se divorciar de Tom Cruise, Katie Holmes está proibida de namorar até 2017**. Atores assinaram acordo em 2012, quando anunciaram a separação. Disponível em: https://entretenimento.r7.com/famosos-e-tv/apos-se-divorciar-de-tom-cruise-katie-holmes-esta-proibida-de-namorar-ate-2017-06102019 Acesso em: 09 dez. 2021.

208. R 7. Notícias. *Site* de notícias. **Após se divorciar de Tom Cruise, Katie Holmes está proibida de namorar até 2017**. Atores assinaram acordo em 2012, quando anunciaram a separação. Disponível em: https://entretenimento.r7.com/famosos-e-tv/apos-se-divorciar-de-tom-cruise-katie-holmes-esta-proibida-de-namorar-ate-2017-06102019 Acesso em: 09 dez. 2021.

ao divórcio, a qual é inserta como eventual negócio jurídico processual. Outrossim, não é de hoje que contratos versam sobre acordos de confidencialidade.

Por tudo isto, desde que respeitosa às fronteiras da autonomia, atentas à dignidade e isonomia, tem-se como viável as cláusulas mencionadas.

9.1.10. Poderia o Pacto Antenupcial Estabelecer um Casamento Irretratável?

Seria juridicamente viável um matrimônio no qual o pacto antenupcial discipline a eternidade relacional, consignando uma renúncia antecipada ao direito de divórcio?

Não. O divórcio traduz um exercício de autonomia; autonomia dirigida ao direito de findar um relacionamento. Segundo sublinha Luiz Edson Fachin[209], "a liberdade de casar convive com o espelho invertido da mesma liberdade, a de não permanecer casado".

A permissão de renúncia ao direito de pedir o divórcio ao revés de revelar exercício de autonomia, seria restrição, traduzindo conduta que atinge, e não promove a liberdade.

Nessa toada, tem-se como nula de pleno direito cláusula em pacto antenupcial em que os nubentes renunciam o direito ao divórcio, por desrespeitar a liberdade e a dignidade, violando questão de ordem pública. Inviável, para o direito, o casamento irretratável.

Na mesma linha, Francisco Cavalcanti Pontes de Miranda[210] explica a vedação da cláusula, no pacto antenupcial, que vede a separação do casal. Não é diverso o posicionamento de Cristiano Chaves de Farias e Nelson Rosenvald[211], que firmam a impossibilidade de o pacto trazer renúncia ao pedido de dissolução afetiva, regulando uma espécie de casamento irretratável.

---

209. FACHIN, Luiz Edson. **Direito de Família**: Elementos críticos à luz do Novo Código Civil Brasileiro. Rio de Janeiro: Renovar, 2003.

210. PONTES DE MIRANDA, Francisco Cavalcanti. **Tratado de Direito Privado**. Parte Especial. Direito Matrimonial. v. II. São Paulo: RT, 2012, p. 181.

211. FARIAS, Cristiano Chaves; ROSENVALD, Nelson. **Curso de Direito Civil**. Famílias. v. 6. 7. ed. São Paulo: Atlas, 2015, p. 316-317.

9.1.11. É Viável ao Pacto Antenupcial Regrar sobre Afazeres Domésticos?

A rotina, em um imóvel de moradia diverso da família originária, no início de um relacionamento, gera dificuldades. A gestão do lar traz, ao casal, obrigações domésticas, como idas ao supermercado, cuidados com animais domésticos...

Este cenário, em especial no início do relacionamento, é complexo.

Ambicionando equalizar este assunto, reduzindo divergências e possibilitando o planejamento dos integrantes do núcleo familiar, defende-se a possibilidade do pacto antenupcial regular sobre rotina doméstica.

Maria Berenice Dias argumenta ser viável ao pacto antenupcial tratar da inserção de cláusulas de cunho extrapatrimonial, como obrigações domésticas, a exemplo de quem irá ao supermercado, a proibição de deixar roupas no chão, a vedação de fumar dentro do imóvel[212].

Na mesma linha coloca-se Dimitri Carvalho[213] e Fabiana Domingues Cardoso[214], defendendo a última a possibilidade de o pacto consignar quem lavará a louça aos domingos, ou nos demais dias, quem recolherá o lixo e outras cláusulas que facilitem a rotina doméstica do casal.

Conservada a igualdade, a autonomia e a dignidade, entende-se como viável o regramento em comento, o qual insere-se no rol de possibilidades de exercício da autonomia privada no seio familiar, com completo respeito às fronteiras da autonomia privada.

Podem os cônjuges acordarem, inclusive, a atribuição fática de obrigações diversas, sem qualquer censura. Como pontuam Erik Frederico Gramstrup e Tomás Tenshin Sataka Bugarin[215], "a responsabilidade na condução da entidade familiar, embora compartilhada pelos cônjuges, pode ser pontualmente diferenciada".

Mas, para além das questões patrimoniais e pessoais, poderia o pacto versar sobre questões procedimentais?

---

212. DIAS, Maria Berenice. **Manual de Direito das Famílias**. São Paulo: RT, 2013, p. 217.

213. CARVALHO, Dimitri Braga Soares de. **Contratos familiares**: cada família pode criar seu próprio Direito de Família. Disponível em: https://www.ibdfam.org.br/artigos/1498/Contratos+familiares%3A+cada+fam%C3%ADlia+pode+criar+seu+próprio+Direito+de+Fam%C3%ADlia#_ftn2. Acesso em: 13 nov. 2020, p. 3.

214. CARDOSO, Fabiana Domingues. **Regime de Bens e Pacto Antenupcial**. Rio de Janeiro: Método/Gen, 2010, p. 206.

215. Gramstrup, Erik Frederico; BURGARIN, Tomás Tenshin Sataka. **A Liberdade das Uniões à Luz do Princípio da Igualdade Familiar**. Curitiba: Prismas, 2019, p. 302.

9.1.12. É Viável ao Pacto Antenupcial Regrar sobre *Pets*?

Uma das realidades nacionais é a presença de *pets* em núcleos familiares.

Segundo notícias, o Brasil é o terceiro mercado *pet* no mundo, o que revela o carinho e a opção nacional pelos *pets*.[216]

Curioso observar como a relação com os *pets* vem ganhando, progressivamente, novas conotações. É nítido o afeto que os seus donos têm para com os *pets*, e estes para com os seus donos. Em um mundo nos quais parceiros afetivos têm menos filhos ou, não raro, optam por não terem filhos, o *pet* ganha espaço, vendo-se, por exemplo, em redes sociais, a referência ao pai e à mãe de *pet*.

Nesse contexto há, no mundo, um movimento legislativo de mudança do enquadramento jurídico dos *pets*, os retirando do contexto de bens móveis e os inserindo em uma categoria jurídica entre bens e pessoas, denominadas de seres sencientes. Assim, coloca-se o Código Civil da Argentina, da Hungria e da República Tcheca, por exemplo.

Malgrado o dito, sob o ponto de vista legislativo nacional, os *pets* seguem como bens móveis, especificamente denominados de semoventes, por se moverem por força própria, de acordo com o art. 82 do Código Civil.

Diante do afeto para com os *pets*, e estes para como seus donos, não raro, no Brasil e no mundo, no momento da dissolução afetiva, há disputas judiciais relacionadas aos animais de estimação.

Em Portugal, surgiu previsão legislativa da custódia compartilhada de animais domésticos a ser fixada pelo Juízo de Família, em caso de divórcio, por exemplo. No Brasil, o tema é legislativamente omisso, mas já se verifica precedentes judiciais sobre o assunto.

Os divorciandos desejam manter o contato com o *pet*, que também sofre pela ausência concomitante de ambos. Para além disso, há os custos de manutenção do *pet*, os quais, em muitos casos, não são módicos, envolvendo ração, vacinas, tratamentos, medicamentos, veterinários...

Os litígios desembocam nas Casas Judiciais Nacionais, que se colocam entre a manutenção da natureza jurídica do *pet*, a atenção às relações afetivas

216. Conforme notícia veiculada em https://mercadoeconsumo.com.br/07/09/2023/noticias/brasil-e-o-terceiro-pais-em-faturamento-para-o-mercado-pet/, acessado em 15.11.2023.

desenvolvidas e o regramento de convívio e custeamento. Cita-se arresto do Superior Tribunal de Justiça:

> Inicialmente cumpre salientar que o fato de o animal ser tido como de estimação, recebendo o afeto da entidade familiar, não pode vir a alterar sua substância, a ponto de converter a sua natureza jurídica. No entanto, possuem valor subjetivo único e peculiar, aflorando sentimentos bastante íntimos em seus donos, totalmente diversos de qualquer outro tipo de propriedade privada. Dessarte, o regramento jurídico dos bens não se vem mostrando suficiente para resolver, de forma satisfatória, a disputa familiar envolvendo os pets, visto que não se trata de simples discussão atinente à posse e à propriedade. Também não é o caso de efetivar-se alguma equiparação da posse de animais com a guarda de filhos. Os animais, mesmo com todo afeto merecido, continuarão sendo não humanos e, por conseguinte, portadores de demandas diferentes das nossas. Nessa ordem de ideias, a premissa básica a se adotar é a atual tipificação e correspondente natureza jurídica dos animais de estimação, isto é, trata-se de semoventes, coisas, passíveis de serem objeto de posse e de propriedade, de contratos de compra e venda, de doação, dentre outros. A solução deve ter como norte o fato, cultural e da pós-modernidade, de que há uma disputa dentro da entidade familiar, em que prepondera o afeto de ambos os cônjuges pelo animal. Somado a isso, deve ser levado em conta o fato de que tais animais são seres que, inevitavelmente, possuem natureza especial e, como ser senciente – dotados de sensibilidade, sentindo as mesmas dores e necessidades biopsicológicas dos animais racionais –, o seu bem-estar deve ser considerado. Nessa linha, há uma série de limitações aos direitos de propriedade que recaem sobre eles, sob pena de abuso de direito. Portanto, buscando atender os fins sociais, atentando para a própria evolução da sociedade, independentemente do nomen iuris a ser adotado, a resolução deve, realmente, depender da análise do caso concreto, mas será resguardada a ideia de que não se está diante de uma "coisa inanimada", sem lhe estender, contudo, a condição de sujeito de direito. Reconhece-se, assim, um terceiro gênero, em que sempre deverá ser analisada a situação contida nos autos, voltado para a proteção do ser humano, e seu vínculo afetivo com o animal. (REsp 1.713.167-SP, Rel. Min. Luis Felipe Salomão, por maioria, julgado em 19/06/2018, DJe 09/10/2018).

Em outra oportunidade, o mesmo Tribunal da Cidadania foi mais incisivo quanto à natureza de bem dos animais de estimação, bem como sobre a necessidade de solução do tema sob o viés das regras de partilha de bens e propriedade. Veja-se:

> RECURSO ESPECIAL. 1. AÇÃO PROMOVIDA, APÓS QUASE 5 (CINCO) ANOS DO FIM DA UNIÃO ESTÁVEL (E DA PARTILHA DE BENS), POR EX-COMPANHEIRA DESTINADA A COMPELIR O EX-COMPANHEIRO A PAGAR TODAS AS DESPESAS, NA PROPORÇÃO DE METADE, DOS ANIMAIS DE ESTIMAÇÃO ADQUIRIDOS DURANTE A UNIÃO ESTÁVEL, ASSIM COMO A RESSARCIR OS GASTOS EXPENDIDOS COM A SUBSISTÊNCIA DESTES, APÓS O FIM DA RELAÇÃO CONVIVENCIAL. **2. RELAÇÃO JURÍDICA INSERIDA NO DIREITO DE PROPRIEDADE E NO DIREITO DAS COISAS, COM O CORRESPONDENTE REFLEXO NAS NORMAS QUE DEFINEM O REGIME DE BENS. 3. DESPESAS COM O CUSTEIO DA SUBSISTÊNCIA DOS ANIMAIS SÃO OBRIGAÇÕES INERENTES À CONDIÇÃO DE DONO.** DISSOLVIDA A UNIÃO ESTÁVEL, OS EX-COMPANHEIROS POSSUEM ABSOLUTA LIBERDADE PARA ACOMODAR A TITULARIDADE DOS ANIMAIS DA FORMA COMO MELHOR LHES FOR CONVENIENTE. SUBSISTÊNCIA DE CONDOMÍNIO ENTRE OS BENS HAURIDOS DURANTE A UNIÃO ESTÁVEL ATÉ, NO MÁXIMO, A REALIZAÇÃO DA PARTILHA. O CONDOMÍNIO, ANTES DA PARTILHA, RESTRINGE-SE AOS BENS QUE SE ENCONTREM EM ESTADO DE MANCOMUNHÃO, DO QUE NÃO SE COGITA NA ESPÉCIE EM RELAÇÃO AOS ANIMAIS. **4. DEFINIÇÃO PELAS PARTES, POR SUAS CONDUTAS DELIBERADAS, DE ATRIBUIR A PROPRIEDADE DOS ANIMAIS EXCLUSIVAMENTE À DEMANDANTE. 5. PRESCRIÇÃO. PRETENSÃO DE RESSARCIMENTO DE ENRIQUECIMENTO SEM CAUSA. PRAZO PRESCRICIONAL DE 3 (TRÊS) ANOS. PRETENSÃO DE COBRAR OS CUSTOS DAS DESPESAS DOS ANIMAIS RELATIVA AO PERÍODO NO QUAL EXERCEU EXCLUSIVAMENTE A TITULARIDADE DOS PETS. INEXISTÊNCIA DE VIOLAÇÃO DE DIREITO QUE DARIA LASTRO À PRETENSÃO INDENIZATÓRIA PRESCRITA. 6. RECURSO ESPECIAL PROVIDO.** 1. Delimitação da Pretensão. Na origem, após quase 5 (cinco) anos do fim da união estável, bem como da partilha de bens, a autora promoveu ação – sem dar o nome de pensão alimentícia para pets, é bom registrar -, em que pretendeu o reconhecimento do dever do ex-companheiro de: i) arcar com gastos dos animais de estimação adquiridos durante a união estável, na proporção de metade; e ii) reparar os gastos expendidos pela au-

tora com as despesas de subsistência dos pets, após a dissolução da união estável, sob pena de enriquecimento sem causa. 1.1 Desfecho dado à causa na origem. Instâncias ordinárias que, reconhecendo a aplicação do prazo prescricional de 10 (dez) anos (art. 205 do Código Civil), julgaram os pedidos parcialmente procedentes, condenando o demandado ao ressarcimento das despesas indicadas (com decréscimo decorrente da aplicação da teoria duty to mitigate the loss, ante a demora no ajuizamento da ação), mais as despesas mensais "até a morte ou alienação dos cachorros, reduzida, proporcionalmente, a cada evento de tal natureza". 1.2 Delimitação da matéria devolvida ao STJ. Prescrição. Necessidade de incursão a respeito da natureza da obrigação, com todas as circunstâncias fáticas, tal como procedeu o relator, para definir a natureza da pretensão posta (e seu correlato prazo prescricional), em conjunto com sua disciplina legal. 2. A solução de questões que envolvem a ruptura da entidade familiar e o seu animal de estimação não pode, de modo algum, desconsiderar o ordenamento jurídico posto – o qual, sem prejuízo de vindouro e oportuno aperfeiçoamento legislativo, não apresenta lacuna e dá respostas aceitáveis a tais demandas -, devendo, todavia, o julgador, ao aplicá-lo, tomar como indispensável balizamento o aspecto afetivo que envolve a relação das pessoas com o seu animal de estimação, bem como a proteção à incolumidade física e à segurança do pet, concebido como ser dotado de sensibilidade e protegido de qualquer forma de crueldade. **2.1 A relação entre o dono e o seu animal de estimação encontra-se inserida no direito de propriedade e no direito das coisas, com o correspondente reflexo nas normas que definem o regime de bens (no caso, o da união estável). A aplicação de tais regramentos, contudo, submete-se a um filtro de compatibilidade de seus termos com a natureza particular dos animais de estimação, seres que são dotados de sensibilidade, com ênfase na proteção do afeto humano para com os animais. 3. As despesas com o custeio da subsistência dos animais são obrigações inerentes à condição de dono, como se dá, naturalmente com os bens em geral e, com maior relevância, em relação aos animais de estimação, já que a sua subsistência depende do cuidado de seus donos, de forma muito particularizada. Enquanto vigente a união estável, é indiscutível que estas despesas podem e devem ser partilhadas entre os companheiros (ut art. 1.315 do Código Civil). Após a dissolução da união estável, esta obrigação pode ou não subsistir, a depender do que as partes voluntariamente estipularem, não se exi-**

gindo, para tanto, nenhuma formalidade, ainda que idealmente possa vir a constar do formal de partilha dos bens hauridos durante a união estável. Se, em razão do fim da união, as partes, ainda que verbalmente ou até implicitamente, convencionarem, de comum acordo, que o animal de estimação ficará com um deles, este passará a ser seu único dono, que terá o bônus - e a alegria, digo eu - de desfrutar de sua companhia, arcando, por outro lado, sozinho, com as correlatas despesas. 3.1 A subsistência de condomínio entre os ex-companheiros, sobre os bens hauridos durante a convivência, dá-se, no máximo, até a realização de partilha de bens. Antes da partilha de bens (categoria que os animais de estimação estão inseridos – bens móveis), a subsistência do condomínio entre os ex-companheiros, com as inerentes obrigações de dono, recai apenas em relação aos bens que se encontram em estado de mancomunhão, do que, na hipótese dos autos, não se cogita em relação aos animais. 3.2 O fato de o animal de estimação ter sido adquirido na constância da união estável não pode representar a consolidação de um vínculo obrigacional indissolúvel entre os companheiros (com infindáveis litígios) ou entre um deles e o pet, sendo conferida às partes promoverem a acomodação da titularidade dos animais de estimação, da forma como melhor lhes for conveniente. **4. Hipótese fática em que, apenas 3 (três) meses após a dissolução da união estável (março de 2013), a demandante, por intermédio de seu genitor e sob a alegação - refutada pela parte adversa - de abandono, retirou seus cachorros que se encontravam no sítio do demandado, atribuindo a si, doravante, como gesto de amor e profundo zelo pelos pets, a condição de única proprietária. Não houve, por parte do demandado, nenhuma oposição, ficando evidenciado, a partir de seu comportamento, seu pleno assentimento com a atribuição exclusiva da propriedade dos cães em favor de sua ex-companheira, despojando-se de todo e qualquer direito advindo da titularidade dos animais (e, por conseguinte, também dos correlatos deveres). Também é certo que a partilha de bens dos ex-companheiros (realizada 1 ano após o momento em que a demandante tomou para si a exclusividade da titularidade dos animais) não fez nenhuma menção aos animais de estimação. Somente após quase 5 (cinco) anos (para ser exato, após 4 anos e 7 meses - em outubro de 2017), a demandante promoveu a subjacente ação para obter a reparação pelos gastos expendidos com a subsistência dos animais, na proporção de metade, que**

seria, segundo alegado, da responsabilidade do demandado - ainda que despojado, há muito, da condição de dono dos animais -, bem como para estabelecer a obrigação de arcar com tais despesas, doravante. 4.2 Ressai claro, nesse contexto, que, após o fim da união estável, bem como da partilha de bens, as partes litigantes definiram, deliberadamente por suas condutas, que os animais de estimação ficariam sob a posse, e principalmente, sob a propriedade, única e exclusiva, da autora, tanto que, por ocasião da partilha, nada a esse respeito foi deliberado (a ensejar a inequívoca conclusão de que a titularidade dos pets estava, há muito, resolvida entre os ex-companheiros). 5. Prescrição. O fundamento da pretensão reparatória estriba-se no declarado (e assim reconhecido pelas instâncias ordinárias) enriquecimento sem causa do ex-companheiro e o correlato empobrecimento da demandante, que, segundo alega, arcou sozinha com despesas dos animais de estimação, as quais, na sua ótica, também seriam de incumbência do demandado. **Em tese, de acordo com o art. 206, § 3º, do Código Civil, prescreve em 3 (três) a pretensão de ressarcimento de enriquecimento sem causa.** 5.1 Adotada, na presente fundamentação, a premissa de que a obrigação conjunta de custeio das despesas dos animais de estimação cessa com o fim do estado de mancomunhão (no caso, em março de 2013), impõe-se reconhecer, na espécie, que, quando se deu o ajuizamento da presente ação (em outubro de 2017), encontrava-se prescrita a pretensão de reaver qualquer despesa a esse título, de reparação por enriquecimento sem causa (a última parcela/mensalidade, em tese, prescreveria em março de 2016). 5.2 Por sua vez, o direito do coproprietário de cobrar o custeio, na proporção de metade, das despesas vindouras de subsistência dos animais de estimação - o qual se baseia na copropriedade (e/ou no estado de mancomunhão do bem) e que serve de lastro à própria pretensão indenizatória prescrita - nem sequer se apresentava constituído quando do ajuizamento da ação (outubro de 2017), sendo, tecnicamente, impróprio falar em fluência do prazo prescricional para o exercício dessa correlata pretensão. Não há falar em violação de direito da demandante e, portanto, de nascimento da própria pretensão de cobrar as despesas dos animais relativas ao período no qual ficou consolidada sua titularidade exclusiva sobre os pets. 6. Recurso Especial provido, por maioria de votos, para julgar improcedentes os pedidos. (STJ - REsp: 1944228 SP 2021/0082785-0, Data de Julgamento: 18/10/2022, T3 - TERCEIRA TURMA, Data de Publicação: DJe 07/11/2022)

Mas será que o tema já não poderia ser previamente regulado no Pacto Antenupcial, reduzindo a probabilidade de futuro litígio?

Entende-se que sim, podendo o Pacto regular sobre a custódia e o custeamento dos *pets* na eventual dissolução afetiva, indicando qual consorte restará responsável por quais despesas e a respectiva forma de adimplemento, bem como se desenvolverá o convívio com os *pets*. Nesse contexto se evitará judicializações sobre o assunto, como as exemplificadas nos julgamentos acima, além de se conferir solução rápida, eficaz e equilibrada sobre o tema.

9.1.13. Poderia o Pacto Antenupcial Regular sobre Contratos Parentais?

O planejamento da parentalidade, somado às suas mais diversas formatações e dificuldades da atualidade, vem conduzindo aos escritórios genitores desejosos no estabelecimento de regras sobre convivência, guarda e sustento dos filhos, inclusive com projeções e acertos a vigerem quando da dissolução afetiva.

Tais acordos vêm sendo denominados como Contratos Parentais.

A questão que se coloca é sobre a possibilidade de os pactos antenupciais estabelecerem contratos parentais, com regras sobre o exercício da parentalidade quando da dissolução afetiva, objetivando a redução de posteriores conflitos. Seria possível?

A ideia parece boa! Todavia, esbarra na necessidade de cuidado e tutela do menor, com a lembrança de que o estabelecimento de regras sobre guarda, convivência e alimentos de menores clama por cuidado, com prévio opinativo do Ministério Público e posterior homologação judicial, ambos guiados pela proteção integral do menor.

Logo, *a priori*, uma escritura pública de pacto antenupcial não terá o condão de, validamente, regular sobre o assunto.

Malgrado o dito, o Projeto de Reforma do Código Civil, na tentativa de inovar a ordem jurídica hoje em vigor, veicula regra expressa sobre o tema, afirmando, no art. 1.655-A, que "os pactos conjugais e convivenciais podem estipular cláusulas com solução para guarda e sustento de filhos, em caso de ruptura da vida comum, devendo o tabelião informar a cada um dos outorgantes, em separado, sobre o eventual alcance da limitação ou renúncia de direitos".

Avança o Projeto para, em seu parágrafo único, aduzir que "as cláusulas não terão eficácia se, no momento de seu cumprimento, mostrarem-se gravemente prejudiciais para um dos cônjuges ou conviventes e sua descendência, violando a proteção da família ou transgredindo o princípio da igualdade.

Com todas as vênias, a inclusão de regras sobre guarda, convivência e alimentos de filhos menores, em pacto antenupcial, abre espaço a algumas preocupações:

i. Como consabido, regras sobre a guarda e o sustento dos filhos são questões de ordem pública e direito cogente, reguladas em favor do superior interesse da criança. Será que poderiam ser livremente tratadas em pactos, sem opinativo do Ministério Público e manifestação judicial?

ii. Ao permitir que essas questões sejam incluídas em pactos conjugais, não há o risco de que as crianças sejam vistas como "objetos de transação", em vez de sujeitos plenos de direitos?

iii. A inclusão dos temas no pacto conduz a construção de solução prévia e, não raro, bastante anterior ao surgimento da dissolução afetiva e, até mesmo, ao nascimento dos filhos. Como adequá-la à proteção integral do menor no momento da dissolução afetiva?

Um caminho seria a permissão dessa inclusão após a aprovação, ao menos, do Ministério Público. Aqui, recorda-se, o Ministério Público já vem se fazendo presente nos Tabelionatos, quando dos inventários que possuem interesses de menores e/ou incapazes, na forma da Resolução 35 do Conselho Nacional de Justiça, alterada para Resolução 571/2024.

Pois bem. Ao fim e ao cabo, hoje não é viável ao pacto antenupcial regular sobre os contratos parentais. Sobre o futuro, cabe aguardar a tramitação do Projeto de Reforma do Código Civil, o qual, no particular, deve enfrentar profícuos debates nas Casas Legislativas.

9.2. O OBJETO PROCEDIMENTAL

Versando sobre o objeto procedimental do pacto, perpassará este tópico sobre negócios jurídicos processuais e possível encaminhamento pela arbitragem.

9.2.1. Os Negócios Jurídicos Processuais

Como abordado na Parte I deste trabalho, o Código de Processo Civil admite os chamados negócios jurídicos processuais, como autorregramento da vontade hábil a realizar acordos procedimentais. Trata-se de projeção da autonomia no campo processual.

Os pactos antenupciais traduzem um fecundo *locus* para o desenvolvimento dos negócios jurídicos pré-processuais, conforme os Enunciados 18 da Jornada de Processo Civil do Conselho da Justiça Federal, 24 do Instituto Brasileiro de Direito das Famílias e 492 do Fórum Permanente de Processo Civil.

Certo que, como o pacto antenupcial é realizado em um momento de grande entusiasmo afetivo, geralmente as partes estão mais maleáveis na construção dos acordos procedimentais, havendo uma construção mais empática, imparcial e efetiva.

E quais são os bons exemplos de negócios processuais em pactos antenupciais?

Mediação, ou conciliação extrajudicial obrigatória, inclusive com a correlata exclusão da audiência preliminar obrigatória dos artigos 334 e 694 do Código de Processo Civil, pode ser uma medida que, a um só tempo, estimula a busca da solução consensual e, não sendo atingida, pula a etapa inicial do processo, conferindo agilidade.

Cláusula que escalone meios alternativos para solução da controvérsia, iniciando pela mediação, passando pela conciliação, visitando as práticas colaborativas, a constelação familiar e, como *ultima ratio*, aportando no processo judicial, denotará um caminho da busca do consensualismo, evitando-se a prematura judicialização do tema. Pode-se até consignar a correlata exclusão da audiência preliminar obrigatória. Na busca dos meios alternativos para solução da controvérsia, além do método, pode-se indicar os profissionais e/ou institutos que conduzirão os temas.

Pensar na obrigatoriedade da audiência preliminar, impossibilitando a qualquer das partes manifestar seu desinteresse na realização da assentada, pode ser um caminho de incentivo à composição.

Para aqueles que acreditam que a audiência de autocomposição, na fase inicial do processo, não gerará frutos, por ser um momento de maior acirramento, é possível disciplinar a simples exclusão da audiência preliminar ou o seu deslocamento para o momento posterior, a exemplo após as alegações finais e antes da sentença.

A vedação ao divórcio liminar, enquanto se realizam os métodos de autocomposição, inclusive com determinação de prazo, ocasionará um pacto de prazo de reflexão, antes da dissolução afetiva, evitando condutas impulsivas.

Para os interessados em maior velocidade na dissolução, pactuar a possibilidade do divórcio liminar, *inaudita altera pars* e já na fase prematura do procedimento, é um caminho de efetividade inicial.

Convencionar um pacto de não peticionamento (*non petendo*) durante o período de tratativas, ou até mesmo para além deste período e sobre objetos específicos, como impossibilidade de debates sobre alimentos compensatórios, partilha de bens móveis, partilha de determinado imóvel durante um termo certo, como maioridade dos filhos menores, pode ser uma solução.

Obrigatoriedade de apresentação prévia de documentos junto à inicial e contestação, como declarações de imposto de renda, distribuições de lucros empresariais, faturas de cartões de crédito... sob pena de confissão e incidência de cláusula penal (sanções negociais), como uma espécie de pacto de *disclosure* e produção antecipada de prova. A cláusula penal poderá fazer menção à possibilidade de cobrança nos próprios autos do divórcio, com eventual compensação na partilha de bens. Trata-se de medida hábil a combater o esconde-esconde patrimonial que se vivencia em processos de dissolução afetiva, evitando fraudes à meação e clarificação das bases para fixação dos alimentos.

A limitação do processo à segunda instância, evitando recursos especiais e extraordinários, traduz medida interessante, ao passo que consagra a razoável duração do processo e evita recursos que, na média, apenas atrasarão o trânsito em julgado. Veja-se que a conduta sugerida não toca em mudança de competência para processamento da demanda e garante o duplo grau de jurisdição.

Clausular a possibilidade de meios alternativos de comunicação, como e-mails e WhatsApp, facilitando eventuais notificações e comunicações. Aqui, as partes devem se comprometer a informar mudanças de contatos, sob pena de efetivação da comunicação no contato primitivo.

Limitação da publicidade dos atos para além do processo, evitando circulação de *prints* de conversas em grupos de aplicativos, redes sociais e afins, bem como vedando a publicização do motivo da dissolução afetiva, tudo com o intuito de preservar a privacidade dos envolvidos. Neste ponto, pactuar cláusula penal, com os cuidados já sugeridos.

Convencionar a impossibilidade de uso de determinadas provas no processo, que exponham a intimidade do casal, como *prints*, fotos, gravações, etc. Tem-se a criação convencional de um *standard* específico de prova ilícita, podendo o pacto veicular cláusula penal sobre o tema, com os cuidados já sugeridos.

Nos casos em que haja envolvimento empresarial ou imobiliário complexo, a escolha prévia do perito, com base no art. 471 do Código de Processo Civil, e renúncia à indicação de assistentes técnicos, visando maior celeridade. Outra possibilidade é a dispensa de perícia.

A indicação de um administrador dos bens, terceirizado, com obrigação de prestar contas e distribuir os lucros líquidos igualitariamente entre os divorciados, pode ser um importante mecanismo de salvaguarda patrimonial.

A constituição de um capital prévio que restará afetado para custeamento dos bens até a partilha, honrando com IPTU, condomínio, etc., é medida de cuidado com os ativos em disputa.

Se há bens móveis valiosos, como obras de arte, valores em espécie, joias... a eleição prévia do depositário é recomendada.

Indicação de uma partilha prévia de determinados bens que, como consabido pelas partes, ficarão com o respectivo cônjuge, que já ficará na gestão, no recebimento e na administração dos frutos. Trata-se de uma fruição patrimonial negocial antecipada.

Pactuar sobre alienação prévia de um bem.

Determinar a irrecorribilidade de decisões interlocutórias, sendo que estas serão apenas combatidas em preliminar de recurso de apelação, dando maior velocidade ao processo.

Retirar o efeito suspensivo do recurso de apelação, dando efetividade e possível cumprimento provisório da decisão. Para aqueles que desejam o inverso, retirar a possibilidade de promover execução provisória, restando apenas a possibilidade de efetivação com o trânsito em julgado.

Pactuar a impenhorabilidade de determinado bem, por ser, por exemplo, um ativo financeiro comum, em uma aplicação de bons rendimentos.

Em sede de execução de alimentos na conjugalidade, abrir mão da técnica da coerção pessoal (prisão civil), firmando que a técnica empregada será da expropriação. Ainda aqui, determinar a constituição de capital para garantia do cumprimento dos alimentos.

Analisando o art. 191 do Código de Processo Civil, infere-se a possibilidade das partes realizarem, até mesmo, um negócio jurídico plurilateral, visando a calendarização processual, com autorização do juízo e dos demais atores processuais, visando conferir maior dinâmica procedimental.

A calendarização é um negócio que demanda aceitação do juízo e das partes, não sendo possível a imposição nem do Judiciário às partes, nem das partes ao Judiciário. Se houver outros sujeitos no processo, estes também haverão de concordar com o calendário, a exemplo do Ministério Público e da Defensoria Pública[217].

O intuito do calendário é firmar, com a concordância de todos, os variados prazos procedimentais, caminhando o processo independentemente de publicações. Para o calendário funcionar, demanda-se dos juízes abrirem mão de seus prazos impróprios, curvando-se ao negócio e obedientes às datas.

A perda de apenas um dos prazos – seja por qualquer ator do processo (partes, juiz, Ministério Público) – inviabilizará todo o calendário, o qual deverá ser refeito, com a concordância dos envolvidos e com base em justificativa. Caso não haja novo acordo, seguirá o processo os prazos processuais legais, funcionando sem o calendário.

O calendário não tem momento processual específico para ser criado, mas é mais provável que aconteça na fase de saneamento ou organização do processo, ou, até mesmo, em um momento pré-processual, mediante contrato, demandando posterior concordância do juízo[218]. Nessa linha, nada impede que o pacto antenupcial regule o calendário, o qual haverá de ser aceito pelos demais atores processuais na futura demanda.

Portanto, cediço a possibilidade do pacto antenupcial regular acordos procedimentais, como negócios jurídicos processuais e/ou calendarização processual, nas pegadas do Enunciado 18 da I Jornada de Processo Civil do Conselho da Justiça Federal, do Enunciado 24 do Instituto Brasileiro de Direito das Famílias e do Enunciado 492 do Fórum Permanente de Processo Civil.

O rol de possibilidades é, obviamente, exemplificativo. Certo que, com o amadurecimento do tema, novas situações se descortinarão, as quais sempre haverão de ser analisadas consoante os limites da autonomia privada.

Por fim, há de ser registrado que o pacto antenupcial pode ser *locus* para os negócios jurídicos pré-processuais, mas não há uma relação de pertinência absoluta. Nada impede, por conseguinte, que tais negócios sejam estruturados em instrumento apartado, em uma espécie de negócio jurídico intrafamiliar e no curso do casamento, sendo sempre viável a sua revisão.

217. Enunciado 402 do Fórum Permanente de Processo Civil (FPPC).

218. GAJARDONI, Fernando Fonseca. **Teoria Geral do Processo** – Comentários ao CPC de 2015 – Parte Geral. São Paulo: Método, 2015, p. 634.

9.2.2. A Arbitragem

Ainda no objeto procedimental, outro tema que instiga interessantes debates diz respeito à possibilidade de o pacto antenupcial eleger a arbitragem para solucionar as questões familiares.

Trata-se de instituto geralmente utilizado na seara das relações empresariais. Entretanto, malgrado a inexistência de previsão expressa a respeito da utilização da arbitragem na seara familiar[219], tem-se seu uso como viável, desde que restrita a litígios meramente patrimoniais, a exemplo da partilha de bens e quantificação dos alimentos[220].

Na forma do art. 1º da Lei n. 9.307/1996 é cabível a arbitragem para dirimir litígios relativos a direitos patrimoniais disponíveis. Alinha-se ao dito o disciplinado no art. 852 do Código Civil, ao informar ser "vedado compromisso para solução de questões de estado, de direito pessoal de família e de outras que não tenham caráter estritamente patrimonial".

Logo, incabível arbitragem sobre questões familiares ligadas ao direito pessoal[221], como filiação, poder familiar, guarda e convivência de menores. Entrementes, sobre a partilha de bens, a eleição da arbitragem terá bastante amplitude.

Já em relação aos alimentos, a arbitragem não poderá versar sobre a sua concessão ou negativa; nem sobre alimentos de incapazes, seja pela indisponibilidade do direito, seja pela presença do incapaz. O espaço da arbitragem nos alimentos será relacionado a sua valoração (*quantum*) entre pessoas maiores e capazes[222], bem como a sua transitoriedade.

Certo que pactuar arbitragem nos temas factíveis – como partilha de bens, o montante e a transitoriedade dos alimentos entre cônjuges maiores e capazes –, pode revelar agilidade e especialidade na solução[223]. Justo por isso que aduz o Enunciado 4, da II Jornada de Prevenção e Solução Extrajudicial de Litígios, ser válida a inserção da cláusula compromissória em pacto antenupcial.

---

219. CAHALI, Francisco José. **Curso de Arbitragem**. 3. ed. São Paulo: RT, 2013, p. 370.

220. CAHALI, Francisco José. **Curso de Arbitragem**. 3. ed. São Paulo: RT, 2013, p. 370-371.

221. CARMONA, Carlos Alberto. **Arbitragem e Processo**: um comentário à Lei 9.307/1996. 2. ed. São Paulo: Atlas, 2004, p. 56.

222. AZEVEDO, Álvaro Villaça. **Prisão Civil por Dívida**. Rio de Janeiro: Campus, 1992, p. 141; CAHALI, Francisco José. **Curso de Arbitragem**. 3. ed. São Paulo: RT, 2013, p. 235.

223. AZEVEDO, Álvaro Villaça. **Prisão Civil por Dívida**. Rio de Janeiro: Campus, 1992, p. 141; CAHALI, Francisco José. **Curso de Arbitragem**. 3. ed. São Paulo: RT, 2013, p. 235.

Dessa forma, ainda tocando o viés procedimental, nada impede a existência de uma cláusula compromissória, no pacto antenupcial indicando que os conflitos emergentes daquela relação, de fundo patrimonial e com partes maiores e capazes, serão resolvidos pela arbitragem.

A cláusula compromissória, indica-se, deverá ser "cheia", remetendo a todos os elementos que identifiquem e possam concretizar a arbitragem, como local, idioma, lei que regerá, instituição que conduzirá, quantidade de árbitros e objeto arbitral claro e específico. Não se olvida que o mais comum é a realização do compromisso arbitral quando do rompimento do vínculo[224].

Fato, que, como mecanismo alternativo de solução de controvérsia, a arbitragem poderá agilizar a condução dos temas, findando de maneira bem mais rápida se comparada ao processo judicial litigioso. Além disso, confere a arbitragem maior especialização na solução do conflito, em especial quando a partilha envolva temas complexos, com diálogos com outras searas do direito, a exemplo de partilha de cotas empresariais.

Tais ganhos da arbitragem - velocidade e especialidade - são salutares para partilhas patrimoniais, evitando que enquanto o processo judicial tramita haja bloqueio de ativos, dificuldade de gestão de bens partilháveis - como cotas empresariais - e ruína financeira. Deixa-se de lado os "sinuosos caminhos do Poder Judiciário"[225], com maior efetividade de solução, vencendo o "extremo desgaste" causado pela morosidade jurisdicional[226].

Ademais, a busca de meios alternativos de solução de controvérsia na pós-modernidade não quer, necessariamente, significar um desprestígio do Poder Judiciário. Em verdade este fica reduzido ao seu real papel, sendo apenas efetivamente demandado quando estritamente necessário[227].

Conclui-se viável que o pacto antenupcial veicule cláusula "cheia" de compromisso arbitral para questões relacionadas à partilha de bens e quantificação de alimentos entre pessoas maiores e capazes. Já sobre temas pessoais familiares, ainda não é possível, mas quiçá, no futuro, mediante reforma legislativa ampliadora dos horizontes arbitrais, se tenha por sua possibilidade.

224. CAHALI, Francisco José. **Curso de Arbitragem**. 3. ed. São Paulo: RT, 2013, p. 373.

225. CAHALI, Francisco José. **Contrato de Convivência na União Estável**. São Paulo: Saraiva, 2002, p. 250.

226. CAHALI, Francisco José. **Contrato de Convivência na União Estável**. São Paulo: Saraiva, 2002, p. 250.

227. AZEVEDO, Antônio Junqueira de. **Novos Estudos e Pareceres de Direito Privado**. São Paulo: Saraiva, 2009, p. 59.

Outrossim, poderá até mesmo o pacto antenupcial escalonar métodos alternativos para solução do litígio, desembocando na arbitragem. A cláusula poderá informar, sucessivamente, a tentativa prévia de conciliação e/ou mediação privada; que se frustrada conduzirá à tentativa de constelação familiar, que, se frustrada, conduzirá à arbitragem ou até eleição de um terceiro neutro para solução do tema, ou, ainda, uma espécie de *mini trial* privado.

Os caminhos são muitos...

10

CONCLUSÕES

Conforme externado na introdução, o tema-problema central da pesquisa desenvolvida foi a busca de resposta à seguinte indagação: quais são os limites do pacto antenupcial no direito brasileiro?

Como premissa, restou esclarecido que o estudo não se dedicaria aos negócios antenupciais quando envolvessem incapazes, pessoas idosas, vítimas de violência doméstica e vulneráveis em geral. Nessas molduras a autonomia terá maiores restrições, com o alargamento de questões de ordem pública, eventual necessidade de intervenção do Ministério Público e do Poder Judiciário, além da busca de mecanismos de igualdade material.

Igualmente não se dedicou o trabalho à análise da autonomia dos deficientes na elaboração dos pactos antenupciais, temática impactada pela Lei n. 13.146/2015 (Estatuto da Pessoa com Deficiência).

Visionando responder satisfatoriamente ao tema-problema proposto, avançou o desenvolvimento do trabalho por duas partes.

A primeira dedicou-se ao estudo da autonomia nas relações familiares, perpassando pelo seu antecedente histórico – a autonomia da vontade –, a sua atual feição – como autonomia privada – e a compreensão dos seus limites, em significação do que venha a ser o conceito de interesse público.

No desenvolvimento dos escritos sobre autonomia, buscou-se o diálogo entre a autonomia e os modelos estatais, com simbioses envolvendo os ramos público e privado. Estudou-se as importantes expressões da autonomia para o desenvolvimento do trabalho, sendo visitada a autonomia como princípio, como direito e garantia fundamental e com aplicação às relações processuais.

Na tentativa de ultrapassar o genérico lugar comum de que a autonomia tem *locus* de atuação limitado pelas questões de ordem pública, avançou o estudo para verificar as fronteiras da autonomia, analisando os embates entre os interesses públicos e privados e perquirindo qual é, efetivamente, o interesse público hábil a limitar a autonomia.

Ambicionou o trabalho responder se há, efetivamente, supremacia do interesse público sobre o privado, quais os critérios aplicáveis quando das colisões e como essas questões tocam a autonomia familiar, com um enfoque no direito de família mínimo.

Como produto da primeira parte do desenvolvimento, foram traçadas as seguintes premissas:

i. A autonomia transformou-se e transforma-se diuturnamente. De sua gênese, mais patrimonial e liberal, avançou às questões existenciais, a exemplo de sua aplicação na seara familiar, e até procedimentais, como ilustram os negócios jurídicos processuais. Na contemporaneidade, fala-se na aplicação da autonomia na seara familiar.

ii. A autonomia, vista como um direito de autorregulamentação, integra o rol de direitos e garantias fundamentais e é um princípio aplicável a todo o direito civil, tendo carga normativa e incidindo diretamente nas relações privadas.

iii. A aplicação da autonomia não é irrestrita, pois sempre se deve atentar aos limites do ordenamento jurídico. Fala-se nas fronteiras da autonomia. Os confins da autonomia demandam análise consoante cada seara de aplicação, ordenamento jurídico e microrracionalidade.

iv. Nas fronteiras da autonomia ganha importância o estudo de sua tensão com os interesses públicos. Quando a autonomia entra em conflito com interesses públicos, há de se perquirir:

   a. Se existe uma solução predisposta pelo ordenamento jurídico, fazendo prevalecer o interesse público ou o privado. Neste caso, a solução prévia conferida há de ser respeitada. Caso a opção legislativa tenha sido a prevalência do público sobre o privado, fala-se na aplicação da supremacia do interesse público sobre o privado como uma regra, na ótica do "tudo-ou-nada", ou como um princípio, de acordo com o grau de fundamentalidade do ordenamento jurídico;

   b. Inexistente uma solução predisposta pelo legislador, há de se verificar qual o interesse prevalente, seja mediante ponderação de interesses, seja por derrotabilidade, sendo a supremacia do interesse público sobre o privado um princípio, aplicado de forma gradual e em atenção à manutenção do núcleo essencial dos direitos e garantias fundamentais.

v. Se o conflito entre autonomia privada e interesses públicos se der em espaço privado, a exemplo das questões atinentes à autonomia familiar, as seguintes situações são possíveis:

   c. Havendo solução predisposta no ordenamento jurídico fazendo prevalecer o interesse público ou privado, esta há de ser respeitada.

   d. Inexistindo solução predisposta, a saída se dará por ponderação. Por se situar o conflito em campo eminentemente privado, deve-se pender, sempre que viável, ao interesse privado. Na dúvida, privilegia-se a autonomia.

vi. É inviável a defesa da tese da cláusula de comunidade, segundo a arguição da existência de uma abstrata, geral e indefinida supremacia do interesse público sobre o privado, invariavelmente hábil a ser arguida como um coringa, com força para afastar a incidência da autonomia. Na seara privada, a supremacia do público sobre o privado deve ter contornos mais excepcionais e cuidadosos.

Fincadas as premissas sobre a autonomia e seu diálogo com os interesses públicos, a segunda parte do estudo dedicou-se a analisar o casamento e o pacto antenupcial.

No que concerne ao casamento, foram abordados o seu conceito e natureza jurídica, nulidades, putatividade e efeitos. Já em relação ao pacto antenupcial, avançou o estudo sobre o seu conceito e natureza jurídica, forma e eficácia, limites, objeto patrimonial, procedimental e pessoal.

Com o objetivo de trazer contribuição prática, questões polêmicas atinentes aos pactos antenupciais começaram a ser debatidas, sendo setorizadas por um critério de prevalência em temas patrimoniais, pessoais e procedimentais.

O critério utilizado para a colocação das problemáticas em temas patrimoniais, pessoais e procedimentais foi o da prevalência, ao passo que muitas das questões geraram simbioses entre estas searas. O eventual deslocamento da questão para outra seara não impactará na solução sugerida.

No âmbito patrimonial do pacto antenupcial percebe-se uma clara opção legislativa predisposta favorável à autonomia, fazendo prevalecer, na hipótese, o interesse privado. Este fato merece respeito por parte dos operadores do direito.

Além disso, em sendo a opção pela autonomia privada realizada no ambiente do direito privado, ela possuirá ainda maior relevo, ao passo que neste ambiente a publicização deve ser excepcional e, na dúvida, deve-se pender à autonomia. Decerto, é possível afirmar que o objeto mais imediato do pacto antenupcial é o regramento sobre questões patrimoniais, conforme infere-se da redação do art. 1.639 do Código Civil.

No âmbito patrimonial do pacto, tratou o estudo de abordar a (im) possibilidade das seguintes cláusulas:

i. É Possível ao Pacto Antenupcial Criar um Regime de Bens Atípico?

Sim, é possível aos nubentes, através de pacto antenupcial, a criação de um regime de bens atípico, seja propriamente atípico ou misto. Esta conclusão decorreu dos seguintes fundamentos:

> *Primus,* porque o objeto patrimonial do pacto antenupcial decorre de solução predisposta autorizativa do ordenamento jurídico, a qual faz prevalecer a autonomia em detrimento das questões de ordem pública.
>
> *Secundus,* em vista de que ao ser feita a opção legislativa pela autonomia, em um ambiente privado, ela deve ganhar ainda maior relevo, sendo a publicização excepcional.
>
> *Tertius,* em razão da completa ausência de real interesse público hábil a restringir a construção do regime de bens pelos nubentes, ao passo que o tema é de índole eminentemente particular e cujos efeitos em relação a terceiros tem eficaz controle, seja pela forma pública do pacto, seja pelas suas questões de eficácia já estudadas.

Se aprovado o Projeto de Reforma do Código Civil nos moldes hoje em tramitação, a conduta não só será possível, como contará com artigo expresso de Lei: art. 1.640, § 2º.

ii. É Viável ao Pacto Antenupcial Construir um Regime de Bens Fásico (*Sunset Clause*)?

Não. A indicação de um regime fásico, com alteração automática do regime de bens no curso do casamento, gera desrespeito à exigência de ação judicial para alteração do regime de bens no curso do matrimônio, como posto pelos arts. 1639, § 2º, do Código Civil e 734 do Código de Processo Civil.

Há uma clara fronteira da autonomia, pois tanto o Código Civil como o Código de Processo Civil demandam, para a alteração do regime de bens no curso do casamento, ação judicial, com comprovação de ausência de prejuízo a terceiros e intervenção do Ministério Público.

Nessa quadra, tal disposição no pacto antenupcial será nula, conservando-se o pacto em relação aos demais temas, na forma do art. 1.655 do Código Civil.

De *lege ferenda*, porém, roga-se ao Poder Legislativo modificação normativa, com ajuste no sentido de permitir a mudança extrajudicial do regime de bens no curso do casamento, quando os envolvidos sejam maiores, capazes e estejam em consenso. Assim, abrir-se-á permissivo, ainda que oblíquo, para a inclusão de um regime de bens fásico no pacto antenupcial.

Uma vez aprovado o Projeto de Reforma do Código Civil nos moldes hoje em tramitação, ter-se-á permissivo expresso para a mudança extrajudicial do regime de bens (art. 1.639, § 2º), para o pacto pós-nupcial (art. 1.653-A) e para a *sunset clause* (art. 1.653-B).

iii. Na Separação Obrigatória de Bens pode o Pacto Antenupcial Indicar Regime de Bens para a Casuística de Cessar o Fato Gerador da Separação Obrigatória?

Não. Os argumentos lançados no tópico anterior também são hábeis a afastar a possibilidade de elaboração de pacto antenupcial por aqueles que tenham a imposição do regime da separação obrigatória de bens, ambicionando que, findo o fato gerador de imposição do regime de separação legal, passe a vigorar o regime convencional eleito no pacto.

Nessa linha, a cláusula em comento, prevista em pacto antenupcial, será nula, conservando-se o pacto em relação aos demais temas, na forma do art. 1.655 do Código Civil.

De *lege ferenda*, porém, roga-se ao Poder Legislativo modificação normativa, com ajuste no sentido de permitir a mudança extrajudicial do regime de bens no curso do casamento, quando os envolvidos forem maiores, capazes e estejam em consenso. Assim, abrir-se-á permissivo, ainda que oblíquo, para a inclusão da cláusula em debate no pacto antenupcial.

Se aprovado o Projeto de Reforma do Código Civil nos moldes hoje em tramitação, como decorrência dos permissivos expressos para a mudança extrajudicial do regime de bens (art. 1.639, § 2º), para o pacto pós-nupcial (art. 1.653-A) e para a *sunset clause* (art. 1.653-B), passa a ser viável a eleição, no pacto, de regime de bens diverso para quando cessar o fato gerador da separação obrigatória.

iv. É Possível ao Pacto Antenupcial Estipular Doação e/ou Promessa de Doação?

Sim.

No que tange à possibilidade de doação antenupcial, presente no pacto e *causa matrimonii*, há muito tem-se como viável, sendo amplamente aceita tanto na doutrina como na jurisprudência.

Em relação à promessa de doação presente no pacto antenupcial, a sua exigibilidade é construção doutrinária e jurisprudencial mais recente, ancorada no viés oneroso e de transação do pacto.

Doação e promessa de doação são temas de índole patrimonial, os quais admitem pleno regramento em sede de pacto antenupcial, sob a justificativa dos argumentos análogos aos indicados no item "i".

v. É Viável ao Pacto Antenupcial Estabelecer o Uso Gratuito do Bem Comum, ou Exclusivo de um dos Cônjuges, após a Dissolução Afetiva?

A resposta é positiva. Estar-se-á a regular questão patrimonial, a qual é disponível e admite pleno regramento em sede de pacto antenupcial, justificada pelos argumentos análogos aos delineados no item "i".

O regramento em questão pode até decorrer de uma garantia conferida por conta da eleição do regime de separação de bens, por exemplo, atribuindo melhor equilíbrio ao pacto antenupcial.

Por tudo isto, plenamente lícita a disposição existente em pacto antenupcial que confere a um dos cônjuges o direito de permanecer no imóvel de copropriedade do casal, ou exclusiva do cônjuge retirante, de forma periódica ou vitalícia, após o término da sociedade conjugal.

vi. Seria Viável no Pacto Antenupcial Constar Confissão de Dívida, Troca ou Permuta, Compras e Vendas e Promessas de Compras e Vendas?

Sim. São todos temas de índole patrimonial, abarcados pelo objeto primaz e com autorização legislativa predisposta no pacto antenupcial. Contemplam exercício de autonomia e, por isso, traduzem disposições válidas a constarem em pacto antenupcial, justificadas pelos argumentos análogos ao colocados no item "i".

vii. É Possível ao Pacto Antenupcial Imputar a um dos Cônjuges a Administração Exclusiva de Bens Comuns?

A resposta é positiva, desde que seja uma cláusula revogável. Trata-se de tema de índole patrimonial, o qual é disponível e admite pleno regramento em sede de pacto antenupcial, justificada pelos argumentos análogos ao já delineados no item "i".

Certo, porém, que não se deve admitir cláusula irrevogável e irretratável de gestão patrimonial unilateral, com amplos poderes para alienação. Esta disposição configuraria permissivo para o aniquilamento patrimonial do consorte autorizador, configurando eventual abuso de direito, usurpação indevida e convite à violência patrimonial.

viii. É Possível ao Pacto Antenupcial Regular sobre as Despesas do Lar?

A resposta, no que tange ao regime da separação convencional de bens, é incontroversa. O art. 1.688 do Código Civil expressamente informa a possibilidade do pacto antenupcial disciplinar sobre o custeamento do lar.

E nos demais regimes de bens, seria viável?

Sim, pois consiste em tema privado e nitidamente incluso no objeto patrimonial do pacto antenupcial. Renovam-se os argumentos colocados no item "i".

Logo, plenamente viável que o pacto antenupcial discipline, por exemplo, custeamento igualitário, ou diferenciado, entre os cônjuges, das despesas do lar. Nada impede que haja escalonamento de percentuais a depender da fase do relacionamento, como idade, advento ou perda de emprego, aposentadoria e outros.

ix. Seria Viável ao Pacto Antenupcial Regular a Dispensa da Vênia Conjugal?

Na moldura do regime da participação final nos aquestos, e em relação aos bens imóveis particulares, não há dúvidas. O Código Civil, em seu art. 1.656, veicula permissivo expresso sobre o tema.

E nos demais regimes e/ou para os demais atos?

Questões ligadas à vênia conjugal são relacionadas ao patrimônio, e, portanto, passíveis de disposição. Tanto o são que o legislador civilista, ao regular a vênia, verbera que o seu não atendimento gerará a anulabilidade do ato, e não nulidade absoluta. Tanto o são que o ato praticado sem a vênia é passível de convalidação.

Nessa toada, em sendo a vênia conjugal tema privado, relacionado ao patrimônio, que é objeto primaz do pacto antenupcial, tem-se como plenamente viável o seu regramento, inclusive com a sua dispensa, justificada pelos argumentos análogos aos veiculados no item "i".

x. Poderá o maior de 70 anos fazer Pacto Antenupcial para escolha do regime de bens?

Sim. Na forma do Tema 1.236, do Supremo Tribunal Federal, "nos casamentos e uniões estáveis envolvendo pessoa maior de 70 anos, o regime de separação de bens previsto no art. 1.641, II, do Código Civil, pode ser afastado por expressa manifestação de vontade das partes, mediante escritura pública".

Assim, para o maior de 70 anos o regime da separação deixa de ser obrigatório, passando a supletivo, pois seja no casamento, ou na união estável, apenas incidirá na ausência de manifestação de vontade dos consortes mediante escritura pública. Para aqueles que já estavam casados, ou em união estável, na separação obrigatória de bens quando da edição do Tema, resta a possibilidade de, observando os requisitos legais, promover a alteração do regime de bens.

xi. Poderia o Pacto Antenupcial Afastar a Incidência da Súmula 377 do Supremo Tribunal Federal?

A resposta é positiva, seja por contemplar objeto patrimonial, por argumentos análogos aos explicitados no item "i"; seja por não ser a Súmula 377 do Supremo Tribunal Federal tema de ordem pública; seja porque o mero afastamento da Súmula não desnatura, mas realiza o desejo legislativo da separação de bens.

Indo além, conclui-se ser possível, até mesmo, o afastamento da Súmula 377 por ato posterior ao casamento, mediante escritura pública declaratória.

Em ambos os casos o casamento é guiado pelo regime da separação obrigatória, mas sem a incidência da Súmula 377 do Supremo Tribunal Federal.

xii. O Pacto Antenupcial Pode ser aproveitado à União Estável?

A resposta é positiva, em homenagem à autonomia. Afinal, haverá a regência da relação de conjugalidade, seja convivencial ou matrimonial, por autorregramento da vontade dos consortes.

Tal aproveitamento dar-se-á com força no ideal de conservação dos negócios jurídicos, em uma verdadeira conduta pós-eficacial.

O pacto antenupcial realizado servirá a regrar a união estável tanto na hipótese em que haja uma união estável entre a data de celebração do pacto e o matrimônio, como aquelas situações em que as partes realizaram o pacto e decidiram por não se casar, vivendo em união estável.

Em suma, em homenagem à autonomia privada e ao aproveitamento dos atos, bem como atento ao fato de que o contrato de convivência demanda apenas forma escrita, enquanto o pacto é realizado por instrumento público, entende-se como plenamente viável o aproveitamento do pacto antenupcial em contrato de convivência, com efeitos imediatos àqueles que desistiram de se casar e vivem em união estável, bem como àqueles que, após o pacto antenupcial, vivenciam uma união estável até o casamento.

Verifica-se que o pacto, que fora confeccionado visionando reger a conjugalidade matrimonial, deve ser aplicado, de pronto, à conjugalidade convivencial. Afinal, se a ética relacional das partes demanda aplicação do pacto à conjugalidade, que seja aplicado prontamente à convivencial, em especial em um sistema jurídico que, progressivamente, aproxima o casamento da união estável.

xiii. Seria Viável ao Pacto Antenupcial Fixar Data Posterior à Celebração do Casamento para o Início dos seus Efeitos?

A resposta é negativa. O Código Civil, em seu art. 1.639, é expresso em afirmar que o pacto produzirá os seus efeitos automaticamente quando da celebração do casamento, sendo uma questão de ordem pública.

Caso aprovado o Projeto de Reforma do Código Civil nos moldes hoje em tramitação, como decorrência dos permissivos expressos para a mudança extrajudicial do regime de bens (art. 1.639, § 2º), para o pacto pós-nupcial (art. 1.653-A) e para a *sunset clause* (art. 1.653-B), se possibilitará, em certa medida, efeitos prospectivos aos pactos nupciais.

Avançando aos "novos objetos" do pacto antenupcial, em um enfoque despatrimonializado e repersonalizado do direito civil, fincado no exercício da autonomia na conjugalidade, a pesquisa passou a debater sobre a (im) possibilidade do pacto antenupcial inserir questões extrapatrimoniais.

Conclui-se que respeitado o limite da ordem pública, firmado no art. 1.655 do Código Civil, nada impede que o pacto antenupcial vá além das questões patrimoniais, regulando temas extrapatrimoniais.

Os argumentos delineados na primeira parte do trabalho foram irrefutáveis na construção de incidência da autonomia nas relações familiares.

Nessa ordem de ideias, progrediu o trabalho para analisar o objeto pessoal do pacto antenupcial, casuisticamente perquirindo sobre a (im) possibilidade de certas cláusulas, as quais são abaixo apresentadas junto às respectivas conclusões.

xiv. É Possível ao Pacto Dispensar o Dever de Fidelidade Recíproca?

Entendida a escolha pela monogamia como uma questão privada, concluiu-se que o autorregramento da vontade permite, legitimamente, o seu afastamento, em espacial em um direito de família mínimo.

Em uma leitura de intervenção estatal mínima nas famílias, verifica-se que ninguém, quiçá o Estado, tem o direito de se imiscuir na relação sentimental alheia, invadindo o recanto de intimidade da conjugalidade. A decisão derredor de uma relação monogâmica, ou não, diz respeito apenas aos envolvidos, e não a terceiros.

A dispensa da fidelidade recíproca deve ser significada como prerrogativa privada. Assim, nada impede cláusula, em pacto antenupcial, que verse sobre o afastamento da fidelidade, desde que respeite a paridade, a dignidade e a isonomia.

Uma vez estabelecido o entendimento de que é possível afastar a monogamia por cláusula expressa no pacto antenupcial, indagou-se: se o pacto antenupcial for silente sobre o tema, o relacionamento se presumirá monogâmico?

Por conta da tradição secular existente no Brasil de relacionamentos monogâmicos, acaso em um casamento não haja cláusula de afastamento do dever de fidelidade recíproca, conclui-se pela presunção de monogamia.

Os relacionamentos matrimoniais presumem-se monogâmicos, salvo manifestação de vontade em sentido diverso. É a conduta social média nacional, fincada em atenção histórica.

Situação curiosa e com certa incidência prática remete aos relacionamentos matrimoniais em que não há dispensa expressa ao dever de fidelidade recíproca, mas nos quais, por conduta comportamental reiteradamente aceita por todos, não se exige o respeito à fidelidade. Nesse contexto, a fidelidade recíproca ainda seria exigível?

Infere-se, aqui, uma verdadeira *supressio* (supressão) do direito de exigência da fidelidade recíproca e *surrectio* (surgimento) do direito de inobservância à monogamia, tudo amparado em conduta reiterada no tempo, de aceite comum.

Conclui-se que diante da inexistência de interesse público hábil a criar fronteira à autonomia privada, tem-se como válida a cláusula no pacto antenupcial que afaste o dever de fidelidade recíproca.

Acaso, porém, não haja manifestação expressa do casal pela adoção da cláusula de infidelidade, o relacionamento presume-se monogâmico, ressalvada a situação na qual o casal, por conduta reiterada no tempo, permita-se relacionamentos extraordinários.

xv. Seria Viável ao Pacto Antenupcial Veicular Regramento Sexual?

Não. Questões relacionadas a regramento sexual dialogam com disposições relativas ao próprio corpo e exigem consentimento sempre atualizado. A inexistência desse consentimento poderá ocasionar até crime, inclusive no curso da conjugalidade.

Ademais, se o pacto regula a frequência de duas relações sexuais semanais, por exemplo, e um dos cônjuges se nega, seria isto um ilícito sancionável? Haveria direito do suposto atingido pelo inadimplemento de requisitar o cumprimento obrigacional, até com tutela específica, ou a conversão em perdas e danos?

A tese não se sustenta, pois se estaria, de maneira transversa, repristinando o ultrapassado instituto do débito conjugal, em completo desrespeito às questões atinentes à integridade física. Haveria afronta à personalidade, violação à dignidade e dificuldade ética.

Há uma clara fronteira da autonomia. Consequentemente, a cláusula em comento, presente no pacto antenupcial, será nula de pleno direito, conservando-se as demais passagens do pacto, consoante o art. 1.655 do Código Civil.

xvi. É Possível ao Pacto Antenupcial Regular Cláusula Indenizatória por Dissolução Afetiva?

Da análise realizada, infere-se pela ausência de impeditivo para a adoção de cláusula indenizatória, em pacto antenupcial, para situação de dissolução afetiva, de fundo motivado ou imotivado.

Em tendo o pacto antenupcial e o casamento natureza negocial, podem ter a incidência de cláusulas típicas dos negócios jurídicos, desde que guardem conformidade com a finalidade e o respeito às questões de ordem pública.

No que tange à cláusula indenizatória por término motivado do relacionamento, esta se traveste de cláusula penal. Trata-se de legítimo exercício da autonomia e que não esbarra em nenhuma questão de ordem pública. Outrossim, a eventual abusividade da valoração da cláusula merecerá controle jurisdicional, na forma do art. 413 do Código Civil.

Já em relação à fixação indenizatória, no pacto antenupcial, pelo término imotivado do relacionamento, a depender do caso concreto, esta remeterá à prévia quantificação de alimentos compensatórios ou mera liberalidade.

É viável a inclusão de alimentos compensatórios, com um viés indenizatório e voluntário, negocialmente pactuados, com o fito de, por exemplo, indenizar aquele que deixou a vida profissional para se dedicar ao matrimônio, ou que aceitou como opção o regime de separação convencional de bens.

Os regramentos em comento podem, inclusive, ser escalonados, a depender da publicidade da quebra da fidelidade, do tempo de relacionamento no término imotivado, dentre outros fatores.

xvii. É Possível ao Pacto Antenupcial Consignar a Dispensa do Dever de Coabitação?

Sim. Respeitada a dignidade e a isonomia nada impede que o pacto regule a dispensa de coabitação, através de uma estipulação que afaste o dever do art. 1.566, II do Código Civil. Trata-se de situação com certa incidência prática na atualidade, seja por questões profissionais, seja por convicções pessoais.

xviii. Poderia o Pacto Antenupcial Afastar o Dever de Mútua Assistência? Pré-Fixar Valor e/ou Transitoriedade Alimentar?

Por ser uma decorrência da vida em comum, e dialogar com a subsistência, doutrina e jurisprudência entendem pela impossibilidade de dispensa antecipada da mútua assistência.

Assim, é inviável a cláusula que, em pacto antenupcial, antecipadamente dispense a mútua assistência, com a prévia renúncia aos alimentos. O pensamento em questão decorre não apenas da análise dos deveres do casamento, mas do próprio art. 1.707 do Código Civil, o qual firma a irrenunciabilidade do direito aos alimentos.

Além disso, a conclusão decorre da percepção de que a fixação dos alimentos demanda análise da necessidade do alimentando no momento do pleito, não sendo possível uma moldura prévia. Os princípios da dignidade humana e da proteção à família são imperativos e não podem ser afastados pela autonomia privada, notadamente de forma antecipada.

Por tudo isto, a simples cláusula de dispensa da mútua assistência, com renúncia antecipada ao direito dos alimentos, é nula, conservando-se o pacto em relação aos demais temas, conforme rege o art. 1.655 do Código Civil.

Indaga-se, sob outro aspecto, se ao revés da renúncia antecipada, poderia o pacto antenupcial fixar o montante da eventual pensão no momento da dissolução afetiva e a possível transitoriedade dos alimentos?

Neste caso, como é intuitivo, não estar-se-á a falar em renúncia aos alimentos, mas sim em sua pré-fixação e eventual limitação temporal, com transitoriedade. Entende-se as condutas como viáveis no ordenamento jurídico nacional.

Embora consagrada a indisponibilidade do direito aos alimentos, tem-se por válidas as convenções estipuladas entre as partes com o escopo de fixar a pensão, seja presente ou futura, e relacionadas ao modo de sua prestação. Nada impede que se regule sobre o valor da prestação alimentar, negociando o seu aspecto patrimonial, e/ou sua duração no tempo, em vista do seu caráter transitório.

Não existe impeditivo para que o valor e a transitoriedade sejam, inclusive, atrelados ao tempo de relacionamento, ou, ainda, que o pacto indique um valor mínimo a ser pensionado até a decisão judicial sobre o tema.

Para eventual percepção futura de que o montante e/ou transitoriedade alimentar ajustadas no pacto antenupcial não se amoldaram ao cenário fático, quando da efetiva dissolução afetiva, há remédio no sistema nacional: a competente ação revisional.

xix. É Viável ao Pacto Regular a Obrigatoriedade de Exclusão do Sobrenome Acrescido?

Mudando o entendimento defendido até a edição anterior, a resposta é negativa.

Em sendo o nome acrescido direito da personalidade de seu novo titular, a renúncia antecipada a manutenção do sobrenome nos parece violadora do caráter indisponível dos direitos da personalidade.

xx. Poderia o Pacto Antenupcial Regular Renúncia à Herança?

A resposta sofre variação.

Considerando a existência da cláusula no pacto e o falecimento dos nubentes no dia de hoje, a cláusula tende a ser considerada inválida, por atingir questão de ordem pública (ordem de vocação hereditária).

É inviável, no sistema legislativo posto, a renúncia à legítima e a alteração à ordem de vocação hereditária, através de pacto antenupcial. Trata-se de questão de ordem pública. A conclusão vale tanto para renúncia à concorrência sucessória, como à posição de sucessor independente do cônjuge, pouco importando o regime de bens.

É nula a renúncia do cônjuge, no pacto antenupcial, à sua condição de sucessor, ainda que na hipótese de concorrência com os descendentes e/ou ascendentes, na forma de art. 1.655 do Código Civil. Nulifica-se a cláusula; conserva-se o pacto. Roga-se, porém, de *lege ferenda*, uma reforma legislativa que possibilite a conduta, oxigenando, com maior autonomia, o direito sucessório nacional.

Se aprovado o Projeto de Reforma do Código Civil nos moldes hoje em tramitação, ter-se-á permissivo expresso para tal renúncia (art. 426, §§ 1º e 2º), a qual poderá ser realizada em pacto antenupcial ou contrato de convivência.

Todavia, tal percepção não é um fator impeditivo absoluto ao regramento da cláusula no pacto.

Isto, porque, a lei que regula a sucessão é a da época de sua abertura (*droit de saisine*). Portanto, a análise da validade da cláusula se dará quando do efetivo falecimento de um dos cônjuges. Nessa lógica, viável que a cláusula conste do pacto, cabendo ao tabelião advertir sobre o futuro risco de invalidade, a depender do tratamento legal existente à época do falecimento.

Entende-se que fazer constar a cláusula, com tais condicionantes, é medida inteligente aos desejosos do regramento, em especial no cenário claro de possível mudança legislativa sobre o assunto.

xxi. É Possível ao Pacto Antenupcial Regular sobre Férias Conjugais?

Trata-se de regramento atinente ao direito de liberdade de cada um dos cônjuges, sendo viáveis tais férias ainda que inexista previsão no aludido pacto. A previsão no pacto, porém, não é eivada de qualquer ilicitude, sendo até pedagógica.

xxii. Seria Viável ao Pacto Antenupcial Regular Convenção Comportamental?

Entende-se, *a priori*, que sim, desde que limitada pelas questões de ordem pública.

Convenções de certos comportamentos já têm sido doutrinariamente admitidas, a exemplo de cláusula de mediação privada anterior ao divórcio, a qual é inserta como eventual negócio jurídico processual. Outrossim, não é de hoje que negócios jurídicos versam sobre acordos de confidencialidade.

Por tudo isto, desde que respeitosa às fronteiras da autonomia, atentas à dignidade e à isonomia, entende-se viáveis as aludidas cláusulas.

xxiii. Poderia o Pacto Antenupcial Estabelecer um Casamento Irretratável?

A resposta é negativa. O divórcio traduz um exercício de autonomia; autonomia dirigida ao direito de findar um relacionamento. A permissão de renúncia ao direito de pedir o divórcio, ao revés de revelar exercício de autonomia, seria restrição, remetendo à conduta que atinge, e não promove, a liberdade.

É nula a cláusula em pacto antenupcial em que os nubentes renunciam o direito ao divórcio, por desrespeitar a liberdade e a dignidade, violando questão de ordem pública. Inviável o casamento irretratável.

A cláusula é nula de pleno direito, como posto pelo art. 1.655 do Código Civil, conservando-se o pacto nos demais temas.

xxiv. É Viável ao Pacto Antenupcial Regrar sobre Afazeres Domésticos?

Conservadas a igualdade, a autonomia e a dignidade, entende-se viável o regramento, o qual se insere no rol de possibilidades de exercício da autonomia privada no seio familiar. Podem os cônjuges acordarem, inclusive, a atribuição fática de obrigações diversas, sem qualquer censura.

Vencidas as questões pessoais, avançando nos objetos extrapatrimoniais do pacto antenupcial, dedicou-se o trabalho à análise do objeto procedimental. Assim, perpassou o estudo pelos negócios jurídicos processuais e arbitragem.

xxv. É Possível o Pacto Antenupcial Regular sobre *Pets*?

Entende-se que sim, podendo o Pacto regular sobre a custódia e custeamento dos pets na eventual dissolução afetiva, indicando qual consorte restará responsável por quais despesas e a respectiva forma de adimplemento, bem como se desenvolverá o convívio com os *pets*.

xxvi. Poderia o Pacto Antenupcial Regular sobre Contratos Parentais?

Hoje entende-se que não, por envolver interesses indisponíveis, de menores e incapazes.

Todavia, se aprovado o Projeto de Reforma do Código Civil nos moldes hoje em tramitação, como visto, a conduta será possível, conforme o art. 1.655-A.

xxvii. É Viável ao Pacto Antenupcial Regrar Negócios Jurídicos Pré-Processuais?

Os pactos antenupciais traduzem um fecundo lócus para o desenvolvimento dos negócios jurídicos pré-processuais, conforme os Enunciados 18 da Jornada de Processo Civil do Conselho da Justiça Federal, 24 do Instituto Brasileiro de Direito das Famílias e 492 do Fórum Permanente de Processo Civil.

E quais são os bons exemplos de negócios processuais em pactos antenupciais?

Mediação ou conciliação extrajudicial obrigatória, inclusive com a correlata exclusão da audiência preliminar obrigatória dos artigos 334 e 694 do Código de Processo Civil, pode ser uma medida que, a um só tempo, estimula a busca da solução consensual e, em não sendo atingida, pula a etapa inicial do processo, conferindo agilidade.

Cláusula que escalone meios alternativos para solução da controvérsia, iniciando pela mediação, passando pela conciliação, visitando as práticas colaborativas, a constelação familiar e, como *ultima ratio*, aportando no processo judicial, denotará um caminho da busca do consensualismo, evitando-se a prematura judicialização do tema. Pode-se até consignar a correlata exclusão da audiência preliminar obrigatória. Na busca dos meios alternativos para solução da controvérsia, além do método, pode-se indicar os profissionais e/ou institutos que conduzirão os temas.

Pensar na obrigatoriedade da audiência preliminar, impossibilitando a qualquer das partes manifestar seu desinteresse na realização da assentada, pode ser um caminho de incentivo à composição.

Para aqueles que acreditam que a audiência de autocomposição, na fase inicial do processo, não gerará frutos, por ser um momento de maior acirramento, é possível disciplinar a simples exclusão da audiência preliminar ou o seu deslocamento para o momento posterior, a exemplo após as alegações finais e antes da sentença.

A vedação ao divórcio liminar, enquanto se realizam os métodos de autocomposição, inclusive com determinação de prazo, ocasionará um pacto de prazo de reflexão, antes da dissolução afetiva, evitando condutas impulsivas.

Para os interessados em maior velocidade na dissolução, pactuar a possibilidade do divórcio liminar, *inaudita altera* pars e já na fase prematura do procedimento, é um caminho de efetividade inicial.

Convencionar um pacto de não peticionamento (*non petendo*) durante o período de tratativas, ou até mesmo para além deste período e sobre objetos específicos, como impossibilidade de debates sobre alimentos compensatórios, partilha de bens móveis, partilha de determinado imóvel durante um termo certo, como maioridade dos filhos menores, pode ser uma solução.

Obrigatoriedade de apresentação prévia de documentos junto à inicial e contestação, como declarações de imposto de renda, distribuições de lucros empresariais, faturas de cartões de crédito... sob pena de confissão e incidência de cláusula penal (sanções negociais), como uma espécie de pacto de *disclosure* e produção antecipada de prova. A cláusula penal poderá fazer menção à possibilidade de cobrança nos próprios autos do divórcio, com eventual compensação na partilha de bens. Trata-se de medida hábil a combater o esconde-esconde patrimonial que se vivencia em processos de dissolução afetiva, evitando fraudes a meação e clarificação das bases para fixação dos alimentos.

A limitação do processo à segunda instância, evitando recursos especiais e extraordinários, traduz medida interessante, ao passo que consagra a razoável duração do processo e evita recursos que, na média, apenas atrasarão o trânsito em julgado. Veja-se que a conduta sugerida não toca em mudança de competência para processamento da demanda e garante o duplo grau de jurisdição.

Clausular a possibilidade de meios alternativos de comunicação, como e-mails e WhatsApp, facilitando eventuais notificações e comunicações. Aqui as partes devem se comprometer a informar mudanças de contatos, sob pena de efetivação da comunicação no contato primitivo.

Limitação da publicidade dos atos para além do processo, evitando circulação de *prints* de conversas em grupos de aplicativos, redes sociais e afins, bem como vedando a publicização do motivo da dissolução afetiva, tudo com o intuito de preservar a privacidade dos envolvidos. Neste ponto pactuar cláusula penal, com os cuidados já sugeridos.

Convencionar a impossibilidade de uso de determinadas provas no processo, que exponham a intimidade do casal, como *prints*, fotos, gravações, etc. Tem-se a criação convencional de um *standard* específico de prova ilícita, podendo o pacto veicular cláusula penal sobre o tema, com os cuidados já sugeridos.

Nos casos em que haja envolvimento empresarial ou imobiliário complexo, a escolha prévia do perito, com base no art. 471 do Código de Processo Civil, e renúncia à indicação de assistentes técnicos, visando maior celeridade. Outra possibilidade é a dispensa de perícia.

A indicação de um administrador dos bens, terceirizado, com obrigação de prestar contas e distribuir os lucros líquidos igualitariamente entre os divorciados, pode ser um importante mecanismo de salvaguarda patrimonial.

A constituição de um capital prévio que restará afetado para custeamento dos bens até a partilha, honrando com IPTU, condomínio etc., é medida de cuidado com os ativos em disputa.

Se há bens móveis valiosos, como obras de arte, valores em espécie, joias... a eleição prévia do depositário.

Indicação de uma partilha prévia de determinados bens que, como consabido pelas partes, ficarão com o respectivo cônjuge, quem já ficará na gestão, recebimento e administração dos frutos. Trata-se de uma fruição patrimonial negocial antecipada.

Pactuar sobre alienação prévia de um bem.

Determinar a irrecorribilidade de decisões interlocutórias, sendo que estas serão apenas combatidas em preliminar de recurso de apelação, dando maior velocidade ao processo.

Retirar o efeito suspensivo do recurso de apelação, dando efetividade e possível cumprimento provisório da decisão. Para aqueles que desejam o inverso, retirar a possibilidade de promover execução provisória, restando apenas a possibilidade de efetivação com o trânsito em julgado.

Pactuar a impenhorabilidade de determinado bem, por ser, por exemplo, um ativo financeiro comum, em uma aplicação de bons rendimentos.

Em sede de execução de alimentos na conjugalidade, abrir mão da técnica da coerção pessoal (prisão civil), firmando que a técnica empregada será da expropriação. Ainda aqui, determinar a constituição de capital para garantia do cumprimento dos alimentos.

O rol de possibilidades é, obviamente, exemplificativo. Ademais, há de ser registrado que o pacto antenupcial pode ser lócus para os negócios jurídicos pré-processuais, mas não há uma relação de pertinência absoluta. Nada impede, por conseguinte, que tais negócios sejam estruturados em instrumento apartado, numa espécie de negócio jurídico intrafamiliar e no curso do casamento, sendo sempre viável a sua revisão.

xxviii. É Viável Eleição de Arbitragem no Pacto Antenupcial?

Ainda no objeto procedimental, verifica-se a possibilidade de o pacto antenupcial eleger a arbitragem para solucionar as questões familiares, desde que restrita a litígios meramente patrimoniais, a exemplo da partilha de bens e quantificação dos alimentos.

Incabível arbitragem sobre questões familiares ligadas ao direito pessoal, como filiação, poder familiar, guarda e convivência de menores.

Em relação aos alimentos, a arbitragem não poderá versar sobre a sua concessão ou negativa; nem sobre alimentos de incapazes, seja pela indisponibilidade do direito, seja pela presença do incapaz. O espaço da arbitragem, aqui, será relacionado à valoração (*quantum*) dos alimentos entre pessoas maiores e capazes, bem como à sua transitoriedade.

A cláusula compromissória, indica-se, deverá ser "cheia", remetendo a todos os elementos que identifiquem e possam concretizar a arbitragem, como local, idioma, lei que regerá, instituição que conduzirá, quantidade de árbitros e objeto arbitral claro e específico.

Malgrado o dito, não se olvida que o mais comum é a realização do compromisso arbitral quando do rompimento do vínculo.

Outrossim, poderá até mesmo o pacto antenupcial escalonar métodos alternativos para solução do litígio, desembocando na arbitragem. A cláusula poderá informar, sucessivamente, a tentativa prévia de conciliação e/ou mediação privada; que se frustrada conduzirá à tentativa de constelação familiar, que, se frustrada, conduzirá à arbitragem ou até eleição de um terceiro neutro para solução do tema, ou, ainda, uma espécie de *mini trial* privado.

Pois bem. Após o delineamento sobre os contornos da autonomia familiar e das premissas para sua preponderância, ou não, sobre os interesses públicos, além do enfrentamento de 25 possíveis cláusulas de inserção nos pactos antenupciais, com análise patrimonial, pessoal e procedimental, espera-se que este trabalho se preste à sua finalidade: conferir contribuição teórica e prática a um tema tão espinhoso e debatido na atualidade.

Cediço que o direito está em constante movimento. Esta pesquisa não é um fim em si mesmo, mas apenas o início, o início de um profícuo, proveitoso e construtivo debate sobre a autonomia nas relações familiares e o seu exercício na seara dos pactos antenupciais em que não haja deficientes e/ou vulneráveis.

REFERÊNCIAS

ACADEMIA BRASILEIRA DE LETRAS JURÍDICAS. **Dicionário Jurídico**. 3. ed. Rio de Janeiro: Forense, 1995.

AGUIRRE, João Ricardo Brandão. Algumas Reflexões sobre o Planejamento Sucessório: a escolha de algumas veredas pode não levar à terra prometida. *In*: TEIXEIRA, Daniele Chaves (coord.). **Arquitetura do Planejamento Sucessório**. t. II. Belo Horizonte: Fórum, 2020.

ALBUQUERQUE, Raul Cézar de. A (des)consideração do direito à fidelidade do cônjuge: um contributo à teoria da responsabilidade civil familiar. *In*: **Revista Fórum de Direito Civil – RFDC**. Belo Horizonte, ano 4, n. 10, p. 266-267, set.-dez. 2015.

ALEXY, Robert. **Teoría de los Derechos Fundamentales**. Madrid: Lael, 2002.

ALVES, Jones Figueirêdo; DELGADO, Mario Luiz Regis. **Código Civil Anotado**. São Paulo: Método, 2005.

ALVES, José Carlos Moreira. **Direito Romano**. Rio de Janeiro: Forense, 2014.

ALVES, Leonardo Barreto Moreira. **Direito de Família Mínimo**: A Possibilidade de Aplicação e o Campo de Incidência da Autonomia Privada no Direito de Família. Rio de Janeiro: Lumen Juris, 2010.

ALVIM, Agostinho. **Da Doação**. São Paulo: RT, 1963.

AMARAL, Carlos Pacheco. Autonomia: Uma Aproximação na Perspectiva da Filosofia Social e Política. **Revista da Universidade de Açores**. Ponta Delgada, 1995.

AMARAL, Francisco. **Direito Civil**: Introdução. 3. ed. Rio de Janeiro: Renovar, 2000.

ANDRADE, José Carlos Vieira de. **Os Direitos Fundamentais na Constituição Portuguesa de 1976**. 3. ed. Coimbra: Almedina, 2004.

ARAGÃO, Alexandre Santos. A "Supremacia do Interesse Público" no Advento do Estado de Direito e na Hermenêutica do Direito Público Contemporâneo. *In*: SARMENTO, Daniel. **Interesses Públicos *versus* Interesses Privados**: Desconstruindo o Principio da Supremacia do Interesse Público. Rio de Janeiro: Lumen Juris, 2005.

ARAÚJO, Maria Angélica Benetti. Autonomia da Vontade no Direito Contratual. **Revista de Direito Privado**, n. 27. São Paulo: RT, 2006.

ASSUMPÇÃO, Daniel Amorim. **Manual de Direito Processual Civil**. Salvador: Juspodivm, 2016.

ASSUMPÇÃO, Letícia Franco Maculan. Aspectos práticos da conversão da união estável em casamento. *In*: MOTA, Júlia Cláudia Rodrigues da Cunha. **Revista IBDFAM Famílias e Sucessões**, n. 11, set.-out. 2015. Belo Horizonte: IBDFAM, 2015.

ÁVILA, Humberto Bergmann. Repensando o Princípio da Supremacia do Interesse Público sobre o Particular. *In*: SARMENTO, Daniel. **Interesses Públicos *versus* Interesses Privados**: Desconstruindo o Princípio da Supremacia do Interesse Público. Rio de Janeiro: Lumen Juris, 2005.

ÁVILA, Humberto Bergmann. Argumentação Jurídica e a Imunidade do Livro Eletrônico. *In*: TORRES, Ricardo Lobo. **Temas de Interpretação de Direito Tributário**. Rio de Janeiro: Renovar, 2003.

ÁVILA, Humberto Bergmann. **Teoria dos Princípios** – da definição à aplicação dos princípios jurídicos. 10. ed. São Paulo: Malheiros, 2009.

AZEVEDO, Álvaro Villaça. **Prisão Civil por Dívida**. Rio de Janeiro: Campus, 1992.

AZEVEDO, Álvaro Villaça. **Direito de Família**. São Paulo: Atlas, 2013.

AZEVEDO, Antônio Junqueira de. **Novos Estudos e Pareceres de Direito Privado**. São Paulo: Saraiva, 2009.

AZEVEDO, Antônio Junqueira de. **Estudos e Pareceres de Direito Privado**. São Paulo: Saraiva, 2004.

BACELLAR FILHO, Romeu Felipe. **Direito Administrativo**. 4. ed. São Paulo: Saraiva, 2008.

BARBOSA, Camilo de Lelis Colani. **Casamento**. Rio de Janeiro: Forense, 2006.

BARBOZA, Heloisa Helena. Reflexões sobre a autonomia negocial. *In*: TEPEDINO, Gustavo; FACHIN, Luiz Edson (coord.). **O Direito e o Tempo**: embates jurídicos e utopias contemporâneas. Rio de Janeiro: Renovar, 2008.

BARCELLOS, Ana Paula de. **A Eficácia Jurídica dos Princípios Constitucionais**: O Princípio da Dignidade da Pessoa Humana. Rio de Janeiro: Renovar, 2002.

BARCELLOS, Ana Paula de; BARROSO, Luís Roberto. O começo da história. A nova interpretação constitucional e o papel dos princípios no direito brasileiro. *In*: BARROSO, Luís Roberto (org.). **A Nova Interpretação Constitucional**. Ponderação, Direitos Fundamentais e Relações Privadas. 2. ed. Rio de Janeiro: Renovar, 2006.

BARROSO, Luís Roberto; BARCELLOS, Ana Paula. O Começo da História. A Nova Interpretação Constitucional e o Papel dos Princípios no Direito Brasileiro. **Revista de Direito Administrativo. abr.-jun.** 2003, p. 146-147. Disponível em: https://biblitecadigital.fgv.br/ojs/index.php/rda/article/download/45690/45068. Acesso em: 08 abr. 2020.

BARCELLOS, Ana Paula de. **Ponderação, Racionalidade e Atividade Jurisdicional**. Rio de Janeiro: Renovar, 2005.

BARROS, Sérgio Resende de. Matrimônio e Patrimônio. **Revista Brasileira de Direito de Família**. Porto Alegre: IBDFAM/SÍNTESE, jan.- mar. 2001.

BARROSO, Luís Roberto. Prefácio. O Estado Contemporâneo, os Direitos Fundamentais e a Redefinição da Supremacia do Interesse Público. *In*: SARMENTO, Daniel. **Interesses Públicos *versus* Interesses Privados**: Desconstruindo o Princípio da Supremacia do Interesse Público. Rio de Janeiro: Lumen Juris, 2005.

BARROSO, Luís Roberto. **Neoconstitucionalismo e Constitucionalização do Direito**. O triunfo tardio do Direito Constitucional no Brasil. 2005. Disponível em: http://jus.com.br/imprimir/7547/neoconstitucionalismo-e-constitucionalizacao-do-direito#ixzz3AOhYer2G, Acesso em: 24 abr. 2017.

BARROSO, Luís Roberto. Fundamentos Teóricos e Filosóficos do Novo Direito Constitucional Brasileiro. **Revista da EMERJ**. v. 4, n. 15, 2001, p. 59. Disponível em: https://www.emerj.tjrj.jus.br/revistaemerj_omline/edicoes/revista15/revista15_11.pdf. Acesso em: 05 mar. 2020.

BAUMAN, Zygmunt. **A Modernidade Líquida**. Trad. Marcus Penchel. Rio de Janeiro: Jorge Zahar, 2000.

BAUMAN, Zygmunt. **Amor Líquido**: Sobre a Fragilidade dos Laços Humanos. Rio de Janeiro: Jorge Zahar, 2004.

BAUMAN, Zygmunt. **Em Busca da Política**. Trad. Plínio Dentzier. Rio de Janeiro: Jorge Zahar, 2001.

BELO, Nuno. **Família**. Coimbra: Almedina, 2009.

BETTI, Emilio. **Interpretação da lei e dos atos jurídicos**. Trad. Karina Jannini. São Paulo: Martins Fontes, 2007.

BETTI, Emilio. **Teoria General del Negócio Jurídico**. Lima: Ara Editores, 2001.

BEUCHAMP, Tom; CHILDRESS, James F. **Princípios da Ética Médica**. São Paulo: Loyola, 2002.

BEVILÁQUA, Clóvis. **Direito da Família**. 7. ed. Rio de Janeiro: Freitas Bastos, 1943.

BEVILÁQUA, Clóvis. **Comentários ao Código Civil**. Direito de Família. 5. ed. São Paulo: Freitas Bastos, 1933.

BINENBOJM, Gustavo. Da Supremacia do Interesse Público ao Dever de Proporcionalidade: Um Novo Paradigma do Direito Administrativo. *In*: SARMENTO, Daniel. **Interesses Públicos *versus* Interesses Privados**: Desconstruindo o Princípio da Supremacia do Interesse Público. Rio de Janeiro: Lumen Juris, 2005.

BOBBIO, Norberto. **Da Estrutura à Função**. Novos Estudos de Teoria do Direito. Barueri, São Paulo: Manole, 2007.

BOBBIO, Norberto A Grande Dicotomia Público e Privado. *In*: **Estado, Governo, Sociedade**. Trad. Marco Aurélio Nogueira. 4. ed. São Paulo: Paz e Terra, 1992.

BOBBIO, Norberto. **O Positivismo Jurídico**: lições de filosofia do direito. São Paulo: Ícone, 2006.

BOBBIO, Norberto. **Teoria do Ordenamento Jurídico**. 10. ed. Trad. Maria Celeste Leite dos Santos. Brasília: Universidade de Brasília, 1999.

BOL. *Site* de notícias. **As bizarrices dos acordos pré-nupciais dos famosos**. Disponível em: https://www.bol.uol.com.br/listas/as-bizarrices-dos-acordos-nupciais-dos-famosos.htm. Acesso em: 09 dez. 2021.

BORDA, Guilhermo A. **Manual de derecho de família**. Con la colaboración de Guillermo Julio Borda. 12. ed. Buenos Aires: Abeledo Perrot, 2002.

BONAVIDES, Paulo. **Curso de Direito Constitucional**. 25. ed. São Paulo: Malheiros, 2010.

BORGES, Roxana Cardoso Brasileiro. **Disponibilidade dos Direitos de Personalidade e Autonomia Privada**. São Paulo: Saraiva, 2005.

BOVAVIDES, Paulo. **Do Estado Liberal ao Estado Social**. 9. ed. São Paulo: Malheiros, 2009.

BRAGA, Paulo Sarno. **Aplicação do Devido Processo Legal nas Relações Privadas**. Salvador: Juspodivm, 2008.

BRANDÃO, Débora Vanessa Caús. **Regime de Bens no Novo Código Civil**. São Paulo: Saraiva, 2007.

BRANDÃO, Débora Vanessa Caús. Casamento putativo: um estudo baseado no novo Código Civil. **Jus Navigandi**. Teresina, ano 8, n 190, 12 jan. 2004. Disponível em: https://jus.com.br/artigos/4693/casamento-putativo. Acesso em: 01 jun. 2021.

CALBALADEJO, Manuel. **Curso de Derecho de Civil**: Derecho de Família. 8. ed. Barcelona: José Maria Bosch, 1997.

CABRAL, Antônio do Passo (coord.); NOGUEIRA, Pedro Henrique. Negócios Processuais. *In*: DIDIER JUNIOR, Fredie. **Coleção Grandes Temas do Novo CPC**. Salvador: Juspodivm, 2016.

CABRAL, Érico de Pina. A "Autonomia" no Direito Privado. **Revista de Direito Privado**, ano 5, n. 19, jul.-set., 2004.

CAHALI, Francisco José. **Contrato de Convivência na União Estável**. São Paulo: Saraiva, 2002.

CAHALI, Francisco José; HIRONAKA, Giselda Maria Fernandes Novaes. **Curso Avançado de Direito Civil**. Direito das Sucessões. v. 6. 3. ed. São Paulo: RT, 2007.

CAHALI, Francisco José. **Curso de Arbitragem**. 3. ed. São Paulo: RT, 2013.

CAHALI, Francisco José. A Súmula 377 e o Novo Código Civil e a Mutabilidade do Regime de Bens. *In:* **Revista do Advogado** n. 76, ano XXIV, jun. 2004, AASP. Homenagem ao Professor Silvio Rodrigues, com atualização à luz de novos Precedentes.

CAHALI, Yussef Said. **O Casamento Putativo**. 2. ed. São Paulo: RT, 1979.

CAHALI, Yussef Said. **Divórcio e Separação**. 11. ed. São Paulo: RT, 2005.

CAHALI, Yusef Said. **Dos Alimentos**. 7. ed. São Paulo: RT, 2012.

CAMPOS, Diogo Leite de. **Lições de Direito de Família e das Sucessões**. Coimbra: Almedina, 2008.

CANARIS, Claus-Wilhelm. **Direitos Fundamentais e Direito Privado**. Trad. Ingo Sarlet e Paulo Mota Pinto. Coimbra: Almedina, 2003.

CANOTILHO, José Joaquim Gomes; MOREIRA, Vital. **Constituição da República Portuguesa Anotada**. v. I. 4. ed. Coimbra: Coimbra, 2007.

CANOTILHO, José Joaquim Gomes. **Direito Constitucional e Teoria da Constituição**. Coimbra: Almedina, 1991.

CANOTILHO, José Joaquim Gomes; MOREIRA, Vital. **Fundamentos da Constituição**. Coimbra: Coimbra, 1991.

CANOTILHO, José Joaquim Gomes. Dogmática de Direitos Fundamentais e Direito Privado. *In:* SARLET, Ingo Wolfgang (org.). **Constituição, Direitos Fundamentais e Direito Privado**. 2. ed. Porto Alegre: Livraria do Advogado, 2006.

CAPONI, Remo. *Autonomia Privata e Processo Civile: Gli Accordi Processuali apud* CABRAL, Antônio do Passo (Coord.) NOGUEIRA, Pedro Henrique. Negócios Processuais. *In:* DIDIER JUNIOR, Fredie. **Coleção Grandes Temas do Novo CPC**. Salvador: Juspodivm, 2016.

CARBONERA, Silvana Maria. O papel jurídico do afeto nas relações de família. *In:* FACHIN, Luiz Edson (coord.). **Repensando os Fundamentos do Direito Civil Brasileiro Contemporâneo**. Rio de Janeiro: Renovar, 2000.

CARBONERA, Silvana Maria. **Reserva de Intimidade**: uma possível tutela da dignidade no espaço relacional da conjugalidade. Rio de Janeiro: Renovar, 2008.

CARBONIER, Jean. **Derecho Flexible**: para una sociología no rigurosa del derecho. Madrid: Editorial Tecnos, 1974.

CARDOSO, Fabiana Domingues. **Regimes de Bens e Pacto Antenupcial**. São Paulo: Método, 2011.

CARDOSO, Marina Pacheco. Do Pacto Antenupcial: plano de existência, validade e eficácia. *In*: ROSA, Conrado Paulino da; THOMÉ, Liane Maria Busnello (org.). **O Direito do Lado Esquerdo do Peito**: ensaios sobre direito de família e sucessões. Porto Alegre, IBDFAM-RS, 2014.

CARMONA, Carlos Alberto. **Arbitragem e Processo**: um comentário à Lei 9.307/1996. 2. ed. São Paulo: Atlas, 2004.

CARVALHO, Dimas Messias de. **Direito de Família**: Direito Civil. 2. ed. Belo Horizonte: Del Rey, 2009.

CARVALHO, Dimitri Braga Soares de. **Contratos familiares**: cada família pode criar seu próprio Direito de Família. Disponível em: https://www.ibdfam.org.br/artigos/1498/Contratos+familiares%3A+cada+fam%C3%ADlia+pode+criar+seu+próprio+Direito+de+Fam%C3%ADlia#_ftn2. Acesso em: 13 nov. 2020.

CARVALHO, Paulo de Barros. **Curso de Direito Tributário**. 7. ed. São Paulo: Saraiva, 1995.

CARVALHO NETO, Inácio; FUGIE, Érika Harumi. **Novo Código Civil Comparado e Comentado**. v. II. Curitiba: Juruá, 2004.

CARVALHO SANTOS, João Manoel. **Código Civil brasileiro interpretado**. v. IV. 7. ed. Rio de Janeiro: Livraria Freitas Bastos, 1964.

CASTRO, Carlos Roberto Siqueira. **A Constituição Aberta e os Direitos Fundamentais**. Rio de Janeiro: Forense, 2003.

CATALAN, Marcos Jorge. Reflexões acerca da eficácia da promessa de doação no direito brasileiro. **Revista Trimestral de Direito Civil**, v. 34, Rio de Janeiro: Padma, abr.-jun. 2008.

CHINELATO, Silmara Juny. **Comentários ao Código Civil** – Direito de Família. v. 18. São Paulo: Saraiva, 2004.

CHINCOLI, Vanessa Kerpel. O Pacto Antenupcial no Direito Brasileiro. *In*: NORONHA, Carlos Silveira (coord.). **Temas de Direito de Família e Sucessões na Atualidade**: reexame dos estudos acerca dos efeitos secundários da sentença cível de mérito. Porto Alegre: Sulina, 2016.

COELHO, Francisco Pereira; OLIVEIRA, Guilherme de. **Curso de Direito de Família** – Introdução – Direito Matrimonial. v. I. 2. ed. Coimbra: Coimbra, 2006.

COLÉGIO NOTARIAL DO BRASIL. Seção São Paulo. **Segundo dados, pactos antenupciais cresceram 110% nos últimos 10 anos no Brasil**. Disponível em: https://www.cnbsp.org.br/index.php?pG=X19leGliZV9ub3RpY2lhcw==&in=MTQ5NjA=&filtro=1. Acesso em: 09 jan. 2021.

COLTRO, Antônio Carlos Mathias. Referências sobre Contrato de União Estável. *In:* DELGADO, Mario Luiz Regis; ALVES, Jones Figueirêdo (org.). **Questões Controvertidas no Novo Código Civil**. v. 4. Rio de Janeiro: Método, 2005.

COULANGES, Fustel. **A Cidade Antiga**. Trad. Fernando de Aguilar. 8. ed. Lisboa: Livraria Clássica Editora, 1954.

DAVIS, Kevin E; HERSHKOFF, Helen. *Contracting for Procedure apud* CABRAL, Antônio do Passo (coord.) NOGUEIRA, Pedro Henrique. Negócios Processuais. *In:* DIDIER JUNIOR, Fredie. **Coleção Grandes Temas do Novo CPC**. Salvador: Juspodivm, 2016.

DELGADO, Mário Luiz Regis. Da Renúncia Prévia do Direito Concorrencial por Cônjuges e Companheiros. **Consultor Jurídico** (CONJUR), em 7 abr. 2019. Disponível em: https://www.conjur.com.br/2019-abr-07/processo-familiar-renuncia-previa-direito-concorrencial-conjuge-companheiro. Acesso em: 02 fev. 2021.

DELGADO, Mário Luiz Regis. Controvérsias na sucessão do cônjuge e do convivente. *In:* DELGADO, Mário Luiz; ALVES, Jones Figueiredo (coord.). **Novo Código Civil**. Questões Controvertidas no Direito de Família e das Sucessões. São Paulo: Método, 2005.

DI PIETRO, Maria Sylvia Zanella. **Direito Administrativo**. 23. ed. São Paulo: Atlas, 2010.

DIAS, Maria Berenice. **Manual de Direito das Famílias**. São Paulo: RT, 2013.

DIAS, Maria Berenice; PEREIRA, Rodrigo da Cunha (coord.). **Direito de Família e o Novo Código Civil**. Belo Horizonte: Del Rey, 2001.

DIAS, Maria Berenice. **Edição Especial da Revista Jurídica Del Rey** – parceria com o Instituto Brasileiro de Direito de Família/IBDFAM, n. 8, p. 17, Belo Horizonte: Del Rey, maio 2002.

DIAS, Maria Berenice. **Manual de Direito das Famílias**. 3. ed. São Paulo: RT, 2006.

DIDIER JUNIOR, Fredie. **Curso de Direito Processual Civil**. v. I. 18. ed. Salvador: Juspodivm, 2016.

DINIZ, Maria Helena de. **Curso de Direito Civil Brasileiro**. v. V. 29. ed. São Paulo: Saraiva, 2012.

DINIZ, Maria Helena. **Curso de Direito Civil**. Teoria das Obrigações Contratuais e Extracontratuais. V. III. 27. ed. São Paulo: Saraiva, 2011.

DWORKIN, Ronald. **Levando os Direitos a Sério**. Trad. Nelson Boeira. São Paulo: Martins Fontes, 2002.

ECO, Umberto. **Em que creem os que não creem?** Trad. Eliana Aguiar. Rio de Janeiro: Record, 1999.

ENGISCH, Karl. **Introdução ao Pensamento Jurídico**. 9. ed. Lisboa: Fundação Calouste Gulbenkian, 2004.

ESCOLA, Héctor Jorge. **El Interes Público como Fundamento del Derecho Administrativo**. Buenos Aires: Depalma, 1989.

ESPANHA. **[Código Civil (1889)]**. Código Civil. Gaceta de Madrid, ES: Ministerio de Gracia y Justicia, [2018]. Disponível em: https://www.boe.es/buscar/act.php?id=BOE-A-1889-4763. Acesso em: 14 dez. 2020.

FACCHINI NETO, Eugênio. Reflexões Histórico-Evolutivas sobre a Constitucionalização do Direito Privado. *In:* SARLET, Ingo Wolfgang (org.). **Constituição, Direitos Fundamentais e Direito Privado**. Porto Alegre: Livraria do Advogado, 2003.

FACHIN, Luiz Edson. **Direito de Família**: Elementos críticos à luz do Novo Código Civil Brasileiro. Rio de Janeiro: Renovar, 2003.

FACHIN, Luiz Edson. **Elementos Críticos do Direito de Família**. Rio de Janeiro: Renovar, 2003.

FACHIN, Luiz Edson (coord.). **O Direito e o Tempo**: embates jurídicos e utopias contemporâneas. Rio de Janeiro: Renovar, 2008.

FACHIN, Luiz Edson. Virada de Copérnico: um convite à reflexão sobre o Direito Civil Brasileiro. *In*: FACHIN, Luiz Edson (coord.). **Repensando Fundamentos do Direito Civil Brasileiro Contemporâneo**. Rio de Janeiro: Renovar, 2000.

FACHIN, Luiz Edson. **Repensando os Fundamentos do Direito Civil Brasileiro Contemporâneo**. Rio de Janeiro: Renovar, 1998.

FACHIN, Luiz Edson; RUZYK, Carlos Eduardo Pianovski. *In*: AZEVEDO, Álvaro Villaça. **Código Civil Comentado**. v. XV. São Paulo: Atlas, 2003.

FARIA, Roberta Elzy Simiqueli de. Autonomia da Vontade e Autonomia Privada: uma distinção necessária. *In*: FIUZA, César; SÁ, Maria de Fátima Freire de.; NOVAES, Bruno Torquato de Oliveira (Coords.). **Direito Civil**: Atualidades. Belo Horizonte: Del Rey, 2003.

FARIAS, Cristiano Chaves. A Nova Regra da Impossibilidade do Casamento do Menor de 16 anos (a nova Lei 13.881-19). **Portal IBDFAM**. Disponível em: https://ibdfam.org.br/artigos/1323/A+nova+regra+da+impossibilidade+de+casamento+do+menor+de+16+anos++(a+nova+Lei+13.881-19). Acesso em 31 maio 2021.

FARIAS, Cristiano Chaves; ROSENVALD, Nelson. **Curso de Direito Civil**. Famílias. v. 6. 7. ed. São Paulo: Atlas, 2015.

FARIAS, Cristiano Chaves de; ROSENVALD, Nelson. **Curso de Direito Civil**. Contratos. Teoria Geral e Contratos em Espécie. v. IV. 4. ed. São Paulo: Atlas, 2015.

FERRI, Luigi. **L'autonomia privata**. Milano: Dott A. Giuffrè, 1959.

FERRIANI, Adriano. A obrigação de casar no regime da separação de bens por causa da idade. **Migalhas**, v. 2843, p. 1, 2012.

FERRIANI, Adriano. Sexo pela internet e infidelidade conjugal. **Migalhas**, v. 1, p. 1-3, 2011.

FIGUEIREDO, Luciano Lima. Alimentos Compensatórios: Compensação Econômica e Equilíbrio Patrimonial. **Anais do X Congresso Brasileiro de Direito de Família**. v. 10. Belo Horizonte: IBDFAM, 2015.

FIGUEIREDO, Luciano Lima; MASCARENHAS, Ana. Carolina Fernandes. A Autonomia Privada nas Relações Familiares: O cerceamento do direito ao namoro. **Teses da Faculdade Baiana de Direito**. v. 3. Salvador: Juspodivm, 2011.

FIUZA, César Augusto de Castro. Mudança de Paradigmas: do tradicional ao contemporâneo. *In*: PEREIRA, Rodrigo da Cunha (coord.). **Anais do II Congresso Brasileiro de Direito da Família**. A Família na Travessia do Milênio. Belo Horizonte: IBDFAM/OAB-MG/Del Rey, 2000.

FRANÇA. **[Código Civil (1804)]**. Code Civil. Paris, FR: Legifrance, [2021]. Disponível em: https://www.legifrance.gouv.fr/codes/texte_lc/LEGITEXT000006070721/ 2021-03-08/. Acesso em: 14 dez. 2020.

FRANÇA, Rubens Limongi. **Brocardos Jurídicos**. Regras de Justiniano. 4. ed. São Paulo: RT, 1984.

FRANÇA, Rubens Limongi. **Instituições de Direito Civil**. 4. ed. São Paulo: Saraiva, 1996.

FREITAS JUNIOR, Osmar. Os *postnups*, que alteram as regras acertadas antes do casamento, crescem nos EUA como forma de reduzir o número de divórcios. **Revista Época**. Disponível em: http://revistaepoca.globo.com/Revista/Epoca/0,,EDR78614-6014,00.html. Acesso em: 15 nov. 2020.

GABARDO, Emerson. **Interesse Público e Subsidiariedade**: O Estado e a Sociedade Civil para Além do Bem e do Mal. Belo Horizonte: Fórum, 2009.

GABARDO, Emerson. O Princípio da Supremacia do Interesse Público sobre o Interesse Privado como Fundamento do Direito Administrativo Social. *In:* **Revista de Investigações Constitucionais**. v. 4, n. 2. Curitiba, maio-ago.2017, p. 12. Publicado em: 15-04-2019. Disponível em: https://www.scielo.br/scielo.php?script=sci_arttext&pid=S2359-56392017000200095. Acesso em: 28 ago. 2020.

GAGLIANO, Pablo Stolze. **O Contrato de Doação**: análise crítica do atual sistema jurídico e os seus efeitos no direito de família e das sucessões. 3. ed. São Paulo: Saraiva, 2010.

GAGLIANO, Pablo Stolze; PAMPLONA FILHO, Rodolfo. **Novo Curso de Direito Civil**. Direito de Família. v. 6. 8. ed. São Paulo: Saraiva, 2018.

GAJARDONI, Fernando Fonseca. **Teoria Geral do Processo –** Comentários ao CPC de 2015 – Parte Geral. São Paulo: Método, 2015.

GAMA, Guilherme Calmon Nogueira da. **Direito Civil**: Família. São Paulo: Atlas, 2008.

GAMA, Guilherme Calmon Nogueira da; GUERRA, Leandro dos Santos. Função Social da Família. *In*: **A Função Social do Direito Civil**. São Paulo: Atlas, 2007.

GAMA, Guilherme Calmon Nogueira da; GUERRA, Leandro dos Santos. Função social da família e jurisprudência brasileira. *In:* PEREIRA, Rodrigo da Cunha (coord.). **Família e Solidariedade**: teoria e prática do direito de família. Rio de Janeiro: Lumen Juris, 2008.

GASPARI, Elio. **A Ditadura Escancarada**. São Paulo: Companhia das Letras, 2002.

GIDDENS, Anthony. **Mundo em Descontrole**: o que a globalização está fazendo de nós. Rio de Janeiro: Record, 2000.

GILISSEN, John. **Introdução Histórica ao Direito**. 3. ed. Coimbra: Calouste Gulbenkian, Livraria Almedina, 2001.

GLANZ, Semy. **A Família Mutante**: sociologia e direito comparado. Rio de Janeiro: Renovar, 2005.

GLOBO.COM. **Férias Conjugais são Moda entre Famílias dos EUA**. Disponível em: http://g1.globo.com/jornaldaglobo/0,,MUL905350-16021,00-FERIAS+CONJUGAIS.html. Acesso em: 09 dez. 2020.

GOMES, Luiz Roldão de Freitas. **Contrato**. Rio de Janeiro: Renovar, 1999.

GOMES, Orlando. **A Reforma do Código Civil**. Salvador: Universidade da Bahia, 1965.

GOMES, Orlando. **O Novo Direito de Família**. Cinco Estudos. Salvador: EDUFBA, 1979.

GOMES, Orlando. **Direito de Família**. 14. ed. Rio de Janeiro: Forense, 2001.

GOMES, Orlando. **Direito de Família**. 4. ed. Rio de Janeiro: Forense, 1981.

GOMES, Orlando. **Ensaios de Direito Civil e de Direito do Trabalho**. Rio de Janeiro: Aide, 1986.

GOMES, Orlando. **Introdução ao Direito Civil**. 18. ed. Rio de Janeiro: Forense, 2002.

GOMES, Orlando. **Obrigações**. Edvado Brito (atual.). 17. ed. Rio de Janeiro: Forense, 2008.

GOMES, Orlando **Contratos**. 26. ed. (atual.) Antônio Junqueira de Azevedo e Francisco Paulo de Crescenzo Marino. Rio de Janeiro: Forense, 2007.

GOMES, Susete. Princípios, Cláusulas Gerais e Autonomia Privada. *In*: **Os Princípios e os Institutos de Direito Civil**. Rio de Janeiro: Lumen Juris, 2015.

GONÇALVES, Carlos Roberto. **Direito Civil Brasileiro**. Contratos e Atos Unilaterais. 9. ed. São Paulo: Saraiva, 2012.

GONÇALVES, Carlos Roberto. **Direito Civil Brasileiro**. Direito de Família. São Paulo: Saraiva, 2010.

GOZZO, Débora. **Pacto Antenupcial**. São Paulo: Saraiva, 1992.

GRAU, Eros Roberto. **A Ordem Econômica na Constituição de 1988**. 10. ed. São Paulo: Malheiros, 2005.

GRAU, Eros Roberto. **Ensaio e Discurso sobre a Interpretação/Aplicação do Direito**. 5. ed. São Paulo: Malheiros, 2009.

GRAMSTRUP, Erik Frederico; ZANETTI, Andrea Cristina. Aspectos formativos do contrato na atualidade. ***Quaestio Iuris***, v. 12, p. 683, 2020. Disponível em: https://www.e-publicacoes.uerj.br/index.php/quaestioiuris/article/view/38456/33553. Acesso em: 16 fev. 2021.

GRAMSTRUP, Erik Frederico; BURGARIN, Tomás Tenshin Sataka. **A Liberdade das Uniões à Luz do Princípio da Igualdade Familiar**. Curitiba: Prismas, 2019.

GROSSMAN, Joanna L.; FRIEDMAN, Lawrence Meir. **Inside the Castle**: Law and the Family in 20th Century America. Princeton University Press, 2011.

GUERRA FILHO, Willis Santiago. **Autopoiese do Direito na Sociedade Pós-Moderna**. Porto Alegre: Livraria do Advogado, 1997.

HACHEM, Daniel Wunder. **Princípio Constitucional da Supremacia do Interesse Público**. Acervo Digital da Universidade Federal do Paraná (UFPR). Disponível em: https://acervodigital.ufpr.br/bitstream/handle/1884/26226/Dissertacao%20-%20Daniel%20Wunder%20Hachem%20-%20UPFR%20-%20Brasil.pdf?sequence=1. Acesso em: 20 ago. 2020.

HART, Hebert L. A. **O Conceito de Direito**. Trad. A. Ribeiro Mendes. Lisboa. Fundação Caloust Gulbenkian, 2011.

HESSE, Konrad. **Elementos de Direito Constitucional da República Federal da Alemanha**. Porto Alegre: Sergio Antonio Fabris, 1998.

HIRONAKA, Giselda. Maria Fernandes Novaes. Família e Casamento em Evolução. Revista Brasileira de Direito de Família. **Síntese**, n. 01, p. 7-17, Porto Alegre, abr.-maio-jun. 1999.

HIRONAKA, Giselda Maria Fernandes Novaes; TARTUCE, Flávio Murilo. Planejamento Sucessório: conceito, mecanismos e limitações. **Revista Brasileira de Direito Civil –** RBDCivil. Belo Horizonte, v. 21, p. 87-109, jul.-set, 2009.

HOLANDA, Sérgio Buarque de. **Raízes do Brasil**. São Paulo: Companhia das Letras, 1995.

HOUAISS, Antônio; VILLAR, Mauro de Salles. **Dicionário Houaiss da Língua Portuguesa**. Rio de Janeiro: Objetiva, 2001.

IRTI, Natalino. **L'Età dela Descodificazione**. Milano: Giuffré, 1979.

JUSTEN FILHO, Marçal. Conceito de Interesse Público e a Personalização do Direito Administrativo. **Revista Trimestral de Direito Público**, n. 26. São Paulo: Malheiros, 1999.

KASER, Max. **Direito Privado Romano**. Lisboa: Fundação Calouste Gulbenkian, 1999.

KANT, Immanuel. **Fundamentação da Metafísica dos Costumes**. Trad. Paulo Quintela. Lisboa: Edições 70, 2005.

KANT, Immanuel **Princípios metafísicos da doutrina do direito**. São Paulo: Martins Fontes, 2014.

KATAOKA, Eduardo Takemi. Declínio do Individualismo e Propriedade. *In*: TEPEDINO, Gustavo. **Problemas de Direito Civil Constitucional**. Rio de Janeiro: Renovar, 2000.

KERN, Cristoph. Procedural Contracts in Germany *apud* CABRAL, Antônio do Passo (coord.) NOGUEIRA, Pedro Henrique. Negócios Processuais. *In*: DIDIER JR., Fredie. **Coleção Grandes Temas do Novo CPC**. Salvador: Juspodivm, 2016.

LARENZ, Karl. **Metodologia da Ciência do Direito**. 3. ed. Lisboa: Fundação Calouste Gulbemkian, 1997.

LEITE, Eduardo de Oliveira. **Direito Civil aplicado**. v. 5. São Paulo: RT, 2005.

LEITE, Gisele. "A importância do pacto antenupcial". **Revista IOB de Direito de Família**, São Paulo, IOB, ano IX, n. 45, p. 17-20, dez.-jan. 2008.

LIMA, Taisa Maria Macena de. Princípios Fundamentais do Direito Civil Atual. *In:* FIUZA, César; SÁ, Maria de Fátima Freire de.; NOVAES, Bruno Torquato de Oliveira (coord.). **Direito Civil**: Atualidades. Belo Horizonte: Del Rey, 2003.

LISBOA, Roberto Senise. **Manual de Direito Civil**. Direito de Família e das Sucessões. v. 5. 3. ed. São Paulo: RT, 2004.

LORENZETTI, Ricardo Luis; MIRAGEM, Bruno. **Teoria da Decisão Judicial**: Fundamentos de Direito. Trad. Cláudia Lima Marques. Notas. 2. ed. São Paulo: RT, 2010.

FIUZA, César; SÁ, Maria de Fátima Freire de; NOVAES, Bruno Torquato de Oliveira (coord.). **Direito Civil**: Atualidades. Belo Horizonte: Del Rey, 2003.

LÔBO, Paulo Luiz Netto. Autorregramento da vontade: *insight* de Pontes de Miranda. **Revista Jus Navigandi**, Teresina, ano 18, n. 3.748, 5 out. 2013. Disponível em: https://jus.com.br/artigos/25357. Acesso em: 2 out. 2020.

LÔBO, Paulo Luiz Netto. **Código Civil Comentado**. v. XVI. São Paulo: Atlas, 2003.

LÔBO, Paulo Luiz Netto. **Código Civil Comentado**. v. 1. São Paulo: Atlas, 2003.

LÔBO, Paulo Luiz Netto. Constitucionalização do Direito Civil. **Jus Navigandi**, Teresina, ano 3, n. 33, jul. 1999, p. 1. Disponível em: http://www1.jus.com..br/doutrina/texto.asp?id=507. Acesso em: 03 maio 2020.

LÔBO, Paulo Luiz Netto **Direito Civil**: Famílias. São Paulo: Saraiva, 2008.

LÔBO, Paulo Luiz Netto. A repersonalização das relações de família. **Revista Brasileira de Direito de Família**. Porto Alegre: IBDFAM/Síntese, n. 24, p. 141, jun.-jul., 2004.

LÔBO, Paulo Luiz Netto. Entidades familiares constitucionalizadas: para além do *numerus clausus*. *In*: **Revista Brasileira de Direito de Família** – RBDFam. Porto Alegre: Síntese/IBDFAM, n. 12, jan.-mar., 2002.

LÔBO, Paulo Luiz Netto. Notas à Lei n. 13.811/2019 sobre casamento de quem não tem idade núbil. **Portal IBDFAM**. Disponível em: https://ibdfam.org.br/artigos/1338/Notas+à+lei+n.+13.8112019+-sobre+casamento+de+quem+não+tem+idade+núbil. Acesso em: 31 maio 2021.

LOPES, Miguel Maria de Serpa. **Curso de Direito Civil**: Fontes das Obrigações – Contratos. Rio de Janeiro: Freitas Bastos, 1957.

LUDWIG, Marcos de Campos. Direito Público e Direito Privado: A Superação da Dicotomia. *In*: MARTINS-COSTA, Judith (org.). **A Reconstrução do Direito Privado**: reflexos dos princípios, diretrizes e direitos fundamentais constitucionais do direito privado. São Paulo: RT, 2002.

LYRA JUNIOR, Eduardo Messias Gonçalves de. O contrato preliminar e a sua previsão no Código Civil. **Revista Trimestral de Direito Civil**. Rio de Janeiro: Padma, v. 14, abr.-jun., 2003.

MAIA JÚNIOR, Mairan Gonçalves. **A Família e a Questão Patrimonial**: Planejamento Patrimonial, Regime de Bens, Pacto Antenupcial, Contrato Patrimonial na União Estável. 3. ed. São Paulo: RT, 2015.

MADALENO, Rolf. **Curso de Direito de Família**. São Paulo: Forense, 2008.

MADALENO, Rolf. Renúncia da Herança no Pacto Antenupcial. *In:* PEREIRA, Rodrigo da Cunha; DIAS, Maria Berenice (coord.). **Famílias e Sucessões**: Polêmicas. Tendências e Inovações. Belo Horizonte: IBDFAM, 2018.

MALFATTI, Alexandre. Liberdade contratual. *In*: LOTUFO, Renan (coord.). **Cadernos de Direito Civil Constitucional** n. 2. Curitiba: Juruá, 2003.

MARTINS-COSTA, Judith; BRANCO, Gerson Luiz Carlos. **Diretrizes Teóricas do Novo Código Civil Brasileiro**. São Paulo: Saraiva, 2002.

MEDAUAR, Odete. **O Direito Administrativo em Evolução**. São Paulo: RT, 1992.

MEIRELLES, Hely Lopes. **Direito Administrativo Brasileiro**. São Paulo: Malheiros, 2001.

MEIRELLES, Jussara. O ser e o ter na codificação civil brasileira: do sujeito virtual à cláusula patrimonial. *In*: FACHIN, Luiz Edson (coord.). **Repensando Fundamentos do Direito Civil Brasileiro Contemporâneo**. Rio de Janeiro: Renovar, 1998.

MELLO, Celso Antônio Bandeira de. **Curso de Direito Administrativo**. São Paulo: Malheiros, 2009.

MELLO, Celso Antônio Bandeira de. O Conteúdo do Regime Jurídico-Administrativo e seu Valor Metodológico. **Revista de Direito Público**. n. 2. São Paulo: RT, out.-dez. 1967. Disponível em: http://bibliotecadigital.fgv.br/ojs/index.php/rda/article/view/30088/28934. Acesso em: 20 jul. 2020.

MELLO, Celso Antônio Bandeira de. **Conteúdo jurídico do princípio da igualdade**. 3. ed. São Paulo: Malheiros, 1993.

MELLO, Marcos Bernardes de. **Teoria do Fato Jurídico**. Plano da Existência. 14. ed. São Paulo: Saraiva, 2007.

MELLO, Marcos Bernardes de. Breves Notas sobre o Perfil Jurídico da União Estável. **Revista Fórum de Direito Civil** – RFDC, Belo Horizonte, ano 9, n. 24, p. 235-260, maio-ago. 2020.

MELLO, Oswaldo Aranha Bandeira de. **Princípios Gerais de Direito Administrativo**. 3. ed. São Paulo: Malheiros, 2007.

MENDES, Gilmar Ferreira. Os Direitos Individuais e suas Limitações: Breves Reflexões. *In:* MENDES, Gilmar Ferreira; COELHO, Inocêncio Mártires; BRANCO, Paulo Gustavo Gonet. **Hermenêutica Constitucional e Direitos Fundamentais**. Brasília: Brasília Jurídica, 2000.

MENEZES CORDEIRO, Antônio Manuel da Rocha e. **Da Boa-Fé no Direito Civil**. t. I. Coimbra: Almedina, 2007.

METRÓPOLES. **Até que *prints* e fotos nos separe?** Celulares de Gusttavo Lima e Suita são confiscados. A cláusula do contrato pré-nupcial que trata de traição está sendo o ponto de embate entre o ex-casal, que tiveram os telefones confiscados. Disponível em: https://www.metropoles.com/colunas-blogs/leo-dias/gusttavo-lima-e-andressa-suita-tem-celulares-confiscados-apos-separacao. Acesso em: 06 jan. 2021.

MICHEL, Andrée. Modèles sociologiques de la famille dans le societés contemporaines. Arquives de philosophie du droit: reforme du droit de la famille. Paris, 1975, t. 20, p. 131-132, *apud* FACHIN, Luiz Edson. **Direito de Família**: elementos críticos à luz do novo Código Civil Brasileiro. Rio de Janeiro: Renovar, 2003.

MONTEIRO FILHO, Carlos Edison do Rêgo; SILVA, Rafael Cândido da. A proibição dos pactos sucessórios: releitura funcional de uma antiga regra. **Revista de Direito Privado**, v. 72 São Paulo: RT, 2016.

MONTEIRO, Washington de Barros. **Curso de Direito Civil**. Contratos. 36. ed. São Paulo: Saraiva, 2009.

MONTEIRO, Washington de Barros. **Curso de Direito Civil**. Obrigações. v. II. São Paulo: Saraiva, 1970.

MONTEIRO, Washington de Barros; SILVA, Regina Beatriz Tavares da. **Curso de Direito Civil** – Direito da Família. v. 2. 39. ed. São Paulo: Saraiva, 2009.

MORAES, Maria Celina Bodin de. A Caminho de um Direito Civil Constitucional. *In*: **Revista de Direito Civil, Agrário e Empresarial**, ano 17, jul.-set., p. 24, 1993.

MORAES, Maria Celina Bodin de. Notas Sobre Promessa de Doação. *In:* NANNI, Giovanni Ettore (coord.). **Temas Relevantes do Direito Civil Contemporâneo**: Reflexões sobre os Cinco Anos do Código Civil. São Paulo: Atlas, 2008.

MORAES, Maria Celina Bodin de. Notas Sobre Promessa de Doação. *In:* **Revista de Direito Civil Contemporâneo**. v. 24. São Paulo: RT, out.-dez. 2005.

MORAES, Maria Celina Bodin de. O Princípio da Solidariedade. *In*: PEIXINHO, Manoel Messias; GUERRA, Isabela Franco; NASCIMENTO FILHO, Firly (org.). **Os Princípios na Constituição de 1988**. Rio de Janeiro: Lumen Juris, 2001.

MORAES, Maria Celina Bodin de. Uma aplicação do princípio da liberdade. *In:* MORAES, Maria Celina Bodin de. **Na medida da pessoa humana**: estudos de direito civil-constitucional. Rio de Janeiro: Renovar, 2010.

MORAIS, Carlos Blanco de. **Curso de Direito Constitucional**. Teoria da Constituição em Tempo de Crise do Estado Social. 3. ed. t. II. v. II. Coimbra: Coimbra, 2015.

MOREIRA NETO, Diogo Fernandes de Figueiredo. **Legitimidade e Discricionariedade** – Novas Reflexões sobre os Limites do Controle da Discricionariedade. 4. ed. Rio de Janeiro: Forense, 2002.

MULLER, Friedrich. **Métodos de Trabalho do Direito Constitucional**. São Paulo: Max Limonad, 2000.

MUÑOZ, Guilermo Andrés. El Interesse Público es com el Amor. *In*: BACELLAR FILHO, Romeu Felipe; HACHEM, Daniel Wunder (coord.). **Direito Administrativo e Interesse Público**: Estudos em Homenagem ao Professor Celso Antônio Bandeira de Mello. Belo Horizonte: Fórum, 2010.

NADER, Paulo. **Curso de Direito Civil**: Contratos. 8. ed. Rio de Janeiro: Forense, 2016.

NADER, Paulo. **Curso de Direito Civil** – Direito de Família. Rio de Janeiro: Forense, 2006.

NAHAS, Luciana Faísca. Pacto Antenupcial. O que pode e o que não pode constar? *In*: PEREIRA, Rodrigo da Cunha; DIAS, Maria Berenice (coord.). **Famílias e Sucessões**: Polêmicas. Tendências e Inovações. Belo Horizonte: IBDFAM, 2018.

NALIN, Paulo. A autonomia privada na legalidade constitucional. *In*: NALIN, Paulo (coord.). **Contrato e Sociedade**: a autonomia privada na legalidade constitucional. v. 2. Curitiba: Juruá, 2006.

NANNI, Giovanni Ettore. A evolução do direito civil obrigacional: a concepção do direito civil constitucional e a transição da autonomia da vontade para a autonomia privada. *In*: LOTUFO, Renan (coord.). **Cadernos de Direito Civil Constitucional** n. 2. Curitiba: Juruá, 2003.

NEGREIROS, Teresa. **Teoria do Contrato**: Novos Paradigmas. 2. ed. Rio de Janeiro: Renovar, 2006.

NEVARES, Ana Luiza Maia. O regime de separação obrigatória de bens e o verbete 377 do Supremo Tribunal Federal. **Civilistica.com**., ano 3, n. 1, Rio de Janeiro, jan.-jun. 2014. Disponível em: bit.ly/42nmuiE. Acesso em: 11 dez. 2020.

NOVAIS, Alinne Arquette Leite. Os Novos Paradigmas da Teoria Contratual: o princípio da boa-fé objetiva e o princípio da tutela do hipossuficiente. *In*: TEPEDINO, Gustavo (coord.). **Problemas de Direito Constitucional**. Rio de Janeiro: Renovar, 2001.

OLIVEIRA, Arthur Vasco Itabaiana de. **Tratado de direito das sucessões**. v. 1. 4. ed. São Paulo: Max Limonad, 1952.

OLIVEIRA, Euclides Benedito de. Alteração do Regime de Bens no Casamento. *In*: DELGADO, Mario Luis Regis Delgado; ALVES, Jones Figueirêdo Alves (coord.). **O Novo Código Civil** – Questões Controvertidas. Rio de Janeiro: Método, 2005.

OLIVEIRA, José Lamartine Corrêa de; MUNIZ, Francisco José Ferreira. O estado de direito e os direitos da personalidade. **Revista dos Tribunais**, v. 523, São Paulo: RT, fev. 1980.

OLIVEIRA, José Lamartine Corrêa de; MUNIZ, Francisco José Ferreira. **Curso de Direito de Família**. 3. ed. Curitiba: Juruá, 2000.

OSORIO, Fábio Medina. Existe uma Supremacia do Interesse Público sobre o Privado no Direito Administrativo Brasileiro? *In*: **Revista de Direito Administrativo**. v. 220. Rio de Janeiro: Renovar, 2000, p. 69-107. Disponível em: http://bibliotecadigital.fgv.br/ojs/index.php/rda/article/view/47527/45222. Acesso em: 20 ago. 2020.

OTERO, Paulo. **Legalidade e Administração Pública** – O Sentido da Vinculação Administrativa à Juridicidade. Coimbra: Almedina, 2003.

PENASA, Luca. Gli Accordi Processuali in Italia *apud* CABRAL, Antônio do Passo (coord.) NOGUEIRA, Pedro Henrique. Negócios Processuais. *In*: DIDIER JR., Fredie. **Coleção Grandes Temas do Novo CPC**. Salvador: Juspodivm, 2016.

PEREIRA, Caio Mário da Silva. **Instituições de Direito Civil**. Famílias. v. 5. 17. ed. Rio de Janeiro: Forense, 2009.

PEREIRA, Caio Mário da Silva. **Instituições de Direito Civil**. Contratos. v. III. 11. ed. Rio de Janeiro: Forense, 2002.

PEREIRA, Lafayette Rodrigues. **Direito de Família**. Brasília: Senado Federal, 2004.

PEREIRA, Jane Reis Gonçalves. Apontamentos sobre a aplicação das normas de direito fundamental nas relações jurídicas entre particulares. *In*: BARROSO, Luís Roberto (org.). **A nova interpretação constitucional**: ponderação, direitos fundamentais e relações privadas. Rio de Janeiro: Renovar, 2003.

PEREIRA, Rodrigo da Cunha. **Dicionário de Direito de Famílias e Sucessões Ilustrado**. São Paulo: Saraiva, 2015.

PEREIRA, Rodrigo da Cunha; DIAS, Maria Berenice (coord.). **Famílias e Sucessões**: Polêmicas. Tendências e Inovações. Belo Horizonte: IBDFAM, 2018.

PEREIRA, Rodrigo da Cunha. **Princípios Fundamentais Norteadores do Direito da Família**. 2. ed. São Paulo: Saraiva, 2012.

PEREIRA, Rodrigo da Cunha (coord.). **Tratado de Direito das Famílias**. Belo Horizonte: IBDFAM, 2015.

PERLINGINERE, Pietro. **Perfis do Direito Civil Constitucional**. Introdução ao Direito Civil Constitucional. 2. ed. São Paulo: Renovar, 2002.

PIOVESAN, Flávia. **Direitos Humanos e Justiça Internacional**: um estudo comparado dos sistemas regionais europeu, interamericano e africano. São Paulo: Saraiva, 2007.

PINTO, Carlos Alberto da Mota. **Teoria Geral do Direito Civil**. 3. ed. Coimbra: Coimbra, 1999.

PIOVESAN, Flávia. **Direitos Humanos, Globalização Econômica Integração Regional**. São Paulo: Max Limonad, 2002.

PONTES DE MIRANDA, Francisco Cavalcanti. **Tratado de Direito Privado**: Parte Geral. t. III. 4. ed. São Paulo: RT, 1983.

PONTES DE MIRANDA, Francisco Cavalcanti. **Tratado de Direito Privado**. Parte Especial. Dissolução da Sociedade Conjugal e Eficácia Jurídica do Casamento. t. VII. São Paulo: RT, 2012.

PONTES DE MIRANDA, Francisco Cavalcanti. **Tratado de Direito Privado**. Parte Especial. Direito Matrimonial. v. II. São Paulo: RT, 2012.

PONTES DE MIRANDA, Francisco Cavalcanti. **Tratado de Direito Privado**. Parte Especial. Dissolução da Sociedade Conjugal e Eficácia Jurídica do Casamento. t. VIII. São Paulo: RT, 2012.

PONTES DE MIRANDA, Francisco Cavalcanti. **Tratado de Direito Privado**: Parte Especial. Atualizado por Bruno Miragem. v. XLVI. São Paulo: RT, 2012.

PORTUGAL. **[Código Civil (1966)]**. Código Civil Português de 1967. Lisboa, PT: Ministério da Justiça, 2020. Disponível em: https://www.codigocivil.pt/. Acesso em: 14 dez. 2021.

PRATA, Ana. **A Tutela Constitucional da Autonomia Privada**. Coimbra: Almedina, 1982.

PRATA, Ana. **O Contrato Promessa e o seu Regime Civil**. Coimbra: Almedina, 2001.

R 7. Notícias. *Site* de notícias. **Após se divorciar de Tom Cruise, Katie Holmes está proibida de namorar até 2017**. Atores assinaram acordo em 2012, quando anunciaram a separação. Disponível em: https://entretenimento.r7.com/famosos-e-tv/apos-se-divorciar-de-tom-cruise-katie-holmes-esta-proibida-de-namorar-ate-2017-06102019 Acesso em: 09 dez. 2021

RAMOS, Carmen Lúcia Silveira. A Constitucionalização do Direito Privado e a Sociedade sem Fronteiras. *In*: FACHIN, Luiz Edson (coord.) **Repensando os Fundamentos do Direito Civil Brasileiro Contemporâneo**. Rio de Janeiro: Renovar, 1998.

RAWLS, John. A Ideia da Razão Pública. *In:* **O Direito dos Povos**. São Paulo: Martins Fontes, 2001.

REALE, Miguel; MARTINS-COSTA, Judith. Casamento sob o regime da separação total de bens, voluntariamente escolhido pelos nubentes. Compreensão do fenômeno sucessório e seus critérios hermenêuticos. A força normativa do pacto antenupcial. **Revista Trimestral de Direito Civil – RTDC,** ano 6, v. 24, out.-dez. 2005.

REVISTA CARAS. **Tiger Woods quer reconquistar ex e oferece acordo milionário em caso de nova traição**. Disponível em: https://caras.uol.com.br/arquivo/tiger-woods-quer-reconquistar-ex-e-oferece-acordo-milionario-em-caso-de-traicao.phtml. Acesso em: 09 dez. 2021 (*online*).

REVISTA MONET. **Os mais surpreendentes acordos de casamento das celebridades internacionais**. Confira quais casais famosos têm os contratos mais excêntricos. Publicado em: 28 jan. 205. Disponível em: https://revistamonet.globo.com/Listas/noticia/2015/01/os-mais-surpreendentes-acordos-de-casamento-das-celebridades-internacionais.html. Acesso em: 09 dez. 2021 (*online*).

RIZZARDO, Arnaldo. **Contratos**. 17. ed. São Paulo: Forense, 2018.

RIZZARDO, Arnaldo. **Direito de Família**. 4. ed. Rio de Janeiro: Forense, 2006.

RODRIGUES, Silvio. **Direito Civil**. Direito de Família. v. 6. 27. ed. (atual.) Francisco José Cahali, com anotações ao novo Código Civil (Lei 10.406, de 10-1-2002). São Paulo: Saraiva, 2002.

RODRIGUES, Silvio. **Direito Civil**: Dos Contratos e das declarações unilaterais de vontade. São Paulo: Saraiva, 2004.

RODRIGUES JUNIOR, Otávio Luiz. **Direito Civil Contemporâneo**: Estatuto Epistemológico, Constituição e Direitos Fundamentais. 2 ed. Rio de Janeiro: Forense, 2019 (*Kindle*).

ROSA, Conrado Paulino da. **Direito de Família Contemporâneo**. 7. ed. Salvador: Juspodivm, 2020.

ROSENVALD, Nelson. O Contrato Preliminar. **Jus Revista da Associação Mineira do Ministério Público**. Belo Horizonte: Fórum, ano 41, n. 23, jul.-dez., 2010.

ROXIN, Claus. **Derecho penal**: Parte General. Tradução da 2 ed. alemã de Diego-Manuel Luzón Pena, Miguel Diaz y Garcia Conlledo e Javier de Vicente Remesal. t. 1: Fundamentos. La estructura de la teoria del delito. Madrid: Civitas, 1997.

RUZYK, Carlos Eduardo Pianovski. **Famílias Simultâneas**: da unidade codificada à pluralidade constitucional. Rio de Janeiro: Renovar, 2005.

SAMPAIO, Maria de Ávila e Silva. **Aplicação dos direitos fundamentais nas relações entre particulares e a boa-fé objetiva**. Rio de Janeiro: Lumen Juris, 2006.

SANTOS, Boaventura Sousa. **Pela Mão de Alice**. O Social e o Político na Pós-Modernidade. 4. ed. São Paulo: Cortez, 1997.

SANTOS, Francisco Cláudio de Almeida. O pacto antenupcial e a autonomia privada. *In*: FERREIRA BASTOS, Eliene; SOUSA, Asiel Henrique de (coord.). **Família e jurisdição**. Belo Horizonte: Del Rey, 2005.

SANTOS, Luiz Felipe. A Mutabilidade do Regime de Bens. **Migalhas**. Disponível em: https://migalhas.uol.com.br/depeso/2295/a-mutabilidade-dos-regimes-de-bens. Acesso em: 26 fev. 2021.

SANTOS, Regina Beatriz Tavares da Silva Papa dos. Responsabilidade Civil dos cônjuges. *In:* PEREIRA, Rodrigo da Cunha. **A família na travessia do milênio**. Belo Horizonte: Del Rey, 2000.

SARLET, Ingo Wolfgang. **Dignidade da Pessoa Humana e Direitos Fundamentais na Constituição Federal de 1988**. 7. ed. Porto Alegre: Livraria do Advogado, 2009.

SARMENTO, Daniel. **A Ponderação de Interesses na Constituição Federal**. Rio de Janeiro: Lumen Juris, 2003.

SARMENTO, Daniel. **Direitos Fundamentais e Relações Privadas**. Rio de Janeiro: Lumen Juris, 2006.

SARMENTO, Daniel. Interesses Públicos *vs.* Interesses Privados na Perspectiva da Teoria e da Filosofia Constitucional. *In*: SARMENTO, Daniel. **Interesses Públicos *versus* Interesses Privados**: Desconstruindo o Princípio da Supremacia do Interesse Público. Rio de Janeiro: Lumen Juris, 2005.

SARMENTO, Daniel. A Dimensão Objetiva dos Direitos Fundamentais: Fragmentos de uma Teoria. *In:* SAMPAIO, José Adércio Leite (coord.) **Jurisdição Constitucional e Direitos Fundamentais**. Belo Horizonte: Del Rey, 2003.

SARMENTO, Daniel. A vinculação dos particulares aos direitos fundamentais no direito comparado e no Brasil. *In*: DIDIER JUNIOR, Fredie (org.). **Leituras complementares de Processo Civil**. 4. ed. Salvador: Juspodivm, 2006.

SARMENTO, Daniel. Os princípios constitucionais da liberdade e da autonomia privada. *In:* PEIXINHO, Manoel Messias *et al.* (coord.). **Os princípios da Constituição de 1988**. 2. ed. Rio de Janeiro: Lumen Juris, 2006.

SCHEIR, Paulo Ricardo. **Filtragem constitucional**. Construindo uma nova dogmática jurídica. Porto Alegre: Sergio Antonio Fabris, 1999.

SCHEIR, Paulo Ricardo. Ensaio sobre a Supremacia do Interesse Público sobre o Privado e o regime Jurídico dos Direitos Fundamentais. *In*: SARMENTO, Daniel. **Interesses Públicos versus Interesses Privados**: Desconstruindo o Princípio da Supremacia do Interesse Público. Rio de Janeiro: Lumen Juris, 2005.

SCHNEIDER, Patrícia Buendgens. Princípio da boa-fé – um instrumento de dirigismo contratual. *In*: NALIN, Paulo (coord.). **Contrato e Sociedade**: a autonomia privada na legalidade constitucional. Curitiba: Juruá, 2006.

SCHNEIDER, Hans Peter. **Democracia y Constitucion**. Madrid: Centro de Estudos Constitucionales, 1991.

SCHREIBER, Anderson. **Manual de Direito Civil Contemporâneo**. 2. ed. São Paulo: Saraiva, 2020.

SCHREIBER, Anderson; TARTUCE, Flávio; SIMÃO, José; BEZERRA DE MELLO, Marco Aurélio; DELGADO, Mario Luiz. *In:* **Código Civil Comentado**. Doutrina e Jurisprudência. Rio de Janeiro: Forense, 2019.

SEGRE, Marco; SILVA, Franklin Leopoldo; SCHRAMM, Fermin R. O Contexto Histórico, Semântico e Filosófico do Princípio de Autonomia. **Revista Bioética**, v. 6, n.1, Conselho Federal de Medicina. Disponível em: www.portalmedico.org.br. Acesso em: 15 out. 2020.

SENADO FEDERAL. **Novo Código Civil**: Exposição de Motivos e texto Sancionado. Brasília: Senado Federal, Subsecretaria de Edições Técnicas, 2005. Disponível em: https://www2.senado.leg.br/bdsf/item/id/70319. Acesso em: 02 fev. 2021.

SEREJO, Lourival. Família Virtual, **Boletim IBDFAM** n. 54, jan.-fev. 2009.

SIMÃO, José Fernando. Repensando a noção de pacto sucessório: *de lege ferenda*. **Carta Forense**. 2 fev. 2017. Disponível em: http://www.cartaforense.com.br/conteudo/colunas/repensando-a-nocao-de-pacto-sucessorio-de-lege-ferenda/17320. Acesso em: 01 fev. 2021.

SIMÃO, José Fernando. **Separação obrigatória com pacto antenupcial?** sim, é possível. Disponível em: https://www.conjur.com.br/2018-fev-11/processo-familiar-separacao-obrigatoria-pacto-antenupcial-sim-possivel. Acesso em: 09 nov. 2020.

SILVA, José Afonso da. **Curso de Direito Constitucional Positivo**. 24. ed. Nos termos da Reforma Constitucional. São Paulo: Malheiros, 2005.

SILVA, Virgílio Afonso da. Princípios e Regras: mitos e equívocos acerca de uma distinção. **Revista Latino-Americana de Estudos Constitucionais**. n. 1. Belo Horizonte: Del Rey, jan.-jun., 2003.

SILVESTRE, Gilberto Fachetti. Parte Geral do Código Civil Brasileiro: Princípios. Cláusulas Gerais. Conceitos Jurídicos Indeterminados e Questões Polêmicas. *In*: **Princípios, Cláusulas Gerais e Conceitos Jurídicos Indeterminados nos Institutos de Direito Privado**. Homenagem ao Professor Doutor Francisco José Cahali. São Paulo: IASP, 2017.

STEINMETZ, Wilson. **A vinculação dos particulares a direitos fundamentais**. São Paulo: Malheiros, 2004.

STRECK, Lenio Luiz. **Hermenêutica Jurídica e(m) Crise**: uma exploração hermenêutica da construção do direito. 8. ed. Porto Alegre: Livraria do Advogado, 2009.

STRENGER, Irineu. **Da Autonomia da Vontade**. 2. ed. São Paulo: LTr., 2000.

SUNIM, Haemin. **As coisas que você só vê quando desacelera**. Como manter a calma em um mundo frenético. São Paulo: Sextante, 2017.

TARTUCE, Flávio. **Direito Civil**. Direito de Família. 13. ed. Rio de Janeiro: Forense, 2018.

TARTUCE, Flávio. **Direito Civil**. Direito das Obrigações e Responsabilidade Civil. Família. 14. ed. Rio de Janeiro: Forense, 2019.

TARTUCE, Flávio **Direito Civil**. Teoria Geral dos Contratos e Contratos em Espécie. v. III. 13. ed. São Paulo: Forense, 2018.

TARTUCE, Flávio. Novos Princípios do Direito de Família Brasileiro. *In:* TEIXEIRA, Ana Carolina Brochado; RIBEIRO, Gustavo Pereira Leite (coord.). **Manual de Direito das Famílias e das Sucessões**. Belo Horizonte: Del Rey, 2008.

TAVARES, Daniela Faria. Do Pacto Antenupcial. *In:* LEITE, Heloísa Maria Daltro (coord.). **O Novo Código Civil**: do direito de família. Rio de Janeiro: Freitas Bastos, 2002.

TEIXEIRA, Ana Carolina Brochado; KONDER, Carlos Nelson. Situações Jurídicas Dúplices. *In*: TEPEDINO, Gustavo; FACHIN, Luiz Edson (coord.). **Diálogos sobre o Direito Civil**. v. III. Rio de Janeiro: Renovar, 2012.

TEIXEIRA, Ana Carolina Brochado; RODRIGUES, Renata de Lima. **O Direito das Famílias entre a Norma e a Realidade**. São Paulo: Atlas, 2010.

TEPEDINO, Gustavo; BARBOZA, Heloisa Helena; MORAES, Maria Celina Bodin de. **Código Civil Interpretado conforme a Constituição da República**. Rio de Janeiro: Renovar, 2004.

TEIXEIRA, Daniele. Noções Prévias do Direito das Sucessões: Sociedade, Funcionalização e Planejamento Sucessório. *In:* TEIXEIRA, Daniele Chaves (coord.). **Arquitetura do Planejamento Sucessório**. Belo Horizonte: Fórum, 2018.

TEPEDINO, Gustavo. Controvérsias sobre regime de bens no novo Código Civil. *In:* PEREIRA, Rodrigo da Cunha (coord.). **Família e Solidariedade**: teoria e prática do direito de família. Rio de Janeiro: Lumen Juris/IBDFAM, 2008.

TEPEDINO, Gustavo. Dilemas do Afeto. **Revista IBDFAM Famílias e Sucessões**. n. 14, mar.-abr. 2016. Belo Horizonte: IBDFAM, 2016.

TEPEDINO, Gustavo. Contratos em Direito de Família. *In*: **Tratado de Direito das Famílias**. Belo Horizonte: IBDFAM, 2015.

TEPEDINO, Gustavo (coord.). **Temas de Direito Civil**. 3. ed. Rio de Janeiro: Renovar, 2004.

TERRA. **JLO receberá 13 bi do marido caso seja traída por ele**. Disponível em: bit.ly/3nJQC8M. Acesso em: 09 dez. 2021.

TEUBNER, Gunther. **Fragmentos Constitucionais**. Constitucionalismo Social na Globalização. São Paulo: Saraiva, 2016.

TOLEDO. Suzana de. **O Princípio da Proporcionalidade e o Controle de Constitucionalidade das Leis Restritivas de Direitos Fundamentais**. Brasília: Brasília Jurídica, 1996.

UBILLOS, Juan Maria Bilbao. ¿En qué medida vinculan a los particulares los derechos fundamentales? *In*: SARLET, Ingo Wolfgang (org.). **Constituição, Direitos Fundamentais e Direito Privado**. Porto Alegre: Livraria do Advogado, 2003.

VELOSO, Zeno. **Regime Matrimonial de Bens**: Direito de Família Contemporâneo. Belo Horizonte: Del Rey, 1997.

VELOSO, Zeno. Regimes Matrimoniais de Bens. *In:* PEREIRA, Rodrigo da Cunha (coord.). **Direito de Família Contemporâneo**. Belo Horizonte: Del Rey, 1997.

VELOSO, Zeno. Deveres dos cônjuges: responsabilidade civil. *In:* CHINELATO, Silmara Juny de Abreu; SIMÃO, José Fernando; FUJITA, Jorge Shiguemitsu; ZUCCHI, Maria. Cristina. **Direito de Família no Novo Milênio**: estudos em homenagem ao Professor Álvaro Villaça Azevedo. São Paulo: Atlas, 2010.

VELOSO, Zeno. Separação Obrigatória de Bens – Controvérsias – Doação entre Cônjuges. **Revista IBDFAM Famílias e Sucessões**. n. 20, mar.-abr. 2017. Belo Horizonte: IBDFAM, 2016.

VELOSO, Zeno. Santinha quer excluir fidelidade. Jornal **O Liberal**. Publicada em: 14-02-2021.

VENOSA, Sílvio de Salvo. **Direito Civil**. Direito de Família. 10. ed. São Paulo: Atlas, 2010.

VIEIRA, Iacyr de Aguilar. A autonomia da vontade no Código Civil Brasileiro e no Código de Defesa do Consumidor. **Revista dos Tribunais**, ano 90, v. 791, set. 2001.

VILLELA, João Baptista. **Direito, Coerção & Responsabilidade**: por uma ordem social não violenta. Belo Horizonte: Faculdade de Direito da UFMG, 1982.

VILLELA, João Baptista. Repensando o direito de família. *In:* PEREIRA, Rodrigo da Cunha (coord.). **Repensando o direito de família**. Belo Horizonte: Del Rey, 1999.

WALD, Arnold. **O novo direito de família**. São Paulo: Saraiva, 2000.

XAVIER, Marília Pedroso. **Contrato de namoro**. Amor Líquido e Direito de Família Mínimo. 2. ed. Belo Horizonte: Fórum, 2020.

XAVIER, M. Rita Aranha da Gama Lobo. **Limites à Autonomia Privada na Disciplina das Relações Patrimoniais entre os Cônjuges**. Porto: Livraria Almedina, 2000.

ZAMBERLAN, Cristina de Oliveira. **Os Novos Paradigmas da Família Contemporânea**. Rio de Janeiro: Renovar, 2000.

ZANONI, Eduardo A. **Derecho Civil**: Derecho de Familia. t. II. 4. ed. Buenos Aires: Astrea, 2002.

JULGADOS

BRASIL. [Código Civil (2002)]. **Código Civil do Brasil de 2002**. Brasília, DF: Presidência da República, [2018]. Disponível em: http://www.planalto.gov.br/ccivil_03/leis/2002/l10406compilada.htm. Acesso em: 09 jul. 2021.

BRASIL. Câmara Legislativa. Projeto de Lei n. 7.119/2017. Autoria da Deputada Laura Carneiro. Brasília, DF. Disponível em: bit.ly/3LNwZ7J. Acesso em: 01 abr. 2021.

BRASIL. Conselho da Justiça Federal. **Enunciado n. 355**: "Não podem as partes renunciar à possibilidade de redução da cláusula penal se ocorrer qualquer das hipóteses previstas no art. 413 do Código Civil. Brasília, DF. Disponível em: https://www.cjf.jus.br/enunciados/enunciado/355. Acesso em: 08 out. 2021.

BRASIL. Conselho da Justiça Federal. **Enunciado n. 356**: "Nas hipóteses previstas no artigo 413 do Código Civil, o juiz deverá reduzir a cláusula penal de ofício". Brasília, DF. Disponível em: https://www.cjf.jus.br/enunciados/enunciado/434. Acesso em: 19 ago. 2021.

BRASIL. [Constituição (1988)]. **Constituição da República Federativa do Brasil de 1988**. Brasília, DF: Presidência da República, [2020]. Disponível em: http://www.planalto.gov.br/ccivil_03/constituicao/constituicao.htm. Acesso em: 30 set. 2021.

BRASIL. Fórum Permanente de Processo Civil (FPPC). **Enunciado n. 299**: (arts. 357, § 3º, e 191) O juiz pode designar audiência também (ou só) com objetivo de ajustar com as partes a fixação de calendário para fase de instrução e decisão. (Grupo: Petição inicial, resposta do réu e saneamento). Disponível em: https://alice.jusbrasil.com.br/noticias/241278799/enunciados-do-forum-permanente-de-processualistas-civis-carta-de-vitoria. Acesso em: 30 set. 2021.

BRASIL. Fórum Permanente de Processo Civil (FPPC). **Enunciado n. 402**. (art. 190). A eficácia dos negócios processuais para quem deles não fez parte depende de sua anuência, quando lhe puder causar prejuízo. (Grupo: Negócios processuais). Disponível em: https://alice.jusbrasil.com.br/noticias/241278799/enunciados-do-forum-permanente-de-processualistas-civis-carta-de-vitoria. Acesso em: 30 set. 2021.

BRASIL. Superior Tribunal de Justiça. Agravo Regimental em Recurso Especial. n. 566.277/MG. Rel. Min. Maria Isabel Gallotti. Acórdão. DJ: 06-11-2014. Disponível em: bit.ly/41hOOS5. Acesso em: 15 ago. 2021.

BRASIL. Superior Tribunal de Justiça. Recurso Especial n. 742.685-RJ. Rel. Min. José Arnaldo da Fonseca. DJ: 04/08/2005. Disponível em: bit.ly/42m1ubR. Acesso em: 15 set. 2021.

BRASIL. Superior Tribunal de Justiça. Recurso Especial n. 1199790/MG. Rel. Min. Vasco Della Giustina. DJ: 14/12/2010. Superior Tribunal de Justiça, 2016. Disponível em: https://stj.jusbrasil.com.br/jurisprudencia/19127962/recurso-especial-resp-1199790-mg-2010-0118288-3-stj. Acesso em: 01 jun. 2021.

BRASIL. Superior Tribunal de Justiça. Recurso Especial n. 1.633.399/SP. Rel. Min. Luís Felipe Salomão. DJ: 01/12/2016. Disponível em: bit.ly/3LI6Jvj. Acesso em: 01 jun. 2021.

BRASIL. Superior Tribunal de Justiça. Recurso Especial no Recurso Especial n. 1501332 SP 2014/0289217-7. Rel. Min. Humberto Martins. DJ: 05/12/2016. Disponível em: bit.ly/3M7kl4E. Acesso em: 01 jun. 2021.

BRASIL. Superior Tribunal de Justiça. Recurso Especial n. 1122547/MG 2009/0025174-6. Rel. Min. Luis Felipe Salomão. DJ: 10/11/2009. Disponível em: bit.ly/3BpmsuN. Acesso em: 01 jun. 2021.

BRASIL. Superior Tribunal de Justiça. Recurso Especial n. 992.749/MS. Rel. Min. Nancy Andrighi. DJ: 01/12/2009. Disponível em: https://stj.jusbrasil.com.br/jurisprudencia/8592148/recurso-especial-resp-992749-ms-2007-0229597-9/inteiro-teor-13675032. Acesso em: 26 jul. 2021.

BRASIL. Superior Tribunal de Justiça. Recurso Especial n. 1185653/ PE 2010/0047138-7. Rel. Min. Luis Felipe Salomão. DJ: 07/12/2010. Disponível em: https://stj.jusbrasil.com.br/jurisprudencia/19126819/recurso-especial-resp-1185653-pe-2010-0047138-7-stj. Acesso em: 26 jul. 2021.

BRASIL. Superior Tribunal de Justiça. Recurso Especial n. 954567/PE 2007/0098236-3. Rel. Min. Massami Uyeda. DJ. 10/05/2011. Disponível em: https://stj.jusbrasil.com.br/jurisprudencia/19085246/recurso-especial-resp-954567-pe-2007-0098236-3/inteiro-teor-19085247. Acesso em: 26 jul. 2021.

BRASIL. Superior Tribunal de Justiça. Recurso Especial n. 1.178.233-RJ. Rel. Min. Raul Araújo. DJ 06/11/2014. Disponível em: https://stj.jusbrasil.com.br/jurisprudencia/157527920/recurso-especial-resp-1178233-rj-2010-0019872-2/relatorio-e-voto-157527930. Acesso em: 15 ago. 2021.

BRASIL. Superior Tribunal de Justiça. Recurso Especial n. 1472945/RJ. Rel. Min. Ricardo Villas Bôas Cueva. DJ. 23/10/2014. Disponível em: https://stj.jusbrasil.com.br/jurisprudencia/152768994/recurso-especial-resp-1472945-rj-2013-0335003-3/relatorio-e-voto-152768996. Acesso em: 30 set. 2021.

BRASIL. Superior Tribunal de Justiça. Recurso Especial n. 1430763/SP. Rel. Min. Nancy Andrighi. Rel. para Acórdão Min. João Otávio de Noronha. DJ 19/08/2014. Disponível em: https://stj.jusbrasil.com.br/ju. risprudencia/154837318/recurso-especial-resp-1430763-sp-2014-0011346-2/relatorio-e-voto-154837326. Acesso em: 26 jul. 2021.

BRASIL. Superior Tribunal de Justiça. Recurso Especial n. 1368123 SP 2012/0103103-3. Rel. Min. Sidnei Beneti. DJ: 22/04/2015. Disponível em: https://stj.jusbrasil.com.br/jurisprudencia/196052671/recurso-especial-resp-1368123-sp-2012-0103103-3. Acesso em: 01 jun. 2021.

BRASIL. Superior Tribunal de Justiça. Súmula n. 333. Cabe mandado de segurança contra ato praticado em licitação promovida por sociedade de economia mista ou empresa pública. Brasília, DF: Superior Tribunal de Justiça, 2007. Disponível em: http://www.stj.jus.br/SCON/sumanot/toc.jsp?b=TEMAp=true=0TIT333TEMA0. Acesso em: 19 ago. 2021.

BRASIL. Supremo Tribunal Federal. Recurso Extraordinário n. 201819/RJ. Rel. Min. Ellen Gracie. DJ. 11/10/2005. Disponível em: http://redir.stf.jus.br/paginadorpub/paginador.jsp?docTP=AC&docID=388784. Acesso em: 19 ago. 2021.

BRASIL. Supremo Tribunal Federal. Recurso Extraordinário n. 590.779/ES. Rel. Min. Marco Aurélio. DJ: 10/02/09. Supremo Tribunal Federal, 2009. Disponível em: bit.ly/42m1GYD. Acesso em: 26 jul. 2021.

BRASIL. Supremo Tribunal Federal. Súmula n. 377. No regime da separação legal de bens, comunicam os adquiridos na constância do casamento. Brasília, DF: [1964]. Disponível em: https://jurisprudencia.stf.jus.br/pages/search/seq-sumula377/false. Acesso em: 26 jul. 2021.

BRASIL. Supremo Tribunal Federal. Súmula n. 447. É válida a disposição testamentária em favor de filho adulterino do testador com sua concubina. Brasília, DF: Supremo Tribunal Federal, [1964]. Disponível em: http://www.stf.jus.br/portal/jurisprudencia/menuSumarioSumulas.asp?sumula=3113. Acesso em: 26 jul. 2021.

BRASIL. Tribunal de Justiça de Santa Catarina. Agravo de Instrumento n. 0031788-33.2016.8.24.0000. Rel. Des. Jairo Fernandes Gonçalves. DJ 17/1/2016. Disponível em: https://www.jusbrasil.com.br/processos/116136457/processo-n-0031788-332016 8240000-do-tjsc. Acesso em: 26 jul. 2021.

BRASIL. Tribunal de Justiça do Rio Grande do Sul. Agravo n. 2005.04.01.056483-2/RS. Rel. Des. Luiz Carlos de Castro Lugon. DJ: 20/03/2013. Disponível em: https://tj-rs.jusbrasil.com.br/jurisprudencia/112619545/apelacao-civel-ac-70047754296-rs/inteiro-teor-112619555. Acesso em: 13 out. 2021.

BRASIL. Tribunal de Justiça do Rio Grande do Sul. Apelação n. 70054895271 RS, Rel. Des. Luiz Felipe Brasil Santos. DJ: 01/08/2013. Tribunal de Justiça do Rio Grande do Sul, 2013. Disponível em: https://tj-rs.jusbrasil.com.br/jurisprudencia/113139273/apelacao-civel-ac-70054895271-rs/inteiro-teor-113139289. Acesso em: 13 out. 2021.

BRASIL. Tribunal de Justiça do Rio Grande do Sul. Apelação n. 70082663261 RS. Rel. Des. José Antônio Dalto e Cezar. DJ: 09/10/2020. Disponível em: https://tj-rs.jusbrasil.com.br/jurisprudencia/1111436506/apelacao-civel-ac-70082663261-rs. Acesso em: 14 out. 2021.

BRASIL. Tribunal Regional Federal da Quarta Região. Apelação 2000.72.04.000915-0. Rel. Des. Luiz Antonio Bonat. DJ. 12/08/2008. Disponível em: https://trf-4.jusbrasil.com.br/jurisprudencia/1313703/apelacao-civel-ac-915-sc-20007204000915-0/inteiro-teor-9747705. Acesso em: 14 out. 2021.

REFERÊNCIAS NORMATIVAS

(Associação Brasileira de Normas Técnicas – ABNT)

ABNT NBR 6023: 2018 – Informação e documentação – Referências – elaboração

ABNT NBR 6022:2018 – Informação e documentação – Artigo em publicação periódica técnica e/ou científica – Apresentação

ABNT NBR 6027: 2012 – Informação e documentação – Informação e documentação – Sumário – Apresentação

ABNT NBR 14724: 2011 – Informação e documentação – Trabalhos acadêmicos – Apresentação

ABNT NBR 15287: 2011 – Informação e documentação – Projetos de pesquisa – Apresentação

ABNT NBR 6034: 2005 – Informação e documentação – Índice – Apresentação

ABNT NBR 12225: 2004 – Informação e documentação – Lombada – Apresentação

ABNT NBR 6024: 2003 – Informação e documentação – Numeração progressiva das seções de um documento escrito – Apresentação

ABNT NBR 6028: 2003 – Informação e documentação – Resumo – Apresentação

ABNT NBR 10520: 2002 – Informação e documentação – Citações em documentos – Apresentação

EDITORA JusPODIVM
www.editorajuspodivm.com.br

COLOR system

JUS4738